刘金锁8561证券投资系列二

8561
A股特色
股票投资交易体系

刘金锁 著

中华工商联合出版社

图书在版编目（CIP）数据

8561 A 股特色股票投资交易体系 / 刘金锁著 . -- 北京：中华工商联合出版社，2022.2
　ISBN 978-7-5158-3266-1

Ⅰ. ①8… Ⅱ. ①刘… Ⅲ. ①股票投资－研究－中国 Ⅳ. ①F832.51

中国版本图书馆 CIP 数据核字（2021）第 269569 号

8561 A 股特色股票投资交易体系

作　　者：	刘金锁
出 品 人：	李　梁
责任编辑：	吴建新　林　立
装帧设计：	张合涛
责任审读：	李　征
责任印制：	迈致红
出版发行：	中华工商联合出版社有限责任公司
印　　刷：	北京毅峰迅捷印刷有限公司
版　　次：	2022 年 4 月第 1 版
印　　次：	2024 年 12 月第 5 次印刷
开　　本：	710mm×1000 mm　1/16
字　　数：	320 千字
印　　张：	21.25
书　　号：	ISBN 978-7-5158-3266-1
定　　价：	69.90 元

服务热线：010-58301130-0（前台）
销售热线：010-58302977（网店部）
　　　　　010-58302166（门店部）
　　　　　010-58302837（馆配部、新媒体部）
　　　　　010-58302813（团购部）
地址邮编：北京市西城区西环广场 A 座
　　　　　19-20 层，100044
http://www.chgslcbs.cn
投稿热线：010-58302907（总编室）
投稿邮箱：1621239583@qq.com

工商联版图书
版权所有　盗版必究

凡本社图书出现印装质量问题，请与印务部联系。
联系电话：010-58302915

前　　言

股市人生本同源，
深耕市场二十年。
年复一年散户劝，
授人以渔书籍善。

在我写的第一本书——《8561股票解套实战技术》中，还有我曾经在电视台做的节目以及公开课中，都曾提到过想要亲自写一本适合A股投资理论相关的书籍，但由于工作比较忙，一直没有时间来写。

自从2021年春节过后，一批以贵州茅台为代表的各种行业的"茅"——也就是我们常说的"大白马"价值投资类型的个股，经过一轮机构抱团炒作后，在2021年1月初到2月初那段时间被一波快速拉升，相继见顶后，开始出现明显调整，我看到众多散户投资者开始追高买入各行业的"大白马"股，有的散户是在下跌的时候抄底买的，但更多的散户都买在了情绪和股价的最高点。

在遇到很多散户投资者开始割肉止损30%、40%卖出各行业的"茅"——这些行业龙头个股的时候，我认为必须抓紧时间把这本书写出来了，因为越早写出来，就越能让更多的散户投资者看到本书，就可以帮助很多股民摆脱这种苦恼。

自从进入股市以来，有个问题一直困扰着我——在A股市场投资股票，到底是价值投资好还是技术分析投资好，哪种方式投资A股更有效？这个问题困扰了我很长时间，直到2009年底前后，我突然领悟了其中的道理，其实价值投资和技术理论分析是可以相辅相成的，目前单纯的价值投资在A股市场中是需要时间才能实现的，因为国内A股的上市公司和国外的上市公司是有区别的，靠吃上市公司分红来盈利的个股少之又少。而A股市场投资者的比例中散户投资者占大多数，因此技术分析投资在A股市场中占据了主流，因为几乎所有的投资者都想用一种简单的技术分析理论达到让股票快速盈利的目的，但往往事与愿违。所以纯粹的技术投资在未来A股市场也是不能完全跑赢市场平均收益的。只有价值投资和技术分析投资相结合，才会赢得持久的账户市值增长。

总结一句话："用基本面'选股',再用技术面'择时'",这才是未来A股市场的正确投资之道,至少对于大部分散户投资者来说,这个投资交易理论体系是最为适合的。

自股市成立之日起,技术派和价值投资派就一直争论不休。技术分析的投资者轻视基本面价值投资者;基本面价值投资者则笑话技术分析的投资者。其实相互借鉴综合分析,才有可能长足立于不败之地。

2017年开始,我在公开媒体曾多次提出在未来至少5~10年内,A股的投资逻辑就会发生本质的变化,虽然价值投资会被认可,但我认为未来10年国内A股市场会出现一种具有特色的A股价值投资主流趋势。本书就是让投资者明白一个道理,至少在目前国内A股市场中,完全照搬国外传统的价值投资理论是不合适的,必须要有符合国内A股特色的价值投资理论才能达到理想的投资效果,尤其是对广大散户投资者而言更是如此。

本书用真实账户的案例分析,倡导股民理性投资,不盲目追涨杀跌,理性客观地投资股市,积极乐观地面对投资股票浮亏问题,可以作为投资者接受股票知识教育的一本教材使用。

在此真诚地感谢提供本书中真实聊天记录、账户和交割单的几位投资者朋友,感谢20多年来一直不离不弃的所有投资者和朋友们,正是大家的支持给了我研究股市的动力,也给了我撰写《8561A股特色股票投资交易体系》的灵感,尤其感谢出版社各位老师给予我在写作过程中的点点滴滴的帮助,有了你们的帮助才能使得本书成功出版和发行。

刘金锁
2021年3月写于北京

目　　录

第一章　引　论 …… 1

第一节　如何快速学习本书内容 …… 2
第二节　深度分析自己的股市投资历程及账户现状 …… 9
第三节　从实战角度读懂股市背后的逻辑 …… 27
第四节　改变认知，从心出发 …… 48
第五节　股市如人生 …… 54

第二章　价值投资和价值投机的关系 …… 63

第一节　何为价值投资 …… 64
第二节　价值投机的概念 …… 67
第三节　当前Ａ股投资者投资风格分析 …… 71

第三章　研究Ａ股特色价值投机交易体系的重要性 …… 73

第一节　在股市里投资、投机、赌博三者的区别 …… 74
第二节　"8561 Ａ股特色交易体系"的理论基础 …… 76
第三节　如何正确理解技术分析和价值投资的各自优劣势 …… 88
第四节　价值投资的重要性 …… 91

第四章　"8561 Ａ股价值投机交易体系"详解 …… 95

第一节　"8561 Ａ股价值投机交易体系"简介 …… 96
第二节　"8561 Ａ股价值投机交易体系"选股条件 …… 99
第三节　"8561 Ａ股价值投机交易体系"买入条件 …… 109
第四节　"8561 Ａ股价值投机交易体系"卖出条件与
　　　　注意事项 …… 121

第五章　"8561 A 股特色交易体系"详解 …… 123

第一节　"8561 A 股特色交易体系"简介 …… 124
第二节　"8561 A 股特色交易理论体系"选股条件 …… 134
第三节　"8561 A 股特色交易理论体系"买入条件 …… 147
第四节　"8561A 股特色交易体系"卖出条件与注意事项 …… 151
第五节　"8561 A 股特色交易论体系"适用投资者类型和不适用投资者类型 …… 153

第六章　"8561 A 股特色交易体系"常用短线交易技术分析 …… 157

第一节　单根 K 线战牛熊 …… 160
第二节　K 线组合找买卖点 …… 176
第三节　单根均线战牛熊 …… 198
第四节　MACD 交易战法 …… 202
第五节　KDJ 交易战法 …… 207
第六节　8561 量价交易法则 …… 210
第七节　如何构建属于自己的短线交易体系 …… 215

第七章　庄家主力操盘运作股价的步骤 …… 221

第一节　主力吸筹阶段 …… 222
第二节　主力洗盘阶段 …… 225
第三节　主力拉升阶段 …… 230
第四节　主力出货阶段 …… 236

第八章　如何识别主力的性格 …… 245

第一节　什么是主力的性格 …… 246
第二节　了解主力性格的应对策略 …… 258

第九章　如何判断阶段性大顶和大底 ······ 261

第一节　利用市场情绪判断大顶和大底 ······ 262
第二节　利用技术分析判断大顶和大底 ······ 265
第三节　利用基金发行节奏判断大顶 ······ 267
第四节　利用利好消息和利空消息判断大顶和大底 ······ 268
第五节　盘口语言判大顶 ······ 270
第六节　根据"故事"判断大顶 ······ 277

第十章　如何避免坐过山车 ······ 279

第一节　如何做好高抛低吸 ······ 280
第二节　如何判断支撑位和阻力位 ······ 287

第十一章　散户投资者如何控制风险 ······ 305

第一节　不能参与的股票类型 ······ 306
第二节　仓位管理的重要性 ······ 311
第三节　买入节奏的把控 ······ 314
第四节　止盈和止损的重要性 ······ 314

第十二章　如何才能在股市中长久盈利 ······ 323

第一节　散户投资股票亏损的原因 ······ 324
第二节　想要跑赢大多数散户投资者，必须做到以下两点 ······ 325

后记 ······ 329

第一章 引 论

> 股市唯有学习精，
> 方能获利常轻松。
> 思路方向正确对，
> 一切努力不白费。

第一节
如何快速学习本书内容

一、断舍离的启示

"股市如人生。"这是我在讲课、做节目和与股民交流当中,最常说的一句话。"舍得"是极富人生哲理的一个词,每当我在面临各种选择的时候,这两个字都会派上用场,在股市里我也会经常用到!当您在选股的时候您会犹豫——用哪几个指标或者基本面数据选股好呢?常常是哪个指标都舍不得放弃使用;当您在面临个股二选一的时候也会犹豫——选哪只股票买入好呢?两只股票看着都好,都舍不得放弃;当您在决定买多少仓位的时候也会犹豫——买半仓还是满仓呢?当您在是否止损的时候会犹豫——割不割肉呢?不割肉怕后市还会深跌!割肉又怕后市反涨;当赚了钱在卖出的时候也会犹豫——卖不卖呢?卖了怕继续创出新高连续上涨,不卖又怕股价下跌,赚的钱又赔回去了……

总之"舍得"一词会成为股民投资交易中我们必先学习的一个词。

舍得:顾名思义,舍得舍得,有舍才有得,要想得到,必须学会舍弃。舍得是一种人生智慧,也是一种人生态度。舍得不是舍与得之间的计较,而是对已得和可得的东西进行决断的智慧和境界。舍得既是一种处世的哲学,也是一种做人做事的艺术。舍与得就如水与火、天与地、阴与阳一样,是既对立又统一的矛盾概念,相生相克,相辅相成,存于天地,存于人世,存于心间,存于微妙的细节,囊括了万物运行的所有原理。万事万物均在舍得之中,才能达至和谐,达到统一。

您若真正掌握了舍与得的原理和尺度,便等于掌握了人生的钥匙和成功的机遇。实际上人的一生,也不过就是一舍一得的重复。

懂得了舍得一词的重要性,我们又不得不提到另外一个词:"断舍离",这个词语的道理相信多数股民朋友都能理解。

断,即断绝以前错误的操作方法。如果您一直用自己的意愿去操作股票,年复一年,日复一日,但一直是亏损,一直是深套或者一直在坐过山车,那就有必要去斩断这些错误的思路和方法。

第一章 引论

舍，即舍弃账户当中没办法解救的股票。比如一只个股已经有了退市的风险，您还在对它执迷不悟，抱有幻想，最后只能是严重亏损。再比如一只股票已经涨幅明显过高做顶成功后，您还在坚持，不舍得放弃，以为是主力在洗盘，不做止损，最终也会是被深套，甚至血本无归。

我曾见过多个散户投资者坚持持有乐视网、长生生物、信威集团等股票，直到退市的，其中有个投资者借款70多万买入信威集团的股票，最终血本无归！

离，即脱离对恐慌和贪婪的执念，活在独立思考和理性判断的空间里游刃有余。

断舍离的主角是自己，而不是什么技术分析和价值投资之类的，这是一种以"自己和心态的关系"为核心，而做取舍、做选择的艺术，思路是"我要用，所以它很必要"。

比如学习技术分析的时候，K线图就是"我要用，所以它很有必要"，因为K线图就是学习技术分析最重要的一个指标，其他的技术指标可以以后再了解，但是K线图是所有技术分析者都要用的。

作为一个股民，在投资交易当中总会面临着众多的选择。例如，经常关注我的投资者们都知道近十几年我一直在跟踪关注一只股票"600702沱牌舍得"。

在其中一个阶段性到达高点时我曾预测，价格会有少量回撤，当时建议股友短线出货，大家仔细对照这只个股的K线图（图1-1），观察它从2016年5月3日开始，到接下来的30个交易日的走势，会发现这个操作就是一个断舍离的选择。

600702沱牌舍得在2016年5月3日那天放量涨停后，我给出了短线减仓的判断和建议，还特意提示这是站在短线分析的角度给出的建议，如果站在战略或者说价值投资的角度来看是可以不用减仓的。所以战略和战术的区别是一定要搞清楚的，否则就会出现选择困难症，也就做不到断舍离的境界。

如下图1-1中所示：

当时做出短线减仓的判断，不仅仅考虑了这只股票的节奏，也考虑了整个酿酒板块的节奏。2016年5月3日当天，整个酿酒板块也出现放量，很多关注我的朋友都知道，"放量必震荡"是我的一个顺口溜，短线连续上涨三个交易日以上，出现非正常放量就是短线要注意调整风险，也就是防止放大量那天出现一个短线的高点却穷追不舍。

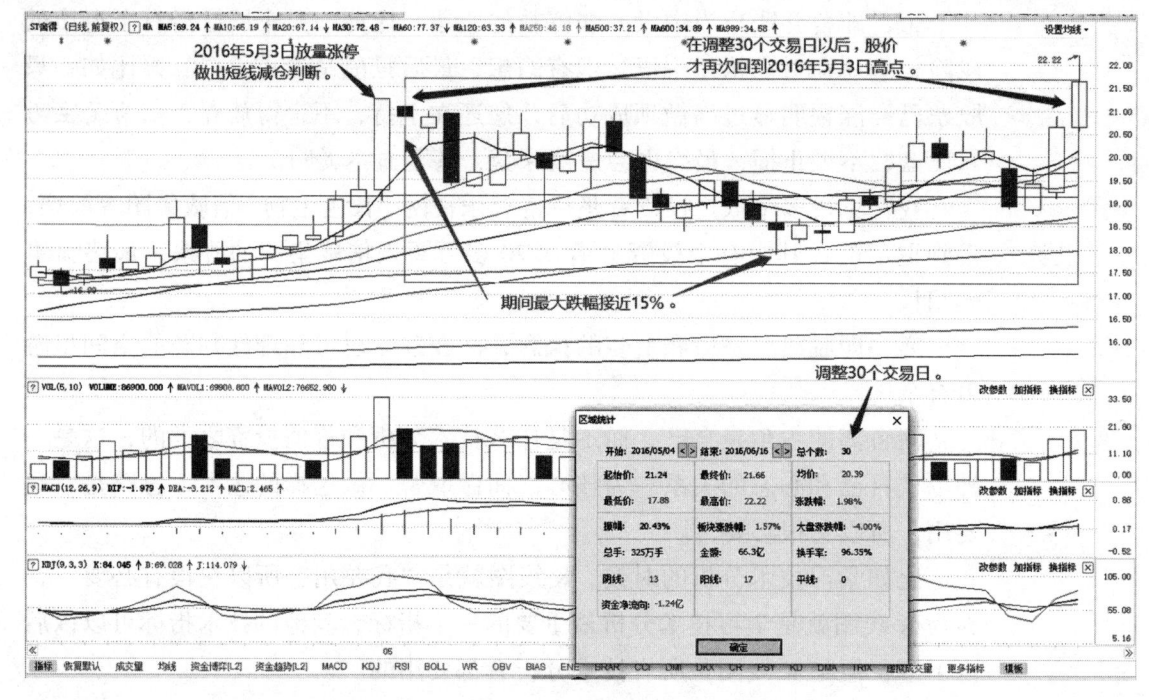

图 1-1

2016年5月4日整个板块和600702沱牌舍得就开始一轮调整，如下图1-2中所示：

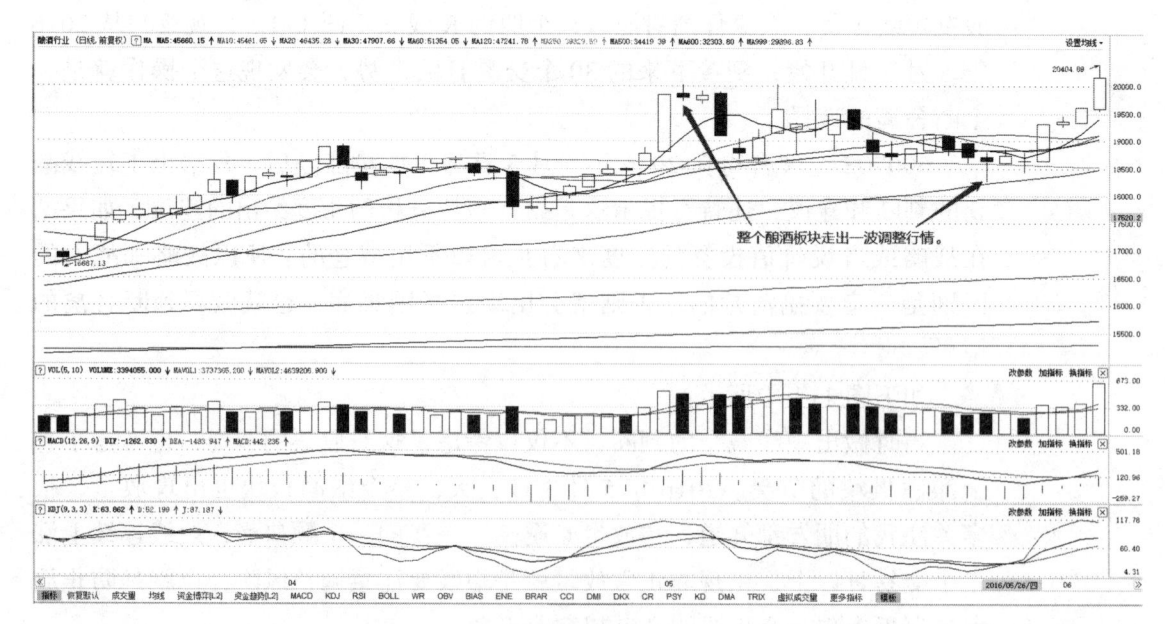

图 1-2

如图 1-2 中所示，这是当时 600702 沱牌舍得放量涨停以后开始调整，假如要是买在涨停板上，那后期的 30 个交易日是很难熬的，熬不住就要割肉出局了，所以择时还是很重要的！

后期我也是一直在跟踪着这只股票，因为它的上市公司的品牌中就含有"舍得"两个字，我非常喜欢这个上市公司的企业文化，这也是我一直跟踪它的一个原因，当然还有其他原因，以后有机会再做表述。

直到 2020 年 7 月初我在抖音上录了一个小视频，提示这只个股已经出现短线加速，和之前的每次阶段性顶部类似，如下图 1-3 中所示：

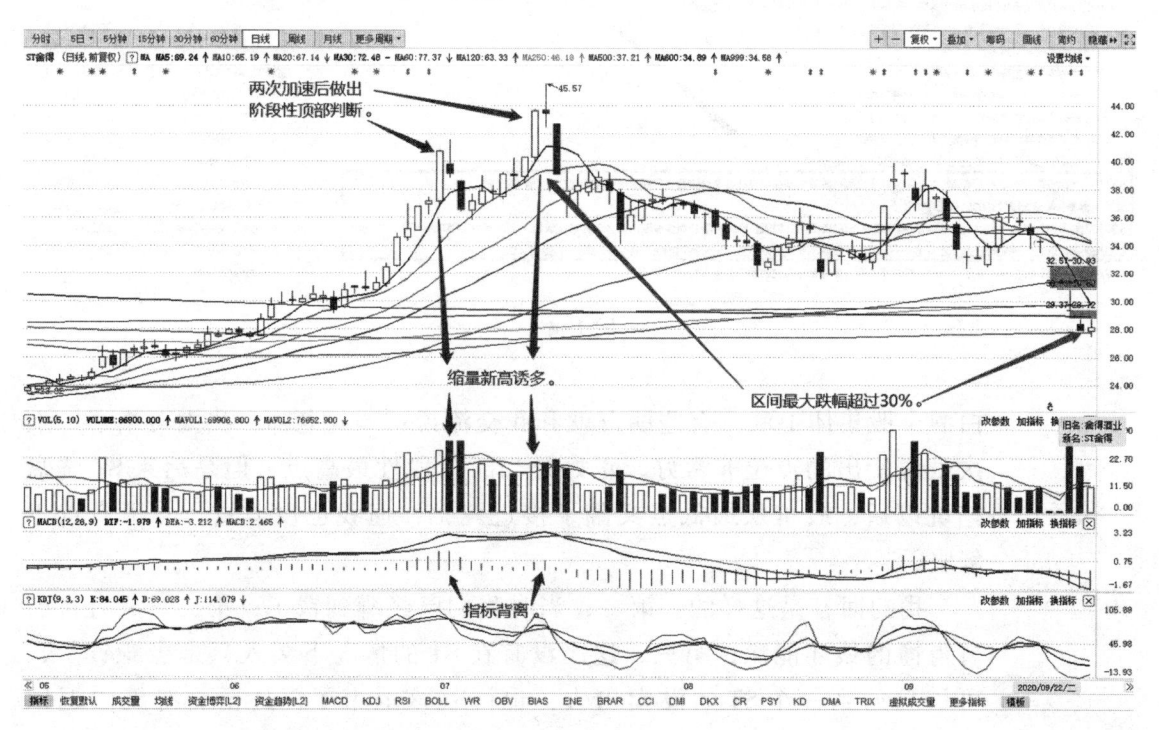

图 1-3

做出阶段性顶部判断之后我就没有再关注沱牌舍得了，因为从卖出以后，在股价下跌的过程中公司一直出利空消息。到了 2020 年 9 月，公司被 ST 带帽，这只股票已经不再符合我的选股标准，属于不能再关注的类型了。即使我再喜欢这个上市公司的企业文化，甚至还有很多其他的理由，这个时候我也要进行取舍，所以直接剔除自选股，没再关注。如图 1-4 中所示。

后来再次关注到这只股票，是在 2020 年 12 月 600702 沱牌舍得最高涨到 96.36 元时，当时的背景是整个白酒板块被基金抱团取暖式的爆炒，所有

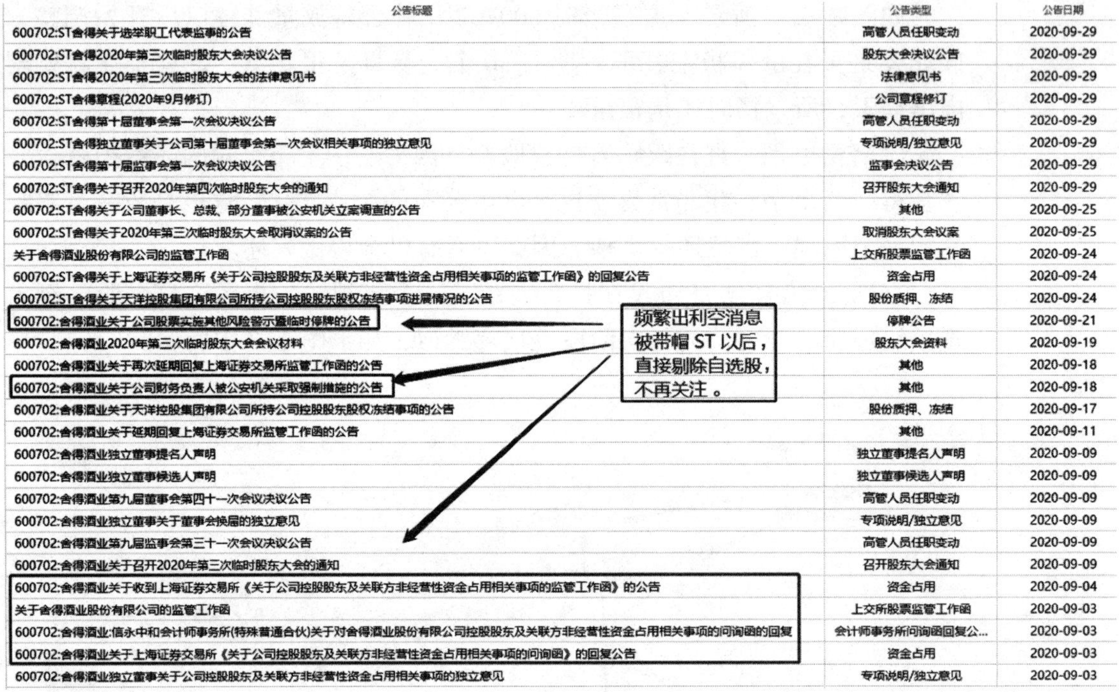

公告标题	公告类型	公告日期
600702:ST舍得关于选举职工代表监事的公告	高管人员任职变动	2020-09-29
600702:ST舍得2020年第三次临时股东大会决议公告	股东大会决议公告	2020-09-29
600702:ST舍得2020年第三次临时股东大会的法律意见书	法律意见书	2020-09-29
600702:ST舍得章程(2020年9月修订)	公司章程修订	2020-09-29
600702:ST舍得第十届董事会第一次会议决议公告	高管人员任职变动	2020-09-29
600702:ST舍得独立董事关于公司第十届董事会第一次会议相关事项的独立意见	专项说明/独立意见	2020-09-29
600702:ST舍得第十届监事会第一次会议决议公告	监事会决议公告	2020-09-29
600702:ST舍得关于召开2020年第四次临时股东大会的通知	召开股东大会通知	2020-09-29
600702:ST舍得关于公司董事长、总裁、部分董事被公安机关立案调查的公告	其他	2020-09-25
600702:ST舍得关于2020年第三次临时股东大会取消议案的公告	取消股东大会议案	2020-09-25
关于舍得酒业股份有限公司的监管工作函	上交所股票监管工作函	2020-09-24
600702:ST舍得关于上海证券交易所《关于公司控股股东及关联方非经营性资金占用相关事项的监管工作函》的回复公告	资金占用	2020-09-24
600702:ST舍得关于天洋控股集团有限公司所持公司控股股东股权冻结事项进展情况的公告	股份质押、冻结	2020-09-24
600702:舍得酒业关于公司股票实施其他风险警示暨临时停牌的公告	停牌公告	2020-09-21
600702:舍得酒业2020年第三次临时股东大会材料	股东大会资料	2020-09-19
600702:舍得酒业关于再次延期回复上海证券交易所监管工作函的公告	其他	2020-09-18
600702:舍得酒业关于公司财务负责人被公安机关采取强制措施的公告	其他	2020-09-18
600702:舍得酒业关于天洋控股集团有限公司所持公司控股股东股权冻结事项的公告	股份质押、冻结	2020-09-17
600702:舍得酒业关于延期回复上海证券交易所监管工作函的公告	其他	2020-09-11
600702:舍得酒业独立董事提名人声明	独立董事提名人声明	2020-09-09
600702:舍得酒业独立董事候选人声明	独立董事候选人声明	2020-09-09
600702:舍得酒业第九届董事会第四十一次会议决议公告	高管人员任职变动	2020-09-09
600702:舍得酒业独立董事关于董事会换届的独立意见	专项说明/独立意见	2020-09-09
600702:舍得酒业第九届监事会第三十一次会议决议公告	高管人员任职变动	2020-09-09
600702:舍得酒业关于召开2020年第三次临时股东大会的通知	召开股东大会通知	2020-09-09
600702:舍得酒业关于收到上海证券交易所《关于公司控股股东及关联方非经营性资金占用相关事项的监管工作函》的公告	资金占用	2020-09-04
关于舍得酒业股份有限公司的监管工作函	上交所股票监管工作函	2020-09-03
600702:舍得酒业:信永中和会计师事务所(特殊普通合伙)关于对舍得酒业股份有限公司控股股东及关联方非经营性资金占用相关事项的问询函的回复	会计师事务所问询函回复公...	2020-09-03
600702:舍得酒业关于上海证券交易所《关于公司控股股东及关联方非经营性资金占用相关事项的问询函》的回复公告	资金占用	2020-09-03
600702:舍得酒业独立董事关于公司控股股东及关联方非经营性资金占用相关事项的独立意见	专项说明/独立意见	2020-09-03

图 1-4

白酒个股集体上涨。有些朋友就和我交流说：“刘老师，我太可惜了，上次虽说卖出的点位非常好，正好是当时阶段性最高点，但是后来ST洗盘挖坑以后，股价从最低点又翻了接近三倍，但我也没敢进，心里有点不舒服。”

我的回答是这样的：第一，当时我们已经赚到钱了；第二，只有自己看得懂的钱才能赚；第三，这次没有在ST的情况下买入只是少赚钱了，可一旦遇到一个ST的没卖出去，也许就该退市了，甚至会有无法返回的失。

我们只能赚自己认知范围内的钱，否则就会失去更多！

在股市投资过程中，有些原则性问题是一定要坚持的，每个人都要有自己的底线，这个底线是不能破的，在人生中如此，在股市中也是一样。有些不该赚的钱就不能去赚，不然怎么赚来的钱就会怎么亏出去。就如同有人触碰了您的底线您是要远离这个人的，因为你们的价值观不同，也就没必要去在乎他了，长期交往下去这个人一定会让您吃亏。

我经常说一句话：如果您能忍受别人不能忍受的，您就能享受别人不能享受的；假如您得到了不该得到的，就一定会失去不该失去的。这就是股市的真理，也是为什么我总在公众号文章最后加上这句话的原因，以后还会为大家仔细阐述其中道理和股市的关系。

股民在投资过程中，尤其是老股民，总会不断重复之前的错误思路和操作方法，常常从一个坑出来又跳到另外一个坑里！假如您多年以来一直都是亏损的，那就一定要改掉错误的选股思路和操作方法，否则就会永远重复亏损的噩梦。

不管是新股民还是老股民，都必须正确理解断舍离的含义，并且真正应用到人生和股市当中，才会让您真正受益。您必须静下心来，认真学习，不断升级，才能逐渐走出亏损的泥潭。

以上就是实战当中的断舍离的真实案例，希望能给各位读者带来启示！

二、正确的学习顺序：纠错—改正—强化—落实

纠错——我们首先要找到亏损的原因，这是也学习的第一步。只有知道亏损原因，才能对症下药。

在纠错之前，我们要先对以前的投资习惯进行分析。

比如：您每次是如何选股的？是自己选股还是听朋友或专家的推荐？如果是自己选股，那您是追热点个股呢还是埋伏低位呢？您每次交易的时候是习惯满仓还是分开建仓呢？您是喜欢做短线还是中长线呢……

这些问题都要一一进行详细的回忆并分析，如果以上选股方法都是亏损的，您必须要改变以往的习惯。只有这样才能迈出纠错第一步。找到了经常亏损被套的原因，我们就可以对症下药，逐步治疗账户亏损的病根了。

改正——找到正确的方法，深入学习，不断改善自己的交易体系，直到能稳定盈利，也就达到了改正的目的。

强化——强化练习自己学到的正确方法，不要在学习的时候认为自己什么都明白，可一应用到实战当中就全忘记了，等做完交易下完单时，才发现这个指标也不好那个指标也不好，这就是没有强化练习的结果。

在强化练习的时候，需要有好的老师指导。大多数人都会有懒惰和着急挣钱的心态，刚学的东西还没熟练就拿去应用，最后造成亏损。自然人们就很容易把这个知识点给否定了，以后也就很难有能信得过的方法了。

一个有自律的人不会有太差的人生，在股市里面自律也很重要。我们要经常强化训练，让正确的投资方法形成习惯，出现了哪个信号就按哪个信号的逻辑去操作，而不是每次都盲目猜测主力是洗盘呢还是出货呢。

当您对某种方法或者指标熟记于心后，一旦遇到突发走势，就能形成条

件反射直接做出相应的交易决策！所以必须要重视强化练习的作用，否则结果就是一学就会，一用就废！

落实——学习的终极目标就是在实战中盈利，要把学习到的知识落实到交易当中，这就是所谓的知行合一。否则我们学了正确的方法，而不去执行不去落实，学习再多的知识又有何用呢？在交易中做到知行合一，才能达到理想的投资结果。

本书我只能带着大家做到前三步，即纠错、改正、强化，而最后一步落实需要各位读者朋友自己去执行了。其实前三步中最重要的就是强化训练，将学习到的知识点落实到交易的过程中肯定还会有各种问题，这些都需要我们在实战当中一一应对，不断升级改善自己的交易体系，只有这样我们才能长久在股市中生存。

三、如何学习才能有更高的效率

所谓学习的心态，这里指的是一种面对任何事情都能以学习的态度来对待，并从中逐渐成长和进步。这样的心态，也是我们所说的"空杯心态"。如果拥有空杯的学习心态，并能持之以恒、一丝不苟地将学习实践付诸行动，就能学习到更多，并能学得更快。

好的心态价值百万，这也是我在给学员讲课中一直强调的一个重要内容，每期课程我都会把有关"心态"的教学内容放在靠前的位置去授课。因为好的学习心态是开启成功之门的金钥匙，我们应当学习成功人士的行为模式和思维模式，让自己高效地学习，好的心态在股市中是盈利的重要基础。

不管干什么行业，只有真正会的人才能赚到钱。我们通过不断的学习行业内成功人士的经验，可以降低犯错概率并节省时间。

他人成功和失败的经验都可以对我们有所启示，成功本身就是一种能力的表现，而能力是需要学习培养才能拥有的。

学习股市知识之前先把心态放平和，学习的过程中不钻牛角尖，抱着挑剔的心态来学习新知识，只会更加肯定自己的思路和理论，即便是错误的，而同时却又忽视了自己应该学习的东西。这样，不能去学习和吸收更优秀的理论，不能及时改正自己的错误，也就不能在股市盈利。

股市是友好的，不要只关注账户的亏损和自己内心的恐慌，只有用开明阳光的态度对待炒股，我们才能获得自己期待的理想投资。

第二节
深度分析自己的股市投资历程及账户现状

"知己知彼，百战不殆。"

《孙子·谋攻篇》中说："知己知彼，百战不殆；不知彼而知己，一胜一负；不知彼，不知己，每战必殆。"

意思是说，在军事纷争中，既了解敌人，又了解自己，百战都不会有危险；不了解敌人而只了解自己，胜败的可能性各半；既不了解敌人，又不了解自己，那每战都是危险的。

"知己知彼，百战不殆"是《孙子兵法》最核心的军事思想，同时他提倡的谋略也是建立在了解敌我双方力量的基础上的，因此我们认为它始终贯穿于《孙子兵法》之中。

"知己知彼，百战不殆"的思想，不管是放在兵法还是炒股上，都是很有用的一句话。对自身条件有足够的了解，才能做好客观的分析，知道自己的优势何在，以此进行谋略和战术安排。对敌方的力量能深入地了解，分析敌人的优势和劣势，才能做到避强击弱，因敌谋略，采取不同的应战方案。知己知彼是为了"运筹于帷幄之中"，以"决胜于千里之外"。

股市中也是一样的道理。我们在股票投资中，一定也要做到知己知彼，才能做到理性投资。试想一下，大多数散户投资者在选股的时候，常常一秒钟就决定了是否买入某只股票，但是在选股之前并没有认真研究过这只股票，很多人可能连这个上市公司是做什么、属于哪个板块都不了解。这个板块的概念或者故事被讲过没有？这只个股所属行业有没有成长性？这只股票是否是在高位，当前又处于什么趋势当中……这些自己都不了解，就敢在一秒钟内决定满仓买进，这样的情况下亏损也就很正常了。

在做股票投资之前，我们一定要先了解自己。以下便是我从业二十几年的经验总结，这些经验不仅仅是我自己的投资经历，更是通过无数个散户投资者亏损的账户总结出来的教训。俗话说，利用别人的错误来使自己成长，这是成本最低的一种方法，这也是股市能盈利的捷径！我在讲课的时候经常说，自己讲课的知识，多数都是用别人亏损几十万几百万甚至几千万的惨痛教训买来的，我清楚地知道他们为什么亏损，为什么总是被深套。

认真回忆过往，我将从以下几个方面剖析投资历程。

一、投资股票资金的属性

我们投入股市的资金是短期自有资金，还是长期自有闲置资金？还是用融资、贷款、朋友借钱等方式获得的资金？

投入股市资金的属性，是我在和股民交流过程中最看重的一个因素，每次有投资者找到我咨询解套方法的时候，我先问的一个问题就是您投入股市的资金是自有资金吗？如果不是自有资金的话，是融资的资金还是贷款的资金？再或者是借朋友的钱呢？

之所以要问这些问题，是因为从业这些年里我见过太多想要借鸡生蛋的投资者，但最终大多都是鸡飞蛋打的结果。

下面是一个真实的案例。我所熟知的一位投资者的股票账户初始资金在2015年股灾之前是4000多万，后来融资又是满仓，市值最高峰期到过8000多万。但是遇到2015年的股灾，直接跌到爆仓，造成严重亏损，截止到2018年11月，账户余额还剩余300多万。

这就是融资加杠杆造成严重亏损的真实案例，希望各位投资者能引以为戒。

如果没有融资杠杆，哪怕是被套牢，只要上市公司不退市，就不会被强行平仓造成爆仓，也就不会造成这样无可挽回的严重损失。

后来和这位投资者电话交流的时候，这位投资者处在几乎崩溃的状态，50多岁的大哥对着电话一直哭诉，生意也因为这次爆仓而无法经营下去了。操作越着急越亏损，最终就是这样凄惨的一个结局！

在这二十几年的股市经历当中，我遇到过太多类似的账户亏损的情况，这是相对典型的一个。

在股市当中最重要的就是要有一个好的心态，如果持有自由资金甚至是长期闲置资金，而不是利用各种渠道借来的资金，就能避免过度悲观和恐慌，心态也就相对会好一点。即便被深套了，我们也可以选择持有不动，用时间换空间，只要不退市就有解套的机会。而长期不用的资金既不会有利息，更不会被强行平仓造成爆仓风险。

如果您投资股市的资金是借来的，其实您的心态就已经输在起跑线上了。因为借来的资金您就会急功近利，会想着挣快钱，可越着急就越会出错！很容易造成大幅亏损！一旦遇到系统性风险，账户里有杠杆资金，不及时止损的话，造成爆仓也就会带来无法挽回的损失。

要想在股市里有个良好的投资心态，一定要使用自有闲置资金来投资，只有这样您才会有良好的投资心态，也更容易会有理想的投资结果。

二、您目前的账户是亏损还是盈利？

我们先分析一下自己账户当前的盈亏情况，回忆一下从您进入股市投资那天起，我们投资股市的原始资金是多少？后来有没有追加过资金？现在还有多少资金？

这些就是在分析您的投资到目前为止是成功的还是失败的。假如现在剩余资金少于股市初始投入的总资金，说明您是亏损的，这个时候就要认真对待这个问题了，否则一条路走到黑的结局还是亏损，会造成无可挽回的损失。

当然，假如您的账户一直是盈利的，那就按着您原有的思路进行投资即可。但账户一直是亏损的，就得先停止交易，先好好学习，不断强化训练，并且落实到实战当中看效果，逐步升级自己的思路，这样才会逐步减少投资失败造成的损失。

再给大家看一个真实的案例。

如图1-5所示，这是在2021年3月一位投资者发过来的账户情况，我们来看一下这位交易者的问题出在哪里。

第一个重点细节就是亏损金额48万多，资产剩余17万多，其中有三只股票单只亏损超过10万元。从这张图我们其实能很清晰地分析出来，这位投资者是经常止损的。买入一只股票亏钱了被套了以后，只要跌的受不了了就会选择止损割肉，然后再买下一只，但结果还是一样亏损，再割肉止损继续买下一只……但每次都是亏损。假如不改变原有的投资思路，这个账户的结局很有可能就是资金全部亏完为止。

对这位交易者，我给他的第一个建议就是停止买入新股，不要再做任何交易，一定要开始认真学习，否则结果不堪设想。

三、您是用什么方法选股的？

是关注政策消息选股，还是听信任的专家推荐选股？或是自己利用技术分析选股？

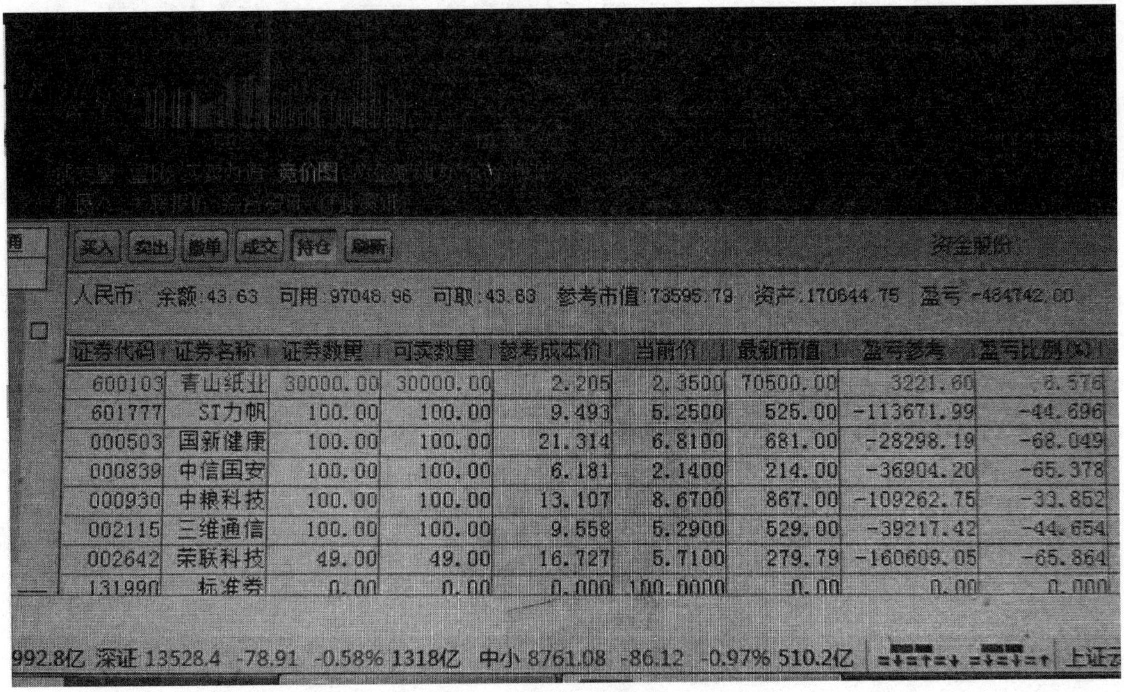

证券代码	证券名称	证券数量	可卖数量	参考成本价	当前价	最新市值	盈亏参考	盈亏比例(%)
600103	青山纸业	30000.00	30000.00	2.205	2.3500	70500.00	3221.60	6.576
601777	ST力帆	100.00	100.00	9.493	5.2500	525.00	-113671.99	-44.696
000503	国新健康	100.00	100.00	21.314	6.8100	681.00	-28298.19	-68.049
000839	中信国安	100.00	100.00	6.181	2.1400	214.00	-36904.20	-65.378
000930	中粮科技	100.00	100.00	13.107	8.6700	867.00	-109262.75	-33.852
002115	三维通信	100.00	100.00	9.558	5.2900	529.00	-39217.42	-44.654
002642	荣联科技	49.00	49.00	16.727	5.7100	279.79	-160609.05	-65.864
131990	标准券	0.00	0.00	0.000	100.0000	0.00	0.00	0.000

图 1–5

如何选股的问题也是很关键的，这是直接决定投资能否盈利的一个关键因素。有一部分投资者就喜欢到处打听所谓的内幕消息，某某领导、某某亲戚或者哪位朋友说了哪只股票怎么好，他也没有思考就直接满仓入场，最终大多数都是亏损被套结局。

这些年有无数投资者和我交流的时候，第一句话就是：刘老师，这只股票我是听那谁谁说的买进的，那只股票是听谁的消息买进的，结果都亏损了。所以听别人的消息推荐选股票，这是很危险的，《证券法》规定禁止相关人士透漏内幕消息，所以这样的消息来源绝大部分是不靠谱的。这些年我见过太多因为所谓的内幕消息被坑的投资者，能真正利用内幕消息赚到钱的更是寥寥无几！

还有一部分投资者，每天关注各个媒体平台的专家，盲目听推荐买入卖出，这种行为长久下去也是必亏无疑。

不管专家推荐某只股票的真实目的如何，我们要首先理解交易逻辑和交易思维，比如有些专家是做价值投资的，你能否连续持有几年？再比如有些专家是短线交易，您知道如何止损何时卖出吗？假如这些答案都是否定的，那您很难从这些专家推荐的股票中赚到钱，盲目跟从的结果大概率也是亏损。

这也是我不去随便推荐股票的一个重要的原因，我认为"授人以鱼，不如授人以渔"，即使给您一只好股票，您不理解背后的操作逻辑是什么，您也赚不到钱。

我讲课经常会说的一句话："把同一只股票给100个股民，最后这100个股民的结果也是不一样的，因为每个股民的情况都不一样的，心态不一样，资金属性不一样，投资经历不一样，操作风格也不一样，最后肯定是有人赚钱出来，有人会亏钱止损出来。"

交易还是要根据自己的经验来选股，即使是亏损我们也能通过学习慢慢提升自己，总会有一天能让自己真正成长起来。

"抱怨没有用，只能靠自己。"

在股市投资过程中，一定要有理性独立的判断，否则一切都随着市场的情绪去做投资，大概率也是亏损的。"股市之路唯有自渡！"这也是我常说的一句话。

假如您一直根据自己的选股思路去选股，还是在亏损当中，也必须先停止交易，踏踏实实学习，升级自己的交易系统，多做强化训练，等到有了理想的学习结果以后，再小仓位进行实战操作，最后逐步成长，达到理想的投资收益！

股市就是不断学习并更新的过程，很多股民都是从亏损开始，在学习升级之后，逐步开始走入正轨，有些股票在慢慢解套，有些也解套出来了，假如一直不去改变，不去学习升级，怎么会有理想的结果呢？

所以股市之路唯有自渡，靠谁都靠不住，包括我在内也是一样，我只是把我的经验传授给大家，至于以后的股市投资之路还是得靠各位股民朋友自己去走。我也真诚地奉劝各位股民一句：在股市投资当中不要轻易相信任何人，所谓的"大师""股神"大多数都是不靠谱的，最终账户密码还是得您自己掌握，账户的交易还是由您自己来完成。

"股海"无边，学习是岸，要想达到理想的投资收益，学习是唯一的选择，而自律和知行合一就是打开成功之门的金钥匙和必要因素！

假如您从进入股市一直就是在亏损被套当中度过，先停止交易吧，把心静下来，找到适合您的投资逻辑进行学习升级，唯有这样才能停止亏损，也唯有这样才能不再恐惧和贪婪。

四、您是如何买入的？

是重仓入场，还是分批买入？有很多股民朋友在做交易的时候总喜欢重仓买，有些所谓的高手或者专家也是在宣传一个理念："散户不需要分批建仓，看准了就重仓买入。"

其中理论其实并没错，但是您能不能和人家一样看错了就立刻止损，赚钱了就及时止盈跑出来呢？假如不能做到及时止盈和止损的话，看准了就满仓重仓进场，还不都是亏损被套这一条路吗？

主力资金在这个市场中多数都是赚钱的，我们要跟踪学习主力的思维方式，换个角度来看问题，也许您得到的答案就是不一样的。我们试想一下主力资金会一天就建仓完毕吗？主力会卖在最高点的最高价吗？主力资金建仓买入的成本都是最低价位吗？主力不会卖在最高点也不会买在最低点，因为主力买卖价格都是一个区间，毕竟主力资金量大，所以买卖都是在一个价格区间内完成建仓和出货的，也就是说主力是分批建仓和分批出货的。

所以奉劝各位股民朋友，不管您有多少资金，都要尽量分批买入，这跟基金定投一个道理，其实很多事情的道理都是相同的。不要总是有怕错过某只股票主升浪，不满仓就涨停了，不满仓总是觉得少赚了，而感到后悔这种心理！其实大多数散户交易的时候每次都怕错过，实际上每次都没错过，但最后发现每次都做错了。

> 分仓操作也是8651海陆空立体交易战法的核心，这个知识点在后面章节中会讲到。

这位股民在和我沟通的时候讲述了自己的投资经历，他是2020年9月才入市的新股民，但从入市的时候就学习所谓的短线操作，天天追涨杀跌，每次都是重仓买题材追热点，大多数情况都是止损出局。到了2021年3月已经亏损了总资金的50%，至此心态也接近崩溃。

我的建议是让他先停止一切买入操作，因为他之前的操作方法已经用了亏损50%的血的教训证明是错误的，假如还执迷不悟急功近利，那他剩余的资金还会逐步减少，早晚会血本无归。所以我给出先停止交易的建议，先学习改变自己，至少先停止频繁割肉止损。

所以建议各位股民朋友，假如您现在还是在不断亏损当中，就要先停止交易，再不断升级自己的交易体系，慢慢学习如何能盈利，只有这样才能逐步走出亏损的恶性循环。如果您现在一直是亏损状态，还继续执迷不悟，大概率后期结果也不会是好的。

　　各位股民朋友要记住这个重要的内容：不要总想着快进快出，因为多数情况下快进了却出不来！所以一定要慢进快出才能长久立足于股市不败之地！在买入的时候要慢半拍，冷静以后慢慢买，因为您压根不能保证买完就一定会立刻上涨，所以给自己留个余地，才会在股市"活的长"。但是卖出的时候要尽量快一些，不要拖泥带水患得患失，只要卖出的时候是盈利就没毛病，因为您只要卖出某只股票的时候是赚钱的，不管赚多赚少，都是对的，少赚可以，但是亏损一定要尽量避免！

　　巴菲特的股市格言：第一条是保住本金，第二条是保住本金，第三条是记住前两条！

五、您的账户仓位是永远满仓状态吗？

　　这些年我见过的很多被套账户，也分析过无数散户投资亏损的账户，有相当一部分散户的账户都是满仓状态，而且基本都是常年满仓状态。

　　大多数股民朋友账户之所以都是满仓状态，是因为他们心里总会想着如果是满仓，一旦股票上涨的话，就会大幅盈利；如果是轻仓位，即使股票上涨也觉得盈利少不满意，所以他们的核心就是想提高资金利用率，使利润最大化。

　　利润最大化本身没有错误，可换个角度想，如果您满仓状态股票上涨是多赚钱了，但是一旦买入以后出现大幅杀跌，您的亏损也会更多。

　　假设您投资股市100万元，满仓买入一只股票，很幸运这只股票从开盘价平开买进后，买完就涨停了，涨停以后您的盈利是多少呢？100万×10%=10万元，本金100万+盈利10万=110万元。

　　似乎看上去不错。

　　但是很不幸，第二天又开始跌停了，这种情况在熊市很常见。110万还是满仓状态，一个跌停是10%幅度吧？110万×10%=11万，110万-11万=99万元。

　　再比如您满仓100万买了一只股票，很不幸，当天从平价开盘之后当天跌停，100万跌10%，损失10万，本金还剩下90万对吗？但是如果再从90万回到100万本金需要涨幅多少呢？损失的10万÷剩余本金90万=11.1%。

由此可以看出，其实买进股票以后跌的时候比涨的时候要快，或者说同样的涨跌幅度，跌的时候损失的资金要比涨的时候的资金多一些。经常满仓的情况下，您损失50%的本金，再想回本，就得买一只个股翻倍才能回本。

继续假设，如果您用100万本金在一只股票10元时买入，当股价跌到5元的时候您亏损每股5元，理论上本金跌去50万，还剩下50万本金在股票里面，那再要想回到100万本金，就要等这只股票再涨到10元您才能解套回本，就需要从5元涨到10元，翻倍才可以。

从10元跌到5元，跌幅50%就达到了，但是从5元再回到10元，就得翻倍涨100%。

这个账要是算明白了，满仓的风险也就很清晰了。

咱们继续算另外一笔账，假如您有100万本金，在价格10元时买入一只股票，买了半仓50万进去。很不幸股价开始下跌，股价跌到5元的时候见底了，不再跌了，主力开始买进建仓了，这个时候如果您把剩余的本金50万买同样一只个股，我们算一下：您当时买入本金是50万，股价跌去50%剩余本金25万，损失25万。您的个股持仓成本是10元没有变化，好了，股价跌到5元了，我们把剩余的本金50万买进去，这个时候您的持仓成本粗略计算一下也许就会降到7.5元了，就不是10元了，对吗？那么股价涨到7.5元，这个时候是不是就可以解套出来了呢？

再从另外一个角度来算一下，您当时本金50万买进的，从股价10元跌到5元您损失了50%，也就是损失25万本金。我们抄底买进以后，等于是新加仓的本金50万＋剩余股票市值25万，合计是75万，对吗？那么75万想回到100万需要盈利25万就可以，25万÷75万＝33.3%，也就是说理论上您加仓以后这只个股涨幅33.3%左右就可以回本解套了！这样想您是否就明白满仓到底风险大不大了呢？

再给大家看一个简单的数学题：

一只股票亏了80%，后来触底后开始反弹，从底部反弹了又赚了80%，请问回本了吗？

股价从 10 元跌到 2 元亏了 80%，从 2 元上涨 80%=（2+2×80%）=3.6 元。

答案是：别说回本了，一半本金都收不回来了。

如果亏 10%，得赚 11% 才能回本。

如果亏 20%，得赚 25% 才能回本。

如果亏 30%，需要赚 43% 才能回本。

如果亏 40%，需要赚 67% 才能回本。

如果腰斩，得翻倍才能回本。

如果亏了 80%，得翻 5 倍才能回本。

……

这个经典的数学题把控制回撤的重要性表达得淋漓尽致，当然进攻很重要，但相比之下，控制回撤才是根基。

想象一下，您如果去追涨停，一旦涨停被砸开，隔日被套 30%，需要 4 个涨停板才能回本。且不说 4 个板多难抓到，就算您天天抓涨停也需要一周才能回本。

经常打牌的人可能会发现一个规律，打完一场牌，和几次大牌的人，往往比和多次小牌的人还赢得多。同样，在生活其他领域也适用这个规律，往往做得好的人，不是做得最多的，而是单次价值很高的人。大多数散户都管不住手，总觉得空仓就不舒服，一定要每天都交易，时刻都看盘。但是真正的高手不出手则已，出手就是吃大肉，吃了大肉就收手，等机会。而散户则喜欢不停地频繁交易，不管大势好坏，经常满仓操作。

平时在实战当中，给一些被套的账户分析解套概率的时候，通过仓位大概就能判断出一个账户能否解套出来。按我多年研究被套账户解套的实战经验来看，如果您账户里面还剩余有 20% 以上的资金，基本上解套的概率都在 90% 以上，这是实战经验的数据统计。

所以不要总是天天满仓做股票投资。如果天天满仓操作，一旦被深套，基本就是要以被动等待为主了，除非您学会做倒波段差价才有机会成功解套出来，但解套时间会非常长，一般人很难坚持，很容易后期心态崩溃反而造成大幅亏损。

千万不要天天满仓持股，一旦做错，最后结局也是很凄惨的！真正的高手其实是要学会适当空仓，因为空仓才会有好的机会介入牛股。一旦满仓了，发现好的股票或者看到市场到底部了，您也没有钱再去跟进，也就会错过很多机会。

"会买的是徒弟，会卖的是师傅，会空仓的是祖师爷。"这是很有道理的一句话，真能深刻理解这句话的含义，就是一次升级。

六、您的账户里持有多少只股票？

在日常工作中和股民交流的时候，遇到过很多账户的持股数量都是不合理的，有的满仓只买一只股票，有的账户买几十只股票。请看下图 1-6 案例：

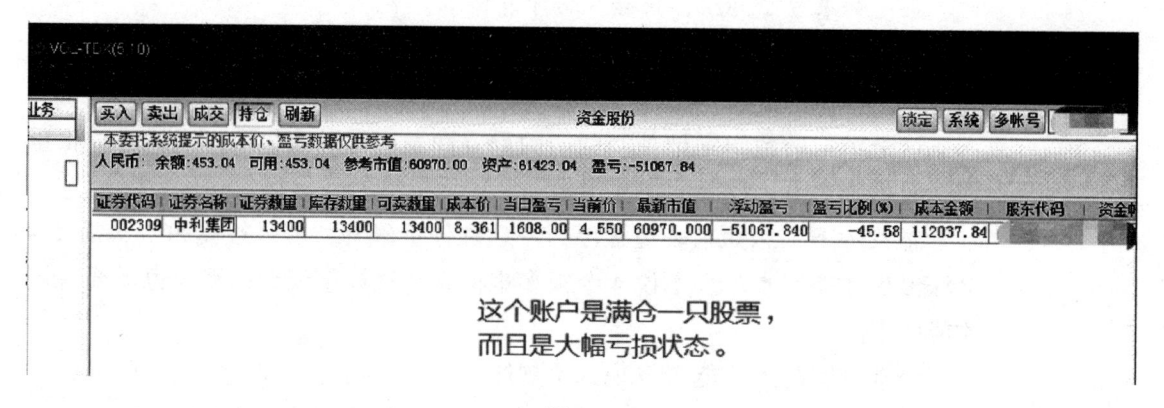

图 1-6

上图中这个案例，持有者满仓一只 002309 中利集团，又是严重亏损状态，要想做解套的话是很难的。从个股形态来看，这只股票基本处于历史相对底部区域，因此不敢随便做倒波段卖出，一旦做不好就会竹篮打水一场空，但是不做差价，死扛着等待解套就又需要等很久。

很不巧，这只个股在 2021 年 7 月出现一个大利空，如图 1-7 中所示：

如图中所示，中利电子为中利集团参股公司，中利集团目前持有 19% 股份。截至 2021 年 6 月 30 日，涉及该业务逾期应收账款合计 87842.8 万元，预付款 77096.4 万元，存货 78300.9 万元。中利集团对中利电子长期投资余额为 19752.2 万元，若参股公司中利电子出现预付账款损失、应收账款无法收回、存货无法变现等重大损失，将导致长期股权投资损失。

从以上内容可以看出，中利集团 2021 年的业绩堪忧，满仓一只个股遇到这种大利空对于我们来说是很被动的，这也是满仓一只个股的风险。

图 1-7

继续看个案例，如图 1-8 中所示：

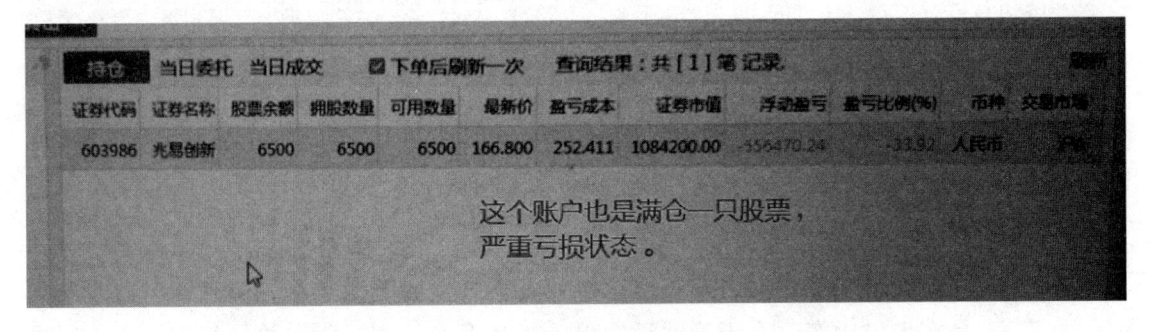

图 1-8

这个账户也是满仓一只股票，持有者在高位买的 603986 兆易创新，截至 2021 年 3 月还在被深套当中。这种极端的满仓一只个股的风险是显而易见的，建议各位投资者千万不要这么做。

再看另外一种极端账户，如图 1-9 中所示：

这个账户持股数量超过了 30 只，赶上行情好的时候亏损不多，一旦行情不好大多数都是亏损状态，总体还是会亏钱的。

8561 A股特色股票投资交易体系

证券代码	证券名称	证券数量	可卖数量	参考成本价	参考市价	参考市值	参考盈亏	盈亏比例(%)
600028	中国石化	1300.00	1300.00	4.759	4.6100	5993.00	-194.14	-3.131
600111	北方稀土	600.00	600.00	10.060	22.2100	13326.00	7290.30	120.775
600276	恒瑞医药	500.00	500.00	88.652	89.5900	44795.00	469.21	1.058
600312	平高电气	3200.00	3200.00	8.011	6.8100	21792.00	-3843.43	-14.992
600371	万向德农	1140.00	1140.00	7.180	11.7900	13440.60	5255.73	64.206
600547	山东黄金	704.00	704.00	19.118	21.9100	15424.64	1965.46	14.604
601456	国联证券	600.00	600.00	-4.515	13.2800	7968.00	10676.88	0.000
601857	中国石油	1300.00	1300.00	5.861	4.5100	5863.00	-1756.08	-23.051
601916	浙商银行	1000.00	1000.00	4.700	4.2200	4220.00	-480.00	-10.213
601933	永辉超市	3400.00	3400.00	8.786	6.9300	23562.00	-6309.61	-21.125
603160	汇顶科技	300.00	300.00	237.375	112.0800	33624.00	-37588.38	-52.784
603444	吉比特	100.00	100.00	177.453	324.8400	32484.00	14738.74	83.057
603500	祥和实业	1220.00	1220.00	14.940	12.2800	14981.60	-3245.67	-17.805
603683	晶华新材	600.00	600.00	29.429	14.7700	8862.00	-8795.38	-49.811
603697	有友食品	1000.00	1000.00	3.722	16.2900	16290.00	12567.89	337.668
603967	中创物流	700.00	700.00	16.806	12.4700	8729.00	-3035.00	-25.800
002008	大族激光	400.00	400.00	34.681	39.0300	15612.00	1739.79	12.540
002202	金风科技	1800.00	1800.00	8.157	13.6100	24498.00	9815.21	66.851
002230	科大讯飞	1700.00	1700.00	31.141	46.3700	78829.00	25890.04	48.903
002281	光迅科技	2100.00	2100.00	33.210	21.8900	45969.00	-23771.65	-34.086
002475	立讯精密	980.00	980.00	43.800	38.2000	37436.00	-5487.91	-12.785
002555	三七互娱	2300.00	2300.00	38.577	26.3100	60513.00	-28214.41	-31.799
002642	荣联科技	9300.00	9300.00	7.878	4.1000	38130.00	-35131.18	-47.956
002645	华宏科技	1100.00	1100.00	7.636	13.1000	14410.00	6010.41	71.556
002690	美亚光电	300.00	300.00	19.670	42.5300	12759.00	6857.86	116.218
002782	可立克	200.00	200.00	7.961	13.6500	2730.00	1137.84	71.461
002916	深南电路	140.00	140.00	77.324	97.3000	13622.00	2796.63	25.834
003816	中国广核	500.00	500.00	2.414	2.9300	1465.00	258.00	21.375
128136	立讯转债	3.00	3.00	100.000	113.1000	339.30	39.30	13.100
300015	爱尔眼科	780.00	780.00	31.513	58.0000	45240.00	20659.96	84.051
300132	青松股份	100.00	100.00	18.658	21.4600	2146.00	280.16	15.018
300136	信维通信	1100.00	1100.00	34.694	27.5600	30316.00	-7846.85	-20.563

图1-9

经过交流之后得知，这位投资者就是不会把握卖点，持有的多数股票都是在坐过山车，今天挣钱没卖出，过几天又亏了，账户总是起起伏伏，很难做到盈利出场。

账户如果经常这种状态最后也是很难在股市中盈利的。这个账户的状态目前还是理想的，但有的账户比这更糟。请看图1-10中所示：

如图中所示，这个账户曾经买过48只股票，但是买完以后都没能长期持有，这就是典型的记账式操作思维。单独评价这种操作思路本身就是错误的，此账户截至2021年3月还有资产12.3万元，但是亏损金额是33.6万元。如果一直执迷不悟地持有下去，这个账户最后的资金会全部亏掉，基本是没

人民币　收益曲线

资金余额	436.33	可取金额	436.33	持仓盈亏	-336042.12
冻结金额	0.00	股票市值	123374.20	当日盈亏 ①	-1170.08
可用金额	436.33	总 资 产	123810.53	当日盈亏比	-0.94%

止盈止损　账户清仓

明细	证券代码	证券名称	股票余额	可用余额	市值	成本价	市价	参考盈亏	盈亏比例(%)	当日盈亏	当日盈亏比(%)	仓位占比(%)	冻结数量	交易市场	持股天数
	601995	中金公司	600	600	30630.000	65.087	51.050	-9923.540	-21.567	-786.00	-2.50	24.74	0	上海A股	42
	300858	科拓生物	400	400	21752.000	66.877	54.380	-7685.860	-18.687	0.00	0.00	17.57	0	深圳A股	67
	002194	武汉凡谷	1200	1200	14472.000	15.753	12.060	-8963.240	-23.443	0.00	0.00	11.69	0	深圳A股	87
	600621	华鑫股份	600	600	10368.000	18.276	17.280	-4488.150	-5.450	-114.00	-1.09	8.37	0	上海A股	259
	000591	太阳能	1100	1100	7975.000	6.778	7.250	-3986.680	6.964	0.00	0.00	6.44	0	深圳A股	38
	002145	中核钛白	700	700	6377.000	10.668	9.110	-1090.660	-14.604	0.00	0.00	5.15	0	深圳A股	25
	300316	晶盛机电	100	100	3177.000	30.775	31.770	-4414.100	3.233	0.00	0.00	2.57	0	深圳A股	129
	000636	风华高科	100	100	3027.000	30.789	30.270	-532.690	-1.686	0.00	0.00	2.44	0	深圳A股	197
	603363	傲农生物	130	130	1801.800	19.912	13.860	-22770.650	-30.394	-63.70	-3.41	1.46	0	上海A股	401
	000831	五矿稀土	101	101	1683.670	18.236	16.670	-14379.730	-8.587	0.00	0.00	1.36	0	深圳A股	1584
	002123	梦网科技	100	100	1506.000	20.679	15.060	-11455.750	-27.172	0.00	0.00	1.22	0	深圳A股	266
	601016	节能风电	300	300	1389.000	3.728	4.630	-4970.250	24.195	-153.00	-9.92	1.12	0	上海A股	59
	300113	顺网科技	100	100	1346.000	17.075	13.460	-2216.720	-21.171	0.00	0.00	1.09	0	深圳A股	73
	601919	中远海控	100	100	1133.000	7.382	11.330	-9809.370	53.481	37.00	3.38	0.92	0	上海A股	1409
	118000	嘉元转债	10	10	1129.500	100.000	112.950	129.500	12.950	0.00	0.00	0.91	0	上海A股	11
	002999	天禾股份	100	100	1119.000	13.018	11.190	-732.210	-14.042	0.00	0.00	0.90	0	深圳A股	125
	600837	海通证券	100	100	1109.000	16.028	11.090	-15655.200	-30.809	-83.00	-6.96	0.90	0	上海A股	1521
	002100	天康生物	100	100	1107.000	12.349	11.070	-733.950	-10.357	0.00	0.00	0.89	0	深圳A股	318
	300134	大富科技	100	100	946.000	15.043	9.460	-26435.580	-37.114	0.00	0.00	0.76	0	深圳A股	471
	600160	巨化股份	100	100	865.000	7.897	8.650	-4431.610	9.535	5.00	0.58	0.70	0	上海A股	259
	600489	中金黄金	100	100	840.000	11.419	8.400	-15491.820	-26.438	-5.00	-0.59	0.68	0	上海A股	1143
	600418	江淮汽车	100	100	834.000	13.256	8.340	-4271.800	-37.085	-8.00	-0.95	0.67	0	上海A股	1445
	002600	领益智造	100	100	803.000	8.244	8.030	-7475.890	-2.596	0.00	0.00	0.65	0	深圳A股	473
	300099	精准信息	100	100	775.000	9.267	7.750	-5722.220	-16.370	0.00	0.00	0.63	0	深圳A股	136
	300147	香雪制药	100	100	711.000	10.619	7.110	-4901.860	-33.045	0.00	0.00	0.57	0	深圳A股	106
	000586	汇源通信	100	100	708.000	14.419	7.080	-13983.310	-50.898	0.00	0.00	0.57	0	深圳A股	364
	001696	宗申动力	100	100	703.000	9.318	7.030	-8087.630	-24.555	0.00	0.00	0.57	0	深圳A股	151
	600728	佳都科技	100	100	667.000	9.371	6.670	-617.400	-28.823	5.00	0.76	0.54	0	上海A股	1170
	002413	雷科防务	100	100	604.000	10.322	6.040	-9132.530	-41.484	0.00	0.00	0.49	0	深圳A股	148
	601888	中国中免	2	2	598.000	36.243	299.000	-1200.440	724.987	7.92	1.34	0.48	0	上海A股	1391
	601390	中国中铁	100	100	572.000	11.539	5.720	-3434.200	-50.429	-7.00	-1.21	0.46	0	上海A股	1436
	600115	东方航空	100	100	529.000	7.333	5.290	-1666.280	-27.860	4.00	0.76	0.43	0	上海A股	1433
	300173	福能东方	100	100	513.000	8.343	5.130	-3175.500	-38.511	0.00	0.00	0.41	0	深圳A股	96
	000001	平安银行	20	20	415.000	13.238	20.750	-3930.300	56.746	0.00	0.00	0.34	0	深圳A股	1453
	601669	中国电建	100	100	400.000	8.537	4.000	-794.360	-53.145	-9.00	-2.20	0.32	0	上海A股	1440
	300278	华昌达	100	100	338.000	7.798	3.380	-11810.020	-56.656	0.00	0.00	0.27	0	深圳A股	131
	300217	东方电热	100	100	297.000	4.391	2.970	-2544.750	-32.362	0.00	0.00	0.24	0	深圳A股	93
	002242	九阳股份	1	1	29.950	15.594	29.950	-7449.280	92.061	0.00	0.00	0.02	0	深圳A股	1563
	300056	中创环保	4	4	26.680	13.861	6.670	-10015.180	-51.879	0.00	0.00	0.02	0	深圳A股	1434
	300355	蒙草生态	6	6	26.520	7.953	4.420	-4337.330	-44.423	0.00	0.00	0.02	0	深圳A股	1638
	002441	众业达	2	2	14.800	16.611	7.400	1151.390	-55.451	0.00	0.00	0.01	0	深圳A股	1426
	000630	铜陵有色	5	5	13.200	12.766	2.640	-13244.830	-79.320	0.00	0.00	0.01	0	深圳A股	1523
	000552	靖远煤电	4	4	11.000	10.699	2.750	-7775.270	-74.297	0.00	0.00	0.01	0	深圳A股	1643
	600177	雅戈尔	1	1	8.210	23.177	8.210	-6642.890	-84.577	0.03	0.37	0.01	0	上海A股	1414
	600686	金龙汽车	1	1	6.390	9.354	6.390	-5849.860	-31.687	-0.06	-0.93	0.01	0	上海A股	1320
	002031	巨轮智能	3	3	5.370	8.661	1.790	-11986.270	-79.333	0.00	0.00	0.00	0	深圳A股	1411
	000510	新金路	1	1	4.430	9.267	4.430	-3806.800	-52.196	0.00	0.00	0.00	0	深圳A股	1549
	600011	华能国际	1	1	4.300	7.482	4.300	-6467.230	-42.529	-0.23	-5.08	0.00	0	上海A股	1632
	600675	中华企业	1	1	3.380	6.154	3.380	-6831.800	-45.076	-0.04	-1.17	0.00	0	上海A股	--
汇总					123374.200			-336042.120		-1170.08		99.65			

图 1–10

有解套的可能了。

再来看一个案例，如图 1–11 中所示：

这个案例也是重仓持有 30 多只股票，最终还是严重亏损。所以股票多了不一定能够盈利，因为多数投资者并不能像专业的基金经理一样能在适当的位置止盈，这种方法不会有好的投资收益。

这些买入多只股票分散风险的做法，遵循的是不能把鸡蛋放在一个篮子里面，其实分散投资并没有问题，但如果找到了不结实的篮子，每个篮子放一个鸡蛋，结果还是会让鸡蛋碎掉。所以必须要做到合理的分散才能达到理想的投资效果。

8561 投资语录：股市分散投资比的是哪个篮子结实，而不是比的谁的篮子多！

代码	名称	持仓数量	可用数量	参考成本价	参考市价	参考市值	参考盈亏	盈亏比%
600008	首创股份	6000.00	6000.00	4.539	4.3100	25860.00	-1371.58	-5.0
600030	中信证券	50000.00	50000.00	28.271	17.4800	874000.00	-539526.79	-38.1
600193	创兴资源	6000.00	6000.00	13.700	12.0100	72060.00	-10139.30	-12.3
600220	江苏阳光	45000.00	45000.00	4.816	4.6800	210600.00	-6119.33	-2.8
600256	广汇能源	100.00	100.00	474.107	4.4800	448.00	-46962.67	-99.05
600456	宝钛股份	2000.00	2000.00	20.632	19.6000	39200.00	-2063.23	-5.00
600601	航天晨光	1000.00	1000.00	25.593	18.7200	18720.00	-6873.19	-26.85
600545	新疆城建	2000.00	2000.00	11.420	10.0500	20100.00	-2740.46	-11.99
600580	卧龙电气	2000.00	2000.00	16.555	9.9900	19980.00	-13130.64	-39.65
600760	*ST黑豹	4000.00	4000.00	12.607	9.7400	38960.00	-11467.08	-22.74
600765	中航重机	2000.00	2000.00	19.991	15.1900	30380.00	-9602.83	-24.01
600846	同济科技	5000.00	5000.00	11.260	10.0500	50250.00	-6048.07	-10.74
601211	国泰君安	4000.00	4000.00	21.039	18.8500	75400.00	-8757.25	-10.40
601628	中国人寿	3000.00	3000.00	27.179	25.7800	77340.00	-4196.36	-5.14
601989	中国重工	2000.00	2000.00	10.173	6.9600	13920.00	-6426.51	-31.58
000001	平安银行	21600.00	21600.00	11.772	9.4500	204120.00	-50158.38	-19.725
000009	中国宝安	2375.00	2375.00	14.208	10.4600	24842.50	-8902.15	-26.380
000559	万向钱潮	6000.00	6000.00	19.650	14.6900	88140.00	-29758.21	-25.242
000812	陕西金叶	1000.00	1000.00	17.137	13.2200	13220.00	-3917.06	-22.857
000939	凯迪生态	2000.00	2000.00	13.751	10.8300	21660.00	-5841.10	-21.242
002162	悦心健康	3900.00	3900.00	11.504	7.1100	27729.00	-17135.36	-38.195
002163	中航三鑫	2000.00	2000.00	10.505	8.3800	16760.00	-4250.72	-20.228
002249	大洋电机	4000.00	4000.00	12.309	10.0200	40080.00	-9155.58	-18.596
002307	北新路桥	2000.00	2000.00	11.305	9.2700	18540.00	-4070.45	-18.001
002449	国星光电	2000.00	2000.00	15.962	15.1900	30380.00	-1544.62	-4.836
150019	银华锐进	2441696.00	2441696.00	1.204	0.8640	2109625.34	-829810.11	-28.239
150210	国企改B	78681.00	78681.00	1.004	0.7170	56414.28	-214763.20	-28.586

图 1–11

从这些年的从业经历中我看过各式各样的账户，基于对这些账户的分析，我总结了一些解套的方法或者一些股市投资方法，这也是我建立在这些亏损账户买出来的经验之谈。

在持股数量的建议：假如您持有股票价值在 500 万以下，其实有 3～4 只战略看多的股票来回做就足够了，千万不要随便持股太多股票，因为您根本看不过来，这会让本来能赚钱的股票最后亏损出局。对于高于 500 万以上的就要根据实际资产量来安排了，以后有机会再交流这方面的知识点。

七、股票预期要切合实际

您每次买入股票的时候，是不是总想着能买完就涨停，买完就走主升浪，买完就能连续上涨翻倍甚至几倍？

我从业的这些年见过无数的投资者，其中大部分投资者还是喜欢做短线的，因为做短线见效快，快进快出天天能做交易。每个人都是想着买完就能涨停，但多数情况下都是事与愿违，有些追涨停板的，可能在涨停板上排队才能买进去，但买进去以后大多数都不会连续上涨，更多的情况下还是股民自己一厢情愿，最后被套。

短线投资者的共性就是急功近利，总想着短期一夜暴富，这时候已经输在起跑线上了。因为您越着急赚钱越容易亏钱，每次做交易的时候这种急功近利想赚快钱的思路，和股市外的道理也是一样的。正常情况下，大家都会踏实工作，只赚和自己能力匹配的钱。但是有些人总想着走歪门邪道，想不受累就能赚快钱、赚大钱，铤而走险触犯法律底线，结果就是毁掉了自己的一生！

股市如人生，在股市投资中，也是一样的道理。各位股民朋友客观地想一下，买到主升浪的起涨点，是每个人都希望的，那主力资金会怎么想？如果有一种方法，能准确买在起涨点，这个市场还有亏钱的吗？

我们一定要清楚一点：在每只个股的主升浪起涨点可能会有相似的信号，但绝对不是每只个股都给出相同的信号。所以不管是哪种方法，都是一种概率，这就要求我们一定要把风险放在第一位，不要急功近利去盲目追求涨停板或主升浪。

投资股市是一个长期的过程，而不是买一只股票买到了起涨点，抓住了一波主升浪就算投资成功的思维方式。这次您用这个方法抓到涨停板或主升浪了，赚到快钱了，下次您可能还会用相同的思路去做重仓，也许这个时候就会让您加倍奉还回去。

> 8561投资语录：得到了不该得到的得到，就会失去不该失去的。

欲速则不达，在股市里多数短线投资者都是不赚钱的，止损的时候多一些，所以在股市里面永远都是比谁能少犯错误，而不是看谁能赚快钱。

> 8561投资语录：在股市里看谁活的长，而不是看谁活的猖！

巴菲特的投资经历告诉我们，要想真正在股市成功靠的是滚雪球式的思维方式，或者说是复利的思路，只有本金安全＋复利模式，才能成为股市常青树。

八、您是否在频繁换股票操作？

恨不得股市天天都开盘，这样就能天天换股票做交易，这种想法要不得。

在平时和股民交流过程中，我会经常听到有些股民说："要是天天都能开盘该多好啊，周六日真是难熬啊。"

在大多数情况下，可能多数股民账户都是被套状态，但即便如此很多股民也希望天天开盘才好，因为只要开盘，股民就能看到股价波动，股民觉得就有机会！

很多股民亏钱就亏在频繁换股，买了股票拿不住，要么止损出局，要么赚点小钱就出来了。长此以往，哪天回头一看，"这只股票我买过，没拿住，止损卖出去后现在翻倍了。那只股票我也买过，赚了一点小钱就卖出了，现在已经翻了好几倍了"……像这样的案例我见得太多了，多数股民都有过这样的经历，但每次操作的时候还是会和以前一样频繁换股，追高追错后刚割肉止损，还敢立刻用和之前一样的思路再买一只股票进去，也就是我经常说的，很多股民都是从这个坑里断了一条腿刚重伤爬出来，可出来一秒钟以后又跳到另外一个坑。一坑更比一坑深，每坑都能伤重金！

另外还有更多的股民朋友，每次买股票甚至不清楚上市公司的主营业务，有些连股票名字都没记住就直接满仓进场，可以说是勇气可嘉，但最终结果多数都是惨淡的。

"8561"中的数字1有一个含义是：专一。

意思是如果能找到一只有潜力的业绩不错的股票，拿住了，来回做波段，这样的风险会更小一些。因为每只股票都是有股性的，这个股性就是每个主力的操作风格。长期研究跟踪一只股票，您会逐步熟悉这只股票的波段节奏，这样也就会慢慢踏准这只个股的节奏，操作起来也就顺手得多。

股市如人生，和生活中交友是一样的道理。如果您想有一个知己，但是您今天和这个人称朋友，明天和那个人称知己，却和哪个朋友都不能用心交流，最后谁能跟您成为知己呢？股市同理，频繁换股票换的越多，对操作结果越不利！

九、稳稳持有股票

您是不是在买了股票以后,涨也怕,跌也怕,只有被深深套住了才觉得踏实?

我在股海沉浮多年,各种行情经历了数遍,牛熊转换有几轮,其中见到过的散户投资者不计其数,有还在联系的,有的一面之缘再无缘相见。

每次和投资者交流的时候,多数人都会说出自己内心的一些话,听得最多的可能就是:"我买一只股票,刚涨了一点害怕会跌就卖出去了,结果股票价格就翻倍了。下次买了赚钱不再卖出了,拿住了,结果就开始被套亏损,这个时候也害怕,但是最后套多了又不怕了。"

很多人都会想爱咋咋地吧,反正也套着了,就不动了,就这样一路套下来,最后浅套变为深套,直到有一天可能快到底了实在忍不住了也许就会割肉,结果刚割完肉股票开始做底成功就反弹起涨了。

像这种案例不在少数。也许是市场把散户捉弄怕了,买了股票赚到一点钱就跑了,股价就继续上涨;买了股票跌了就拿住不动了,股票越亏越多。所以在大多数情况下,散户做出的决定都是错误的。很多散户投资者抱怨:"主力就差我这点吗?我卖完就涨,买完就跌。"这就造成散户投资者买了股票涨也怕,跌也怕,真要是深套了也就破罐子破摔,天不怕地不怕了。

其实像这种情况,主要还是由于自己在做交易的时候没有计划,也不知道股票涨跌的真正逻辑是什么!您买的位置对不对?这只股票的故事讲完了没有?这只股票上市公司基本面发生变化了没有?所有这些问题都没有搞清楚,您就敢满仓买进去,才会导致涨也怕、跌也怕的情况。

所以一定要多学习,掌握股票涨跌背后的逻辑,就不再天天担惊受怕地在股市生存了,否则最后在股市没赚到钱,更徒增了烦恼,那就得不偿失了。

十、避免追涨杀跌

您是否还在追涨杀跌?您是否总是在反复止损割肉?

追涨杀跌是很多散户投资者常做的事情。股票一涨了就冲动秒杀进场,股票跌到受不了了就一刀砍下去,这种操作习惯是中国大多数股民的现状。请看以下案例,如图1-12所示:

如图中所示,大家可以仔细看一下,这个账户中亏损90%以上的都是割肉的股票,每次割肉以后就拿着钱去买其他股票,结果买完了大概率还是亏损,然后再割肉去买另外一只股票,如此重复⋯⋯

8561 A股特色股票**投资**交易体系

证券代码	证券名称	证券数量	可卖数量	参考成本价	参考市价	参考市值	参考盈亏	盈亏比例(%)
000558	莱茵体育	50.00	50.00	2401.189	3.4100	170.50	-119749.00	-99.858
000652	泰达股份	32.00	32.00	1091.898	3.8100	121.92	-34781.70	-99.651
000700	模塑科技	5100.00	5100.00	12.041	3.7200	18972.00	-42386.34	-69.106
000848	承德露露	12900.00	12900.00	10.094	7.9800	102942.00	-27241.58	-20.943
000977	浪潮信息	8500.00	8500.00	26.325	21.3700	181645.00	-42062.18	-18.822
002006	精功科技	100.00	100.00	574.494	4.8900	489.00	-56896.44	-99.149
002177	御银股份	20300.00	20300.00	10.802	5.6200	114086.00	-105059.58	-47.973
002183	怡亚通	2100.00	2100.00	19.693	4.4800	9408.00	-31910.66	-77.251
002355	兴民智通	100.00	100.00	368.256	6.7500	675.00	-36111.80	-98.167
002356	*ST赫美	100.00	100.00	72.430	2.5900	259.00	-6977.06	-96.424
002736	国信证券	100.00	100.00	644.386	13.7100	1371.00	-62996.05	-97.872
150206	国防B	91.00	91.00	1.344	0.5270	47.96	-130774.07	-60.789
300005	探路者	5100.00	5100.00	5.005	4.0100	20451.00	-5067.73	-19.880
300014	亿纬锂能	2200.00	0.00	23.167	30.8900	67958.00	16969.19	33.336
300368	汇金股份	100.00	100.00	1437.323	7.0200	702.00	-142862.26	-99.512

人民币：余额：40377.09 可用：40377.09 可取：40377.09 参考市值：519298.38 资产：559675.47 盈亏：-827907.26

图 1-12

像这样反复割肉止损类型的账户我也见过不少，其中最严重的一个账户剩余金额只有当时投入股市的10%了，也是一只股票留了100股记账用。假如一直不去改变自己，继续按照原有的操作思路去做，最后的结果也是一样，大多数资金都会割肉割没了。

即使账户没有以上这种惨状的投资者，可能也一直在重复着这种错误的操作方法。您应该停下来思考，止损割肉一只股票是偶然，割肉两只可以说是运气不好，可如果每次买完以后的结果都是如此，这就不是偶然了。

股市中最可怕的人就是执迷不悟的人，机械式的操作都麻木了，对亏损习以为常，这样做的结果必定是面临惨淡的结局！

我会很严肃地告诉这些账户的持有者："先停止交易吧，一定先好好认真的学习，否则最后账户的结果不会好的。"因为我很确定自己的判断，投资者这样的操作习惯注定是要把钱都亏光的，不是我有多厉害，而是这些投资者的操作结果很能说明问题，甚至一些外行人一看就明白，只有他自己还蒙在鼓里，觉得可以用新买的股票弥补之前的亏损，但往往事与愿违，越操作反而亏得越多，直到最后无法挽回。

所以如果正在看书的您也有这样的操作习惯，也请您先停止交易吧，先退出股市，好好系统学习正确的投资思路，否则您永远看不到您想要的盈利结果。

十一、计算股市资金的亏损

自己计算一下，从进入股市开始亏损了多少钱了？亏损的钱占自己投入股市总资金量的比例是多少？

这个问题相信多数股民心里都有数，现在请您再仔细计算一下，投入股市的初始资金是多少？后来又追加资金了没有？合计投入股市是多少钱？现在账户还剩余多少资金？

假如结果是亏损的，那我也建议您先停止交易，先好好学习吧，千万不要再随便操作了，因为事实证明您的股市投资是失败的。股市盈亏的定律是"七亏两平一赚"，要想成为两平或者一赚的少数人，那就要付出比七亏的那部分人更多的精力来学习，投入更多的资金来学习，否则您还是跑不出那个七亏的圈子。

友情提示，假如您是盈利的，那就继续按照自己以前的投资思路进行，也不必改变什么，因为事实证明您是属于散户中的佼佼者，继续发挥自己的优势即可，股市就是一个不断博弈的地方，您赚钱就会有人亏钱，股市里永远是明白人赚糊涂人的钱，永远都是有耐心爱学习的人赚那些懒惰不学习的人的钱。这是改变不了的铁律。

这里还要郑重提示一下，假如您计算完了，投入股市的总资金到现在还是亏损的，尤其是严重亏损的，那我劝您千万不要再随意交易了，因为您剩余的资金都做不好，还继续往股市里追加资金，这就是输急眼的前奏。不要总想着多加点资金就能把亏损的赚回来，这是不现实的，只有先学习好了，把剩余的资金做得能够盈利了，再说往股市里追加资金的问题，否则一切免谈。

在充分剖析自己以后，这是知己知彼的第一步知己，第二步要进行知彼的分析，具体也是先从实战的角度来回答。

第三节
从实战角度读懂股市背后的逻辑

一、您想买入股票的所属板块或相关概念在之前 3 年内有没有被充分炒作过？

很多投资者每天都在乐此不疲地寻找着这概念那概念，本身寻找板块机会没有错误，错误的是很多投资者不知道哪些概念会成为下个风口。

从行业板块来看，有些时间节点是可以进行判断有没有机会的，但是概念板块往往都是靠讲故事才能炒作的，所以有些所谓的概念板块在被市场充分发掘以后，基本都是相对高位了，追高这些板块都是有风险的。

我们对于未来会炒作什么概念没有办法预知，但是对于已经炒作过的概念完全可以进行排除，这样就不会掉进坑里了。比如：从2019年一季度开始5G概念已经被炒作过一轮大牛市，当时的龙头是600776东方通信；2019年4月那波工业大麻概念也炒作过了，当时的龙头是002565顺灏股份；2020年3月9日之前那波口罩概念龙头002838道恩股份；2020年8月之前那波疫苗概念，牛股之一的600211西藏药业，等等。

每一个概念开始的时候都会有龙头股出现，但是最终这些牛股也会深深套住一批散户，因为多数散户投资者都是后知后觉的，无意之间就奔着接盘去的，每当有个概念炒作完了以后，就会有很多股民来问我："这个是热门的概念，怎么就是不涨呢？"我当时的心情真的无以言表，心里实在觉得他们不该犯这种错误。不过我还是非常心疼这些散户投资者的，因为他们压根就不了解这些概念炒作的背后逻辑，只是听说而盲目买入。也有些散户投资者明知道这是在炒作什么概念，就是想着赶紧上车，寄希望于翻倍。这属于明知故犯的类型，不值得可惜，这就是不学习的结果。

鉴于每次炒作某个概念时，都会在高位套住一批人，甚至许多年都很难解套，所以我们可以用排除法，已经炒作过的概念就不要再去跟踪了，不要浪费时间，否则都是无用功。

所以每次的某个概念炒作，您都要有印象，没有参与的一些概念，也得记在心里，假如再次遇到有人推荐这个概念，您就能分辨是否能否买入了。比如一个概念已经走完了，龙头个股开始走下降通道了，就不值得关注了，如果有人再给您推荐这个概念板块的个股，那他或许是外行，或许是另有目的。

二、您想选择的个股，3年内是否走过独立的牛市？战略看多还是看空？

说完了概念板块，再继续讲一下个股，每次概念炒作过后都会有一批牛股走出来。假如我们不考虑什么概念，在选股的时候只考虑某只个股是否走过自己的牛市，可以不可以呢？这个思路是完全可以的，其实这也是我讲课经常说的"黑五类不能买"当中的一种。

假如您有被套的个股在上轮牛市的高位，一般会经过多长时间才会再次回到上轮牛市高点呢？不难发现，其实有些之前走过的牛股再也没回到过高点，反而是从一个高点过后就一蹶不振，虽然期间也有反弹，但基本都是小级别的反弹或者小波段。

　　站在个股的角度来考虑，您完全可以不用管它之前炒作过什么概念，只需要看一下这只个股3年之内有没有走过自己独立的牛市就可以，如果翻了两倍或三倍以上，建议就不要再去跟踪了，否则大概率也是白白浪费时间和金钱。像上一节提到的那些已经走完自己牛市的个股，我基本在5年内都不会再去关注它们了，因为没有值得关注的价值了，因为这些类型的股票都是战略看空的，即使牛市来了，它们也是在熊市当中挣扎着。

　　这就是为什么有些人一直在嚷嚷着："为什么牛市我的股票还亏钱？"因为多数股票都在走熊市的时候，您持有的个股在走自己独立的牛市，一旦牛市真正来了，别的个股开始走牛市，您的个股就会走熊市！所以记住一定不要埋怨外界因素，在选择个股之前要擦亮眼睛，不要买完被套后还在怨天尤人，长此以往，您很难成长，牛市和您也不再有关系。

　　假如发现选择的个股是从上轮牛市以后经过了5年甚至更长时间都没有再走过波澜壮阔的牛市，参考业绩如果没有退市的风险，股价又是在底部横盘调整2年甚至3年，再加上有明显的主力建仓迹象，那就可以从战术上去选择参与了，因为这种类型的股票属于战略看多的，这种情况下持有这种类型的股票就不能轻易再止损割肉了，没有持有的话就可以大胆参与。

　　大家可以找一些近期走牛的个股观察，基本都是从横盘期间度过来的，经过挖坑洗盘以后走过来的。所以我经常说一句话：您只有忍受别人不能忍受的，才能享受别人不能享受的。如果您能在底部主力建仓期间（如何识别主力建仓，后边章节有详细讲解），能忍住了别的股票连续涨停，而您持有的个股不涨，以后您才能享受别的股票都调整而您的股票连续上涨的收获！当时您羡慕别人，这个时候就是别人羡慕您了！

三、个股主力的性格您是否仔细研究过？

　　每个人都有自己的性格，股票走势也会有自己的性格，因为主力会影响股价走势，那么操作股票的人就会按照自己的节奏去操作股票，所以每只个股的性格是不一样的，有相似的地方，但不会完全一样，这就是我们所说的股性！

　　股票走势为什么会有不同的股性呢？其实主要是由参与股票市场的资金属性所决定的。市场的参与者主要分为以下几类：

第一类：散户投资者（小户、中户、大户）

散户投资者在股市占比是最多的，但是基本不会影响股价的走势，除非是大散户，钱多但是没有章法地胡乱买卖，这样会影响股价瞬间的波动。这点我经历过太多了，一些老股民可能有印象，在 2018 年的时候，一只小盘股被 24 万元卖单直接砸到跌停板上，试想一下这种操作会带来多大影响？所以我在每次和投资者交流的时候都会大概问一下资金量，资金量超过 50 万的投资者我都会建议每次交易下单的时候先看一下盘口，别重仓买卖做交易，否则容易吃亏。

但是散户投资者不管有多少资金，只能影响短期的股价波动，对于大级别的股价走势是很难影响到的。

第二类：公募基金

这类资金性格是偏向于价值投资的，他们持有的股票基本都是那种慢牛式的 K 线走势图，只有在加速赶顶和加速赶底的时候，上涨或者下跌的角度会发生变化，所以这种类型的股票也好分辨。2021 年 2 月 10 日之前那波所有行业里面的各种"茅"的走势，大家多看看也就明白了。

如图 1-13 中所示：

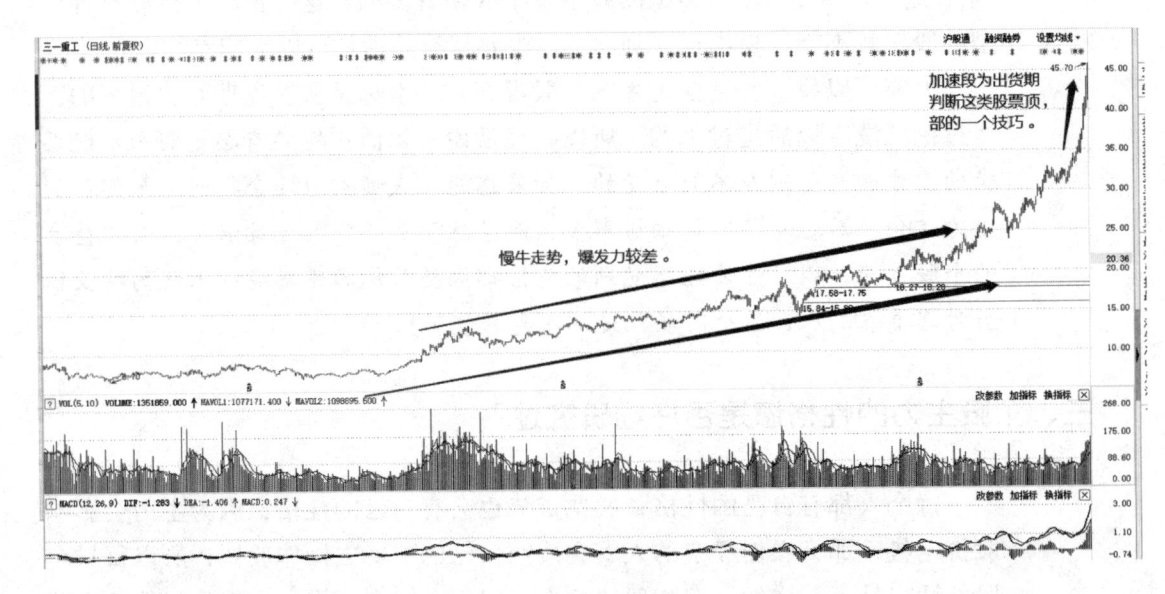

图 1-13

再看图 1-14 中所示：

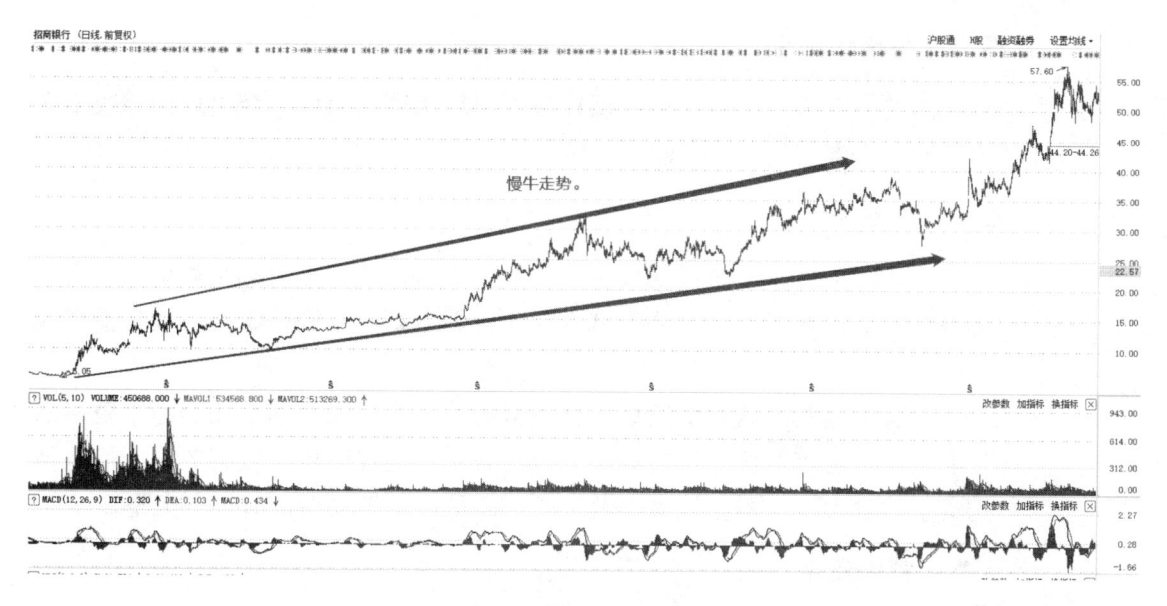

图 1-14

从图 1-13 和图 1-14 中所示，这类公募基金选择的股票都是大趋势走慢牛的，有很少快速拉升主浪的走势。公募基金都是偏向于价值投资走慢牛的性格，一般散户很难跟得住，毕竟多数散户没有耐心去做价值投资。而相比较而言这类型的股票一般业绩表现良好，盘子也较大，所以只能走慢牛趋势。

> 注意：这种类型的股票，一旦从慢牛走势转为急速拉升就是加速赶顶阶段了，随时要注意风险，持有的话要随时注意减仓，没有持有这只股票的股民就暂时不要考虑买入了。

如何投资这种慢牛式的价值投资的股票，后文会专门介绍。

第三类：私募基金

这类资金有一部分偏向于价值投资，但是也有一部分是属于短、中线投资，因为这类资金是需要和公募基金做对比业绩的，所以有的时候也会急功近利去做短线，做短线的私募基金一般规模较小，因为规模大的私募基金也做不了短线。

这类资金的性格是偏向于激进型的，所以股性显得比公募基金那种 K 线图要活跃很多。

第四类：国家队资金

这类资金主要是在股市最疯狂或者是最恐慌的时候才会出现，一般不会频繁影响股市的节奏，在此不多做解释。

第五类：保险资金

这类资金属于股东型的投资，一般也不做短线，多数都是做价值投资或者看好哪个行业或者上市公司就去花大钱做股东，达到一定持股数量就变成举牌。

这类资金是可以影响股票价格走势的，未来中国资本市场会迎来更多的保险资金，随着监管政策的调整，也会有更多的保险资金投资股市。但是他们资金体量大，也不会轻易去做短线，都是偏向于去做价值投资类型。

第六类：社保资金

这类资金也是偏向于价值投资类型的，基本上不会亏钱出来，因为对于社保资金的投资，代理人是比较谨慎的，这是老百姓的钱，怎么能轻易亏损呢？所以这类资金大多数都会盈利出来，基本也是做长线的，但是他们建仓或者出货的时候是会影响股票价格走势的。考虑到这类资金投资偏向于大盘股，长远看也不会影响太多股价的走势。

如果是对于资金安全要求比较高的，可以跟着社保资金去选股，但是不要想着做短线，一定是长线投资。

第七类：游资

这类资金在股市当中起着举足轻重的作用，一般都是以快进快出为主，做短线打板多一些。所以表现在股价走势上面就会显得非常活跃，甚至可以用疯狂来形容，因为游资在操盘的时候，股价说涨停就涨停，说跌停就跌停，一般散户投资者很难把握住其波段的高点和低点。

但假如您是短线高手，跟对了这类资金是能挣到快钱的，跟游资做的股票必须要眼疾手快，严格止盈止损，否则很容易短期亏大钱。

我个人是很喜欢游资类型的个股节奏，这些年给有些投资者解套建议的时候，也会分析出哪些属于游资类型的个股，告知投资者要时刻注意股价的变化，只有这样才能跟上游资节奏。

这类资金会直接影响股价走势，从K线图上可以看出来他们的操作风格，或者说是股性。

如图1-15中所示，这是000691亚太实业的K线走势，从图中可以看出这只个股出现过很多个涨停板，而且在振幅最大的那几个交易日，股价表现出的状态就是三个涨停三个跌停，说明这里面就是游资在操盘，游资的风格就是这样反复无常。

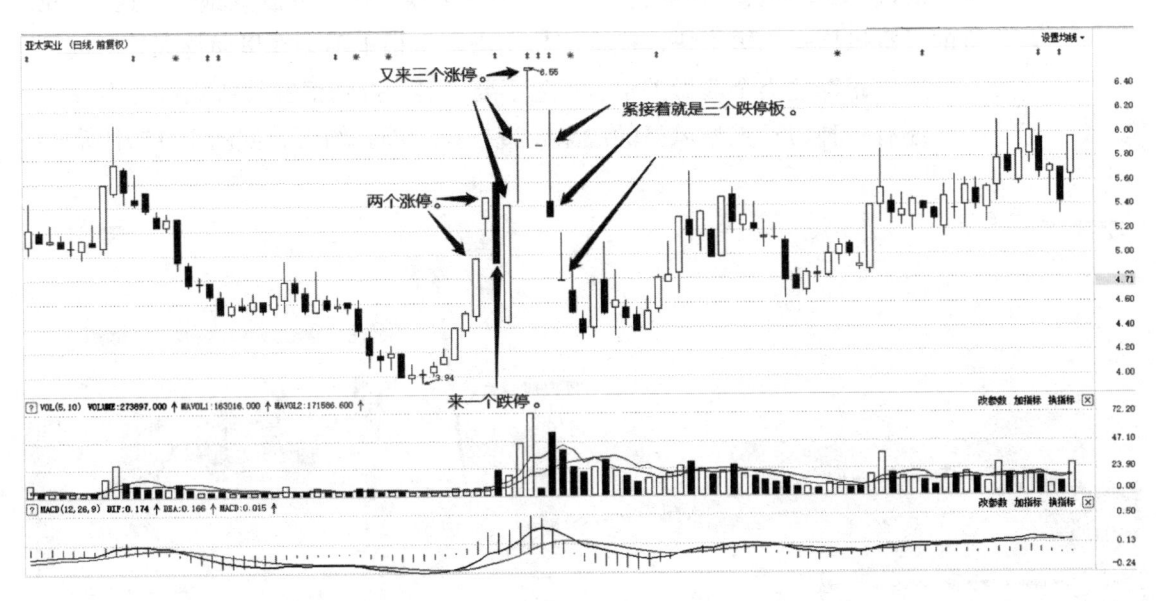

图 1-15

再看一个案例，如图 1-16 中所示：

图 1-16

如上图中所示，这是我一直跟踪的一只游资风格的股票600152维科技术，像这种类型的股票，只要业绩没有问题，把握好了节奏，来回做波段，未必没有主升浪赚得多。但是一定要把握原则，不要追高买，这个高可以理解为短线的高和波段的高，因为这类资金没有常性，做完一波就跑路，这也是游资的投资风格——短平快，稳准狠！主力资金根本不会在里面待太长时间。

所以跟踪这类个股做差价，一定不要贪婪，否则很容易从赚钱变为亏钱。

还有一种游资类型风格的股票，直接拉一波就结束，如图1-17中所示：

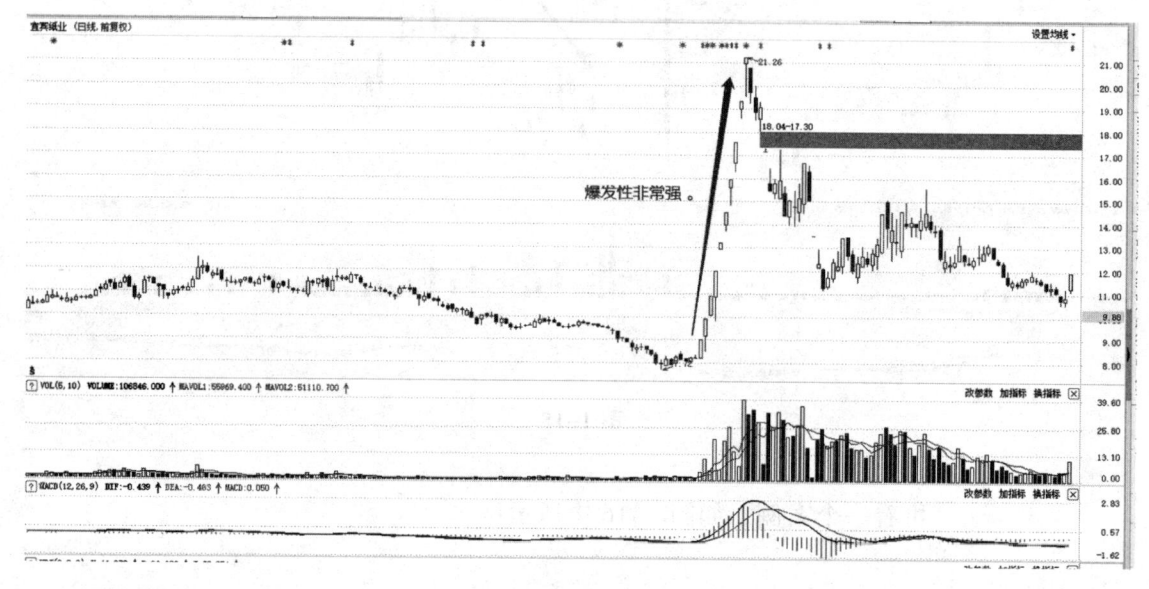

图 1-17

如上图中所示，这是600793宜宾纸业K线走势图，这只个股在2021年1月6日一个涨停板后，就连续拉出主升浪，这类走势也是游资经常用到的手法，急拉一波之后便开始调整，这种还算是比较强势的，因为就是在回调当中还是有涨停板出现来诱许多散户进去被套，这手法实在是让散户叫苦连连，但如果按照"8561炒股交易体系"的原则，走过一波主升浪就不再去关注，更不要随便抄底，用这个逻辑来选股，就能躲过这种类型的坑！

游资在选择股票的时候也有自己的原则。首先，游资选择的股票多数都是业绩欠佳的品种，图1-17中的宜宾纸业当时走主升浪的时候，业绩是负数。很多人不太理解，游资为什么选择业绩不好的来炒作呢？因为业绩不好的股票，公募基金、私募基金、外资、社保资金等这些正规大资金一般不会选择去投资，所以游资在去兴风作浪拉主升浪的时候，会避免和这些正规军正面冲突，这样游资操作起来就会得心应手，游资拉升以后不担心有大资金出货影响到他们的节奏，只需要考虑如何对付散户即可。

游资选择股票进行炒作还有一个需要考虑的因素，就是流通盘大小，一般游资都会选择盘子小的个股去炒作，这样会省资金，由于流通盘小，封板拉升也就会省很多钱，用最少的资金达到相对更好的效果，以达到短期暴利的目的。

以上是游资选股的两个必要因素，大家可以找一些游资类型的个股去复盘，时间长了便知道其中奥秘。

游资在A股市场当中有着举足轻重的作用，每次在市场非常低迷的时候这类资金都可以带动市场做多人气，所以市场中假如缺少了游资的存在，理论上所谓的热点就会减少很多，因为只有游资才会在短期内爆拉热点题材，把冷的个股炒热了，让市场达成短期共识，这才出现所谓的热点。而众多游资之所以能每次把握热点题材，这需要熟知政策、信息才能做到，所以我们也要站在游资的角度来分析市场，才能尽量跟上这类资金的脚步。

> 温馨提示：鉴于游资类型的股票比较反复无常，股民要注意以下几点：第一，不要用自己太多的仓位参与这种类型的股票；第二，技术不好的、执行力不到位的、没有止盈止损意识的股民不建议参与这类游资做的股票，因为短期振幅太大，一般掌握不好很容易就被套。第三，新股民不建议参与，先多学习，经过一轮完整的牛熊市以后成为老股民，懂得一些风险了，那个时候再看。

第八类：券商自营盘

券商自营盘就是证券公司以自己的名义和资金进行证券买卖，并从中获取利益的业务活动。证券公司的自营业务交易场所划分为两类：一类是场外（柜台）自营买卖，另一类是场内（证券交易所）自营买卖。场外自营买卖是指证券公司通过柜台交易方式，由客户和证券公司一对一，直接洽谈成交的证券交易。场内自营买卖是指证券公司在证券交易所自行买卖证券。

对于第二类券商自营盘，在资金进入股市的时候，短期一般也会影响股价走势，尤其体量较大的资金开始建仓出货的时候就会有影响。

第九类：外资

外资也可以理解为QFII，是指国家在货币没有实现完全自由兑换、资本项目尚未开放的情况下，有限度地引进外资、开放资本市场的一项过渡性的制度。这种制度下，外国投资者若要进入一国证券市场，需要符合一定的条件，得到该国有关部门的审批通过后，汇入一定额度的外汇资金并转换为当地货币，通过严格监管的专门账户才能投资当地证券市场。

2019年9月10日，国家外汇管理局宣布，经国务院批准，决定取消QFII/RQFII投资额度限制。同时，RQFII试点国家和地区限制也一并取消。

从外资进入A股以后，尤其在未来的A股发展的道路上，外资从某个角度来讲，大概率会改变一部分A股的投资生态，一方面是选股的风格偏向于中国独有的上市公司类型，主要偏向于大盘股，再有就是投资周期一般会较长。但这里必须强调一下：外资可买的股票并不都是价值投资的，他们也在随时做着调整，也会有一部分投机资金。所以我在公开场合中会提示投资者，不要随便跟着外资抄作业，因为一般散户投资者跟不上他们的节奏，不是他们选的股票不好，是因为他们的投资组合也会根据情况作出相应的改变，跟不好也会被深套，这点投资者一定要理解。

现在整个A股市场虽然外资不能占据主导，但是已经开始影响市场的情绪，尤其是短期的情绪对A股市场影响在某些时候还是非常明显的。未来随着外资进入A股越来越多，这种影响市场情绪的节奏会越来越明显。不只是市场的情绪，甚至个股的走势也会被外资进出带来短期的波动，这些都需要我们去仔细研究和重点关注。

外资进入A股越多，对于散户投资者来说越应该注重他们的投资逻辑。对于外资进入A股市场是好事还是坏事呢？我认为有利有弊，利是能逐步影响一部分投资者开始偏向于价值投资的逻辑去选股。外资的进入对于A股市场长久发展来看是好事。大家要记住一点，尽快使自己强大，当然也希望国内的机构投资者能担当起呵护优质资产的重任！

第十类：各种庄家资金（可以理解为以上所有资金类型都属于这个范畴）

"无庄不成股。"这句话流传很久了，很多人认为现在没有庄家了，这是完全不对的，这个庄家不管是什么类型的资金，只要他想在某只个股中盈利，并且他们的资金大到能在买入和卖出的时候影响到股价，并且持有的时间较长，这些资金都可以称为庄家，也可以理解为主力资金。因为散户投资者很难能影响到股价的长期走势，只有主力资金才可以做到。用我们最常见的涨停板来说，假如没有主力资金拉升封板，散户就不能把股价封住涨停，所以想要在股市中赚到大钱，也一定要多站在主力的角度看问题，这样才会和主力站在一条起跑线上，至于能否和主力一起盈利，那就看个人的能力了。

如何分析主力资金具体操盘逻辑，第六章中会仔细阐述。

> 温馨提示：投资者不要再去骂主力庄家，试想没有这些大资金影响股价，我们哪里能看到那些主升浪？没有这些大资金诱多诱空，哪有短期波动？没有波动，短期差价如何做呢？大资金影响了股价的波动，我们才会有机会做主升浪做短线来盈利。

也不要到处埋怨上市公司、埋怨所谓的专家、埋怨大股东，这些都是不理智的行为，我们一定要使自己更强大，多学习，不断升级进步，才能看懂那些能影响到股价的主力资金在某些时期的意图，才能应对自如，从而能长久在股市中生存。

我在公开课中经常提到的一句话："成功的人找方法，失败的人找理由，没有哪个人是靠到处抱怨而获得成功的！"我从业20年见过很多的投资者，但真正能长期盈利的是少数人。真正成功的投资者都是有一些共性的特点，他们从来不去抱怨什么，基本都是独立思考，看书无数，一直把不断学习提升自己放在首位。其实这就是心态好的一种表现，也只有这样才会真正获得成功。

还是我经常说的那句话，股市之路唯有自渡！

四、这只个股有没有重大违规或退市的风险？

随着A股市场逐渐走向成熟，未来对上市公司和大股东违法违规行为的管控会加大力度，一旦触犯到《证券法》的相关条例，也会受到严格的监管，从而出现退市的风险。

由于现有制度的问题，部分存在重大违规或者有退市风险的个股还在持续交易，没有马上退市，所以我们在选择个股的时候一定要考虑这点，一旦发现有类似重大违规或者退市风险的个股，尽量不要参与，否则踩到雷被退市了，那您投入的资金也就打水漂了。

像当时的乐视网、长生生物、康美药业、康得新这些股票，最后都免不了退市的命运，但仍有投资者在公司没有退市之前参与这类股票，这不就是火中取栗、刀口舔血式的投资吗？

五、这只个股是否属于ST个股？

随着注册制渐行渐近，从制度方面来看，在未来上市公司只要变成ST后，再想乌鸡变凤凰的概率会越来越小。所以尽量不要参与ST的个股。有些人可能认为某只个股ST了，后来仍旧涨了不少。有这种想法的人最终都会被市场淘汰，之前说过有些钱是可以赚的，而有些钱是不可以赚的，股市如人生，在人生中也是这样的道理，做人要有自己的原则，股市投资也是一样！

　　创业板的个股在现有注册制的制度下，ST以后涨跌幅还是20%，一旦被带上ST的帽子，一天就可以跌幅20%，想象一下这种股票的风险有多大。以下是2021年5月5日收盘的跌幅榜排名，创业板ST的个股有好几只处于跌幅榜前列，如图1-18中所示：

序	代码	名称	*●	涨幅%	总市值	涨跌	所属行业	现手	买入价	卖出价
1	300038	*ST数知		-20.16	23.67亿	-0.51	通讯行业	1845	—	2.02
2	300044	*ST赛为		-20.08	30.29亿	-0.98	软件服务	179	—	3.90
3	300278	*ST华昌	T	-20.07	12.61亿	-0.55	机械行业	128	—	2.19
4	300202	*ST 聚龙		-20.03	27.20亿	-1.24	专用设备	108	—	4.95
5	688051	佳华科技	R	-20.01	41.06亿	-13.28	软件服务	34	—	53.10
6	688086	紫晶存储		-20.01	42.55亿	-5.59	专用设备	409	—	22.35
7	300530	*ST达志		-20.00	18.50亿	-2.92	化工行业	70	—	11.68
8	300495	美尚生态	R	-19.93	28.99亿	-1.07	园林工程	1198	—	4.30
9	688060	云涌科技		-16.82	34.96亿	-11.78	软件服务	145	58.27	58.28
10	688008	澜起科技		-16.77	605.3亿	-10.78	电子元件	1699	53.51	53.52
11	688395	正弦电气		-15.83	25.93亿	-5.67	电力行业	1205	30.15	30.16
12	300312	*ST邦讯		-15.64	8.289亿	-0.48	通讯行业	3029	2.59	2.60
13	300985	C致远	R	-15.32	50.79亿	-6.89	金属制品	2235	38.08	38.09
14	688183	生益电子		-13.20	111.6亿	-2.04	电子元件	3082	13.42	13.44
15	688070	纵横股份		-13.04	26.62亿	-4.56	航天航空	538	30.40	30.43
16	688003	天准科技		-12.43	54.56亿	-4.00	专用设备	238	28.12	28.18
17	300978	C东箭	R	-12.20	92.78亿	-3.05	汽车行业	2258	21.95	21.96
18	688679	通源环境		-12.17	16.82亿	-1.77	环保工程	292	12.76	12.77
19	300342	天银机电		-12.14	44.39亿	-1.42	家电行业	3077	10.27	10.28
20	688500	慧辰资讯		-11.52	24.36亿	-4.27	电子信息	50	32.80	32.81
21	300078	思创医惠	R	-11.23	57.03亿	-0.83	电子信息	7093	6.55	6.56
22	300518	盛讯达		-10.64	49.19亿	-5.76	软件服务	288	48.31	48.35
23	300352	北信源	R	-10.39	63.79亿	-0.51	软件服务	1.19万	4.39	4.40
24	688081	兴图新科		-10.36	16.30亿	-2.56	通讯行业	116	22.15	22.17
25	000863	三湘印象		-10.10	45.82亿	-0.42	房地产	507	—	3.74
26	002450	康得退		-10.10	31.51亿	-0.10	材料行业	1	—	0.89
27	601886	江河集团	R	-10.05	77.44亿	-0.75	装修装饰	1100	6.71	6.72
28	002269	美邦服饰		-10.03	74.37亿	-0.33	纺织服装	8377	—	2.96
29	603616	韩建河山		-10.03	15.78亿	-0.60	水泥建材	219	—	5.38
30	600093	易见股份	R	-10.02	66.56亿	-0.66	多元金融	299	—	5.93
31	600340	华夏幸福		-10.02	218.0亿	-0.62	房地产	1343	—	5.57
32	603313	梦百合		-10.01	108.3亿	-3.21	木业家具	35	—	28.86
33	603810	丰山集团		-10.01	27.49亿	-2.63	农药兽药	36	—	23.65
34	605108	同庆楼		-10.01	50.18亿	-2.79	旅游酒店	110	—	25.09
35	605289	罗曼股份		-10.01	28.30亿	-3.63	工程建设	173	—	32.65
36	000596	古井贡酒	R	-10.00	1145亿	-25.76	酿酒行业	167	—	227.33
37	001201	东瑞股份		-10.00	93.65亿	-8.21	农牧饲渔	33	—	73.93

图1-18

如上图中所示，跌幅靠前的 ST 的创业板个股，一天跌幅就有 20%，这些个股在没被带帽 ST 之前股价基本都处于低迷趋势中。除了一些被带帽 ST 的，在 4 月 30 日当天跌幅居前的还有一部分业绩不好的，也有 ST 风险的个股被牵连跌幅居前的。

所以未来在选股建仓的时候，尽量不要参与这些业绩不好的股票，尤其是做中长线投资的投资者，一定要选择业绩有保障的一些个股建仓并长期持有。

这点和前边说过的游资类型的有区别，大家要注意细心研究！

六、这只个股是否属于"老庄股"？

多数投资者可能都不知道"老庄股"这个概念，我的老粉丝们应该很熟悉了，因为讲课的时候经常提示大家不要参与"老庄股"。"老庄股"不能和"庄股"相提并论，这点要提前说清楚。"庄股"指的是那些股票里有主力在运作的个股，而"老庄股"指的是那些长期在里面控盘度较高的股票。下面用两个案例来给大家讲一下什么是"老庄股"，如图 1-19 和图 1-20 中所示：

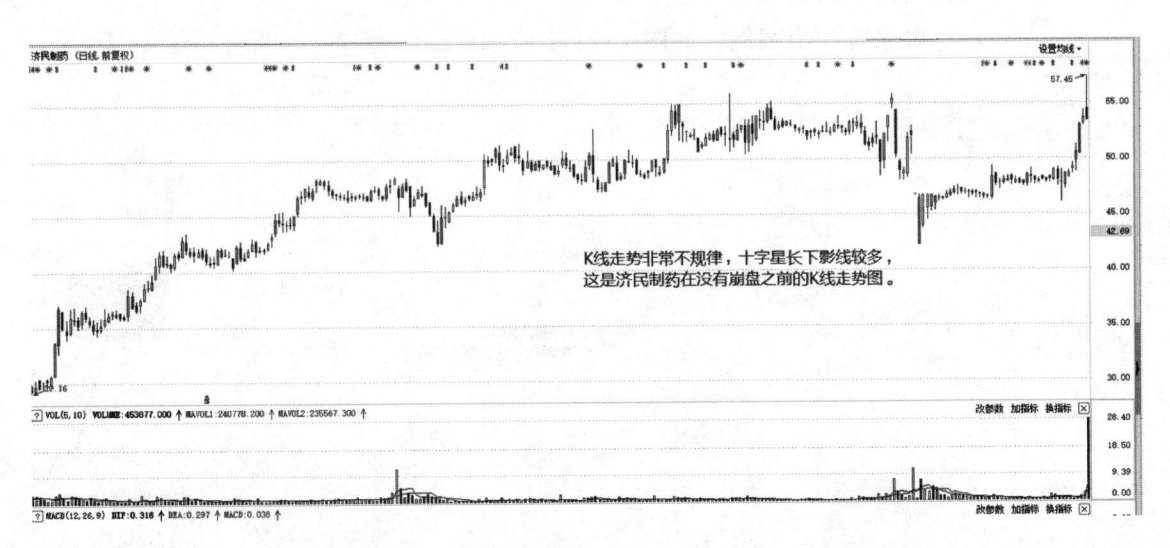

图 1-19

这是 603222 济民制药的 K 线走势，还记得早些年有段故事，说是一些散户投资者的账户被盗，盗者把散户账户中的股票全部清仓，然后买了济民制药。从这个故事可以看出，庄家没有任何办法了，才会用这种手段出货。

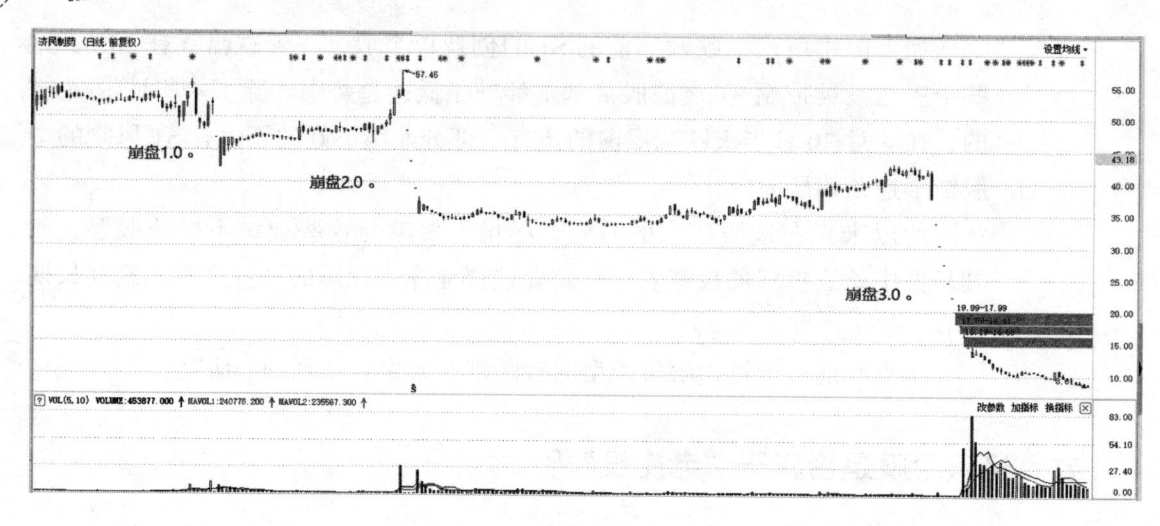

图 1-20

从上图中可以看出，这种类型的"老庄股"走势较为诡异，和普通个股走势有区别，主要表现是主力控盘度非常高，很少有正常的阴阳 K 线，多数属于十字星或长上下影线 K 线，有时连续好几天都是在一个价格附近震荡，这就是典型的高控盘"老庄股"。

再来看一个案例，如图 1-21 中所示：

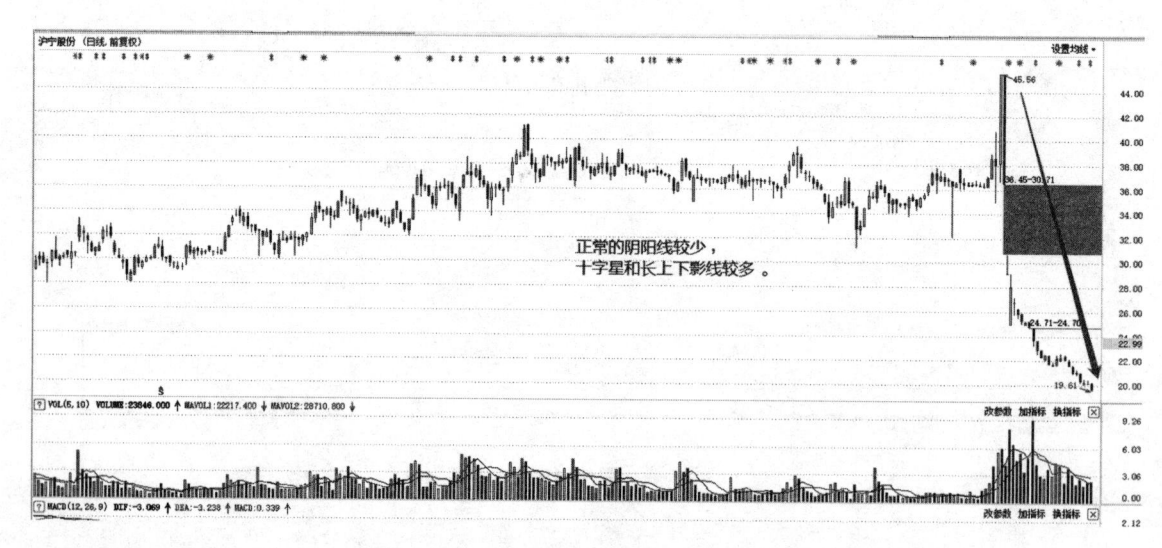

图 1-21

上图中是沪宁股份，这只个股我在 2021 年 1 月和 2 月的公开课中提到过几次，我当时的原话是："这种类型的老庄股一定要远离，早崩晚崩，早晚都得崩，至于怎么个崩盘法，是连续一字板还是持续阴跌，我们猜不到，但是大概率会崩盘。"从图 1-21 中可以看出，截止到 2021 年 4 月 30 日收盘的 K 线走势，价格从最高点跌下来，短短 11 个交易日直接腰斩，随后一直处于阴跌趋势当中，这要是在高位买进去，想象风险有多大，投资者的内心有多崩溃呢？

那么这些个股在杀跌之前有没有前兆呢？其实有的是会出现崩盘的前兆的，如图 1-22 中所示：

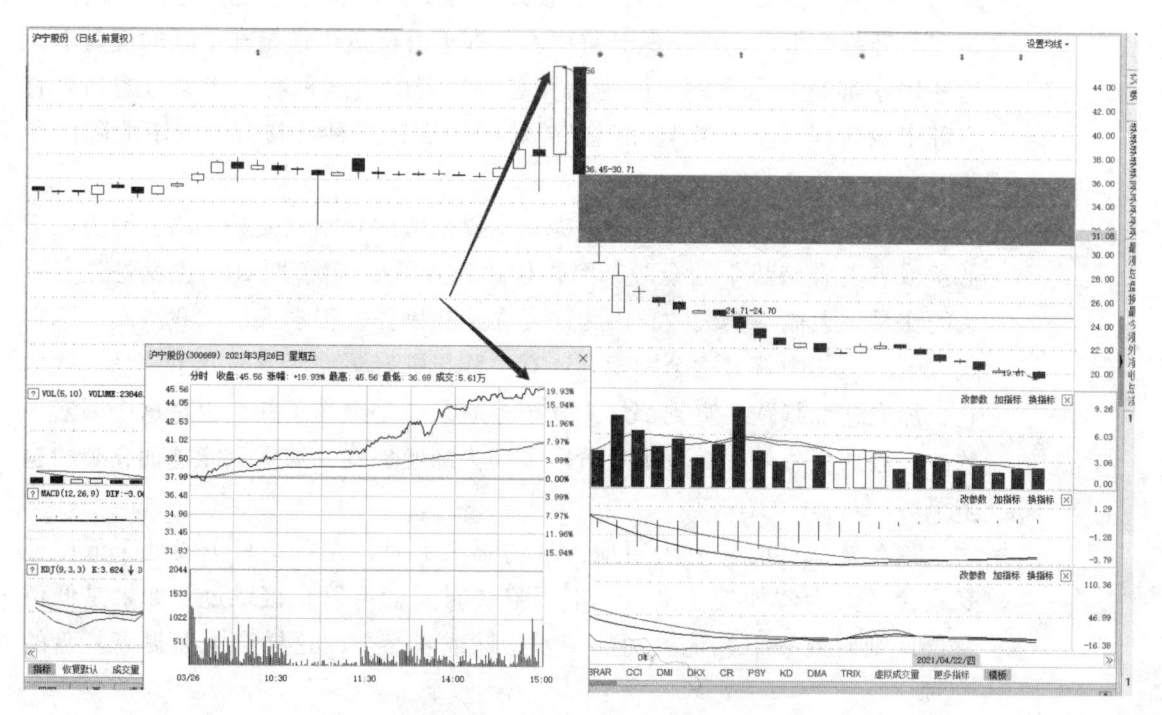

图 1-22

从上图中可以看出，在崩盘之前有一个涨停板诱多的动作，当天是尾盘封的涨停（注：尾盘封涨停的个股一般都没有好事，这是一个重要知识点，尤其在高位的尾盘封涨停，更不能随便参与。因为主力真正想走主升浪，一般在上午开盘就封住涨了，这样显示主力资金很坚决地做多，一般人也买不进去，也就跟主升浪无缘了，而在尾盘拉涨停要么主力属于实力较差的主力，要么就是诱多行为）。所以我们看到第二个交易日开盘后分时就迅速跌停，在两个跌停之后，便开始阴跌阶段。这只股票后边也许会有反弹，但是有反弹也不能随便参与，因为反弹过后大概率还会有新低出现。

"老庄股"类型的还有很多类似案例，比如：任东控股、大连圣亚在

2020年11月30日之前的走势；华昌达在2017年10月10日之前的走势；玉龙股份从2021年4月9日到2021年8月18日这段时间的K线图等，这些类型的"老庄股"，大家要仔细研究，研究的目的不是参与这种"老庄股"，而是要回避这种"老庄股"。

七、这只个股当前处于哪种趋势当中？

在选股的时候要考虑某只个股处于哪个阶段，是在高位还是在低位？是在上升趋势中还是在下跌趋势中？是在上升横盘中还是在下跌的横盘中？这些因素都是要考虑的，因为站在趋势投资的角度来看，能参与的趋势有底部横盘阶段、上升趋势和上升趋势中的横这三种，其余的就不能随便参与了。

为什么要判断处于哪个趋势呢？主要是考虑到制定交易策略，因为处于低位或者上升趋势中的个股，您要是做倒波段或者倒"T+0"也就是先卖后买的交易，大概率会失败，因为您是在逆势操作，很多人说"我刚卖完了它就涨了"，其中就有这个因素。还有一些投资者买完股票被套了，马上就加仓，加完仓继续跌，直到都加满仓了，股票还是继续下跌，也是这个因素导致的。假如主力处于高位出货阶段了还去随便加仓，那就只能越加仓套的越多了。

我在复盘的时候有个习惯，翻到哪只个股，先看这只个股处于低位还是高位，因为假如处于高位，不用浪费时间就可以直接跳过。如果是低位就再仔细研究一下其他方面的技术指标或者参数，这样会大大提高复盘的效率。

> 温馨提示：各位投资者在复盘或者选股的时候尽量不要用手机软件选股，因为手机软件的K线图有局限性，看到的K线图不全面也不客观。一定要用电脑股票软件来选股和复盘，这样就能很直观地看到个股所处的阶段了。

如图1-23所示：

从这个角度能看清楚每根K线，一旦缩小以后看到的就是一条曲线了。这只个股属于低位。但是用电脑软件打开再来看的话就是另外一个角度了，如图1-24中所示：

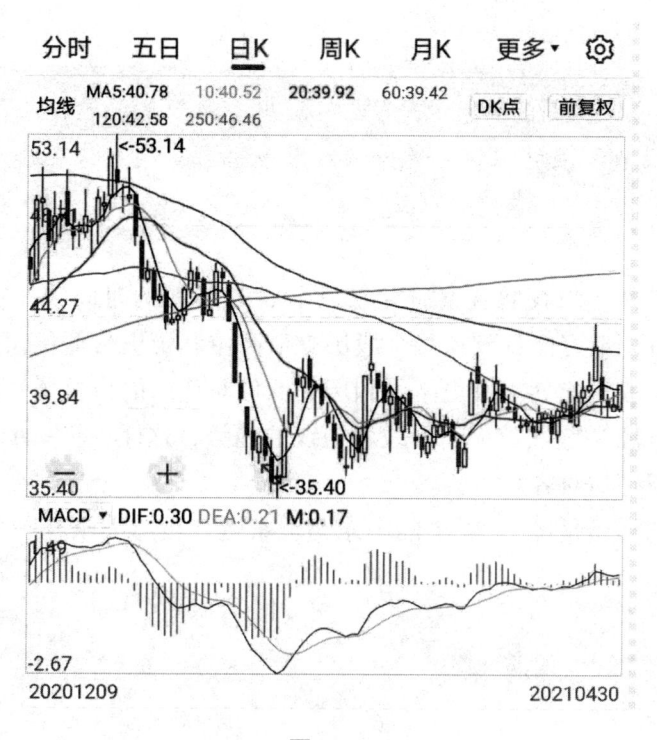

图 1-23

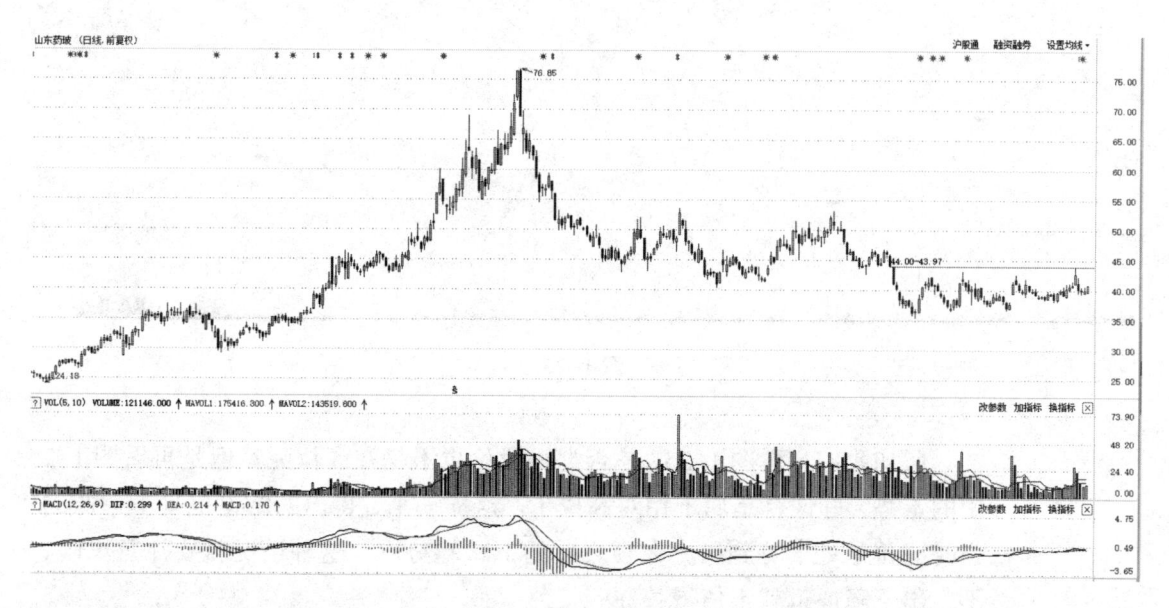

图 1-24

图 1-23 和图 1-24 是两个不同的角度，因此分析得出的结论是不一样的，手机软件看到的 K 线图并不全面，而用电脑软件分析就相对客观了。

> 温馨提示：并不是说不能用手机软件看盘，只是在选股的时候尽量用电脑软件选出来。用手机看短期走势及分时图还是可以的。

另外，当我们观察研究某只个股K线图的时候，一定要先把K线图缩小再看，最好能见到这只个股历史最高位和历史最低位，这样就能客观判断这只个股当前处于历史高位和历史低位对比后的位置了。战略位置判断完以后，再把K线图放大，看战术短线的趋势，这样一步一步进行分析制定的交易策略，相对客观一些。

同样还是图1-24中的山东药玻案例，再给大家看一个角度，如图1-25中所示：

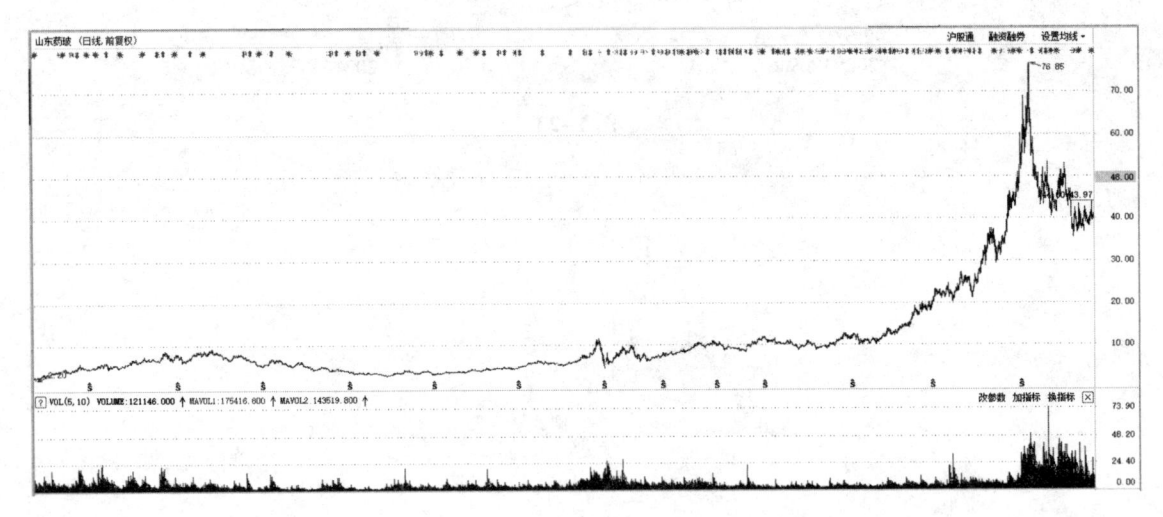

图1-25

假如我们只看图1-25，是否觉得股价也不是在高位呢？但是再看图1-25中的走势，好像就是属于相对高位了。这样一来，得出的结论也是不一样的，当时股价是处于见到历史大顶之后的下跌趋势中，这种情况就要注意风险，不走出下降通道就不值得关注。

这就是战略判断个股趋势的一个重要的知识点，大家谨记！这也是很多人买完股票以后跌了，就埋怨说："这只股票不高啊，跌了这么多了，买完怎么还跌了呢？"其实他看到的是近期的K线图，当前股价正处于哪个位置，可却没对历史低位及高位进行分析，亏损也就是大概率发生的事了。

八、这只个股是否属于次新股?

关于次新股这个话题，很多投资者都有自己的看法。我这些年在和投资者交流的过程中，看到的账户无数，有很多新股被深度套牢的，也有很多短期就能亏损 50% 割肉的，惨不忍睹。如图 1–26 中所示：

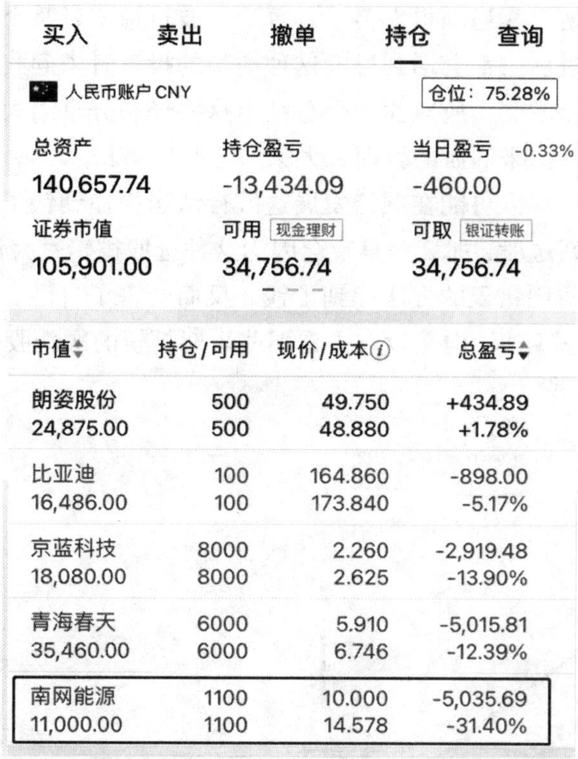
买入 卖出 撤单 持仓 查询
人民币账户 CNY
仓位：75.28%
总资产 140,657.74
持仓盈亏 -13,434.09
当日盈亏 -0.33% -460.00
证券市值 105,901.00
可用 现金理财 34,756.74
可取 银证转账 34,756.74

市值	持仓/可用	现价/成本	总盈亏
朗姿股份 24,875.00	500 500	49.750 48.880	+434.89 +1.78%
比亚迪 16,486.00	100 100	164.860 173.840	-898.00 -5.17%
京蓝科技 18,080.00	8000 8000	2.260 2.625	-2,919.48 -13.90%
青海春天 35,460.00	6000 6000	5.910 6.746	-5,015.81 -12.39%
南网能源 11,000.00	1100 1100	10.000 14.578	-5,035.69 -31.40%

图 1–26

图中持有的 003035 南网能源成本 14.57 元，几乎是这只个股的最高位。这是一个投资者 4 月的账户情况，其实这只南网能源还远远没有调整到位，未来怎么涨上来的，大概率会怎么跌下去。现在他还亏 31%，后期如果不卖出，可能会亏 50% 甚至更多，虽然总体价值不高，但我们只考虑亏损比例会更客观，这就需要大家理解这个思维逻辑。

4 月初我在做节目的时候，有观众就提问南网能源这只个股该如何操作，我的回答是：“每次反弹回本都是逃命的好时机，不要有任何留恋。”

其实我说得很清楚了，后来隔了一段时间再次在节目上被同一个人问到这只股票，我也没有再说太多，因为当时从高点已经跌了20%多了，即便我说得再多，他还是会继续持股等着被套50%。

003039顺控发展这只股票在4月6日之前出现21个涨停板，这个现象对于市场的散户来说一定不是好事，因为会无形中引导一部分散户去追逐这种类型的妖股，他们会去挑选类似顺控发展这样的股票去投资，最终会亏得一塌糊涂。不过这只是个例，并不是普遍现象，也许不久之后就有散户投资者来问我："刘老师，我被套在顺控发展最高位了，该怎么解套呢？"

这种情况我遇到得太多了，每当一波行情或者某个热点概念下，某只妖股的妖风过后，都会遇到投资这种类型的投资者来问我套在当时热点个股高位了该怎么解套。所以我才会总结出这些经验分享给大家，这些都是别人用真金白银买出来的血的教训，大家一定要珍惜！

还有一些人可能在顺控发展这波行情当中挣到钱了，未来还会用相同的逻辑去重新选股，那么您早晚会因为这种选股逻辑亏大钱。这就是我所说的，在对的时间用错误的方法挣到了钱，反而会害了自己。很多人只看到了顺控发展21个涨停板，但是没有去看那些短期腰斩的次新股，如图1-27、图1-28、图1-29中所示：

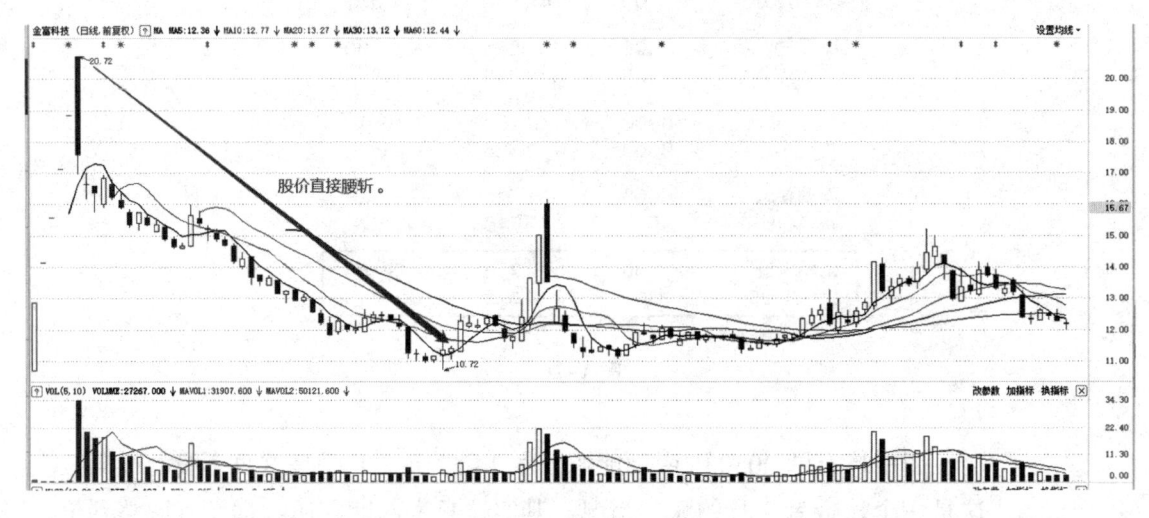

图 1-27

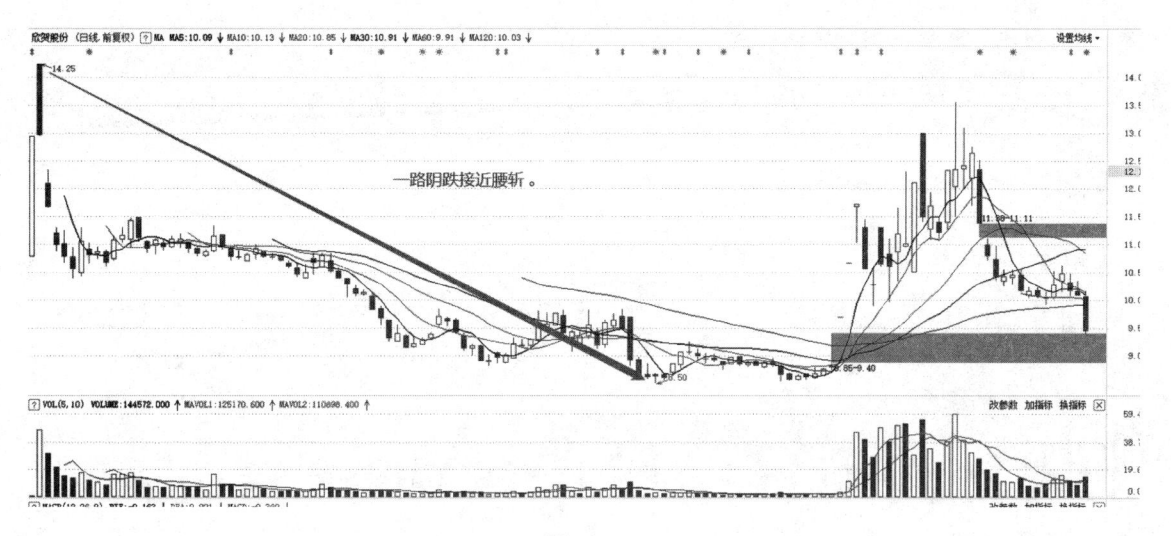

图 1-28

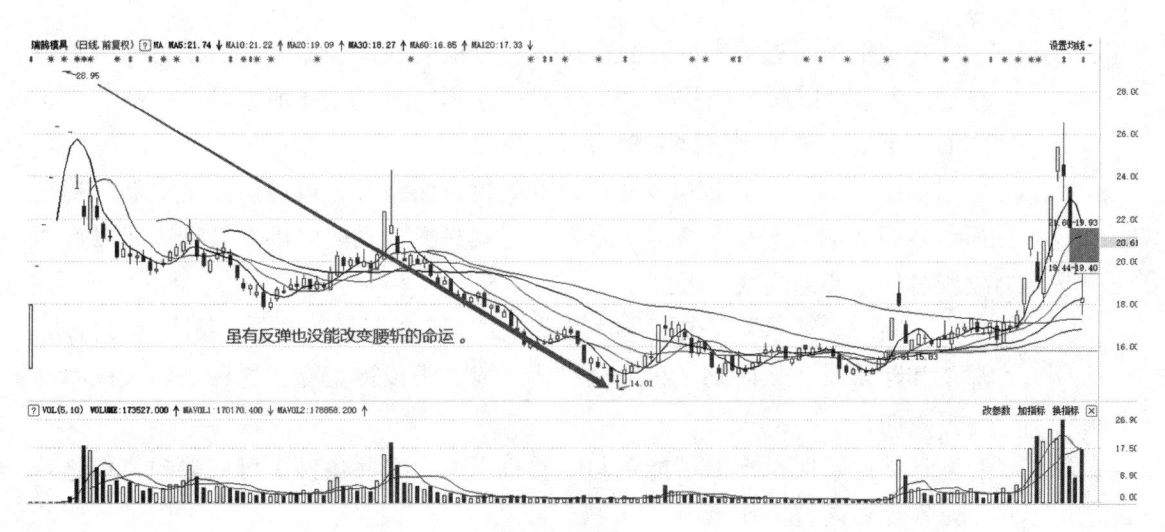

图 1-29

　　以上这些图展示了投资次新股的风险所在，次新股由于流通盘较小，特别容易遭到游资的狙击，所以相对振幅也大，很容易暴涨暴跌。假如您遇到一只暴涨的股票，又足够幸运就可以赚到钱，但同时面临的风险也很大，一旦把握不好就容易在短期内亏大钱。

　　再给大家看一个真实的案例，300940南极光的走势，如图1-30中所示：

　　短短三四个交易日，股价接近腰斩，最终这位投资者割肉止损50万出局。如果不及时止损，后期可能亏的更多，因为截至2021年4月30日收盘，这只个股再次创出新低。这就是次新股的风险所在！

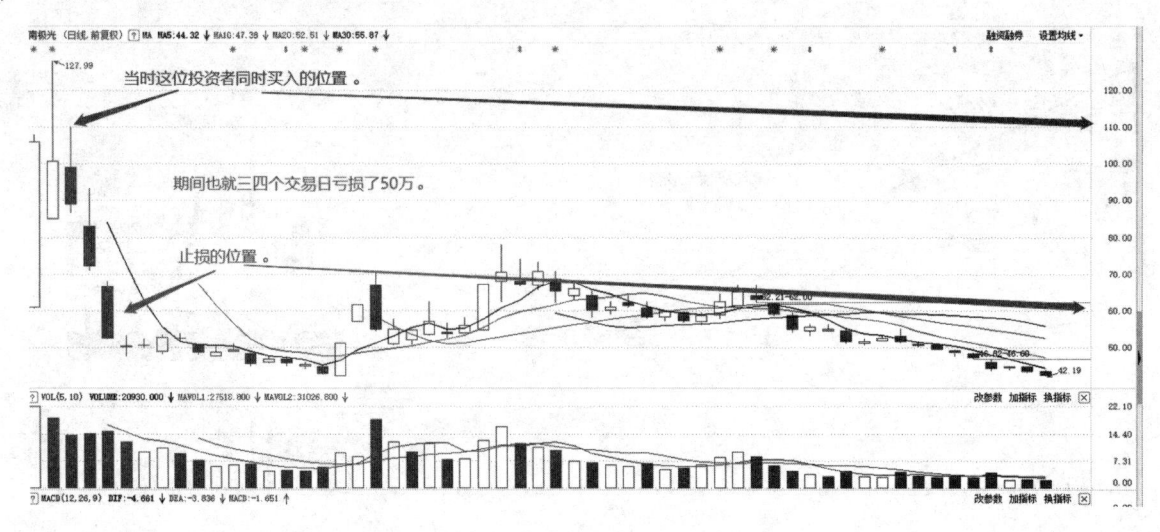

图 1-30

  其实用来回做解套的方法也可以让亏损的钱逐步撤出，那是另外一个思路了，大家可以参考我写的"8561投资系列"的《8561股票解套实战技术》一书，书里有关于如何做解套的详细介绍。

  我也见过一位私募基金经理执着地投资次新股，可最后几个产品达到止损线从而结束了产品存续期的案例，这就是投资失败的惨痛教训。所以普通投资者尽量要远离次新股。

  "新股无技术"，在某些时间段，次新股是不能用正常的技术来分析的，那就和赌博没什么区别了！完全靠运气成分去投资交易，这种最后大概率都是失败的！

  那么次新股是绝对不能参与吗？也不是，有些条件下可以参与，但绝对不是在这种高位去接盘。

第四节
改变认知，从心出发

一、为什么要改变认知

  股市如人生，在工作或生意上，我们挣的钱都是认知范围内的钱，在股市里也一样，要多学习才能改变我们的认知，否则想在股市中赚到钱并非易事。您所有赚到的钱都是来自您对这个世界认知的改变，靠运气赚到的钱最终还是会因为认知的不足而亏掉，所以认知的提升是可以产生实际价值的。

股市如人生，所以在股市投资过程中，假如您一直在亏钱、一直被深套，那就必须先改变您的认知，否则未来还是会陷入同样的恶性循环中！

二、如何改变认知

人们是怎样去思考问题，这就是思维方式。每个人为人处世的方法和思维方式是不一样的。一个人的思维方式与他的经历、知识、思考方式以及所处的环境有密切的关系。

一个人真正的改变来自内心深处的觉醒。所有限制都是从我们的内心开始的，所有真正获得改变的人都是发自内心地渴望改变，同时也是自我认知的不断蜕变。正确的认知能给我们好的情绪，好的情绪养成了好的行为和意志，而行为和意志决定了人的习惯，习惯又影响着我们的性格，最终性格决定命运。

真正的改变源于认知的改变，很多人都自以为明白许多道理，其实只是肤浅地了解，也只是停在了表层，这就是本身认知的局限性。很多人自认为了解了一些肤浅的技术分析和价值投资理论就可以在股市中高枕无忧，实际上投资习惯和思路并没有改变，于是开始抱怨方法和技术没用，这又是一个认知的错误。

道理只是起一个指引方向的作用，好的方法也需要在实践中检验，即便您知道再多的道理可又不落实到行动中，妄想自己的投资能有很好的结果更是难上加难。真正的改变不是您想象中宏伟的蓝图，而是一个需要踏实认真，一步一步前进的计划。人生的路很长，不要好高骛远，从点滴做起更容易改变自己，坚持的力量意义非凡。

改变自己需要的不仅仅是勇气，也不是下定决心，而是经历，以及经历后的反思和行动。人是环境的产物。在上大学以前，每个人的性格和样子是家庭环境和学校教育下的产物，比如父母性格暴戾的孩子容易在人前沉默寡言、人后冲动易怒等，其原因在现代的社会学和心理学中早有研究。在年纪轻轻的时候，能够脱离原生环境成功改变自己并获得一定成就的人非常少。因为绝大部分人的心智、配套条件或者体力毅力都做不到。能真正让我们改变自己的，往往只有环境、经历等重大变化。比如许多人失恋后要换个城市，遭遇打击要辞职旅游，工作不顺时就想考研、考 CPA、读 MBA……本质上都是希望利用新环境、新经历的刺激，帮助改变过去一些固有的自我。

也有很多人很想做出改变，但没坚持多久就放弃了。我们明明知道改变会更好，可还是无法做到真正改变，这就是我们内心脆弱的重要原因，其实我们并没有真正意识到改变对我们的重要性，这就是我们为何会回避改变的主要原因。

因为真正的改变需要我们从意识上重视起来，而不是仅仅停留在口头上。另外一方面，我们害怕改变的主要原因是由于我们担心改变并不一定能让情况变得更好。就像在婚姻中，一些女性即使遇到"渣男"也不愿意离婚，就是因为她们担心自己离婚也不一定更幸福。有时我们害怕改变往往是因为我们并不知道改变能带给我们哪些真正的价值，所以去思考改变背后真正原因是十分重要的。

就拿减肥来说，我们很多人没有坚持的动力，是因为减肥并没有影响到自己的价值。但是模特与明星就不同了，她们必须要通过保持体型才能带来较高的收入与名气。同理，假如我们想要成为股神，我们就必须要不断地升级学习，不断地完善自己的交易体系，才有可能成为成功的投资者。

能够及时改变对于我们的意义是不言而喻的，改变其实就是一种探索新的生活方式的可能性。如果我们的生活总是一成不变的，我们或许会觉得无聊。而改变可以让生活更加丰富多彩，带来新的可能性。

改变能让我们学习到新的东西，世界时时刻刻都在变化，如果我们不选择变化，那些先一步我们改变的人往往就会赢得先机。股市中也是这个道理，假如您不改变，您只有看着别人赚钱的份，只有看着别人持有的股票连续涨停走主升浪的份，而自己总是在不断亏损的恶性循环当中懊恼。

改变也让我们保持敏锐度和一种新的活力，当我们愿意改变时，往往也表示我们愿意接受新鲜事物，这种旺盛学习的态度让我们与时俱进。有时我们会害怕改变，停留在固有的思维中。为了更好接受改变，应对挑战，其实您可以用一张纸同时列举维持现状的好的方面与坏的方面，通过两相对比，就会更容易做出正确的投资决策。

我们每个人都会有自己向往的生活，在您的领域内选择您想成为的那个人，然后像他一样思考行事，当您有了目标对象，您往往也有了改变的动力。为了让改变真正发生，您必须制订一个切实可行的计划，然后按照这个计划来行事，用30天的行动去检测这个效果。很多时候我们之所以没有持续进行下去，是由于我们没有得到切实的反馈。当您列出行动计划，并有了结果反馈的时候，会增强我们改变的信心，从而真正帮助我们建立新的习惯。这个世界是不断变化的，正如我之前所说，想要内心变得强大，我们必须接受改变，人的一生是不断成长的过程，而改变则是这一切的催化剂，只有我们愿意接受改变的时候，才会让自己的人生进入真正的良性循环中。

三、总结——有效改变自己的思维方式

1. 换位思考

投资者在很多时候会遇到棘手的问题，我们可以慢慢思考，然后寻求一个合适的应对方法。对于换位思考，古今中外都有不少例子。也许以自己的立场看待某个问题，不一定是最佳的解决途径。适当站在主力庄家的角度来看待市场，就会是另外一种境界了。

2. 对实践的认识

人们生活在这个时代，肯定会遇到许多人，他们拥有和普通人不同的价值观和思维方式，随着时代的发展，人们会不断改变自己的思维方式，抛弃一些过时的理念和想法。

在股市投资当中也是如此，随着A股市场的投资生态发生变化，以前的一些投资思路已经不适合当下和未来的股市投资，所以要不断升级完善自己的交易体系，才会跟得上市场的节奏。

3. 善于观察

我们需要有一双善于观察的双眼，能够发现事物的本质。思维方式的改变与我们对事物的观察是分不开的。

同样一只个股的K线走势，所有投资者看到的都是一样的图形，但其背后的逻辑是什么？为什么会在底部出现一根涨停的阳线？或者为什么会在高位出现一根放量的大阴线？

看懂并且研究透彻这些信号的背后的逻辑才能制定交易策略。股市为什么有涨跌？同样一根K线有的人在买，而有的人却在卖出呢？认知不一样，产生的结果也不会一样。所以我总是说这个市场不缺少接盘侠——明明看着高位风险巨大的个股，也会有人去接盘，这就是认知存在差距造成的。

4. 多搜集一些信息

在股市投资中，我们还需要多搜集一些新的信息，如政策面、上市公司消息面、财经媒体消息面，等等。思维的改变需要我们多了解和认识这些新的动态的信息。此外，我们要学会归纳和总结、分析这些消息对于市场或者

个股的影响。

5. 多与高手交流

我们自己的知识体系不完善的时候，可以多与一些高手交流，哪怕是听听他们的思路，也有助于改善自己的思维方式。这些年我的成长是和众多投资者分不开的，不管是亏钱的投资者还是赚钱的投资者，他们都能给我带来一定的反思。前提是要有分辨对错的能力，否则也会被误导，而能有分辨对错的能力是需要长时间积累才能做到的。

6. 多学习

没有哪个成功者是随随便便就成功的，股市高手也都是经过市场洗礼练就的，爆过仓的也不在少数，吃了大亏以后，他们都会不断地学习，不断地升级自己的交易系统，最终才会在市场中稳定获利。

活到老学到老，这句话适用于所有人，所以说正在看书学习的您，距离成功是又近了一步，付出不一定得到回报，但是不付出肯定不能得到回报。天上掉馅饼的事情不会发生，我们不能把投资收益寄托在运气层面，这个是绝对不可以的。

很多人会说："为什么我学习了还是亏损呢？看了很多书，学了很多技术分析或者投资的大道理，投资股市还是赚不到钱？这是为什么呢？"

做股票交易的大多数投资者都会技术分析。趋势线、均线支撑压力、K线形态组合、成交量、MACD、KDJ、筹码分布等这些指标，几乎每个人都了解这些技术手段的主要内容和使用方法。可是，为什么很多人总是用不好技术分析的这些工具呢？为什么还有那么多的人亏钱呢？难道技术分析是假的？

其根源还是在于思维模式上！

普通人最习惯的思维模式就是逻辑推理中的因果关系："因为A，所以B。"这种思维模式在日常生活里处处可见，深刻地扎根在我们的思维深处。而它的背后的逻辑依据是——确定性。

"因为A，所以B"这种思维模式在交易中是有害的，也是错误的观念。技术分析的思维模式是逻辑推理中的可能性，是对概率事件的一种推理，它的表达方式是："如果A，那么B的可能性大于C的可能性。"在技术分析里，永远不能够成立所谓的"因为A，所以B"。

正是因为如此，技术分析可以解释一切的价格现象，事后看，您会发现都是合理的。如果市场运动方向与概率吻合，那么就继续原来的推理来操作；

如果不吻合，那么就解读为前期推理的失效，比如假突破，而后要根据新的事件重新调整方向。

技术分析交易者也不需要走在市场的前面，只需要追随市场的趋势，最典型的就是趋势跟踪交易系统。要想运用好技术分析，首要的任务在于调整我们自己的思维模式，它提供给我们一个新的看待市场的角度和方法。明白交易市场是一个根本不存在确定性的地方，市场中时时刻刻都是不确定的！

如果不断亏钱，就出现了亏钱模式，亏钱—懊恼—痛苦—继续亏钱，如此恶性循环。必须从这样的模式中跳出去！

正确的赚钱模式应该是：少量赚钱—快乐—总结进步—继续赚钱—更大的快乐—更进一步完善交易体系—更好地赚钱。

那么，如何才能从恶性循环跳到良性循环中去呢？

秘诀在于：1.改变；2.坚持。

把思维模式解读为交易理念也是可以的。理念，一定比具体的方法更加重要。您要了解"因为……所以……"和"如果……那么……"之间的区别。如果是前者，您着眼于寻找根据；如果是后者，您着眼于寻找对策。前者，着眼于要了解背后的原因；后者，着眼于当下的动作。

那么，如何定义 A、B 呢？比如：趋势线、价格形态等。由此，"如果 A，那么 B 的可能大于 C 的可能"，用实例来说明就是："如果对图表的解读是上升三角形，则后市上升的概率大过下跌。"在这样的基础判断下，选择做多。

股民要形成自己的操作模式，需要时间和金钱去堆积，一流高手用理念，二流高手凭资金管理，三流高手靠技术，层次是渐进的，如果人能达到用理念去进行操作，那么他也必定是历经磨炼的，这也就达到了投资股市的最高境界！

交易高手的思维模式都是固定的，很少会发生根本上的变化，"如果……那么……"是个基本模式。真正在交易里用的要比这个复杂得多，经常是"如果 A、B、C，则 D、E、F"，等等。我们要在行情发展的过程中不断进行假设，再不断用排除法进行筛选，最后确定一个或是两个交易机会。而这个过程有时需一两个小时，有时仅需 10 分钟。抛弃一切欲望，做一个坚定的系统交易者，只做自己看得懂的，只做自己能做的。

固定好自己的交易周期，知道什么时候自己可以赚钱，什么情况下需要等待时机，等待市场走出趋势行情。

而那些每天宁愿亏损也懒得学习的人，在股市的最终结果都是很惨淡的。再次强调一下：股市之路唯有自渡！

第五节
股市如人生

> 股市如人生，
> 人在股市中。
> 万事皆相同，
> 莫要出圈行。

"股市如人生，万事皆相同。"这也许是熟悉我的投资者听到最多的一句口头语了，股市如人生这句话是有很深的哲理的。

股市用人生来形容最恰当不过了，人生中总会面临大大小小的选择，有些选择您能一眼看到它今后给您带来的发展前景，有些选择则是需要您经过深思熟虑的权衡之后才能决定。就像投资股市一开始选择股票时那样，每只股票的风险和机会各异，我们必须要有自己的判断，擦亮自己的眼睛，不能随便听信他人的话，要基于自己的情况，做出最适合自己的选择，才有可能得到自己想要的结果。

股市行情也如人生轨迹，有着很多的起起落落。遇到牛市的时候，收益倍增，心情自然大好，正如人生走上巅峰，升职、加薪、名利双收的时候；当牛市退去熊市主导的时候，不是令人痛苦的亏损，就是对股市充满了谩骂厌恶，这就像当您从顶峰跌到谷底，那些人离您而去，更有甚者落井下石，幸灾乐祸一样。

人生中有许多事是我们无法控制的，但是人可以改变自己的状态，用平和、积极的心态去适应。一些人在遭遇股市大跌时，自怨自艾，选择了非常极端的方法去面对，伤害了自己与家人，结果只是雪上加霜。但也有一些人及时调整自己，宽慰自己，积极寻找方法巧妙化解危机。有些人善于在失败中总结经验，避免下一次重蹈覆辙，就像人生中有些困难与挫折我们也会遇到一样，不要在意当下的困难，而是要使自己遇难则强，迎难而上。

人生如股市，股市如人生，巅峰低谷都是人生中常遇到的时期，牛市熊市也是股市中很正常的现象，要始终保持平常心去对待，才能驾驭住股市，又能把握住人生。

第一章
引 论

股市在涨跌中体现浮沉，在牛熊中浓缩人生。人生如股市，股市如人生。股市是人生的缩影，一切人性都会在股市中暴露无遗。股市投资，收益的大小和目标的设定有直接关系。

能够看清大势，顺势而为的人在股市中设定的是长远目标，他们能拨开迷雾，看清远方，走生路，避绝路，最终获得财富的巨大积累。能够看懂中级行情，抓住次要趋势，顺应次要趋势而为者在股市中设立的是短期目标，他们能够看到股市中的大势，但又会被与主要趋势相反的中期回调所蒙蔽，偶尔会走错路，但能及时修正，收益就算不会很好，但也不会太差。而在股市中随波逐流，今天买，明天卖，跟随短线小趋势来回跑的人，他们在股市中没有目标。这些人，买的时候不知道为什么要买，卖的时候也不知道为什么要卖，过于计较一时的得失，在股市中赔钱，成为牺牲品就在所难免。

炒股最基础、最重要的问题，也是最核心的问题，就是买入和卖出的问题。何时买入？何时卖出？当买入信号出现的时候买入，当卖出信号出现的时候卖出。所以，股市里的操作信号就两种：第一种，买入信号；第二种，卖出信号。

但是大多数人却存在着一种普遍的的想法：即买入某只股票的原因是由于价格便宜，卖出某只股票的原因是因为价格高了，或者亏损太多止损卖出。按照盈亏来买卖股票与按照信号来操作股票，这是两种完全不同的思维方式。前面那种思维方式是很多人在股市中赔大钱的根本原因，后面那种思维方式却有可能让您在股市中挣到大钱。您应该严格遵守自己的操作计划，当买入信号出现的时候买入，当卖出信号出现的时候卖出，不要患得患失，猜测明天的股市会涨会跌。

股市并不能保证所有人都挣大钱，只有少数人才能挣大钱。因此我们要学会与大众想的不同，学会进行逆向思维。这并不是说大众一定是错的，也不是说只是大部分人看好，我们就要看淡，或大部分人看淡，我们却偏偏要看好。大众并不总是错误的，大众在大多数情况下是正确的，只在关键的转折时候才有错误发生，要做好股票就要学会逆向思维的艺术。既要学会在正确的时候与大众一致，又要学会在关键转折时期变得与众不同。

此外，要做好股票投资也并不一定要时刻靠近这个市场。不识庐山真面目，只缘身在此山中。有时候，离开了一段时间，再回头看，能看得更清楚。其实仅仅通过观察生活，也是能做好股票投资的。

试想这样一种情况，早春的时候，您买进一些股票，耐心等待股价上涨，到了大级别卖点出现再卖出获利。随后，您就可以休息，暂时离开股市了。您可以去领略郊野的美景，去领略美好的大好河山。当然您也可以选择去充充电，学点知识，或者做一些其他自己想做的事情。等这些事情干完，夏天可能就已经到了，如果您看到股市中开始出现走强的迹象，可以选择再次买入。如果股市与您的设想吻合，您可以跟踪一段时间，并看着股票连续上涨几个月。如果行情有结束的苗头，您就把所有股票卖出，兑现利润。然后您可以选择出去旅行，等您再回来时，身心愉悦，又有充沛的精力能全身心地投入到新一轮新行情当中了。

"再次买入—持有—卖出—休息"，然后回到股市开始新的一轮投资。一边是财富的恒定增值，让资产在奇妙的复利之旅中稳健成长，一边是生活的恬静舒适，领略世界各地的美丽景色，思索财富成长的真正奥秘。在股市的牛熊交替中，让您的理财生活也随之有规律地进行。一张一弛，财富之道。这就是您应该享有的股市人生。

人生既不该在碌碌无为中度过，也不该在穷困潦倒中蹉跎。致富之路原本简单，股市逻辑并不复杂。中国改革开放到现在，诞生了无数的成功企业家。这些人很多以前都是穷人，他们之所以成功，就在于他们去繁求简，把复杂的事情做简单，然后再把这件简单的事情做到了极致。股市纷杂万象的背后所有人都期望相同的结果，那就是获利。细细体会股市逻辑，再加以用心练习，您一样可以创富股市，成为人生的赢家。

交易是一种"舍"的艺术，有舍才有得。要放弃对"确定性"的幻想，树立概率思维。因为没有任何一种技术分析方法或者是指标是100%确定盈利的。如果您听别人说有个方法买完一定涨卖完一定跌，那您就可以远离他了，不是在吹牛，就是在行骗。

在股市中"错"是常态，但不能一错再错。要正视错误，承认错误，改正错误。只有输得起，才能成为股市长期赢家。做到小亏大赚，是股市交易的最高境界。

股市如人生，人生如股市。人的一生离不开对"对与错""得与失""生与死"的思考与处理。面对损失时应该怎么做，是每一位交易者遇到的最大挑战之一。

大部分股民通常最害怕什么事情呢？损失和错误应该排在前列。人们总是逃避事实，承认错误和亏损可能令人极为痛苦，人们往往不愿意承认自己所犯的错误与过失，反倒掩饰它们，这是人性的一大缺陷。这也是"股市如人生"的关键所在。

我们再仔细分析这句话和股市的关系。

一、股市和人生的关系其一

当您在生活当中听到一些看似无关紧要的消息，普通人只会想到这条消息表面的现象，而我们作为股市参与者，就得换个角度更深层次地去理解。就拿生活中常见的一个事情吧，猪肉的价格下降了，比春节的时候便宜了一半，普通人觉得买猪肉便宜了，少花钱了，可以多吃猪肉了。但是作为投资者的我们来说，就不能简单地只是说猪肉价格便宜了，我们要想一想，猪肉价格便宜了，和猪肉相关的上市公司股价会如何表现呢？

2020年上半年猪肉价格上涨，相关猪肉概念的股票价格已经提前在股市中表现，多数猪肉概念股已经在2019年走出一波大牛市。而到了2021年春节以后，猪肉价格开始逐步下跌，那么猪肉概念的股票也是在猪肉价格下跌之前主力已经出完货，多数个股开始走下降通道。

类似的事情还有，在2020年2月的时候，天气预报专家说2020年雨季将会有极端天气出现，雨量会偏多，部分地区会有自然灾害发生。看到这条预报的时候，可能普通人会想着到了雨季要注意防范洪水，农民就会想着怎么才能防洪水降低庄稼损失。而作为投资股市的我来说，我当时想到的就是抗洪概念。

当时表现出色的一只个股是002457青龙管业，这一波涨势是游资做的，在一波翻倍行情之后，在2020年7月14日放量开始出货，如图1-31中所示：

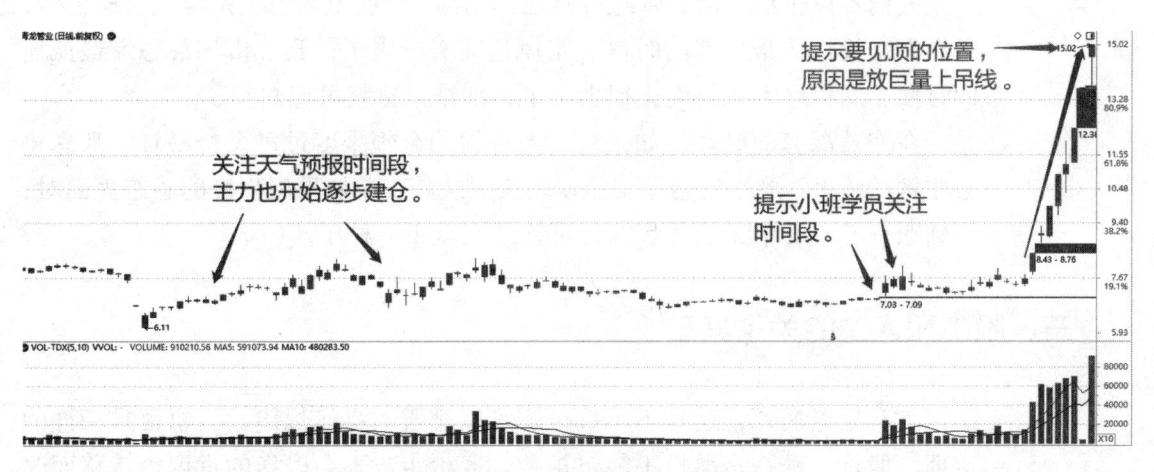

图1-31

在2020年7月14日上午盘中10点51分的时候，我发现盘面出现变化，青龙管业和其他抗洪概念股开始出现筹码松动迹象，随后我就提示学员注意回避风险，适当减掉抗洪概念个股的底仓。当时考虑的除了技术方面以外的因素，还有一个主要原因就是已经进入雨季，全国部分地区也开始出现洪涝灾害，这个时候我们就要逆向思维了，因为对于抗洪概念来说已经到了利好兑现的阶段了，再往后就不能追高买入，而是要择机出掉低位埋伏的底仓才是客观理性的选择。

果然，随后市场出现了几个交易日的调整，并且当时沪指也见到了一个高点，紧接着就是一段 5 个月左右的横盘震荡行情。

像这样的人生和股市的关系还有很多，比如限塑令带来的可降解概念的炒作，二胎概念的炒作，等等，这些都可以和股市联系起来。

二、股市和人生的关系其二

每个人面对生活的态度是不一样的，在股市当中也是一样，每位股民朋友在投资股市的时候心态也是不一样的。但如果您在生活当中是一个积极乐观的人，那么在股市中的投资心态也会好一点；假如您在生活当中就是一个心态不好、遇到事情就消极的人，那么在股市当中心态也不会很平和。

股市会放大情绪，不管是恐慌的情绪还是贪婪的情绪，都会被无限放大，所以我经常说：在股市当中，都是心态好的人赚那些心态不好的人的钱。这句话大家仔细琢磨一下。

我们不仅生活中需要管理好自己的情绪，在股市当中更是应该这样去做，否则在市场情绪最高涨的时候您跟风追高买进去了，到了市场最恐慌最低迷的时候，您也忍不住割肉止损出去了，那结果也就可想而知了。

在您被深套的时候，如果只看着亏损的金额来度过每个交易日，那您将会非常的消极，最终也会做出错误的交易决策；而如果用积极的心态去面对，做到账户有股心中无股的状态，可能结果就不一样了。

三、股市和人生的关系其三

人有生老病死，这是不可抗拒、难以逃避的自然规律，股票也是一样的道理，股价的涨跌是散户不能抗拒的，股价走势不会以您的意识为转移而改变，您只能去多学习升级自己的交易体系，尽量做到少亏损。

人的一生按年龄可分为若干阶段，如婴儿期（0~3 岁）、幼儿期（3~6 岁）、儿童期（6~12 岁）、少年期（12~15 岁）、青年期、成年期、老年期。

还有一种区分不同的阶段：

第一章 引论

（1）0～15岁为可塑期：这个阶段的孩子可塑性高，却有很大的依赖性，常以哭闹方式向父母及长辈要求，以便满足需要。

在股价走势当中，可以把这个时期看作是主力建仓期，也是股价的生命周期初始阶段。

（2）15～20岁为探索期：这个阶段正值青春期，事事好奇，喜以冒险探索的心态追求想要的东西。

在股价走势当中，这个时期可以看作是主力试盘期间，主力已经建仓完毕，准备拉升了。

（3）20～45岁为建立期：在这个年龄段，忙于建立事业基础、家庭基础、经济基础及感情基础，凡事渐趋于成熟。

在股价走势当中，这个时期可以看作是主力拉升走主升浪期间，这个时候是持有股票的人最满足的阶段。

（4）45～65岁为维持期：人生各项大事均已固定，儿女逐渐长大，事业也稳定了，正处于人生的收获季节。

在股价走势当中，这个时期可以看作是主力开始出货期，到了主力的收获期了，所以在这个时候我们要随时注意风险，随时准备获利了结，而不是去追高买入了。

（5）65岁以后为衰退期："夕阳无限好，只是近黄昏"。在度过人生无数个高潮后，身体器官开始老化，病情渐生。

在股价走势当中，这个时期可以看作是主力已经出完货了，股价也将开始走下坡路了，这种类型的股票就不能再去参与了。

下面用一张图来给大家展示一下会更加清晰。如图1-32所示：

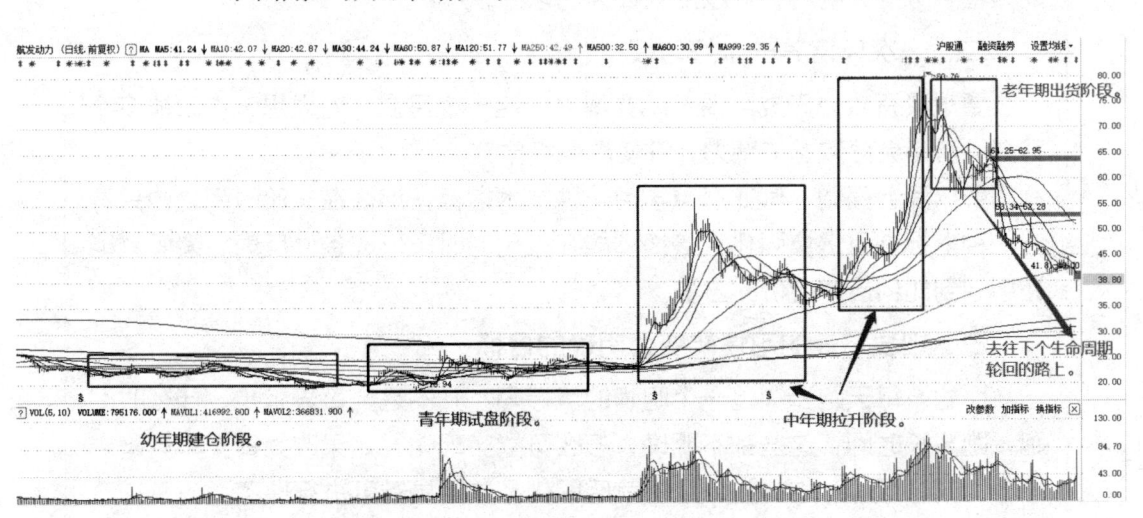

图1-32

图中展示的是一个股市如人生的经典关系，虽然不能完全一致，但是基本就是这个趋势。也许有人会怀疑是不是所有股票都按照这个走势进行呢？可以肯定地说，大多数个股都会走这个过程。

股市如人生必须客观深刻地理解才行，每个人的生命长短是一样的吗？每个人的命运是一样的吗？每个人的性格是一样的吗？答案都是否定的，所以每只个股的生命周期也不会完全一致，但是股票价格的生命周期理论不会变化，这就是对股市如人生最贴切的分析。明白了以上逻辑，以后再去选择个股，您应该就有个更深的选股逻辑了。

强化训练

我们都知道，养成一个好的习惯需要 21 天，在股市中也是一样的道理，很多老股民坚持用错误的操作逻辑持续很多年，想做出改变其实是很难的。所以有的时候我会鼓励大家站在学习的角度炒股，只要学习的方法正确，有时新股民反而更容易进步。

一、养成一个好习惯至少坚持 21 天

21 天已经基本可以让您培养一个永久的好习惯了。时间如果太短则不能根植到您的大脑内，难以形成长久的习惯。

二、一次只培养一个好习惯

要想最有效地养成习惯，就要集中于这一个习惯。如果想一次改掉多个习惯，势必会分散您的精力，并使您最终放弃。

所以我会强调，假如您想学习一种技术指标，那么在一段时间之内只看这一种指标并且慢慢强化，最终才能在应用的时候形成条件反射，瞬间就能让您想到如何应对股价的方法。

三、把要培养的习惯转变为明确的目标

比如"每天跑步"是一个明确的目标吗？并不是，每天跑步，什么时间跑，跑多长时间，这些都不明确，怎么可能实现呢？如果改为每天早晨跑半个小时或 3 公里，这样这个目标就明朗化，并且具备可执行性了。

股市中也是同理，您想学习什么指标，要怎么学习？必须制定一个目标，这样长期坚持下去，才能成功！

四、做总结

每天、每周、每月总结一下自己的执行情况，一定要认真客观地分析，不要总找借口，优缺点都要总结出来，优点有助于提高您的自信心，缺点有助于您加以改进。

五、奖励

在目标执行过程中给自己适当的奖励是很必要的。21天训练让您真正按着目标行动了起来，而不是像以前那样夸夸其谈，只说不做，或做几天就放弃了。我一直坚信：行动等于命运！不断提醒自己，不断重复这个习惯，不断使用这个习惯

具体训练时间也要取决于您现在的习惯，不要着急，慢慢就可以养成一个好习惯。

好的习惯靠自己来培养，如果您已经发现了自己有不良的操作习惯，那么就是说您已经开始了培养好习惯的第一步，时时刻刻注意自己的操作行为，慢慢就会有良好的表现，我坚信您一定会成功。

很多股民都会被一个问题困扰："老师，我也学习了很多知识了，技术分析的价值投资学了很多，但是一到交易的时候就都忘记了，等下单交易完了就想起来了，这是为什么呢？"

遇到这种情况的时候我一般都会做出以下回答。

第一个原因，您受市场或者股价波动的情绪影响太大了，才会着急做出错误的决定；

第二个原因，就是您没有去强化一些知识点的应用；

第三个原因，就是您没有很好的执行力作为支撑。

有些股民朋友不是不懂得一些技术分析或者买卖点的判断，只是在做交易的时候会患得患失，执行力跟不上，总是幻想着卖出以后涨了怎么办，买入以后跌了怎么办，涨也怕跌也怕，被深深套住了就天不怕地不怕了。这是很多股民朋友容易遇到的问题。

所以最后成功的关键主要在于三个字：执行力。懂得了这三个字背后的逻辑和本质，对于各位投资者升级来说起着很关键的作用！能做到有执行力的前提就是要不断深入强化一种指标。

不断强化训练，才会训练出最牛的狙击手！不断强化训练，才会有各个

行业当中顶尖的人才出现！所以要想成功，在股市当中必须不断强化训练正确的投资技巧，这样才会更加接近成功！

　　正在看书的您，赶紧行动起来吧，朝着正确的方向前进，胜利最终是属于您的。

第二章 价值投资和价值投机的关系

> 价值投资长线拿,
> 没有利空跌不怕。
> 价值投机择时棒,
> 吃足波段收益良。

第一节
何为价值投资

一、价值投资的概念

价值投资就是实业投资思维在股市上的应用，以获取潜在的股息回报作为主要投资收益的投资理念。价值投资要求投资者必须认清股票的本质概念，买卖股票是买卖公司的股权而不是虚无缥缈的东西，正确地理解这个概念很重要。随着公司不断创造利润价值的过程中，投资者享受其成果。

价值投资要求投资者以合适的价格去持有合适的公司股票从而达到某个确定的盈利目的。它通常要求投资者低价买入或者合理的价格买入，不能以过于高估的价格买入，否则会陷入高风险的境地以及吃不上多少肉的低收益的窘境。价值投资是讲求性价比和确定性的，不谈估值的投资都不是价值投资，正确地学会如何评估公司的价值是价值投资里重中之重的一环。它有别于通过买卖价差获取投资收益的投资方式，但价值投资也能低买高卖。一般要求投资者较长期地耐心持有或坚忍地定投股票，这里的长期是指 5~10 年的股票持有期。

价值投资要求回到初心，强调股票投资和实业投资的一致性。股票投资、股权投资、风险投资、天使投资等投资方式的内核都是一致的。

二、价值投资的历史

价值投资的历史最早可以追溯到 20 世纪 30 年代，由哥伦比亚大学的本杰明·格雷厄姆创立，经过伯克希尔·哈撒威公司的 CEO 沃伦·巴菲特的使用并发扬光大，价值投资战略在 20 世纪 70 年代到 80 年代的美国受到推崇。和价值投资法所对应的是趋势投资法，其重点是透过基本分析中的概念，例如高股息收益率、低市盈率和低股价或账面比率，去寻找并投资于一些股价被低估了，且具备安全性的股票。

三、价值投资的实践理论大师

该理论认为，股票价格围绕"内在价值"上下波动，而内在价值可以用一定方法测定。股票价格长期来看有向"内在价值"回归的趋势，当股票价格低于内在价值时，就出现了投资机会。打个比方，价值投资就是拿五角钱购买价值一元钱的股票。

格雷厄姆在其代表作《证券分析》中指出："投资是基于详尽的分析，本金的安全和满意回报有保证的操作。不符合这一标准的操作就是投机。"他在这里所说的"投资"就是后来人们所称的"价值投资"。

价值投资有两大基本概念，也是价值投资的基石，即正确的态度和内在的价值。

本杰明·格雷厄姆注重以财务报表和安全边际为核心的定量分析，是购买廉价证券的"雪茄烟蒂投资方法"。而另一位投资大师菲利普·费雪，重视企业的业务类型和管理能力的定性分析，是关注潜力股的先驱，他以增长为导向的投资方法，比格氏价值投资更进一步。传奇基金经理彼得·林奇的投资理念也更接近于菲利普·费雪。

简单说，格雷厄姆要的是好价格下的好公司，安全第一。费雪和林奇更看重好公司配好价格，更喜欢潜力股。特别是彼得·林奇，他的书里经常会用到"十倍股"这样的词，格雷厄姆要是看了他的书会非常惊讶。

而"股神"沃伦·巴菲特是价值投资的集大成者，他把定量分析和定性分析有机地结合起来，形成了价值潜力投资法，把价值投资带进了另一个新阶段。巴菲特说："我现在要比20年前更愿意为好的行业和好的管理多支付一些钱。本杰明倾向于单独地看统计数据。而我越来越看重的，是那些无形的东西。"巴菲特说，他的血液里是85%的格雷厄姆，15%的费雪，但是没有费雪，他根本不会挣这么多钱。

四、价值投资的精髓

价值投资的精髓是：以踏踏实实办事业的心态投资。

对于一个真正的价值投资者来说，买入股票就意味着成为公司的股东，和高管、基层员工一起扎扎实实办公司，创造财富并回报社会。随着公司愈加强盛，盈利能力愈强，股东自然获得越丰厚的回报。

在这个过程中使用了一些手段，如：安全边际、多样化、公司调研、市场耳语法……

所谓具体招法随机而变、千变万化，而心法不变。价值投资，就是以扎实进取的心，踏踏实实创造财富，并把公益和私利结合在一起。义利合一，商以载道。

五、价值投资和其他理论的区别

价值投资的精髓不在于具体的选股方法，而是在于指出股票投资和实业投资的一致性，即把办实业的精神用于股票的投资。买股票不是买彩票，更不是赌博，买股票和办实业是一样的道理，必须拥有远大的理想。股票投资家和实业家在本质上是一致的，买股票就是要当股东，还要当长期股东。做价值投资就是要回到初心。

除价值投资外的其他很多股票方法，基本是着眼于短期获取利润。而价值投资要求向前看，拥有广阔的胸怀。有点像金庸在《天龙八部》借扫地僧之口提出的观点，即要修炼少林绝技就要有相应的佛学修为为之化解，当投资者有了广阔的胸怀就不会在乎短期的利润，就会获得真正长期的良好收益。心境平和地从股票投资中赚钱。

一个投资者只要是热衷于短期赚一把快钱而频繁下赌注，那他就不属于价值投资。5年以内的投资计划都属于短期或中期投资计划。价值投资真正的精华在于讲究共赢，拥有关心他人的能力，价值投资是个正和游戏。

价值投资者认为：除价值投资外的其他炒股方法基本是玩一个零和游戏，技术分析、短线追涨杀跌、内幕消息、庄家操纵，等等都是如此。这些方法不能提高社会作为一个整体的财富，所以从根本上说是无效的。

六、价值投资的常用方法

第一，竞争优势原则。寻找管理层正直诚信且有能力的公司，也就是中国人说的德才兼备的管理人员。

第二，现金流量原则。考察公司的时候注意现金流，这是识破造假的关键。

第三，"市场先生"原则。利用市场而不是被市场利用！

第四，安全边际原则。无论再好的公司，都不要为之出价过高，做一个"吝啬鬼"吧。

第五，集中投资原则。本质是只投资熟悉的公司，股票多了以后，会顾不过来！

第六，长期持有原则。买股票不是为了卖出，是为了踏踏实实创造财富！

第七，买入原则。以低于价值的价格买入！

七、价值投资的核心

证券只是一张纸，没什么好分析的。证券分析，实际上应该称为公司分析。当我们对一家公司越了解，就越清楚地知道它值多少钱，就不会被卖家蒙骗。下面将以具体例子解释公司分析。

假如有一家快餐连锁公司，我们考虑收购这家公司。对方喊价100亿。我们通过各种方式进行前期调研考察。

1. 看财报：毋庸多说。
2. 实地考察：去该公司多吃几次饭，看看顾客流量如何。
3. 网络调研：在网上搜集资料。
4. 和高管交流问询，寻找行业专家的意见。

最后经过充分考证，我们认为这家公司只值30亿～50亿，对方要价100亿显然属于夸大其词，所以我们将会和对方讨价还价。

可以说，价值投资的核心工作就是公司分析，像侦探一样对目标公司进行侦查，做到了如指掌。一旦发现价格大大低于价值，投资的大好机会就降临了。

第二节
价值投机的概念

一、价值投机的概念

价值投机指的是以上市公司的投资价值为导向，以上市公司的价值定位为依据，以价值发现为手段，以利用股票价格的自然价值回归，实现差价投机盈利为目的的投资理念。

很多初期的投资者完全不懂或完全不相信各种投资理论，仅凭直觉选择所要购买的股票。有的投资者相信市场是有效的，市场价格就是股票的内在价值，正所谓价格反映一切，所以购买也是完全随机的。有的投资者会依靠一些简单的方法对股票进行筛选，如 P/B，P/E，或者过去的股价变动形态规律，或者无条件地押注于"增长股"。以上这些投资者注定都是失败者，因为他们放弃了大量可利用信息的优势和探求股票价值的本质。

在没有了解事物本质的基础上的决策,就变成了猜测和赌博。这样的投资决策必然导致当市场与自己的预测相反的时候的心态变化,出现患得患失和不知所措的情况。市场的盈亏其实都是暂时的,它在没有故意做出高买低卖的错误操作前都是暂时的。短期的盈亏无非是赚取人们恐慌而投入的钱,或者是短期急需资金的人的钱,否则谁会故意反向操作自己的资金呢?市场中最大的错误逻辑就是无理由的止损和"好股票任何时候买都是对的"的建议。一个是让您家中恐慌,一个是让您不管股票的价格买在高点。所以,要想取得股市投资的成功必须先要理清市场的本质规律。

表面上看价值投机是一种策略性的投机行为,但与盲目性的赌博投机行为相比,其本质区别在于价值投机是以投资价值发现为前提的投机行为,本身是以上市企业真实价值发掘与显现为内在动力,而不是虚无缥缈的报表重组和资金操纵。

价值投机是在市场某一平衡区域内,投资者通过发现市场价格与内在价值的不符合来获取利润,也就是发现相对于当时的平衡区域低估的公司,通过在低价期间买入,等到其真实价值被市场发现和普遍认同的时候再高价卖出来实现投资收益。

投资价值分析报告就是针对某一特定的,以谋取商业利益、竞争优势为目的的投资行为,就其产品方案、技术方案、管理及市场等,投入产出预期进行分析和选择的一个过程。

二、价值投机与价值投资二者关系

价值投机与传统的价值投资既有区别又有极为紧密的联系。从原理上讲,价值投机其实属于价值投资理论的一部分,是运用价值投资理论指导实际股市投资操作的手段之一。这是因为价值投机的理论核心仍然是建立在价值投资的分析指导基础之上,即以上市公司的投资价值为基础研究对象,通过对其内在价值进行科学、详尽的综合分析,选取具有价值发现和未来价值成长空间的股票买入以期取得投资收益和回报。从获取利润的手段上来说,价值投机和成长型价值投资者一样,是以股价上升后的资本利得作为回报的。

然而,作为投资行为模式,价值投机和价值投资是有本质区别的。无论是价值型投资者还是成长型投资者,其投资模式都是属于中长期的战略投资,这类投资收益无论是来自公司的分红回报或是股价拉升,其前提都是所投资的企业拥有超出大盘指数的长期、持续、稳定的成长潜力。本质上投资的是上市公司未来的经营业绩，投资者随着上市公司的成长而成长。而价值投机，本质上仍然是一种投机行为模式。虽然它也是建立在投资价值的分析基础之上，但是其投资收益主要来自价值发现阶段的股价拉升差价，也就是市场公众投资者发现股票价值低估之后的价值回归过程。而一旦这个价值回归过程顺利实现，价值投机也就宣告完成。

　　从投资表现来说，价值投资通常是长期持有固定的几只股票，股价的短期震荡并不会影响其投资信心，只要上市公司在未来具有可预期的成长空间，投资者就不会轻易地抛出手中的股票。而价值投机者更加关心市场对股票价值的反应，高抛低吸依然是价值投机者的一般操作模式，当股票的价格回到市场价值合理的定位区间之后，盈利变现是其典型的选择。

　　从市场投资环境上说，价值投资首先需要一个成熟理性、健康有序、成长向上的规模化收益市场，拥有完善公开的信息渠道，有足够的投资价值与业绩表现的上市公司。只有多数上市公司具有良好的成长性和盈利能力，才能支撑起一个以价值投资为主导理念的投资市场。价值投机，同样需要市场的规范以及对投资价值理念的普遍认可，但由于其投资收益的动力来源是价值发现和价值回归，因此对于尚未完全成熟的新兴资本市场，价值投机具有更好的适应性和实战价值。我们可以将其看作是投机策略与投资策略的一种妥协，也是赌博性投机市场向价值投资市场历史性过渡过程中不可逾越的一个时期。

　　同时，需要指出的是，即使在以价值投资理念为主导的成熟理性的资本市场中，价值投机依然是客观存在的重要投资策略，因为市场永远不是理想模型下的市场。在理想化的市场中，投资者是整体理性的群体，信息是完全透明并且对称的，市场假设也是完全有效的，因此股票的价格应该与自身实际价值拟合。

　　但是以上条件的不可实现，导致非理想化的真实市场股价是围绕其价值进行波动的。因此，股票的实际价值被市场低估或者高估的情况无处不在，这是客观经济规律决定的。另一方面，并非所有的投资者都是长线战略投资者，投机作为一种风险与收益并存的投资行为模式，也是永远存在的。因此，价值投机和价值投资对于成熟的资本市场都是有效的投资策略。

　　社会活动的本质就是交易活动，而交易活动就是通过付出并获取资源以满足需求。社会交易都可以依据其获取收益的方式，分为投资交易与投机交易。经济活动就是可以用货币为交易媒介或价值表达的交易活动。

三、价值投机深入分析

价值投资之父格雷厄姆是这样解释"价值投资"与"投机"的:"价值投资就是寻找等于或低于其内在价值的价格标价的证券,然后买入并持有,直到有充分理由把它们卖掉;投机,就是任何仅根据预测未来市场的走高或走低而做出财务决策的行为。"

简而言之,价值投资就是买便宜货并在合理位置卖掉,投机就是仅预测未来涨或跌以便进行买或卖。

价值投机,就是在适合价值投资的股票里择机买卖,即"白马里面挑黑马,牛股上面做波段"。

何谓白马?多年业绩差强人意,价格走势平淡的股票。何谓黑马?短时间内出人意料地快速上涨且涨幅较大的股票。"白马里面挑黑马",就是在过往业绩里还过得去,且未来不至于突然大幅降低的股票群里,找到能推动股价快速上涨且涨幅较大的因素的个股。

这些拐点因素有:业绩拐点、供求拐点、题材拐点、政策拐点、事件拐点、行业拐点、技术拐点,等等。这些拐点因素一旦确立,则白马股很大概率上就能走出黑马行情。找到白马股中确定性高的拐点因素,并在理想的时间介入,这就是价值投机。

牛股是指上涨时间长(一年以上),上涨幅度大(100%以上)的个股。波段则是幅度20%以上的干脆利落的上涨行情。一只牛股,上涨一倍或三倍五倍,都不太可能是一口气完成的,因为种种原因,往往是走走停停,或进三步退两步。"牛股上面做波段",就是在大概率上确定一只股票是牛股的前提下,做上涨的阶段,回避横盘或回调的阶段,这同样是价值投机。

价值投机,比起价值投资或单纯的投机操作,需要做更多的功课,花更大的力气。价值投资,基本不考虑市场人气、大盘环境,更不会去研究均线、指标、K线等。单纯的投机操作,基本不分析财务报表,不研究行业发展动态,更不会做个股估值以评价买价是否合理。但作为价值投机者,上面所说的都是我们要做的,而且要做得更深入,同时还要将二者较完美的结合起来,从而达到大概率制胜的目的。

因此,我们说,价值投机结合了价值投资与投机操作二者的优点,更适合中国股市牛短熊长的特点,能够让我们的资金曲线更加平滑,能够让我们更加安心。

第三节
当前 A 股投资者投资风格分析

当前 A 股市场投资者类型，我们在前边章节中提到过，大概分为以下几种。

第一类：散户投资者
第二类：公募基金
第三类：私募基金
第四类：国家队资金
第五类：保险资金
第六类：社保资金
第七类：游资
第八类：券商自营盘
第九类：外资
第十类：各种庄家资金

从以上投资者类型中各类资金的投资属性来看，公募基金、部分头部私募基金、保险资金、社保资金、外资等，这些资金属于价值投资多一些，主要是因为这些类型的资金体量较大，一般做不了短线投机，只能进行价值投资做长期投资，也就是所谓的"船大难掉头"。

散户投资者、部分小型私募产品、游资等这类资金由于都是投机操作，所以基本是以短中线为主的，因为这些类型资金都是急功近利想赚快钱的，所以价值投资理论对这类资金没有吸引性。

各种庄家资金、部分中型私募、部分券商自营盘这三类资金，基本都是属于价值投机的参与者，因为这些类型资金属于资金规模趋于中型，就可以选择价值投机作为他们的投资策略。

当然以上分析不是绝对的，因为不管是哪种类型的资金，做什么策略的都有，只是从大概率去分析某种类型资金的投资策略，但是读懂了一些能影响到市场走势的资金投资属性，对于我们以后的股市投资是有很大的帮助的。所以我们要从不同的角度去分析股价走势，这样才能提高成功概率。

强化训练

思考题一：认真研究做价值投资的公募基金，近10年以来，大多数公募基金投资收益是亏损的，还是资产不断增值的？

思考题二：机构投资者成功的概率大，还是散户投资者成功的概率大？机构投资者和散户投资者在资金面、消息面、政策面、行业分析等诸多方面，谁的优势更加明显？

思考题三：如果您的目标是朝着专业投资者的方向去努力，我们是否应该在某些方面站在机构的角度分析投资？

第三章　研究A股特色价值投机交易体系的重要性

> 资本市场源于西，
> 价值投资尤为益。
> A股特色莫照搬，
> 融会贯通灵活研。

第一节
在股市里投资、投机、赌博三者的区别

在股市中，投资、投机和赌博心理三者有哪些区别呢？其实站在股市参与者的角度来看待这个问题，每个人给出的答案都是不一样的，因为每个人的思维方式是不一样的，在这里只是谈一下我个人从业近20年来的经验，仅供大家参考。

一、股市投资

股市投资指的是：您拿出一些资金来投资股市，您关心的应该是一个上市公司成长性如何，这家上市公司每年的分红收益率是多少，就是用您的钱在投资这家公司，不求短线回报率，而是跟着公司一起成长，投资这家公司的未来，这和拿出资金去投资一个项目道理是一样的。

投资是建立在经过基本面分析、理性分析及自己的深思熟虑后得出的决策，得出该决策前您应该有一定的收益预期，并且在达到这个预期之前的任何震荡都可以被您无视，因为您深信自己的决策是正确的。

二、股市投机

在股市里的参与者，尤其是散户投资者更多的是在进行投机式的操作，基本都是在关注股价短期的波动，这只股票涨停了没有、那只股票跌停了没有、哪只股票走主升浪了、今天哪个热点板块又涨了、哪只股票出现短线买点了，等等，都是这种非常在乎股价短线波动的思维方式。

投机也可以是建立在技术和理性分析后的决策，但区别就在于您心中没有收益预期，这是单纯受到外部因素干扰而产生的一种决策行为。这种投机的思路在当前A股市场还是占据主流的。

三、股市里赌博的概念

这个是最容易理解，它也属于投机的一种，是建立在概率和运气成分之上的一种决策，简单说就是听天由命。

从业这些年，无数投资者跟我说过这句话："我满仓赌一把！"每当听到这句话的时候，我就可以判断，这个人大概率没有一个属于自己的完整的交易体系，就是在用赌博式的思维方式买卖股票，最后的结果很可能是逢赌必输！

四、如何判断自己是属于哪种类型的投资者

如何分辨自己是哪种类型的投资者很简单，如果您不关心明天是否开盘，您就是属于投资类型的，因为您是不看短期股价波动的；而如果您每天都盼着开盘，每天都在关心股票的 K 线走势，您就属于是投机类型的投资者，因为您在乎的是今天股票会不会上涨，明天会不会下跌；而要是赌博心理就可以理解为您的买卖是建立在没有足够的理论依据基础上的交易行为。

五、总结

股市里广为流传的一句话是："这个市场里的钱，是赚不完的，但是可以亏完。"所以我们普通散户投资者要对市场留有敬畏之心。反人性操作是我在讲课的时候经常说的一句话，在股市投资中各位投资者应该能体会到。"别人恐惧我贪婪，别人贪婪我恐惧"，这句话是"股神"巴菲特说的，但实际操作中有多少人可以做到？

有很多投资的高手，有些人凭借概率计算和过人的投机手法，在股市中能稳定盈利。但如果您用投机和赌博式的心态操作了十几年股票，现在还是亏钱，建议您放弃这种操作方式，因为投机和赌博都会上瘾。尽管我经常说"亏钱通常都是从赚钱开始"，但是如果不离开市场，靠运气赚来的钱都会再亏回去，说的就是这个道理。

以赌博的方式投资，就不会有好的结果。因为您会很在意短期的结果，也很难有耐心，这种赌场的投资方式就不能做到知行合一。资本市场有许多非理性的赌博者，这些人的投资收益都不如有耐心的投资者收益做得好。

同样，公司的效益很难以短期看出来，一般都是以年为单位，投资追求的是一个长期的结果，而不是像在赌场一样立刻就有回报。格雷厄姆曾说短期来看股票市场是一台赌博机器，但长期来看它是一台称重机，市场在长期内将会搞清楚真正的价值是多少。短期内的暴利会刺激感观，但是暴利只是一瞬间的快乐，而积小胜赢得大胜会给您带来稳定的收益和长期的快乐。

8561 A 股特色股票 投资 交易体系

假如您计划做一笔交易，但是没有信心保证这笔交易长期不会亏损，那我建议就先停止交易。先想清楚是不是要执行这笔交易，因为这不是在投资，而是投机。赚钱不易，我们投资的首要原则就是保护好自己的本金，只有本金安全了，才有投资赚钱的机会。

第二节 "8561A 股特色交易体系"的理论基础

我自从进入股市以来，就看到众多的散户在股市投资中迷茫，众多的散户投资者都在年复一年、日复一日地重复着亏损。由于我从业的经历优势，每天能接触到众多散户投资者，再加上我研究的方向和其他交易者不同，这就给我研究"8561A 股特色交易体系"带来得天独厚的优势和最坚实的基础。所有的理论都应该来自实战，换句话说：取之于股民用之于股民，这才是最真实的。

初入股市时，我研读了众多国外的投资著作，不管是价值投资类还是技术分析类，一度到了痴迷的状态，对股市有许多美好憧憬，无数次地冲动实践，最终被市场打得喘不过气来。

后来一段时间我甚至放弃了学习所有理论，开始自己研究，但是有几年的时间也是处于迷茫的状态中，依然不能从低潮当中走出。直到有一天我突然意识到，每天正在接触的所有散户投资者就是我最好的老师，既然我知道在这个市场当中 80% 以上的散户投资者都是投资失败的，那我为何不去研究他们为什么会长期亏损呢？这样就是在用别人的错误使自己成长，所有散户投资者走过的坑我能躲过去，我也可以得到成长，这比学习其他理论或者自己闭门造车来得更真实更有效。加上之前所学习到的正确的投资策略，并和真正能在股市中盈利的投资者以及机构投资资金交流的成功方法，我找到了属于自己的道路。

所谓没有对比就没有伤害，只有见过最好的，也必须见过最悲惨的，才能坚持正确的方向。

经过了迷茫期后，我就开始潜心研究属于自己的交易体系，也开始从解套的角度研究市场和散户投资者的账户，慢慢地也就有了独特的"8561A股特色交易体系"。这套体系尤其适用于散户投资者，不管您有多少资金，只要正在看书的您能接受我的理论，经过长期实践终究会得到理想的收益。

我研究的出发点，是从每个散户投资者账户的整体操作逻辑开始的，再具体到每只个股的买点和卖点入手去分析。比如我看到某个账户的时候，我会看他的仓位是多少，现在是否属于满仓状态等方面。具体到个股，我会先分析每只个股买入时的成本是多少，它们在那个位置买入的逻辑是什么。现在被套在高点的个股，我也会去研究他为什么在那个位置买入，他的买入逻辑出了什么问题？是追涨停进去的，还是追热点买进去的？那个买入的位置是高位还是低位？等等。

无数的疑问都会促使我去研究每个账户和每只个股的操作逻辑，这样一直坚持了五六年，最终慢慢形成了"8561A股特色交易体系"。

为什么叫A股特色？因为我所有研究的对象都是投资A股的散户投资者，一切基础都建立在A股交易的市场环境当中。大多数散户投资者经历过学习西方的股市投资理论之后还是亏损，这也是我探究的初心。久而久之，也就形成了我对于A股的市场环境和国外的股票市场环境的延展分析。

有句老话说："没有对比就没有伤害。"首先从市场环境分析，这样才会得出相对客观的结果，西方国家的股市和当前我们A股的市场环境还是存在很多差异的，所以如果散户投资者完全照搬西方的股市投资理论，就会造成致命的伤害。我这里说的不是西方投资理论不好，凡事存在即合理，我只是强调在A股市场投资就要有符合A股市场的理论基础。

股市如人生。我们国家有很多人会说英语，但是为什么我们一直都在用普通话？因为我们的大环境是在中国，假如把那些会讲英语的人放在西方国家，他们也会适应那里的环境，这只是一个简单的比喻，希望读者朋友们能够理解。

辩证法与股市的关系

唯物辩证法以自然界、人类社会和思维发展的一般规律为研究对象，是辩证法思想发展的高级形态。它是马克思主义哲学的重要组成部分，认为物质世界是普遍联系和不断运动变化的统一整体。它包括三个基本规律（对立统一规律、质量互变规律和否定之否定规律）以及现象与本质、原因与结果、必然与偶然、可能与现实、形式与内容等一系列基本范畴，而以对立统一规律为核心。它是宇宙观，又是认识论和方法论。

以下是唯物辩证法在股市中的对比和应用。

唯物辩证法的基本特征，唯物辩证法试图回答的问题是"世界的存在状态问题"。在这个问题上，唯物辩证法指出，世界存在的基本特征有两个：一个是世界是普遍联系的，另一个是世界是永恒发展的。

唯物辩证法用普遍联系的观点看待世界和历史，其认为世界是一个有机的整体，世界上的一切事物都处于相互影响、相互作用、相互制约之中，反对以片面或孤立的观点看问题。

股市应用：A股市场是一个有机整体，市场里的一切参与者相互影响、相互作用、相互制约，反对以片面的观点看问题。比如一直有人说A股会"去散户化"，其实这种只是一个概念而已。试想一下，假如市场中一个散户都没有了，那会是一种什么样的状态呢？再比如，市场中参与交易的各方是普遍联系的，虽然不是统一的但是相互都有交易方面的联系，您卖我买这就是普遍联系的结果，这才会有成交，才会有分时图走出来！

唯物辩证法指出，联系具有客观性、普遍性和多样性。

联系的客观性：联系是事物本身所固有、不以人的主观意志为转移的，既不能被创造，也不能被消灭。

股市应用：市场参与各方的联系本身所固有的、不以人的主观意志为转移的，既不能被创造，也不能被消灭，否则也就没有了交易出现。

联系的普遍性：联系包括横向的与周围事物的联系，也包括纵向的与历史未来的联系。一切事物、现象和过程，及其内部各要素、部分、环节，都不是孤立存在的，它们相互作用、相互影响、相互制约。但另一方面事物又存在着相对独立性，即任何事物都同其他事物相区别而相对独立地存在。事物的普遍联系和事物的相对独立存在是互为前提的。

股市应用：股市中的联系包括个股与指数的联系，也包括个股与每个投资者的联系。一切波动、交易和结果，及其内部各要素、部分、环节，都不是孤立存在的，它们相互作用、相互影响、相互制约。但另一方面所有市场参与者又存在着相对独立性，即任何投资者都同其他投资者相区别而相对独立地存在。投资者的普遍联系和投资者的相对独立存在是互为前提的。

联系的多样性：从大的方面说，联系可分为内部联系和外部联系、本质联系和非本质联系、必然联系和偶然联系、主要联系和次要联系、直接联系和间接联系，等等。

股市应用：从市场的方面说，联系可分为大盘联系和板块联系、消息联系和非消息联系、盈利联系和亏损联系、主力联系和非主力联系、上涨联系和下跌联系，等等。

矛盾（即对立统一）是事物普遍联系的根本内容。所谓矛盾，在辩证法中是指"事物内部或事物之间的对立统一的辩证关系"；矛盾的双方总是"相比较而存在，相斗争而发展"的。恩格斯认为，"运动本身就是矛盾"。换言之，矛盾无处不在，无时不有。矛盾是事物存在的深刻基础，也是事物发展的内在根据。从一定意义上说，事物就是矛盾，世界就是矛盾的集合体；没有矛盾就没有事物或世界，没有矛盾就没有事物或世界的发展。

股市应用：股市中参与的各方都是对立统一的矛盾，所谓矛盾都是在股市中所有交易参与者对立和统一的斗争中产生的，矛盾的参与各方相比较而存在，相斗争而发展。股市波动的本身就是矛盾。在股市中矛盾无时不在无时不有，因为分时走势每分每秒的每笔交易就是因为矛盾而产生的，同一只股票同一个价位有人买就有人在卖，这本身就是矛盾。从一定意义上说，股价走势本身就是矛盾，个股走势K线图就是矛盾的集合体，没有矛盾就没有股价的波动走势图。没有了各方矛盾的交易，也就没有了股市存在的现实和未来的发展。

世界发展是一个过程，过程是由状态组成的，状态是过程中的状态；世界上没有永恒的事物，有生必有灭，无灭必无生；旧事物灭亡的同时，就意味着新事物的产生。

所谓发展，是指事物由简单到复杂、由低级到高级的变化趋势，其实质是新事物的产生和旧事物的灭亡。一个事物的发展往往是一个"不平衡→平衡→新的不平衡→新的平衡"的波浪式前进、螺旋式上升的过程，而一个个有限的过程就组成了无限发展的世界，换言之，世界也可以被看作是永恒发展的"过程"的集合体。

股市应用：市场是一个过程，过程是由众多个股组成的，众多个股的走势是过程中的演绎；市场中没有永恒的涨跌，有涨必有跌，无涨必无跌；旧趋势灭亡的同时，就意味着新趋势的产生。所谓发展，是指走势由简单到复杂、由低位到高位的变化趋势，其实质是新趋势的产生和旧趋势的灭亡。一个趋势的发展往往是一个"不平衡→平衡→新的不平衡→新的平衡"的波浪式前进、螺旋式上升的过程，而一个个有限的过程就组成了无限发展的市场，换言之，市场也可以被看作是永恒发展的"过程"的集合体。

唯物辩证法的基本规律：规律是事物本身所固有的、本质的、必然的、稳定的联系，是发展的必然趋势。规律具有客观性、稳定性、可重复性和普遍性。换言之，规律不依赖于人的主观意识，既不能被人创造，也不能被人消灭，只要条件具备就一定要发生作用，所以必须尊重规律。但辩证法也强调人类主观能动性的重要性：其一，在认识世界时，由于规律隐藏在事物的内部，只有发挥主观能动性才能透过现象、把握规律；其二，在改造世界时，也要依靠主观能动性，根据实践的目的、因势利导地改变规律赖以起作用的条件，从而引导规律起作用的具体方式。

股市应用：市场的规律是市场本身所固有的、本质的、必然的、稳定的联系，是发展的必然趋势。规律具有客观性、稳定性、可重复性和普遍性。换言之，市场规律不依赖于人的主观意识，既不能被人创造，也不能被人消灭，只要条件具备就一定要发生作用，所以必须尊重市场规律。但辩证法也强调市场参与各方主观能动性的重要性：其一，在认识市场时，由于规律隐藏在事物的内部，只有发挥主观能动性才能透过现象、把握市场规律；其二，在改造市场时，也要依靠主观能动性，根据实践的目的、因势利导地改变市场规律赖以起作用的条件，从而引导市场规律起作用的具体方式。

唯物辩证法的基本规律有三条，即对立统一规律（矛盾的规律）、质量互变规律和否定之否定规律。关于这三条基本规律的内在关系，一般认为对立统一规律揭示了事物发展的源泉和动力，质量互变规律揭示了事物发展的状态，否定之否定规律揭示了事物发展的趋势和道路。

一切存在的事物都由既相互对立、又相互统一的一对矛盾组合而成（例如，有光就有影，有正就有负，有生就有死，有得就有失，电现象中包含有正电荷和负电荷，等等）。矛盾着的双方既对立又统一，从而推动着事物的发展。因此对立统一规律揭示了事物发展的源泉和动力。

股市应用：股市中参与各方的对立统一，一切存在的涨跌都由既相互对立、又相互统一的一对矛盾组合而成（例如，主力想吸筹就要从其他投资者手中去买，而其他投资者在主力想要吸筹的位置有的会无知的卖出，而有的投资者也会跟着主力的吸筹迹象而跟着买入，等等）。矛盾着的双方既对立又统一，从而推动着市场的发展。因此对立统一规律揭示了市场发展的源泉和动力。

事物的属性具有质和量两个属性。量是指衡量事物处在的某种状态的数量或具体形式；质是指事物成为它自身并区别于另一事物的内在规定性。量变是事物连续的、逐渐的、不显著的变化，是事物在数量上的变化；质变是事物根本的变化，是一种飞跃，往往表现为突变。

质量互变规律，即从量变到质变，是说处在不断的变化之中的事物，在其每次由一种性质变化到另一种性质的过程中，总是由微小的变化（即量变）慢慢积累开始，当这种积累达到一定程度就会导致事物由一个性质变化到另一个性质（即质变）。量变是质变的基础，没有量变就不会发生质变；经过质变，在新质基础上又开始新的量变……如此循环往复，推动事物无限地发展下去。因此说质量互变规律揭示了事物发展的状态。

股市应用：某只股票在低位不断横盘整理，潜在的主力资金不断开始介入，这时候股价成交量的变化就是量变，而当量变到了一定程度以后，就会导致股价的质变，从低位开始拉升逐步进入高位，然后主力开始出货，这个时候又会产生量变，待主力出完货以后，股价又开始转为质变，从而连续下跌到某个低位以后又开始出现量变……如此反复，就形成了股价的发展走势图！因此说股市里质量互变规律揭示了股价发展的状态。

马克思和恩格斯的否定之否定原理来自黑格尔的"正—反—合"三阶段论："正"态事物由于内部矛盾的发展，会过渡到反面，成为"反"阶段，这是第一个否定；由反阶段再过渡到它的反面，是为否定之否定。经过否定之否定后，事物显然回到"正"态。

唯物辩证法指出：事物的发展是一个过程连着一个过程的，过程的更替要通过否定来实现。在事物发展的长链条中，经过两次否定，三个阶段——即肯定、否定、否定之否定——就表现为一个周期。因此说，否定之否定规律揭示了事物发展的趋势和道路。

股市应用：股市中否定之否定的"正—反—合"三阶段论："跌"态走势由于内部矛盾的发展，会过渡到反面，成为"反"阶段，这是第一个否定；由反阶段再过渡到它的反面，是为否定之否定。经过否定之否定后，走势显然回到"涨"态。

股价的走势是一个涨跌连着一个涨跌的，涨跌的更替要通过否定来实现。在走势发展的股价走势图中，经过两次否定，三个阶段——即肯定、否定、否定之否定——就表现为一个周期。因此说，否定之否定规律揭示了股市发展的趋势和道路。

通俗一点可以理解为：投资者在股价涨的时候介入，股价也会过度到跌的时候，而在股价跌的时候，投资者会否定在介入时候的涨的预期，这是投资者第一个否定从而选择卖出股票；而投资者会再次过渡到跌的预期，但股价又再次转为上涨，这个时候投资者又会否定上次否定之后的反面，也就是又开始从看跌转为看涨，再次买入股票，这是第二个预期；随后就形成第三个阶段"合"。所以说否定之否定一直在指导着投资者的交易。

事物发展的总趋势是前进的、上升的，而道路却是迂回曲折的，之所以说总趋势是前进的，正是因为否定不是"抛弃"，而是"扬弃"，是在肯定一部分的基础上再发展，是集中了前两个阶段的积极成果后的更加完善。而之所以说发展是曲折的，是因为事物的发展是事物内部矛盾斗争推动的。

例如，"物极必反"是第一否定，"否极泰来"则是否定之否定。

股市应用：市场发展的总趋势是前进的、上升的（这个上升不是指的价格上升），而投资的道路却是迂回曲折的，之所以说总趋势是前进的，正是因为否定不是"永远离开"，而是"选择学习升级"，是在肯定一部分的基础上再发展，是集中了前两个阶段的积极成果后的更加完善。而之所以说发展是曲折的，是因为市场的发展是市场参与者矛盾斗争推动的。

物极必反和否极泰来则是股市投资之最经典的两个词语。可以试想一下，在某只股票已经有了很大一段涨幅以后再次迎来疯狂加速上涨段，物极必反，大概率会见到大顶；而股价在连续阴跌之后，突然出现短期大跌，否极泰来，大底也就在眼前了。

唯物辩证法的基本范畴，唯物辩证法的五对基本范畴是：现象和本质、内容和形式、原因和结果、可能性和现实性、偶然性和必然性。

唯物辩证法指出：现象和本质是揭示客观事物的外在联系和内在联系相互关系的一对范畴。本质是事物的根本性质或组成事物基本要素的内在联系，现象是事物的外部联系和表面特征。

唯物辩证法指出现象和本质是一对辩证统一关系。

·现象和本质是对立的：现象是表面的、具体的、多变的，往往靠感官即能感知；本质则是隐藏在事物的内部的、是事物一般的共同的方面，而且是相对稳定的，它往往只能依靠抽象思维来把握。例如，谁都可能看到苹果从树上掉下来，但要揭示这个现象的本质（万有引力定律）则需要理性分析和思考。

·现象和本质是统一的：现象离不开本质，任何现象都是由本质所决定的，都是本质的某种表现（例如，真相从正面直接地表现着本质，假象则从反面歪曲地表现着本质）；同时，本质也不可能离开现象而单独存在，任何本质都要通过一种或多种现象表现出来。因此，人们认识事物总是通过对现象的分析研究才能了解到事物的本质，这个分析研究的过程常常被概括为"去粗取精，去伪存真，由此及彼，由表及里"的过程。

股市应用：股价的上涨和下跌其实就是现象，而造成股价上涨和下跌的内在因素就是本质。阳线阴线就是现象，而造成收阳线和阴线的内在因素就是本质。所以我们平时在复盘的时候，不能只看表面涨跌现象就马上做出交易决策，而要认真研究现象背后的本质是什么，再去做出交易决策，这样才是客观理性的。

例如当您看到一根大阳线的时候，表面现在是好事，觉得股价还得涨，其实本质上没准是主力在大阳线开始出货；当您看到一根大阴线的时候，您觉得是主力在出货，其实在某些位置，是主力在洗盘吸筹，像放量那种形态其实本质就是主力在诱空洗盘偷偷摸摸在吸筹。如图3-1中所示：

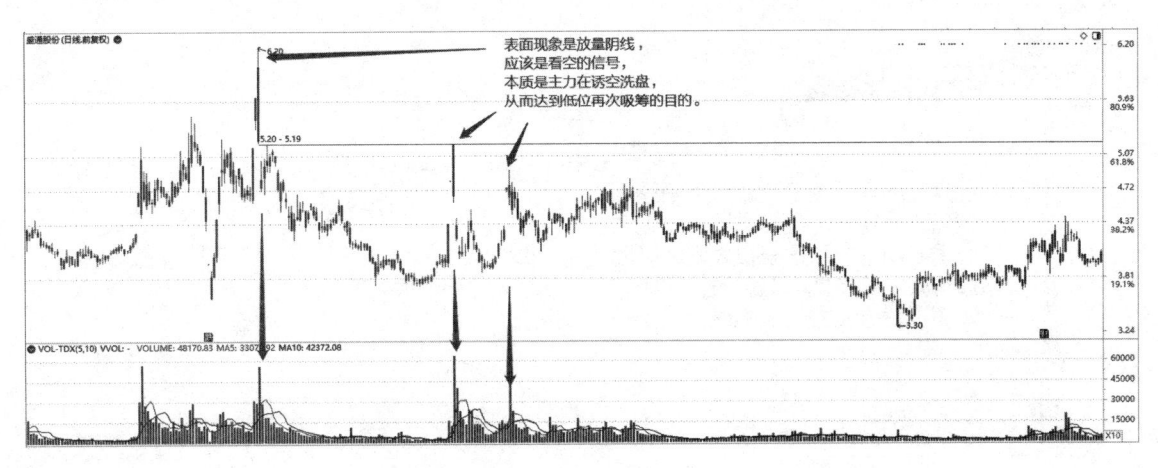

图 3-1

　　上图是 002599 盛通股份截至 2021 年 5 月 28 日收盘时候的技术走势图形。从图中不难看出，由于股价经过充分的调整以后，在底部开始出现涨停吸筹，而后继续震荡调整。其实图中箭头部分指的那几根大量的阴线都是主力在打压、洗盘、吸筹。而多数人看到的只是表面现象，觉得主力在出货，其实本质上是在打压股价之后准备继续吸筹。否则第一根大阴线过后，怎么会在接下来出现多次股价来到段高位呢？这就是说明主力是在刻意打压股价，打到合适位置以后，主力再次吸筹。主力如果连续吸筹买入，股价就得上涨，这样股价就会涨到偏离合理价位区间。所以主力就会打压股价，开始卖出少部分持有的筹码，造成股价下跌收出一根大阴线，而跌到主力认为合理的位置以后，主力再次继续吸筹。如此反复，直到主力吃饱为止，接下来也就该到了拉升股价的时期了。所以像这种类型的个股就是可以战略看多为主的。

　　再来看另一个大阳线现象的本质是什么，如图 3-2 中所示：

　　图中是 601066 中信建投 K 线走势，中信建投当时在 2020 年 8 月 6 日、8 月 7 日和 8 月 10 日三个交易日收出三根放量的大阳线，正常情况下，多数投资者都会认为三根大阳线是好事，股价应该继续上涨，但是主力的真实目的是高位放量大阳线，准备做最后的出货。所以不要轻易相信您看到的现象，一定要认真研究现象背后的本质是什么。

　　涨跌现象离不开多空博弈的本质，因此，我们判断股价涨跌必须通过对涨跌现象的分析研究，才能了解到涨跌的本质。这个分析研究的过程常常被概括为"去粗取精，去伪存真，由此及彼，由表及里"的过程。读懂了这些，也就得出了该如何面对涨跌，该去如何制定交易策略了。

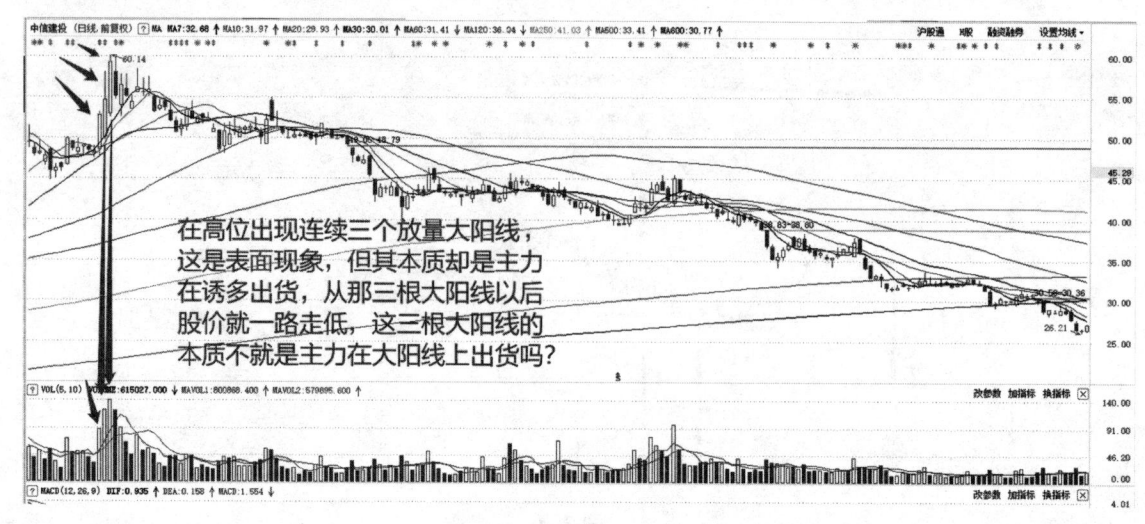

8561 A 股特色股票 投资 交易体系

在高位出现连续三个放量大阳线，这是表面现象，但其本质却是主力在诱多出货，从那三根大阳线以后股价就一路走低，这三根大阳线的本质不就是主力在大阳线上出货吗？

图 3-2

现象反映本质是一种必然的自发，形式表现内容则可以人为选择。

内容和形式

唯物辩证法指出：内容和形式是揭示事物所具有的内在要素和它们的结构及其表现方式的一对范畴。内容是事物内在要素的总和，形式指内在要素的组织和结构。事物总是具有一定的内容和形式。

唯物辩证法指出内容和形式是一对辩证统一关系：

· 内容和形式是对立的：内容不同于形式。

· 内容和形式是统一的。

其一，内容和形式相互依存，没有内容的形式是空洞的形式，没有形式的内容是一堆要素。

其二，内容和形式是相互作用的，内容决定形式，形式反作用于内容，或者说服务于内容——因为当形式适合内容时就促进内容发展，形式不适合内容时就阻碍内容发展，不讲究实际效果的形式被称为形式主义。

其三，内容和形式的区分是相对的，也是复杂的，同一形式可以容纳或表现不同的内容，同一内容也可以有多种表现形式，旧形式可以服务于新内容，旧内容可以采用新形式。

股市应用：我们作为一个投资股市的人，每个人都有自己的投资哲学，您的投资策略会有不同的内容，这些内容都彰显了您的投资风格，但这种彰显是以不同的形式表达出来的，可以是研究基本面、研究技术面，也可以根据政策面或消息面选股投资，等等。

第三章
研究 A 股特色价值投机交易体系的重要性

不管您是用价值投资还是技术面投资，或者是政策面及消息面的投资形式，投资的内容固然重要，但是没有投资形式的内容也是空洞的，所以每个投资股市的投资者都要有自己的投资形式！

原因和结果

唯物辩证法指出：原因和结果是揭示客观世界中普遍联系着的事物具有先后相继、彼此制约的一对范畴。原因是指引起一定现象的现象，结果是指由于原因的作用而引起的现象。有原因必会造成某种结果（或影响），有结果又必来源于某种原因。一般来讲，原因在前结果在后；同一个现象，依据不同的条件，可以是原因也可以是结果，前一个原因的结果也可能是后一个结果的原因；同时，一个原因可以引起几个结果，一个结果也往往由几个原因所引起。

唯物辩证法指出原因和结果是一对辩证统一关系：

·原因和结果是对立的：因果倒置，在逻辑推理或实践试验中都会引起混乱或危害。

·原因和结果是统一的：

其一，原因和结果相互依存，既没有无因之果，也没有无果之因。

其二，原因和结果在一定条件下相互转化，一般有两种情形：第一，同一现象，相对于它所引起的现象而言，是原因，相对于引起它的现象而言，则转化成了结果；第二，原因和结果可以相互作用，不仅原因可以作用于结果，而且结果也可以反作用于新的原因。

股市应用：有因必有果，在股市投资中，所有的投资结果都是有原因的。比如：您满仓一只股票或多只股票，会有多种结果，一种结果是满仓盈利，您能获利颇多；一种结果是因为满仓亏损巨大。所以您的亏损和盈利多少的结果，取决于您的仓位多少。

再比如：由于您总是追涨杀跌式的操作，造成总是买在最高点，卖在最低点的结果；也会造成您不断止损割肉换股的结果。

所以不管是谁，在股市当中亏损和盈利是都有原因的，假如您是一直处于亏损当中，那就要找到亏损的原因，逐一解决掉，才能得到理想的投资结果。后面章节会有总结多数散户投资者亏损的原因分析，各位读者朋友们继续往下看即可！

可能性和现实性

唯物辩证法指出：可能性和现实性是揭示客观事物由可能向现实转化过

程的一对范畴。可能性指事物包含的种种可能的发展趋势，现实性指已经实现了的可能性，即实际存在的事物和过程。由于事物内部矛盾和外部矛盾的复杂性，事物往往包含相互矛盾的几种可能性。但是只有一种可能性在内外条件齐备的情况下转化为现实，其他的可能性在矛盾的斗争中被克服而没有成为现实。

唯物辩证法指出可能性和现实性是一对辩证统一关系：

· 可能性和现实性是对立的：可能性是尚未实现的现实，而现实性则是已经实现了的可能。

· 可能性和现实性是统一的：

其一，可能性和现实性相互依存，可能性的根据存在于现实性之中；现实性是由可能性发展而来的。

其二，可能性和现实性在一定条件下可以相互转化，一方面，可能性在一定条件下可以变成现实；另一方面，转化为现实性也意味着出现了新的可能性。

唯物辩证法还指出：在可能性转化为现实的过程中，尽管客观事物和客观条件是基础，但主观能动性往往起着重要的作用。

股市应用：很多投资者在做交易决策的时候，往往都会在内心深处有这么一种心态，即这只股票可能会涨可能会跌，这就是可能性的体现。尤其是做技术分析投资的投资者，在看到某种技术走势或者形态的时候，就会去猜，出现阳包阴了后边可能会涨，或者出现底分型了后边可能会涨等诸如此类的可能性的猜测。

其实真正要去研究或者升级的，应该是现实性，也就是说已经实现的K线走势，您应该怎样理解。比如一只股票已经走完主升浪了，正处于下跌通道当中，而出现阳包阴或者底分型也是小级别的反弹而已。

所以我们要更多地去研究现实性和可能性如何才能统一，道理很简单，在现实性走出顶部以后，可能性最大的就是要走下跌趋势；在现实性底部横盘很久，并且出现底部主力吸筹形态以后，可能性最大的就是横久必涨。这既是可能性和现实性相互依存，可能性的根据存在于现实性之中；现实性是由可能性发展而来的。可能性和现实性在一定条件下可以相互转化，一方面，可能性在一定条件（主力建仓完毕）下可以变成现实（开始走主升浪）；另一方面，转化为现实性（走完主升浪以后）也意味着出现了新的（主力出货完毕，就会走向下跌的）可能性。

而这部分内容也是"8561三段式进阶秘籍"指导的核心所在。

偶然性和必然性

唯物辩证法指出：偶然性和必然性是揭示客观事物发生、发展和灭亡的不同趋势的一对范畴。事物发展过程中一定要发生的趋势是必然性；事物发展过程中可能出现，也可能不出现，或可能以多种多样的不同方式出现的趋势是偶然性。

唯物辩证法指出偶然性和必然性是一对辩证统一关系：

·偶然性和必然性是对立的：

其一，两者地位不同，必然性居于决定地位，偶然性居于从属地位。

其二，两者的根源不同，必然性是由事物内部的根本矛盾决定的，偶然性是由事物内部的非根本矛盾或外部矛盾造成的。

其三，两者作用不同，必然性决定事物发展的基本方向，偶然性则使事物发展过程变得丰富多样（或说不好预料）。

·偶然性和必然性是统一的：

其一，必然性不能离开偶然性，一切必然性终归要以某种偶然性的形式表现出来。

其二，偶然性也不能离开必然性，一切偶然性都受必然性的制约，也总是以某种形式表现着相应的必然性。

其三，必然性和偶然性在一定条件下可以相互转化，在一定条件下为必然的东西，在另外的条件下可以转化为偶然；反之亦然。

股市应用：我在"8561交易体系"中，提到最多的就是选股要避开黑五类。即回避次新股、回避ST股、回避"老庄股"、回避近三年曾经讲过故事走过主升浪的个股、回避有重特大事件或"黑天鹅"事件有可能带来退市风险的个股。以上黑五类个股当中，虽然不一定所有股票都出现了大跌或者退市，但是对于属于这黑五类当中，退市或者出现大跌的个股来说是一种必然的趋势。

所以我们在选择个股投资的时候，不能因为他会有某种偶然性不退市的案例，您就不去遵循这个投资策略来回避这黑五类的个股，从而导致这黑五类中的某只个股的必然性造成大幅亏损。

唯物辩证法还有很多知识点可以延展来讲，但是由于特殊原因，在这里只做以上简单的阐述，通过上面简单的阐述理解其中的逻辑，这就足够了。

第三节
如何正确理解技术分析和价值投资的各自优劣势

一、技术分析

所谓技术分析，是应用金融市场最简单的供求关系变化规律，寻找、摸索出一套分析市场走势、预测市场未来趋势的金融市场分析方法。一切技术分析都以市场行为包容消化一切，价格沿着趋势方向演进，历史会不断以这三大公理为依据展开。技术分析是以证券市场行为为研究对象，以判断证券市场运行趋势并跟随趋势的周期性变化来进行股票、期货、外汇等一切金融衍生品进行交易决策分析的方法的总和。

（一）技术分析理论的三大基石

1. 市场行为包容和消化一切

市场行为囊括了政治、经济周期、战争、自然灾害等因素的影响，也是市场参与者心态、知识的综合反映，一切交易行为都是市场参与者自主意识的产物。价格的涨跌是有原因的，但终究会被市场消化和包容，这是技术分析的基石。

2. 价格沿着趋势方向演进

趋势是技术分析最基本的概念，也是技术分析在价格变化中可以预测未来股价走势的基础，通过对历史数据的分析推演出未来股价的发展规律。

3. 历史会重演

这个公理并非指的是股价的简单、机械地重复，市场允许趋势的消退、减弱、增强或延展。记住一个细节：历史会重演，但不会简单地重演！

（二）技术分析的主流方法

道氏理论（趋势）、江恩理论、形态分析法、各类指标和均线分析、波浪理论、筹码理论，等等。

（三）技术分析的优点

1. 无须懂得专业的金融和商业知识，盘面已经反映一切，比较容易入手，操作简单。

2. 具体的买点（区域）和卖点（区域）通过有效的技术分析往往可以得到一个较好结果。

3. 周期包含短、中、长期，灵活机动，无论牛熊都可找到赢利方法。

（四）技术分析的缺点

1. 技术分析建立在趋势分析的基础上，缺乏价值分析，主要强调的是投机而非投资，方法的本身具有高风险性。

2. 技术分析中再强势的图表也经不起意外消息的冲击，比如上市公司财务造假、产品虚假，非法操控交易被查，等等。

3. 对操作者的技术分析水平和经验要求很高，对技术信号的执行力要求很强。

4. 短线交易需要充足的看盘时间，容易造成精神压力，对身心不利。

（五）技术分析的难点

1. 知行合一，知不易、行更难。

2. 成功需要：良好心态＋过硬技术＋合理资金（仓位）管理。

3. 短线是银，长线是金。长线是短线的进阶，难度很大。

（六）技术分析的四大要素

量、价、时、空四个要素。

（七）技术分析需要注意的问题

1. 要用多个而非单一分析方法进行研判。

2. 前人的经验要经过自己实践验证后才能使用。

3. 要不断地对结论进行修正。

4. 技术分析永远是正确的。

5. 人是决定成败的重要因素。

（八）技术分析阶段

阶段一筑底阶段。

股票价格筑底形态一般有三重底、头肩底、双重底（W底）和半圆底（锅底）、复合底等。底部横向构筑面积越大，代表上涨累积的动能越多，上涨的幅度也越大。在此阶段，应进行低买高卖的区间操作，如保守可放弃该阶段的赢利机会，转战下一阶段。"横有多长，竖有多高"，"横"说的就是这种类型的底部横盘的横，而不是高位的横盘的"横"。

阶段二上升阶段。

当股价突破前期底部的颈线，就预示着一轮上升走势的开始，并且上升的高度一般为前期底部的垂直高度。就像行情上升的主阶段，幅度大且速度快。虽然持续不久，但遇到上档压力，只要稍做回档整理就能马上再度发动新一轮的上攻。该阶段初始时期是追买的最佳时机，上升阶段也是赢利的主要来源。

阶段三筑顶阶段。

就是上升阶段的后期便进入了筑顶阶段，这时行情走势企图向上再度推升但多头用尽力气也没法突破前一波高点，最后向下突破颈线，完成头部而进入下跌阶段。在此阶段，前期的中长期多头持仓股票应出手，最稳健安全的策略是在顶部区域不参与，宁可错过不要做错。

阶段四下跌阶段。

与上升阶段道理一样，只是方向相反。在这阶段人心涣散，股价无力支撑，下跌速度迅猛直到动能消失转入筑底阶段。下跌阶段应坚决杀跌，该止损时迅速止损，不然损失巨大，最后会被判定出局，所以在此阶段不能犹豫或者抱有侥幸心理，应该迅速将损失降到最少。

二、价值投资分析

（一）价值投资的理论基础

股票投资的本质是股权投资，股票的价值是企业的内在价值。

（二）价值投资的类型

价值法与成长法，有时候也不太好区分。价值主要评价公司现值，成长主要着眼于公司成长后的终值。

（三）价值评估方法

1. 成本法和收益法。
2. 市盈率、市净率、市销率、PEG估值法。

（四）价值投资的优点

1. 低估买入风险低，价格上下波动幅度也相对较小。

2. 以长期投资为主，不必天天盯盘，选股重于选时。

3. 睡得安稳，价值投资者往往长寿、乐观、睿智、平和。

（五）价值投资的缺点

1. 需要较强商业判断力，最好掌握一定的财务分析能力，对波特五力等经营管理知识有深刻的理解［注释：波特五力模型是迈克尔·波特（Michael Porter）于20世纪80年代初提出的。他认为行业中存在着决定竞争规模和程度的五种力量，这五种力量综合起来影响着产业的吸引力以及现有企业的竞争战略决策。五种力量分别为同行业内现有竞争者的竞争能力、潜在竞争者进入的能力、替代品的替代能力、供应商的讨价还价能力与购买者的议价能力］。

2. 个人熟悉的领域、行业、企业有限，投资的范围圈定，可选择性小。

3. 低买高卖中的高与低无参照的标准。

（六）价值投资的难点

1. 投资一半是科学，一半是艺术，商业理解力的提高需要长期学习，又需要天赋。

2. 跨越牛熊式的长期投资需要大格局、长眼光。

3. 成长投资是价值投资的进阶，需要更好的分析水准和合理布局。

以上是对于价值投资和技术分析投资的优劣势分析，这也是投资股市的基础，所有想进入股市投资的人都避不开的两种投资方法。想使用哪种方法进行投资，最重要的是要先明确自己的定位，您的资金量大小、资金属性问题、投资周期、您的性格等，很多因素都要充分考虑，才能决定用哪种投资方法进行投资。

第四节
价值投资的重要性

一、为什么很多股民不能坚持价值投资

从业近20年，每天接触很多投资者，也见过很多账户，但最终能坚持

价值投资的投资者寥寥无几，更多的投资者都是选择技术分析投资股市。究其原因其实也很简单，就像上一节中提到的一个因素：技术分析容易上手，简单快捷。还有一个原因就是多数投资者都具备的一个重要的心理特征：每个人都想赚快钱，都希望买完就涨停、买完就走主升浪，对价值投资那种理念根本没有兴趣了解。

在实战当中，却往往事与愿违，我接触到的多数投资者账户都是亏损的状态，这也是我为什么花10年时间来研究散户账户解套的主要因素。

所以假如您现在还是在亏损当中，那就要静下心来研究一下自己未来想要在股市中得到什么，是想盈利，还是要确保资金安全？您应该如何改变才能在股市赚到钱？这些都要进行重新分析，分析之后相信您就有答案了！

二、价值投资和长线投资的区别

首先给个结论：价值投资≠长线投资。

巴菲特价值投资的一个基本原则，就是寻找价值低估股票并长期持有。但是国内有很多投资者把价值投资简单等同于长期投资，这是非常错误的。大家常说的长期投资是存在前提的，那就是您所选择的股票当下价值是被低估的，在这样的情况下，有正常回归上涨的趋势。但是如果您买在情绪的最高点，股价高估的顶部区域，还想能得到价值投资的回报，这是不理性的。

价值投资总是围绕价格上下波动，股票也一样，股票的价格来自对行业和上市公司未来收益的预期，这个预期会有误差，如果现在市盈率估错估低了，股价就会有回归的趋势，那就可以长期持有。我们通过长期持有，就可以把低估的部分利润拿到，拿到合理区域，这是长期投资的基本出发点。如果投资者买了被极端高估的品种，或者在极端高位买入的话，在长期持有的过程中，持有的时间越长，亏损的越多，这就涉及是高估还是低估的问题了。

长期投资还有第二个前提，就是投资标的是否具有可持续增长的能力。二十世纪七十年代之后，随着资讯的获取日趋便捷，对上市公司的研究覆盖越来越广，价值低估的股票越来越难以寻觅，巴菲特更多的是接受了合作伙伴芒格的思路——寻找价格可以接受的成长股。如果具备这样的能力，即使买在高估一点的位置上，通过企业自身持续增长的能力，未来会把这块儿亏损补上去，这也是我们在投资过程中要关注的一点。

对于风险承受能力比较强的投资者，价值投资最核心的是股票买多少。但需要注意的是，在单一国别市场里，无论长期持有股票还是债券，系统风险都是无法避免的。长期来看，资源型企业、新能源、新技术行业将得到长足发展，巴菲特大量买入比亚迪就是例证。

> 所以不能简单地把价值投资等同于长线投资来理解，一定要站在战略的角度来分析区别价值投资和长线投资。

强化训练

一、技术分析的优劣势是什么？

二、价值投资的优劣势是什么？

三、给自己一个清晰的定位想用哪种投资方法进行投资。

四、所有股票不会在每个交易日都会有获得感，只有在某个时间段才会有获得感，仔细理解这句话的本质！

第四章 "8561A 股价值投机交易体系"详解

8561 A股特色股票**投资**交易体系

第一节
"8561A股价值投机交易体系"简介

一、价值投机的定义

价值投机指的是以上市公司的投资价值为导向,借助上市公司的价值定位为依据,用价值发现为手段,利用股票价格的自然价值回归,实现差价投机盈利为目的的投资理念。

很多初期的投资者完全不懂或完全不相信各种投资理论,仅凭直觉选择所要购买的股票。有的投资者相信市场是有效的,市场价格就是股票的内在价值,正所谓价格反映一切,所以购买也是完全随机的。有的投资者会依靠一些简单的方法对股票进行筛选,如 P/B、P/E,或者过去的股价变动形态规律,或者无条件地押注于"增长股"。以上这些投资者注定都是失败者,因为他们放弃了大量可利用信息的优势去探求股票价值的本质。

在没有了解事物本质的基础上的决策,投机就变成了猜测和赌博。这样的投资决策必然导致当市场与自己的预测相反的时候的心态变化,出现患得患失和不知所措的情况。市场的盈亏实际都是暂时的,它在没有故意做出高买低卖的错误操作前都是暂时的。短期的盈亏无非是赚取恐慌人的钱和短期急需资金的人的钱,否则谁会故意反向操作自己的资金呢?市场中最大的错误逻辑就是无理由的止损和"好股票任何时候买都是对的"的建议。第一个逻辑是没考虑到你买在股票的高点还是低点,第二个逻辑是加重恐慌(因为再好的股票也要学会择时,这就是要进行价值投机的重要基础)。所以,要想取得股市投资的成功必须先要理清市场的本质规律。

表面上看,价值投机是一种策略性的投机行为,但与盲目性的赌博投机行为相比,其本质区别在于价值投机是以投资价值的发现为前提的投机行为,其本身是以上市企业真实价值的发掘与显现为内在动力,而不是虚无缥缈的报表重组和资金操纵。价值投机是在市场某一平衡区域内,投资者通过发现市场价格与内在价值的不符合来获取利润,也就是发现相对于当时的平衡区域低估的公司,通过在低价期间买入,待到其真实价值被市场发现和普遍认同的时候再高价卖出来实现投资收益。

讲到价值投机原理就不能不了解价值投资理论。价值投资最早源于格雷厄姆的《证券分析》，这本书被誉为投资圣经。格雷厄姆在《证券分析》中指出："投资是基于详尽的分析，本金安全和满意回报有保证的操作，不符合这一标准的操作就是投机。"格雷厄姆还指出，决定普通股价值的因素是股息率及其记录、损益因素（盈利能力）及资产负债表因素。通俗地说，价值投资就是通过对股票基本面（主要是所处行业的发展前景和公司的经营业绩）的分析，使用金融资产定价模型估计股票的内在价值，通过分析现状和预测未来确定其内在价值，并通过对股价和内在价值的比较去发现并投资那些市场价格低于其内在价值的潜力个股，以获得超过大盘指数增长率的收益。价值投资又可以分为价值型投资和成长型投资两个流派。

价值型投资者认为投资者选择股票是为了取得现金股利，股票的内在价值是未来现金流的贴现，威廉姆斯提出的"贴现现金流量模型"是价值型投资的典型代表，通过贴现现金流量模型、红利模型等方法计算股票的内在价值，将之与股票的市价进行比较，从而决定相应的买卖策略，其主要的盈利模式并不是我们熟悉的在证券市场上获利，而是通过不断的现金分红获取持续稳定的回报。在具体的操作策略上，价值型投资者主张买入并长期持有的策略，不主张频繁地进行换手。

成长型投资者认为上市公司主营业务收入和利润的增长意味着股价的上升，购买股票的目的是获得资本利得（价差）而非红利，成长型投资者通过对行业公司的调研，预测上市公司未来收益作为股票投资的主要依据。

投资大师巴菲特是价值投资理论的成功实践者和代表人物。他简单地把价值投资分为三个步骤：首先，评估每一家公司的长期经济特征；其次，评估负责运作公司的人的综合素质；最后，以合情合理的价格买入几家最好的公司的股票。

二、关于价值投资择时与不择时的辩论

在此先给一个结论：好公司≠好股票，好股票≠好公司，择时重于选股。

参与市场多年，经历了几轮牛熊，我见过太多业内高手，不管是用哪种策略，都有盈利的，也有很多亏损的。在市场中有部分人认为价值投资不用择时，有些人认为必须择时，其实仔细理解价值投资内在的逻辑就会得出答案。

前面章节提到过，巴菲特价值投资的一个基本规则就是寻找价值低估的股票并长期持有。这里的寻找价值低估的股票，就是在择时，所以凡

是那些说价值投资不能择时的人，理论上根本没有理解价值投资的内涵在哪里。

虽然择时对于多数股民朋友来说是一件很难的事情，但是不能因为股民很难做到正确的择时，就去到处宣讲价值投资不用择时，随时可以买入，这是在坑散户，也是不负责任的说法！再好的股票也会有高估的时候，在高估的阶段就是不能随便追高买入，即使买了以后被套一段时间能解套，也不能不去择时，否则很多都会困在没有择时高位买入下跌一段以后，忍受不了短期的亏损造成割肉的局面。

2021年的3月以后我见过在高点2600元买入茅台，在1800元附近割肉止损的；也见过在最高点49元附近买入三一重工，在30元附近割肉止损的。我的"8561炒股法则交易体系"理论依据是有真实案例数据作为支持的。这是我的优势，也是这些年我能在股市中逐步成长的一个重要因素，在此也郑重感谢所有一路走来能给我看账户的投资者朋友们，没有大家的真实账户作为基础数据研究，我也不会得出8561交易策略的各个重要的细节！

三、"8561A股价值投机交易体系"简介

前面章节说过，"好公司≠好股票"这个逻辑，首先我们还是要坚持选出好的公司，这是第一步，然后再去等待一个好价格去买入建仓。

在当前A股市场当中，能作为长期价值投资的股票，对于普通投资者来说其实还是很少的，就是能价值投资的股票非常少，而能真正意义上去价值投资的股票都被大机构把价格推到了历史高位区间。因为大机构为了价值投资，他们的投资周期会很长，所以会出现惜售的情况。像2021年2月那波核心资产抱团股的见顶回落，这种机会在十几年的市场走势当中出现过几次。也就是说，站在战略的角度来看，这波回调是让一些核心资产做价值投资可以进行配置的好时机。

我见过太多一开始是坚持价值投资来进行投资股票的股民，但是买入以后，股价一出现大幅下跌的时候，价值投资的逻辑又被绞杀了，从而再次变成了投机。这个时候就会想着什么时候开始割肉止损了。比如2021年第一季度末到第二季度初，有些核心资产个股标的下跌的幅度达到了40%以上，这点对于投资者来说还是很难以接受的。

鉴于以上原因，这些年我一直在研究如何来进行A股的这些核心资产的价值投资策略，最终得出结论，研究出"8561A股价值投资交易体系"。

价值投资策略，不管在任何市场环境当中、任何时候都应该去坚持的，

我们只需要完善一下选股策略、买卖交易策略、仓位管理等方面的内容就可以了。所以"8561A股价值投资理论体系"是建立在价值投资基础之上的，并没有脱离价值投资的策略。也就是说是在坚持价值投资的基础上，发展价值投资理论的应用！

"8561A股价值投资理论体系"的核心是"长线思路—短线操作"，这里的长线指的是价值投资思路的长线投资，只有站在战略价值投资的基础上，才有更大胜算，既然是站在价值投资的基础上，那所有逻辑都要按着长线思路来计划，从选股—建仓—持股—做差价降低成本—卖出等所有环节都必须按照价值投资的思路进行操作，才会达到理想的投资收益。

第二节
"8561A股价值投机交易体系"选股条件

一、市值选股法

在2021年2月之前的那波核心资产的加速上涨，当时市场的声音都是以大为美，市值越大越受到市场的追捧，因为当时的市场环境下，小盘股遭抛弃，没有最低只有更低。当时大盘点位是在3700点附近，但是很多小盘股确实已经跌到2800点甚至2440点的位置，还有很多跌破历史新低的个股，当时的市场环境充分说明，市场是用钱在做选择，那就是核心资产大市值个股为王。

站在当时的角度来看这些核心资产，回顾历史走势，在2月时几乎都是在历史最高价位，也就是说不管过去在某个时间段如何调整，也不管当时每只个股调整了多少，最终还是在2月创出了历史新高。10年翻10倍甚至更多倍的核心资产个股也比比皆是，所以用市值选股法来选择出战略价值投资的个股，也是一个理想的选股思路！

在使用市值选股法进行选股的时候，建议使用流通市值选股法，这样相对客观一些，因为总市值含有非流通部分，非流通部分一般不会影响到股价。用两张图说明市值选股法如何选股，如图4-1和图4-2中所示。

行情列表 | 增仓排名 | 资金流向 | DDE决策 | 盈利预测 | 财务数据 | 阶段统计 | 多股同列 | 点我下载API

序	代码	名称	✱●	涨幅%	总市值	流通市值↓	所属行业	现手	买入价	卖出价	涨速%	换手%
1	600519	贵州茅台	R ↕	-0.67	2.80万亿	2.80万亿	酿酒行业	723	2229.00	2230.00	0.09	0.21
2	601398	工商银行	R ↕	0.19	1.88万亿	1.42万亿	银行	3.83万	5.26	5.27	0.00	0.06
3	600036	招商银行	R ↕	0.95	1.48万亿	1.21万亿	银行	1.37万	58.40	58.50	0.26	0.20
4	000858	五 粮 液	R	-0.40	1.23万亿	1.20万亿	酿酒行业	2473	316.85	316.90	0.22	0.34
5	601288	农业银行	R ↕	0.31	1.15万亿	9645亿	银行	4.57万	3.28	3.29	0.00	0.07
6	601318	中国平安	R	0.10	1.33万亿	7905亿	保险	1.11万	72.96	72.97	0.11	0.47
7	601628	中国人寿	R ✱	0.69	1.04万亿	7642亿	保险	5266	36.70	36.71	0.19	0.10
8	601857	中国石油	R ↕	0.65	8547亿	7562亿	石油行业	1.12万	4.66	4.67	0.00	0.05
9	601988	中国银行	R ↕	0.91	9833亿	7040亿	银行	5.61万	3.33	3.34	0.00	0.11
10	601888	中国中免	R	-0.07	6722亿	6722亿	旅游酒店	1544	344.00	344.29	0.20	0.35
11	603288	海天味业	R ✱	-1.58	5722亿	5722亿	食品饮料	1172	135.83	135.88	-0.12	0.15
12	000333	美的集团	R ↕	-1.63	5814亿	5679亿	家电行业	4624	82.53	82.54	0.00	0.56
13	300750	宁德时代	R ↕	6.67	9542亿	5558亿	汽车行业	2155	409.60	409.61	-0.02	2.04
14	002415	海康威视	R	0.69	5980亿	5340亿	安防设备	1824	63.99	64.00	-0.11	0.30
15	000001	平安银行	R	-1.17	4754亿	4754亿	银行	1.09万	24.47	24.50	0.57	0.25
16	601166	兴业银行	R ↕	1.09	4834亿	4564亿	银行	1.92万	23.26	23.27	0.26	0.40
17	600276	恒瑞医药	R	-0.53	4577亿	4555亿	医药制造	5085	85.79	85.85	0.25	0.61
18	600900	长江电力	R	1.18	4473亿	4473亿	电力行业	9625	19.66	19.67	0.10	0.22
19	600028	中国石化	R ✱	0.00	5412亿	4271亿	石油行业	2.37万	4.46	4.47	0.22	0.11
20	000568	泸州老窖	R ↕	-0.47	4021亿	4019亿	酿酒行业	1183	274.34	274.49	0.16	0.56
21	600809	山西汾酒	R ✱	2.01	3943亿	3927亿	酿酒行业	611	452.37	452.40	0.01	0.47
22	601012	隆基股份	R ↕	2.24	3760亿	3760亿	材料行业	6844	97.25	97.26	-0.06	1.70
23	603259	药明康德	R	-2.94	4024亿	3471亿	医疗行业	2144	164.21	164.22	0.02	1.08
24	000651	格力电器	R ↕	-1.81	3428亿	3401亿	家电行业	7592	56.99	57.00	0.02	1.09
25	601088	中国神华	R ✱	-0.25	3960亿	3287亿	煤炭采选	4752	19.91	19.93	0.15	0.15
26	002352	顺丰控股	R ✱	0.36	3183亿	3136亿	交运物流	2518	69.85	69.86	0.03	0.64
27	600000	浦发银行	R	0.58	3038亿	3038亿	银行	1.80万	10.34	10.35	0.19	0.12
28	300015	爱尔眼科	R	-0.14	3458亿	2881亿	医疗行业	2722	83.88	83.89	0.00	0.67
29	002475	立讯精密	R	-1.50	2765亿	2761亿	电子元件	1.06万	39.29	39.30	0.20	1.21
30	002304	洋河股份	R ↕	-0.21	3287亿	2721亿	酿酒行业	1393	218.12	218.17	0.14	0.68
31	300059	东方财富	R ✱	-0.35	3236亿	2680亿	电子信息	1.90万	31.31	31.32	0.03	3.25
32	000002	万 科A	R ↕	-0.77	3131亿	2619亿	房地产	6881	26.94	26.95	0.07	0.62
33	600031	三一重工	R ↕	-1.71	2588亿	2588亿	机械行业	1.84万	30.50	30.51	0.07	2.04
34	600030	中信证券	R	1.00	3384亿	2569亿	券商信托	2.02万	26.18	26.19	0.11	1.42
35	002142	宁波银行	R	-0.86	2562亿	2528亿	银行	2048	42.65	42.66	0.05	0.28
36	300760	迈瑞医疗	R	-1.62	5890亿	2418亿	医疗行业	643	484.53	484.65	0.07	0.72
37	600887	伊利股份	R ↕	-0.34	2467亿	2405亿	食品饮料	7520	40.55	40.56	0.20	0.85

图 4–1

以上两图中的数据是截止到 2021 年 5 月 30 日的数据，从图中不难看出，这些公司市值均超过 1000 亿以上。这些个股中有大部分是可以作为价值投资长线持股的，虽然这些大市值的个股在 2021 年 2 月中旬相继见顶之后都出现明显回调，但依然还是处于市值排名前列。充分说明这些个股背后还是有大资金长期看好的，理论上这些个股也不会存在退市的风险，除非有特大“黑天鹅”事件，否则一般不会有退市的风险，所以即使买错了也不会面临非常规的亏损！

第四章 "8561 A股价值投机交易体系"详解

序	代码	名称		涨幅%	总市值	流通市值↓	所属行业	现手	买入价	卖出价	涨速%	换手%
38	601601	中国太保	R*	-0.20	3372亿	2399亿	保险	4486	35.03	35.05	0.20	0.50
39	600104	上汽集团	R	0.39	2381亿	2381亿	汽车行业	4974	20.38	20.39	0.00	0.30
40	002714	牧原股份	R‡	-1.59	3397亿	2291亿	农牧饲渔	1935	90.35	90.36	0.11	0.68
41	600436	片仔癀	R	-1.99	2276亿	2276亿	医药制造	449	377.29	377.30	0.00	0.62
42	603501	韦尔股份	R	-2.23	2487亿	2249亿	电子元件	582	286.48	286.49	0.10	0.76
43	601633	长城汽车	R‡	1.10	3377亿	2229亿	汽车行业	4744	36.74	36.75	-0.03	0.58
44	601899	紫金矿业	R*	0.45	2850亿	2198亿	贵金属	4.62万	11.19	11.20	-0.09	1.45
45	000725	京东方A	R‡	-2.63	2192亿	2113亿	电子元件	9.03万	6.29	6.30	0.00	3.43
46	002594	比亚迪	R*	2.38	5198亿	2082亿	汽车行业	3770	181.68	181.69	-0.01	3.24
47	600346	恒力石化	R	-1.03	2036亿	2036亿	化纤行业	2565	28.91	28.92	0.03	0.41
48	601668	中国建筑	R	-1.21	2055亿	1992亿	工程建设	3.35万	4.89	4.90	0.20	0.43
49	600585	海螺水泥	R	-0.97	2599亿	1962亿	水泥建材	3959	49.05	49.06	0.00	0.69
50	600690	海尔智家	R‡	-1.60	2883亿	1935亿	家电行业	3441	30.68	30.69	-0.03	0.52
51	601328	交通银行	R‡	0.41	3661亿	1935亿	银行	3.64万	4.92	4.93	0.00	0.25
52	300014	亿纬锂能		3.85	1963亿	1900亿	电子元件	3289	103.93	103.95	-0.01	2.19
53	601919	中远海控		3.39	2657亿	1876亿	港口水运	4.22万	21.66	21.67	-0.05	2.88
54	601998	中信银行	R*	-0.19	2584亿	1798亿	银行	3588	5.27	5.28	0.19	0.04
55	600019	宝钢股份		-0.13	1750亿	1746亿	钢铁行业	1.18万	7.85	7.86	0.13	0.45
56	300122	智飞生物	R‡	-3.72	3007亿	1692亿	医药制造	1952	187.95	187.96	-0.03	2.33
57	002493	荣盛石化	R	-2.19	1810亿	1683亿	化纤行业	1915	26.82	26.83	0.00	0.37
58	600016	民生银行	R*	-0.42	2067亿	1674亿	银行	1.08万	4.72	4.73	0.00	0.25
59	600438	通威股份	R*	-0.18	1727亿	1645亿	综合行业	8002	38.36	38.37	-0.03	1.70
60	600048	保利地产		-1.31	1625亿	1625亿	房地产	6073	13.57	13.58	0.00	0.39
61	601818	光大银行	R‡	-0.26	2086亿	1596亿	银行	1.48万	3.86	3.87	0.00	0.24
62	601816	京沪高铁		-1.70	2843亿	1582亿	交运物流	2.46万	5.77	5.79	0.70	0.32
63	600309	万华化学		-1.53	3432亿	1556亿	化工行业	1958	109.27	109.30	0.05	1.19
64	002027	分众传媒		0.97	1528亿	1528亿	文化传媒	1.30万	10.41	10.42	0.00	0.79
65	000661	长春高新	R‡	-3.96	1619亿	1520亿	医药制造	1197	400.00	400.02	0.21	3.79
66	600999	招商证券	R	1.24	1780亿	1519亿	券商信托	4600	20.46	20.47	-0.05	0.67
67	601766	中国中车	R*	-0.98	1742亿	1477亿	交运设备	6728	6.06	6.07	0.00	0.23
68	600406	国电南瑞		-0.79	1399亿	1390亿	输配电气	1865	30.27	30.28	0.00	0.23
69	600196	复星医药	R‡	1.87	1762亿	1383亿	医药制造	6257	68.75	68.76	0.13	3.55
70	600050	中国联通	R‡	-1.14	1346亿	1335亿	电信运营	4994	4.34	4.35	-0.23	0.20
71	300124	汇川技术	R‡	-1.18	1649亿	1324亿	仪器仪表	1184	95.91	95.93	-0.18	0.75
72	002311	海大集团	R‡	-3.49	1319亿	1317亿	农牧饲渔	593	79.43	79.48	0.00	0.99
73	601211	国泰君安	R‡	1.79	1568亿	1309亿	券商信托	6034	17.59	17.60	0.06	0.95
74	002230	科大讯飞	R‡	1.41	1378亿	1286亿	软件服务	4479	61.93	61.94	0.02	2.21

图 4-2

利用市值选股法相对简单，一般投资者都会选出股票，至于您挑哪一只去做投资，这得看您对哪个行业更看好了。有些人不喜欢投资银行股，那您把银行股排除就可以了；有些人不喜欢中石油，那就把中石油排除就好了，这些都是要看个人对于行业的分析，选股的初筛是很简单的，利用流通市值排名就行。

这是第一步选股的思路，至于如何参与、如何择时，后面章节会有详细介绍。

二、行业龙头选股法

我们在投资的过程中会经常听到一句话，"买股票就要买龙头"。这个龙头有的是指在某个热点出现的时候，涨的最好的那只就是所谓的龙头。而另外一个龙头的说法指的就是在某个行业当中，市占率或者品牌商誉最好的那只就是龙头。就像大家一提到白酒，立马知道是贵州茅台；一提到调味品，就会想到海天味业；一提到医药制造，就会想到恒瑞医药，等等。其实这就是所谓的行业龙头。

这个选股逻辑就是在2021年2月之前那波上涨的时候，众多媒体提到最多的一个说法，"要选就选各个行业的'茅'"，这个指的就是每个行业的绝对龙头企业，是值得我们长期价值投资的标的。

从行业的角度来分析，其实每个大行业当中还有一些细分领域龙头。比如说医药领域所涉及的细分领域就比较多，以下部分为行业龙头分析。

恒瑞医药：国内化学制药，创新药龙头，抗肿瘤药，手术用药，A股市值最大的医药股。公司以生产抗癌创新药为主的企业，公司产品不单单是盈利，对人类社会也具有重大意义。因此，公司具有长期存在的价值。公司的产品具有明显的竞争力，近10年来，毛利率、净利率保持双高，公司基本保持每1~2年就有新药上市，成长力强大。公司的研发投入高，新产品被研制出来的可能性也高。公司的资金雄厚，2020年上半年财务报告显示公司拥有现金95亿元，交易性资金资产58亿元，可以确保未来的现金流量。

复星医药：覆盖药品、器械、服务的全产业链的龙头。复星医药专注现代生物医药健康产业，抓住中国医药市场的快速成长和中国企业进军世界主流医药市场的巨大机遇，战略性地覆盖研发制造、分销及终端等医药健康产业链的多个重要环节，形成了以药品研发制造为核心。注重创新研发，拥有国家级企业技术中心。在中国，复星医药已取得肝病、糖尿病、结核病、临床诊断产品等细分市场的竞争优势。在全球市场，复星医药也已成为抗疟药物的领先者。

药明康德：高瓴集团的资本重仓股，CXO完整产业链龙头，国内化学制药CMO排名第一。通过合同的形式，为制药企业和研发机构在药物研发过程中提供专业化服务的公司和组织。主要的内容是新药产品发现、研发、开发等临床前研究及临床数据管理、新药注册申请等专业技术服务支持。药明康德业务分布在欧美、中国及其他亚洲地区。其中，欧美占比超过70%。在上市审批制度改革以及创新药研发环境的改善下，让中国成为原创药研发的新兴市场，全球产业链有转移趋势，国内CRO市场规模的增速远远高于全球。

泰格医疗：高瓴集团资本重仓股，临床CRO和临床前CRO。公司致力为客户在降低研发风险、节约研发经费的同时，提供高质量的临床试验服务，从而推进产品市场化进程。公司总部位于杭州，下设33家子公司，在中国63个主要城市、韩国、日本等地设有全球化服务网点，拥有超过3600多人的国际化专业团队，为全球600多家客户成功开展了1060余项临床试验服务。泰格医药更因参与150多项国内创新药临床试验，而被誉为"创新型临床CRO"。

迈瑞医疗：国内器械龙头，生命信息与支持类产品，体外类产品，医学影像类产品。说起通信界，大家第一时间想起的是华为，华为在全球为国家在通信产业的竞争力做出了巨大贡献。但是说起医疗界，很多人却不知道中国也有一个低调的"一哥"——迈瑞医疗。迈瑞就像是中国医疗器械界的"华为"，它在中国超过30个省市自治区设有分公司，境外拥有40家子公司。全球员工近万人，其中研发人员占比超过20%，外籍员工超过10%，来自全球30多个国家及地区，形成了庞大的全球研发、营销和服务网络。

爱尔眼科：国内眼科医院龙头股，爱尔眼科成立于2003年，2009年成功上市，从上市至今，公司的营收和利润均实现高速增长，营收从2009年的6.06亿元增长至2019的99.93亿元，归母净利润从0.92亿元增长至13.81亿元。与此同时，爱尔眼科的股价整体上也是一路上行，深受资本市场的厚爱。

通策医疗：国内口腔医疗龙头股。公司于2017年开始推行"区域总院+分院"的医院集团化经营模式，截至2020年，通策医疗共有口腔医疗机构35家，近几年企业主要围绕杭州三家区域总院进行开设，目前从分院的业绩增长情况可以看出，通策医疗的此项战略是可以走得通的，这是通策医疗的一大特有优势。

长春高新：涉及重组人生长激素、水痘减毒活疫苗、人用狂犬病疫苗、生物制药、房地产开发。公司水痘疫苗依靠产品质量、工艺优势，在竞争日趋激烈的疫苗市场，开辟并巩固了属于自己的市场空间。控股子公司金赛药业、百克生物在技术研发、市场营销、项目管理等多个领域聚集了丰富的客户资源，市场终端遍及全国和部分海外国家及地区。产品疗效确切、安全性高、品规齐全，塑造了良好的品牌形象，并赢得了市场充分认可，市场占有率75%，并有稳步扩大的趋势。

智飞生物：疫苗，生物制品的研发、生产和销售，宫颈癌疫苗国内最大的代理商。目前，在国内上市的 HPV 疫苗包括默沙东的 4 价、9 价疫苗，葛兰素史克的二价疫苗以及万泰生物（603392.SH）的国产二价疫苗。4 价、9 价 HPV 疫苗产品是默沙东独家重磅产品，国内的 9 价 HPV 疫苗产品还未研发成功上市，因此目前从供需关系来看，9 价 HPV 疫苗的供给量不足，处于供不应求状态。预计在 1~2 年内，智飞生物独家代理的默沙东 4 价、9 价 HPV 疫苗仍是国内市场的主力。从批签发数量来看，9 价 HPV 疫苗 2019 年批签发量为 332.42 万支，比 2018 年增长 173.35%；2020 年上半年批签发量为 215.98 万支，比上年同期增长 83.13%。

我武生物：目前国内唯一的舌下脱敏龙头企业，专门针对"过敏"这个细分市场，也是目前 A 股市场上唯一的脱敏制剂公司。粉尘螨滴剂基本贡献了公司全部的营收和利润，名字很拗口，让人云里雾里，您只用知道，这款产品是用来治疗由粉尘螨过敏引起的过敏性鼻炎、过敏性哮喘就好了。

> 注意：以上个股不是推荐，是一个选股的逻辑，因为有些个股是在走下降通道的，后面大概率会继续杀估值。切记不要随便乱买，股票再好也要学会择时。就像上面提到的这几只股票，如果不择时，随意就去买进做价值投资，最后也是大概率会亏损！切记：择时大于努力！

这是选股前需要下功夫去研究的一些行业分析数据，选出股票以后还需要去等合适的介入时机才行，而不是马上就去买入，财不入急门，这是大家都懂的道理，其实在股市当中很多股民都是因为着急买入而造成亏损的。

细分龙头股选股法，无论是成长中的行业还是已经成熟的行业，选择一个细分行业的龙头是非常关键的。快速成长中的行业，选择一个细分行业的龙头意味着其已经捷足先登，这是企业发展竞争力的最根本表现。市场占有率是衡量企业是否是行业龙头的直观指标。

以上作为选股的一个思路或者选股逻辑，假如您看好哪个行业就按照以上思路进行选股即可！

三、成长性选股法

成长性选股法和之前的大市值选股法存在一定差异，大家一定要注意，这种选股法的重点是成长性，而不是确定性。假如我们以成长股投资为主，以价值股为辅的话，可以用以下几点作为选股的依据：

1. 业绩支撑：支撑股价长期上涨的唯一动力是业绩，成长股最关键的是业绩的可持续增长，即营业收入及净利润的增长需要符合一定的标准。基本判断条件是连续三年营业收入同比增速大于30%，净利润大于25%，这属于中规中矩的方法，更多潜力成长型的公司还是需要按投资者的阅历、经验去挖掘的。选择成长股的前提是业绩，业绩是基本面选手的根本，这一切都绕不开以业绩为王的根本。

2. 市值相对合理：市值不能太大，这是和之前的市值选股法明显区别的一个选股条件。选择成长股的总市值尽量小于500亿，如果我看重的是核心资产，超1000亿也无妨，走价值投资即可，但不列入成长股类。若选择成长股，则挑市值介于100亿至500亿以内的较为合理。100亿以上已相对稳健，500亿以下说明还未扁平化。股市如人生，人在成长过程中在20岁前太嫩，50岁后有些老，最好是20岁至40岁最健壮有力，成长性就好。

3. 行业是朝阳行业：既然是选择成长性，那就不能选择夕阳行业，像煤炭钢铁这类的就不能去选择。成长股是阶段性的，是有时效性的。在朝阳行业快速发展的时候，优秀的企业脱颖而出，乘风破浪属于成长股，但随着企业不断发展，市占率扩大，行业的集中程度变大。比如，新基建、新材料、创新药、新能源等这一些都是新兴的行业，是我们接下来时代发展的需要。

4. 行业竞争优势分析：行业壁垒会让其他企业在进入该行业时付出代价。行业壁垒是无形的，可以分为技术壁垒、资金壁垒、商业模式壁垒，等等。技术壁垒、资金壁垒是行业发展的共识，商业模式壁垒是企业沉淀下来的。对于服务壁垒而言，要看口碑。如果我们听到大家在评价某家企业的产品好、服务高时，请不要放弃这样的投资机会。能有决心将品质、服务做好的企业是极具投资价值的。21世纪，品牌的服务肯定是越来越值钱。

5. 注重主营业务的公司：在A股投资中个股的炒作，一部分是由于企业家在讲故事或者通过市场运作来获得市场青睐。正所谓市场喜欢什么，一些上市公司就给什么，关键是需要对公司讲的故事负责。优秀的企业会将公司去年的总结、明年的目标讲得非常清楚，而且还会细细盘点过往一年的表现，所以上市公司一定要注重自己的主营业务发展，这样的公司才是好公司！

6. 企业的类型：在过去的发展中，是物质需求时代，基本的生活配置是刚需。而未来需要的是品质，需要的是服务。这就有了服务产业的发展。在未来的发展中，轻资产的服务行业是时代发展的需要，是一种趋势。重资产的制造业成长性不高，轻资产服务模式会越来越受欢迎。比如互联网行业、服务类企业，资产整体偏轻，成长性足。

7. 合理的估值容忍度：成长股一般用市盈率来估值，从静态市盈率来讲，A股50倍～80倍还是可以容忍的，只要其业绩可以持续高增长，需要用动态市盈率来印证。正确对待估值，高市盈率并不代表不好，低市盈率也未必一定就好。所以有些股票估值高了，但是股价一直上涨，这就由市场给的成长性的估值容忍度造成的。

8. ROE合理：ROE（净资产收益率）是判定企业好坏的靠谱指标。ROE=净利润/净资产，净资产=资产－负债。一个公司要想取得超额收益，靠的不是记载在账面上的硬资产，因为账面上的硬资产只能取得平均收益率，而是账面上不显示的资产商誉。ROE既考虑了资产，又考虑了负债，集中反映了公司的竞争优势。ROE在10%～15%的是一般公司，15%～20%的是杰出公司，20%～30%的是优秀公司。

以上成长性选股法的几个选股条件给大家作为参考，其实还有其他条件，但假如选股条件太多了，能符合选股条件的个股也就少了，所以不能做到面面俱到，这个细节大家要理解。不管是哪个选股方法，都不能做到完全没有风险，所以我们在选股的时候只要能尽量避开大的风险条件因素，这样选出来的个股大概率就是好的股票了。

四、基金重仓逻辑选股法

为什么要用基金重仓法来选股？其实道理很简单，我们且不说是哪只基金重仓，能进入基金重仓的个股，理论上都是不会太差的上市公司，因为基金公司在选择股票投资的时候都是有专业的行业研究员，也会实地调研，所以有了这些作为前提和保障，等于是基金公司已经替我们选择好了企业，如图4-3、图4-4、图4-5、图4-6中所示：

本书不再一一展示，这些都是公开数据，大家从中去选择即可，理论上基金机构的持股数量越多，这只个股的质地就越好。但是也要每个季度去关注基金是在增持还是在减持，一旦基金开始逐步减持，相关风险就大些，说明基金不再看好这家公司，或者股价到了高估的阶段，基金开始减持，这是需要大家注意的一个细节！

> 基金重仓

2021年一季度基金重仓股数据报表

全部　　增仓　　减仓

序号	股票代码	股票简称	持有基金家数(家)↓	持股总数(万股)	持股市值(亿元)
1	600519	贵州茅台	1791	9106.85	1829.57
2	000858	五粮液	1235	46293.48	1240.57
3	600036	招商银行	1022	123128.03	629.18
4	601318	中国平安	994	68051.70	535.57
5	601888	中国中免	875	20863.80	638.60
6	000333	美的集团	861	58019.13	477.09
7	300750	宁德时代	808	19315.34	622.28
8	601166	兴业银行	758	142212.43	342.59
9	002415	海康威视	679	129022.23	721.23
10	000651	格力电器	607	30181.25	189.24
11	600276	恒瑞医药	593	33412.46	307.70
12	300760	迈瑞医疗	584	12615.16	503.48
13	601012	隆基股份	578	55032.63	484.29
14	603259	药明康德	563	33457.51	469.07
15	000661	长春高新	557	8803.43	398.56
16	000002	万科A	555	86836.53	260.51
17	600887	伊利股份	537	80891.86	323.81
18	000001	平安银行	499	111927.65	246.35
19	600031	三一重工	452	80318.58	274.29
20	000568	泸州老窖	433	25958.48	584.12
21	002142	宁波银行	403	61308.16	238.37
22	600690	海尔智家	385	65711.32	204.89
23	600309	万华化学	383	21842.59	230.66
24	300122	智飞生物	376	16443.53	283.63
25	300014	亿纬锂能	370	36034.27	270.80
26	300059	东方财富	352	88428.88	241.06
27	601398	工商银行	336	175363.78	97.15
28	601601	中国太保	308	27178.84	102.84

图 4-3

除了上述基金重仓选股法以外，大家也可以关注社保重仓股，社保重仓股一般是较为安全的，因为社保基金理论上是不能亏钱的。这也是选股的一个思路，也不是说所有选出来社保重仓的个股您马上就去买，这也是不可取的，一定要注意择时问题。因为不管是基金重仓股还是社保重仓股，它们的投资周期都是比较长的，这也是我为什么要研究"8561A股价值投机理论"的原因。

本节给大家讲了关于"8561A股价值投机交易体系"选股的几个逻辑，只是抛砖引玉，大家有关于更好的价值投资选股方法，也可以去用。但以上的选股方法不管条件多么合理多么严谨，选出来的股票也不会完全没有风险，这是需要提示投资者的。

序号	股票代码	股票简称	持有基金家数(家)	持股总数(万股)	持股市值(亿元)
29	600809	山西汾酒	281	11822.19	393.44
30	000725	京东方A	281	249780.76	156.61
31	002475	立讯精密	278	58229.25	196.99
32	600900	长江电力	277	48367.55	103.70
33	601899	紫金矿业	267	195373.54	187.95
34	300124	汇川技术	267	24615.06	210.48
35	603501	韦尔股份	262	8606.93	220.96
36	002271	东方雨虹	233	36639.41	187.45
37	002311	海大集团	227	19341.13	150.86
38	600048	保利地产	222	68923.10	98.08
39	002460	赣锋锂业	219	21497.25	202.63
40	002027	分众传媒	210	234304.58	217.43
41	601939	建设银行	199	57622.47	42.35
42	300015	爱尔眼科	194	36956.81	218.97
43	002352	顺丰控股	192	26175.93	212.08
44	300347	泰格医药	192	10557.61	158.48
45	300274	阳光电源	188	9393.12	67.42
46	600570	恒生电子	173	8827.85	74.15
47	600426	华鲁恒升	164	22382.05	84.04
48	600030	中信证券	162	65291.00	155.98
49	300999	金龙鱼	148	561.79	4.35
50	600438	通威股份	142	24289.33	79.52

图 4-4

序号	股票代码	股票简称	持有基金家数(家)	持股总数(万股)	持股市值(亿元)
51	300408	三环集团	142	26216.85	109.80
52	300782	卓胜微	142	2726.24	166.03
53	300496	中科创达	141	4575.65	55.75
54	300450	先导智能	140	11095.56	87.64
55	603882	金域医学	139	5193.66	65.99
56	603799	华友钴业	135	17834.85	122.60
57	601668	中国建筑	132	118962.04	61.74
58	002714	牧原股份	129	8376.79	83.79
59	601233	桐昆股份	126	29877.66	61.70
60	000100	TCL科技	122	55416.39	51.76
61	688036	传音控股	120	4514.88	94.53
62	603806	福斯特	119	7956.30	68.35
63	600585	海螺水泥	117	4195.53	21.49
64	002821	凯莱英	117	3624.59	104.70
65	002304	洋河股份	110	13102.87	215.80
66	601288	农业银行	109	113725.86	38.67
67	002410	广联达	108	15221.70	101.06
68	688111	金山办公	108	2080.14	67.40
69	600763	通策医疗	107	4789.16	119.97
70	601995	中金公司	107	412.64	2.02
71	601966	玲珑轮胎	106	6497.63	30.41
72	300957	贝泰妮	106	717.07	12.03
73	300454	深信服	105	4667.19	115.28
74	600741	华域汽车	104	13773.90	37.97
75	000733	振华科技	104	11920.57	65.09
76	300012	华测检测	104	32849.14	93.62
77	601799	星宇股份	103	1815.35	34.31
78	600926	杭州银行	103	28044.22	47.37

图 4-5

79	600754	锦江酒店	101	14308.50	79.41
80	002179	中航光电	98	13134.90	88.79
81	600176	中国巨石	98	20136.30	38.66
82	601088	中国神华	98	26344.19	52.95
83	002594	比亚迪	95	3965.81	65.24
84	600660	福耀玻璃	95	17609.34	81.14
85	688169	石头科技	95	634.70	74.07
86	603345	安井食品	94	3092.44	64.50
87	603456	九洲药业	93	7581.26	28.98
88	601328	交通银行	92	52054.28	25.77
89	601009	南京银行	92	15240.10	15.42
90	002236	大华股份	92	14508.07	35.79
91	000338	潍柴动力	92	23359.88	44.94
92	300529	健帆生物	92	11494.95	87.36
93	603486	科沃斯	92	3141.01	42.87
94	601688	华泰证券	91	43515.23	73.80
95	002568	百润股份	91	9025.42	98.38
96	603899	晨光文具	91	7064.93	60.34
97	002709	天赐材料	89	6914.39	56.43
98	002493	荣盛石化	87	53736.68	147.99
99	300759	康龙化成	87	5544.94	83.11
100	002049	紫光国微	86	11991.40	128.30

图 4-6

还需要强调的是：我们在进行投资的时候必须要注意上市公司会不会出现"黑天鹅"事件，一旦出现"黑天鹅"事件，就不要再继续坚持，尽快出来回避风险为好。之前的长生生物、康得新、乐视网、康美药业等，都曾经是"大白马"股，最终也没有躲开退市的命运。我们既然坚持以价值投资为基础，就必须要随时关注公司基本面的变化，这样才相对安全！

第三节
"8561A 股价值投机交易体系"买入条件

一、"8561A 股价值投机交易体系"价值投资如何择时

首先要给大家讲一个理念，真要想用价值投机策略在股市中赚到钱，最重要的就是仓位管理，没有合理的仓位管理，就不会有最后理想的投资结果，因为在持股过程中假如仓位不合理，也会影响您的持股心态，从而做出错误的决策。仓位管理在后面章节还有介绍，下面就介绍几种如何择时买入价值

投机类个股的方法。

（一）历史对比跌幅择时法

在前面章节介绍过，学习技术分析有三个假设：第一，市场行为涵盖一切信息；第二，价格沿趋势移动；第三，历史会重演。那么站在第三个假设这个角度来看，在很多情况下，历史真的会重演，但不会简单地重演，我们不能奢望每个波段或者走势完全一致，丝毫不差，这点是不现实的，但是在某个阶段，我们可以找出非常类似的主升浪、波段、形态、K线组合等，那么有了这个基础，我们再来定义历史会重演而不会简单地重演，这样就好理解了。

通过对价值投资类的个股来分析，比如我们在2021年2月之前那波所有核心资金或者基金抱团的个股来进行历史走势分析，每只个股在2021年2月历史高点所走过的趋势，并没有出现连续上涨的情况。在历史的走势中出现过大幅的调整，但是每次调整的幅度相差不太多，这个规律可以给我们一个参考，就是我们通过对历史走势每个调整阶段做一个统计，这样就能大概得出用历史跌幅对比的方法来确定大概买入的时机，就会相对客观一些。

下面我们来看几个案例，这样表述更加直观一些，如下图4-7中所示：

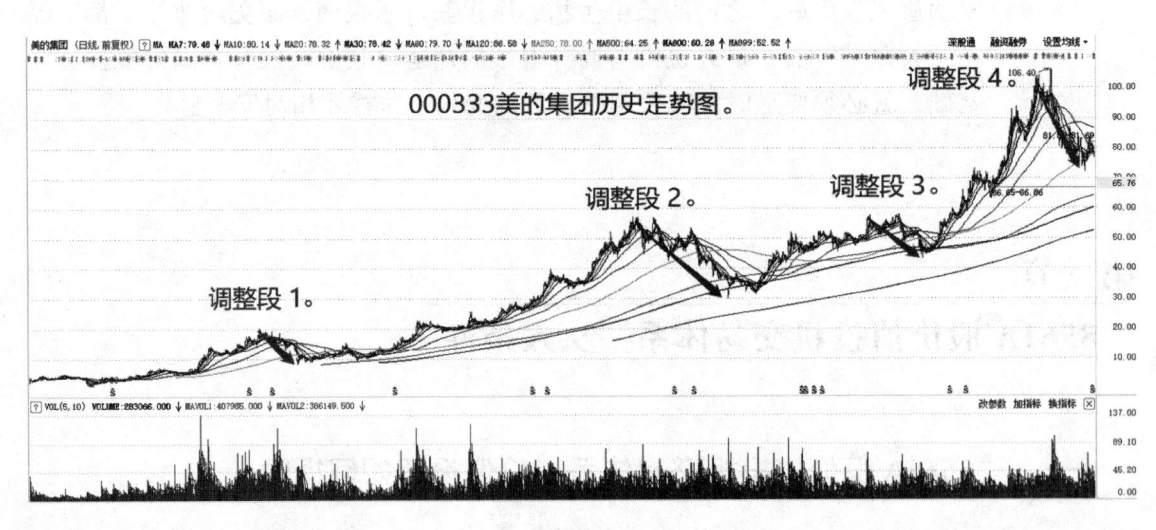

图 4-7

上图是000333美的集团历史走势图，图中箭头部分是每次调整的调整段，下面我们逐一分解一下。如下图4-8中所示：

图 4-8

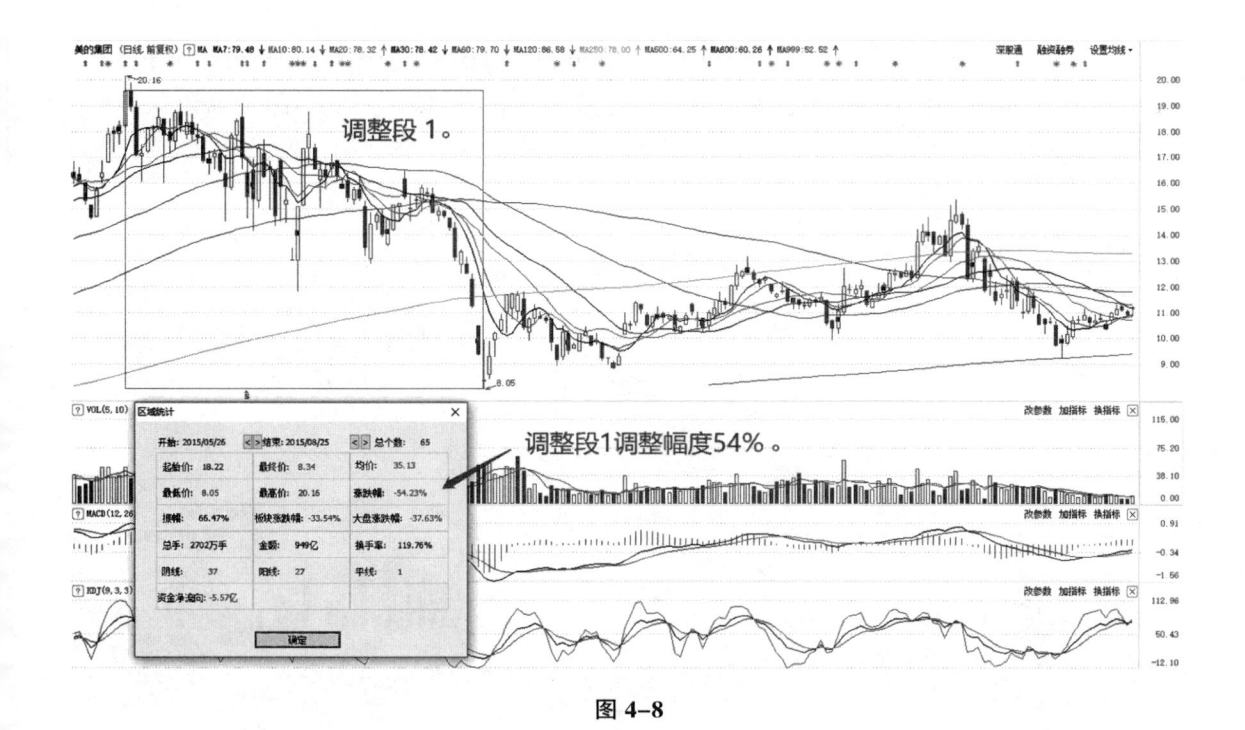

图中是美的集团在 2015 年 5 月 26 日至 2015 年 8 月 25 日调整期间的跌幅，期间调整时间是 65 个交易日，调整幅度达到 54% 左右，之后便开始横盘震荡整理，没有再创出新低。继续看下图 4-9 中所示：

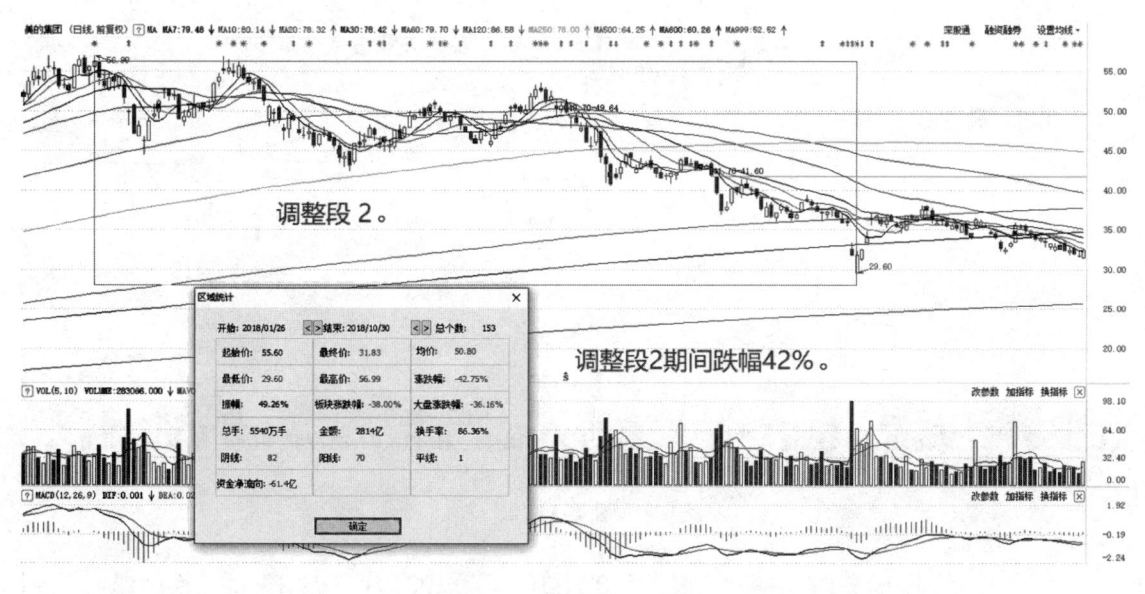

图 4-9

这是美的集团在 2018 年 1 月 26 日至 2018 年 10 月 30 日的走势图，期间跌幅达到 42%，调整时间 153 个交易日。继续看下图 4-10 中所示：

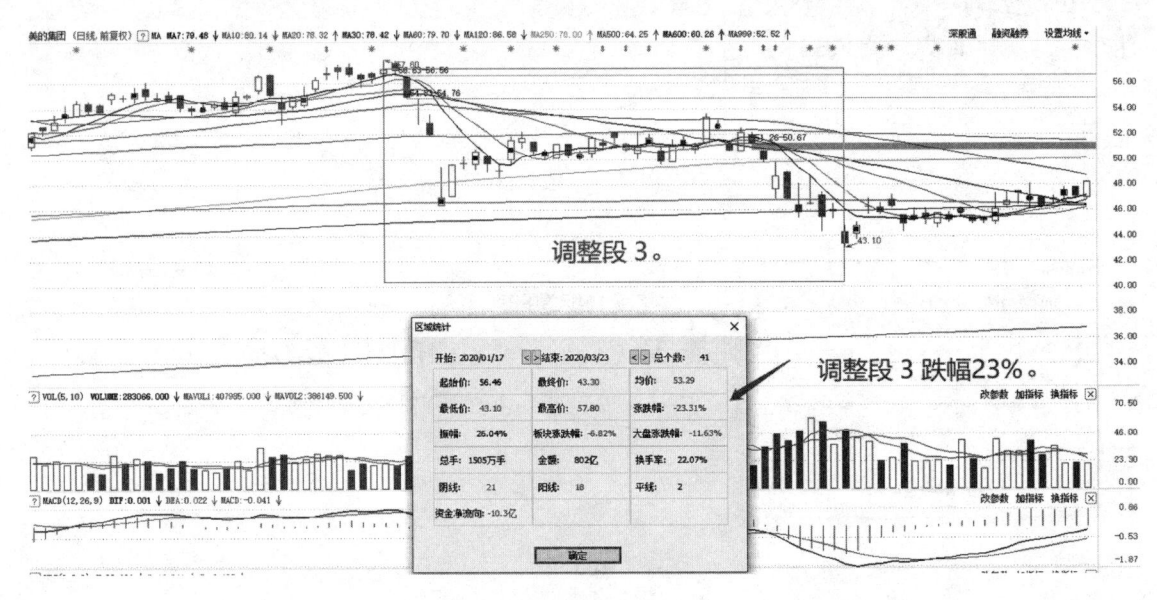

图 4-10

图中美的集团走势图调整段 3，在 2020 年 1 月 17 日至 2020 年 3 月 23 日的走势图，期间跌幅达到 23%。继续看下图 4-11 中所示：

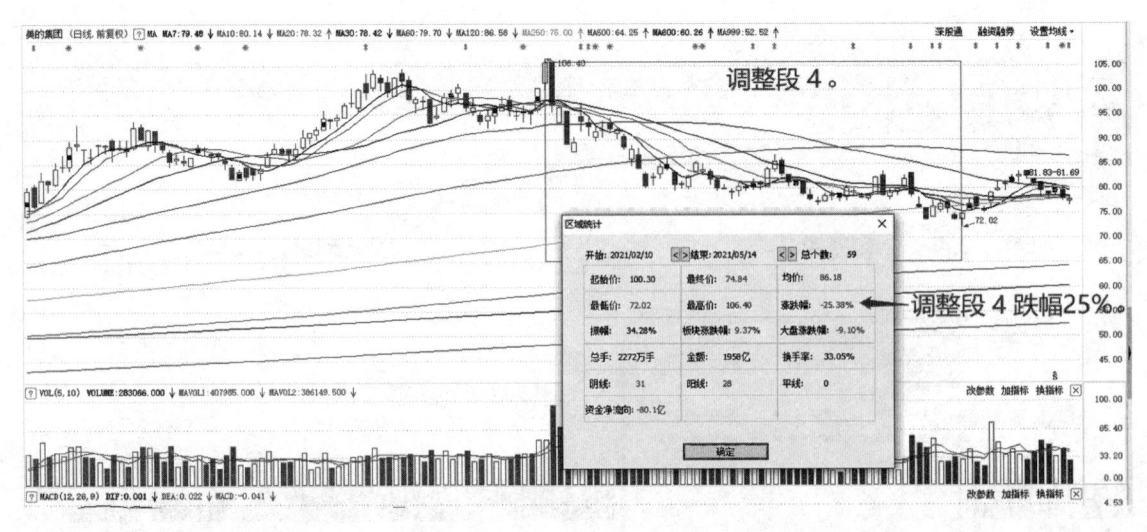

图 4-11

图中美的集团在 2021 年 2 月 10 日至 2021 年 5 月 14 日，期间跌幅达到 25%，这是在当时抱团的个股集体调整段，调整时间是 59 个交易日。

第四章
"8561 A 股价值投机交易体系"详解

从以上图 4-7 至图 4-11 中可以看到，美的集团从低位到最高位，一直处于大的上升通道当中，但是期间也有调整，我们从期间几次调整段来看，得出以下数据，几次跌幅分别是：调整段 1 区间跌幅是 54% 左右；调整段 2 区间跌幅是 42% 左右；调整段 3 区间跌幅是 23% 左右；调整段 4 区间跌幅是 25% 左右。

通过以上数据我们可以得出结论，美的集团从历史调整幅度来看，最大的跌幅是 54% 左右，最小的跌幅是 23% 左右，单从跌幅来看其实已经给出了底线。假如从跌幅来对比，虽然每个调整段所处的市场环境不一样，但是相对来说还是有可比性的，我们不能奢望每次调整都能一致，这也是不现实的，"历史会重复但不会简单地重复"说的就是这个道理。

有了以上数据作为支持，假如想去投资建仓，那么我们肯定要先考虑到每一波的跌幅，至少要达到这只个股历史跌幅最小的那段，才能逐步开始建仓买入。

我们在开始介入的时候，一旦跌幅达到历史最小跌幅以后，就可以适当建仓一部分，比如您想买这只个股资金为 10 万，那么就可以先买入 1/3；假如继续下跌，到了历史跌幅次低时就再买入 1/3；真要是跌到历史最大跌幅，那就可以把资金全部买进去，然后持有就可以了。

以上面 000333 美的集团的案例中的走势，应该在距离 2021 年 2 月 10 日最高点跌幅 23% 以后，才能买入第一笔仓位；之后在跌幅达到 42% 的时候，再次买入 1/3 的仓位；假如跌幅达到 54% 的时候，就可以把资金全部买进去了。

再来看一个案例，如图 4-12 中所示：

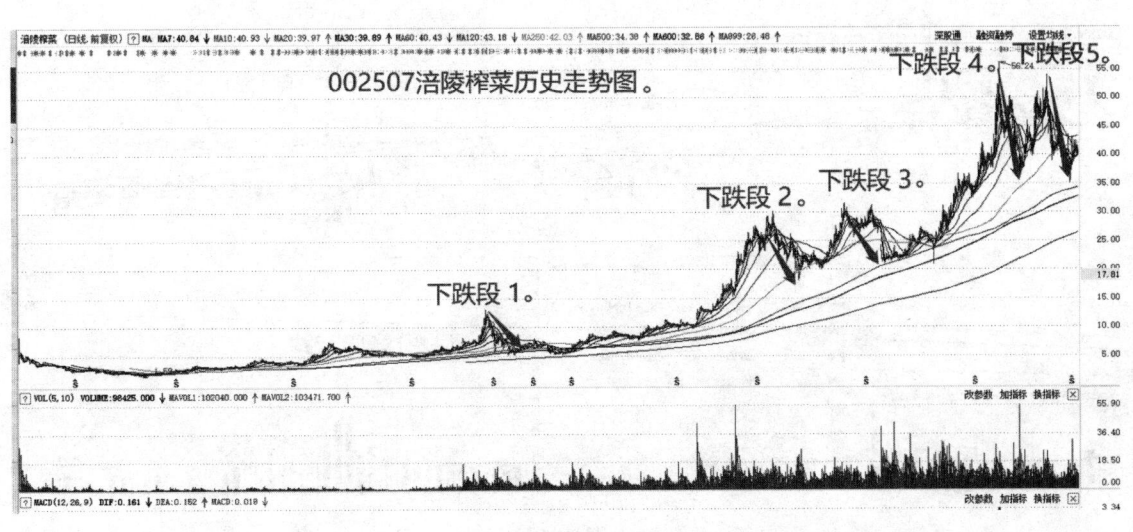

图 4-12

以上是 002507 涪陵榨菜的历史走势图，从图中可以看出现在是在上升的趋势中，期间也有过 5 次明显的调整，每一波调整幅度也不一样。下面我们来分解一下每次调整段的跌幅，如下图 4-13 中所示：

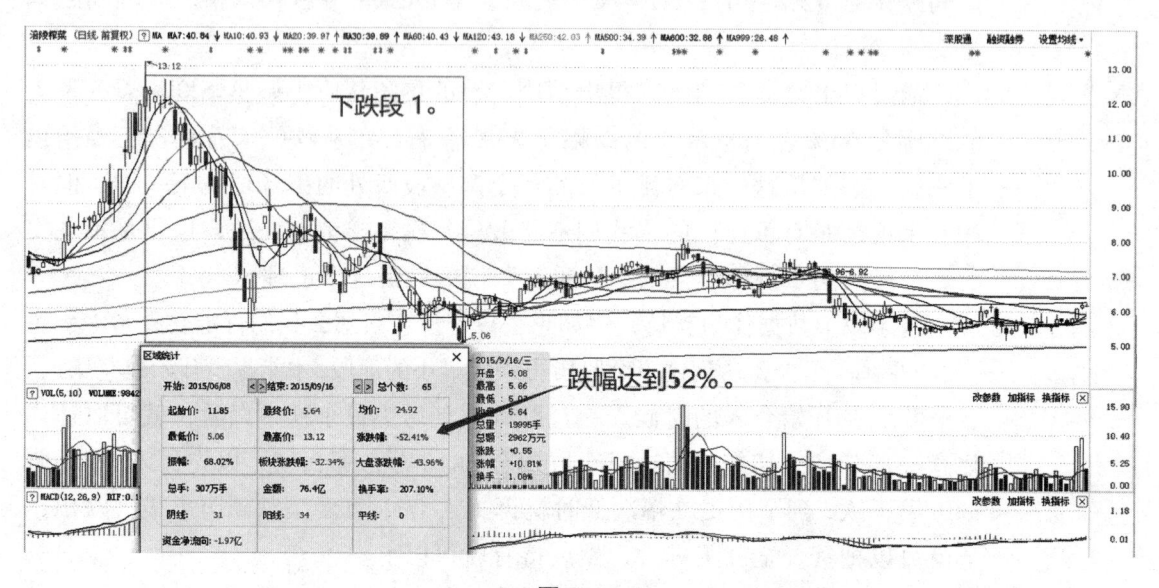

图 4-13

从图中可以看出，涪陵榨菜从 2015 年 6 月 8 日至 2015 年 9 月 16 日下跌段 1 期间，一共调整了 65 个交易日，最大跌幅达到 52%。

我们继续看下图 4-14 中所示：

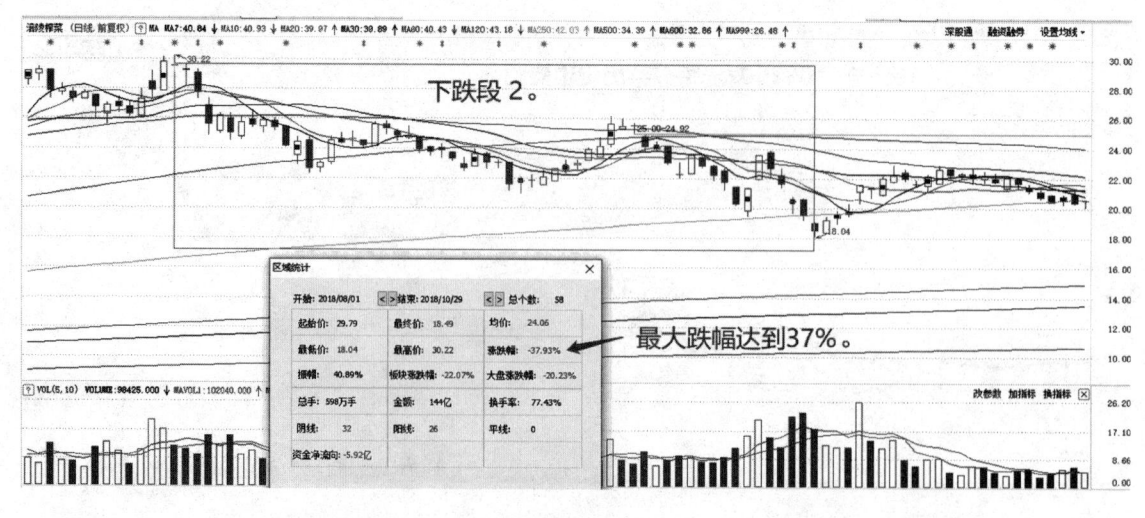

图 4-14

从上图中可以看出，涪陵榨菜从 2018 年 8 月 1 日至 2018 年 10 月 29 日下跌段 2 期间，一共调整了 58 个交易日，最大跌幅达到 37% 左右。继续看下图 4-15 中所示：

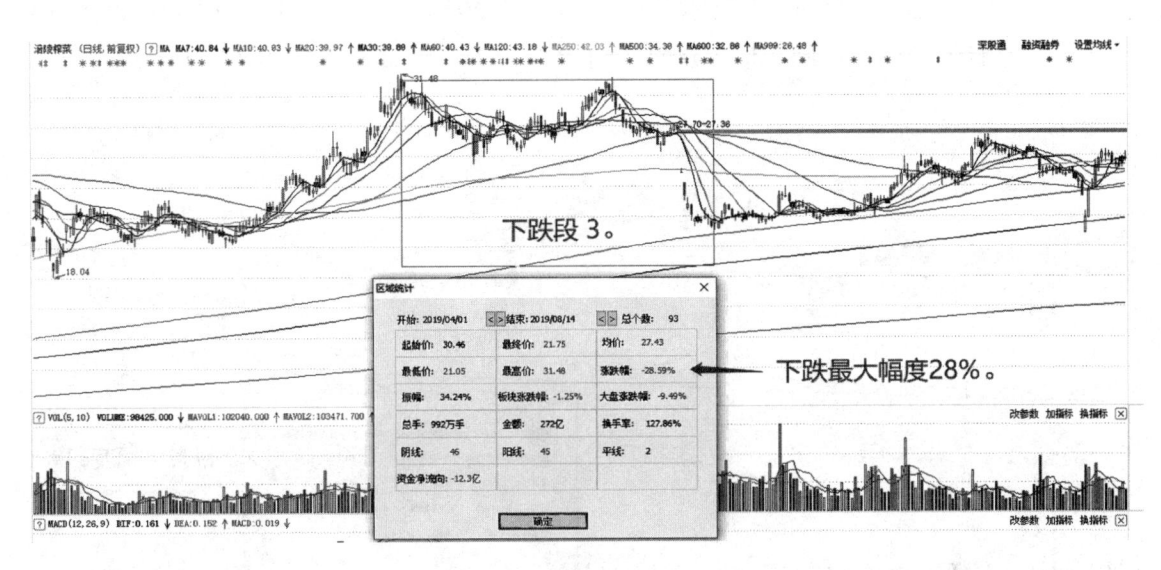

图 4-15

从上图中可以看出，涪陵榨菜从 2019 年 4 月 1 日至 2019 年 8 月 14 日下跌段 3 期间，最大跌幅是 28% 左右。继续看下图 4-16 中所示：

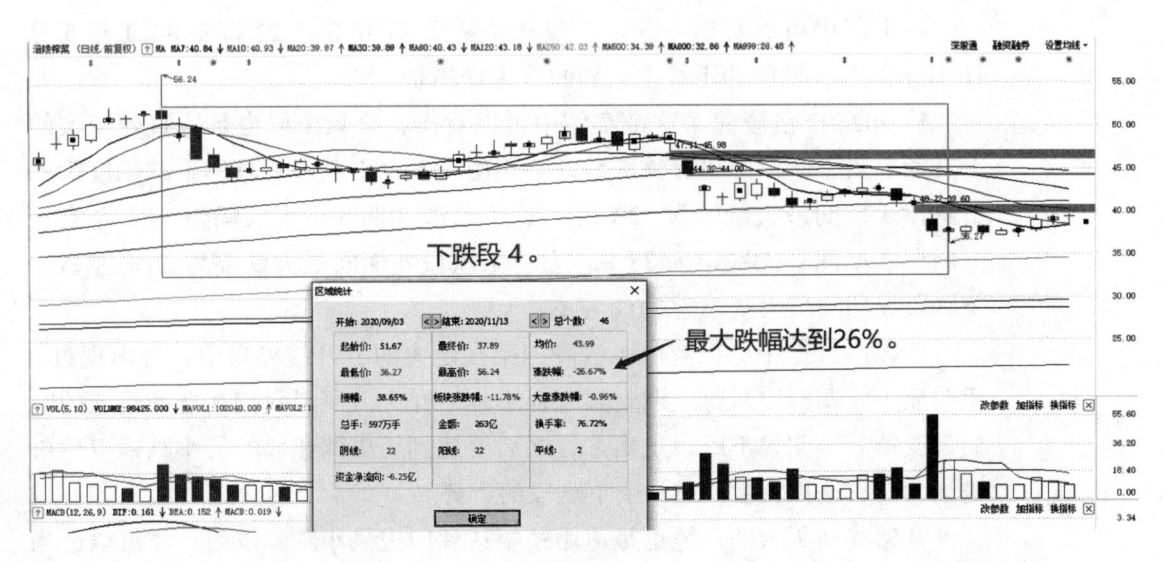

图 4-16

抛开仓位谈方法的策略都是不负责任的，所以对于买入的量，还是要控制合理，否则一把满仓买进，理论上也是很难能赚到钱，仓位管理也是非常重要的一个环节。

如上图 4-16 中所示，涪陵榨菜从 2020 年 9 月 3 日至 2020 年 11 月 13 日下跌段 4 期间，最大跌幅达到 26% 左右。继续看下图 4-17 中所示：

图 4-17

从上图中可以看出，这是涪陵榨菜从 2021 年 2 月 22 日至 2021 年 5 月 10 日下跌段 5 期间的走势图，期间最大跌幅是 31%。

从 002507 涪陵榨菜这个案例中可以看出，这只个股也是一直处于大的上升通道当中，期间也有涨涨跌跌，经历了 5 个下跌段。具体下跌幅度为：下跌段 1 期间最大跌幅为 52% 左右；下跌段 2 期间最大跌幅为 37% 左右；下跌段 3 期间最大跌幅为 28% 左右；下跌段 4 期间最大跌幅为 26% 左右；下跌段 5 期间最大跌幅为 31% 左右。

从以上数据中可以看出，涪陵榨菜在走大的上升趋势当中，也出现过 5 段明显下跌调整段，每次调整幅度也不是一样大。所以我们在选择建仓的时候需要等一个明显下跌段走出来，之后要达到历史调整段的最小跌幅以后再进场参与，这样就会回避一个下跌段的走势。

开始建仓买入的一笔也是遵循跌幅达到历史最小跌幅以后，才可以适当建仓一部分。还是以想买 10 万为例，可以先买入 1/3，假如继续下跌，到了历史跌幅次低时就再买入 1/3；要是跌到历史最大跌幅，那就可以把资金全部买进去，然后持有。

以上面002507涪陵榨菜的案例中的走势，第一笔买入应该是在跌幅26%左右的时候；之后在跌幅达到37%左右的时候，再次买入1/3的仓位；假如跌幅达到52%左右的时候，就可以把资金全部买进去了。

注意按着"8561核心操作策略"——中线思路短线操作的指导方向，这10万的建仓理论上是做的底仓来一直持股的，再利用一部分其余资金按着短线技术来回做差价，不断降低持股成本，但开始买入的那部分仓位是一直要持有的。

（二）趋势线择时法

利用趋势线择时法来参与价值投资类的个股，其核心逻辑就是：走出下降通道才能参与。

这个方法也相对简单易学，我们不用管它每一波调整幅度是多少，只需要关注这只个股走没走出下降通道就可以。

之前给大家介绍过，利用趋势线进行画线找支撑位和阻力位的方法，假如利用这个方法来投资价值投资类的个股，也是相对安全和方便的。

先找到一个历史最高点，然后再找到一个从历史最高点跌下来的次高点，这样就可以利用历史最高点和这个次高点链接一条线，这条线就成为下降通道线的上轨了。在画线之前先强调一个重要的细节，在画线的时候一定要把上下影线都包含在内，因为学习技术分析的三法假设之一——股票价格包含一切信息。站在这个角度也要把股价走势的所有价格都包含在内，才相对客观。

下面我们用图来展示这个具体画线方法，如图4-18中所示：

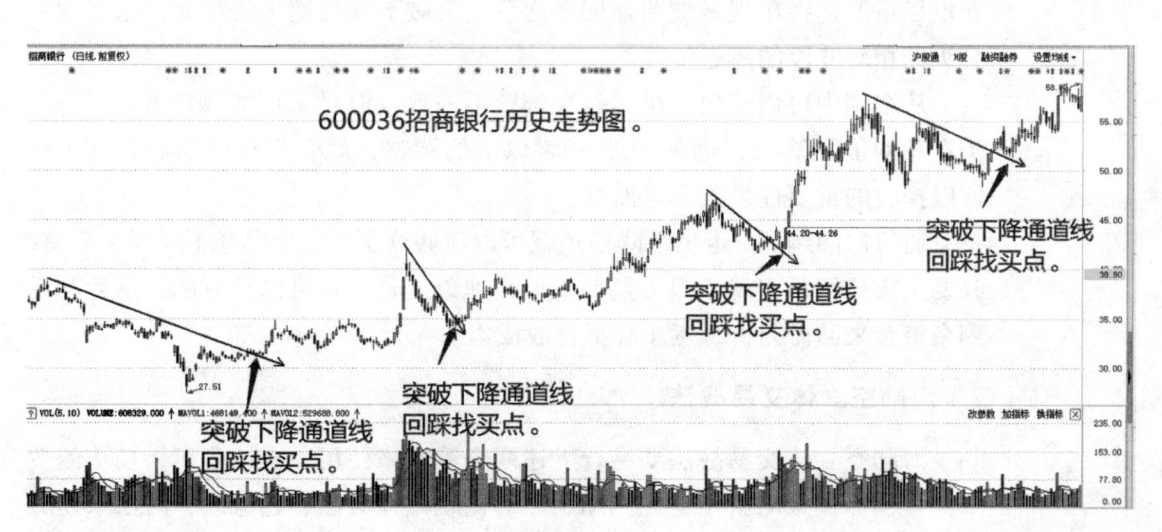

图4-18

如上图中所示，招商银行从最近的几个下跌段来分析，每次走出下降通道，回踩下降通道线以后，都出现相应的买点，之后也都走出一波上涨行情。

我们继续看下个案例分析，如图 4-19 中所示：

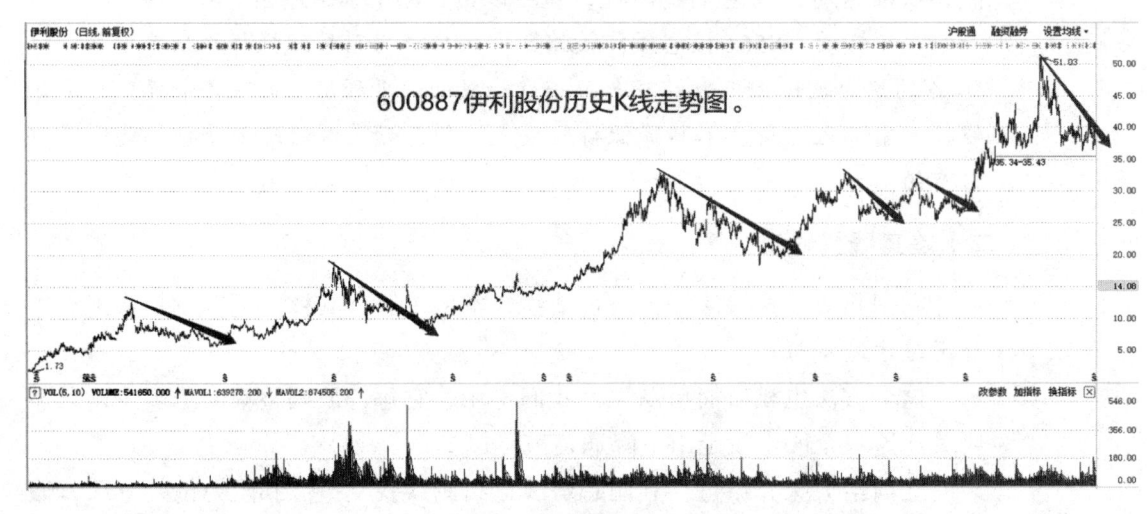

图 4-19

上图是 600887 伊利股份历史走势图，从大的方向来看，整体行情是向上慢牛的走势，但也会出现明显回调段，每次回调段的买点也有一个规律，只要走出下降通道，相应都会出现一波上涨，虽然每一次上涨幅度不一样，但是基本也都是有利润。

通过以上两个案例可以看出，无论是做价值投资还是价值投机，想要建仓也尽量要选择出现一波明显回调之后，突破下降通道再去参与，这样就不会买在相对波段的高点位置。

从案例中可以看出，虽然每次调整不一致，但对于普通散户来说，一旦买在相对波段高点，遇到一波 30% 以上的调整，就会把持股信心打乱了。所以择时的重要性也就不言而喻了。

而每次回调后，走出下降通道就可以建底仓了，这个底仓不要轻易卖出，只要上市公司不出现"黑天鹅"事件，理论上是一直可以持有的，然后利用剩余资金来回做差价，逐步降低持股成本。

（三）海陆空立体交易战法

海陆空立体交易战法要结合上述两个策略来使用，会达到事半功倍的效果。具体操作策略就是首先利用历史对比跌幅择时法和趋势线择时法来建底仓，底仓建好了以后就可以利用海陆空立体交易战法来做差价了。

海陆空立体交易战法是我在"8561炒股交易体系"内的一部分，不仅适用于解套策略，更适合投资者进行长期投资股市的建仓和持股的整个投资过程。

海陆空立体交易战法我这些年一直在升级并使用，指导投资者解套的时候也经常用到这个策略，但是由于专业性太强，有些投资者没有耐心，便逐步淡化了，只用一些简单的解套方法指导投资者做解套策略。

1. 何为海陆空立体交易模型

海陆空三个字是相对于低于持仓价格买入（海）、持仓成本价格（陆）和高于持仓成本价格卖出（空，也有做空的意思）这三个条件来说的。

比如您想建仓一只个股，买入价格是10元，这个价格对应的就是陆地，简称"陆"；股价跌到9元，低于10元的陆地价，您9元加仓继续买入，因为在地平线以下了，这就是大海的水里，简称"海"；如果股价涨到11元了，高于10元的陆地价格了，在地平面以上就是空中了，您把在9元海里买入的可以做空卖出去了，简称"空"。

2. "海陆空立体交易战法"操作方法介绍

相信经过简单的介绍以后，读者大概明白海陆空立体交易战法了，接下来继续介绍详细的海陆空立体交易方法如何操作。

如果投资者按照价值投机的选股方法选好个股，用历史对比跌幅择时法和趋势线择时法建好底仓了，就可以使用海陆空立体交易战法来做差价了。具体操作步骤：

假设这位投资者持有一只股票成本是20元，持有10000股，理论上我们就可以把20元以下看作是开始进入相对安全区域了，所以只要低于持股成本就可以逐步开始加仓，具体加仓的金额要由自己实际情况来定。

再假设这位投资者手里还有资金10万可以做差价，那这10万资金的分配就是海陆空交易战法的核心了，继续往下看。

由于海陆空立体交易战法最开始是用作建仓之后的T+0或者波段操作而设计的整体投资交易策略，所以我们在这里先把股价成本价20元看作是陆地价格。具体操作思路如下：

第一步，先把20元往下20%（这个空间幅度可以根据自己个股实际情况进行调节）的价位分成10等份，即每当下跌2%就可以加仓。具体价位计算如下：

第一个下跌2%后的价位是20元–20元×2%=19.6元；

第二个下跌2%后的价位是19.6元–20元×2%=19.2元；

第三个下跌2%后的价位是19.2元–20元×2%=18.8元；

第四个下跌 2% 后的价位是 18.8 元 –20 元 ×2%=18.4 元；

第五个下跌 2% 后的价位是 18.4 元 –20 元 ×2%=18 元；

第六个下跌 2% 后的价位是 18 元 –20 元 ×2%=17.6 元；

第七个下跌 2% 后的价位是 17.6 元 –20 元 ×2%=17.2 元；

第八个下跌 2% 后的价位是 17.2 元 –20 元 ×2%=16.8 元；

第九个下跌 2% 后的价位是 16.8 元 –20 元 ×2%=16.4 元；

第十个下跌 2% 后的价位是 16.4 元 –20 元 ×2%=16 元。

第二步，把可以操作差价的资金分成 10 等份，也就是 10 万元 ÷10=1 万元。

第三步，就可以盯着股票价格每天挂单操作了。具体挂单价格要在跌停板以上才可以挂单，也就是在计算好了每个档的价格以后，只要能在跌停范围内，就可以把第一步当中计算得出的所有等份价格都挂上买单。

举例，假如股票今天开盘价格是 20 元，跌停价格就是 20 元 –20 元 ×10%=18 元，那么具体的挂单就是第一步当中的第一个价位至第五个价位都要挂上买单。也就是分别挂单 19.6 元、19.2 元、18.8 元、18.4 元、18 元这五个买单都要挂上。买入的股票数量就是每个价位用 1 万元 ÷ 挂单价格，买入数量分别如下：

第一个价格 19.6 元买入数量 10000 元 ÷19.6 元 = 500 股左右；

第二个价格 19.2 元买入数量 10000 元 ÷19.2 元 = 500 股左右；

第三个价格 18.8 元买入数量 10000 元 ÷18.8 元 = 500 股左右；

第四个价格 18.4 元买入数量 10000 元 ÷18.4 元 = 500 股左右；

第五个价格 18 元买入数量 10000 元 ÷18 元 = 500 股左右。

由于 A 股市场交易制度是只能买入 100 股的整倍数，所以都取值 100 股的整倍数即可。

第四步，开始盯着挂买单的价格是否成交。如果买单价格成交以后就开始进行挂卖单，买单成交以后的卖单价格具体如下：

买单价格 19.6 元成交以后，马上挂单 20 元卖出这笔买入的 500 股；

买单价格 19.2 元成交以后，马上挂单 19.6 元卖出这笔买入的 500 股；

买单价格 18.8 元成交以后，马上挂单 19.2 元卖出这笔买入的 500 股；

买单价格 18.4 元成交以后，马上挂单 18.8 元卖出这笔买入的 500 股；

买单价格 18 元成交以后，马上挂单 18.4 元卖出这笔买入的 500 股。

也就是说，第一个价位买单成交以后要挂成本价卖出买入的部分，第二个价位买入成交的要挂第一个价位卖出买入加仓的部分；第三个价位买入的要挂第二个价位卖出加仓的部分，以此类推。

如果第一个价位 19.6 元买入成交的部分，挂卖单成本价 20 元卖出以后，继续挂 19.6 元买单买入 10000 元可以买入的同等股票数量；

如果 19.2 元买入的，挂单 19.6 元卖出以后，马上继续挂单 19.2 元再继续买入 10000 元可以买入的同等股票数量；

如果 18.8 元买入的，挂单 19.2 元卖出以后，马上继续挂单 18.8 元再继续买入 10000 元同等股票数量。

以此类推，每日进行以上策略的反复操作即可。

如果股价从 20 元建仓之后没有再下跌，而是往上涨走上升通道了，那就可以把上述价格按着 20 元往上涨的价格相应比例提高即可，假如建仓的股票开始上涨了，当您准备做这只个股的海陆空立体交易战法差价的话，那就按着上涨的相应比例来提高下跌的空间。也就是当您想做差价的时候，股价已经涨到 22 元了，当时买的底仓已经赚了 10% 了，把之前说的下跌浮动区间调整到 30%。然后再把 30% 分成 10 份，每份就是 3% 的跌幅，再按照上述的价格公式进行操作即可。

这就是海陆空立体交易策略，建议大家把这段多看几遍，以便能够真正理解透彻。海陆空立体交易战法模型是经过实战验证的，也是可以量化的，虽然看着较为复杂，但是相对科学合理。如果能把海陆空立体交易体系研究分析透彻，对于做差价降低持股成本来说就是相对容易的事情了。

3. 使用海陆空立体交易战法注意事项

由于海陆空立体交易战法模型属于量化交易策略，所以建议必须做交易记录，否则一旦几个挡位价格成交之后，很容易就弄混了。

第四节
"8561A 股价值投机交易体系"卖出条件与注意事项

一、卖出条件

由于价值投机策略的底层逻辑是价值投资，所以卖出条件也相对简单。

1. 底仓部分理论上只要上市公司基本面不出现变化，是要一直长期持有的，利用短线技术来回做差价。

2. 如果出现不可抗拒力的"黑天鹅"事件，也必须要停止长期持股价值投机的策略。

二、"8561A股价值投机交易体系"使用注意事项

在使用"8561A股价值投机交易体系"的时候，一旦遇到极端行情，建议先停止交易，比如遇到个股连续涨停或者跌停的时候，就要根据具体情况作出相应策略的改变。其实从历史角度来看，只要是真正的核心资产，不发生特大利好或利空的"黑天鹅"事件，一般也不会出现连续跌停或者连续涨停。只是在股市中一切皆有可能，所以要做一个风险提示好。

三、"8561A股价值投机交易体系"适用投资者类型

1. 推崇价值投资，但苦于买不到合适的位置，也没有持股耐心的投资者；
2. 没有时间长期实时盯盘的投资者；
3. 资金量大的投资者；
4. 以年化收益作为投资周期的投资者。

强化训练

1. 找一只10年内一直走慢牛的股票进行跟踪学习。
2. 把自己手中持有的股票进行基本面分析，分析一下值得不值得长期持有。
3. 选出一只价值投资类型的股票进行少部分建仓，之后只要不出现"黑天鹅"事件就一直持有，5年以后对比自己每天做短线的收益，分析一下到底哪个更容易赚到钱！

第五章 "8561A股特色交易体系"详解

8561 A 股特色股票 **投资** 交易体系

第一节　"8561A 股特色交易体系"简介

"8561A 股特色交易体系"为本人在 2007 年至 2009 年历经三年时间潜心研究，并经过多年的实战验证后，形成的一套完整的股票投资交易体系。其核心是"8561"这 4 个数字，综合运用了简单实用的均线系统及相关技术分析，如 K 线形态、成交量、筹码分布、趋势线、MACD、KDJ 指标等分析指标。力求达到与主力同步，在最安全的位置合理止盈止损，以及充分准备应对突发状况相结合的操作方式。

自建仓起就秉承在风险最小的情况下博取利益最大化的核心，克服恐慌，中线持有，跟庄战略，波段操作，吃定短差。健康的交易心理是依托技术分析的稳定带来的信心。"把股票当作投资来做，而不只是简单的投机"，不追求短期暴利。

"8561A 股特色交易体系"以稳健著称，自此技术推出以来，经过十几年的实战验证，深受广大股民朋友的推崇，尤其深得资金大的投资者和上班族股民朋友的喜爱。建仓完毕后设定好目标位不用天天盯盘，一般情况下也不用调整，因为此方法建仓点位属于主力的成本区，即使遇到极端行情基本也是会只输时间，理论上不会输钱。选出的个股中线空间大概率会有 20% 以上的上涨空间甚至翻倍。

"8561A 股特色交易体系"，是将个股分成 A 级、B 级、C 级三个级别，A 级个股可以分批重仓买入，B 级可以 3～5 成买入，而 C 级个股只能轻仓操作。

自"8561A 股特色交易体系"推出之后也经过了多年的实战验证，带领无数投资者树立了正确的投资理念，取得了稳健的投资收益。此体系已使用十几年的时间，随着市场日新月异的变化，也在不断完善丰富中。整个交易系统的框架及思路是希望能够给大家一个在股市中生存的"理"，树立正确的投资理念和良好的心态。市场瞬息万变，投资者应该要学无止境。

首先聊一聊我为何付出多年的时间，去研究这套"8561A 股特色交易体系"。因为工作的优势，每天接触最多的就是广大的股票投资者。这个市场上有个规律大家耳熟能详——"7 赔，2 平，1 赚"，不说统计的数据是否客观，不提交易费用成本问题，至少也大致反映了在股市中生存的一种状态。我当时虽然像很多证券研究者一样，学习了各种技术理论，但我的关注点还有另外一方面，就是每天接触到的这些投资者为什么亏钱，"治病寻根"，我要找到亏钱的原因。当时投资者咨询的最广泛的问题就是大部分人只是想"高抛低吸"，可是为什么一买就跌、一卖就涨？每个人都在寻找有没有一买就涨、一卖就跌的炒股方法。

经过与每位投资者的详细交谈，了解了投资股市的诉求、投资心理、个股的操作过程等，我慢慢总结出了一些共性的亏钱症结，就像《8561股票解套实战技术》中提到的投资者容易犯的交易错误，例如：

追求短期暴利，天天想着股市神话，一夜暴富；

没有任何交易计划，盲目操作，盘中秒买秒卖；

分不清楚股价处于什么阶段，贪婪、恐慌地去追涨杀跌；

频繁换手，只要手里的股票不涨，哪怕处于深度套牢的底部区域，个股都会割肉，去追涨当时所谓的强势股，追涨时已是主力出货时，再割肉，再换股，如此往复，资金越割越少；

手中持有投票数量太多，不能够根据资金量合理安排持股数量，顾此失彼，哪只都做不好；

听消息买股票，但每只股票主力的运作都会以故事消息出来为终点。试问，我们听到的所谓消息，听到的时候还叫消息吗？大多数情况就是主力出货之时的恐慌；

永远满仓状态，不懂得仓位管理，殊不知股票这门艺术，实际上就是仓位管理的艺术。

以上这些投资者们的通常心理及行为就是投资失败的原因，我想根据这些事实，再运用各种技术理论，融合产生一套成熟的交易体系，于是经过多年的研究"8561A股特色交易体系"诞生了。

下面我们聊聊"8561"的核心理念——"8"这个数字代表了八个字：中线思路，短线操作。

中线思路是站在战略的角度上去选股。选股要克服追涨杀跌和听消息选票，不追涨杀跌就意味着我们要选出相对安全的股票，即选择出相对底部区域的股票，再进一步说，选择跟主力建仓阶段同步的股票，找到主力成本区，并且中线空间可以确认。这样选出的股票，首先规避了买在高位上，并且有一定中线空间，相信对于投资者来讲，只要不是赌博的心态，都可以接受，也就不必听消息买股票了。

有了以技术作为依托的股票，就可以放下心来踏踏实实炒，总比信任某个消息来得靠谱。再说说消息，牛市中的消息，大多数是对的，因为没有消息也能涨。再强调一点，所有的消息都会体现在技术图形上，您会体验到，领先其他人一步买入所谓的"消息股"。

其实大家经常听到的"消息"，在我们看来并不叫"消息"，而是主力出货的信号。即使是一手消息也会有漫长的等待阶段，因为主力运作的逻辑，重大利好时机已经是趋势终结之时，主力会借助利好消息出货，所以踏踏实实运用技术分析去选股是散户的唯一出路。

短线操作是站在战术的角度上去操作的，操作的是短期的波段差价。做股票讲究的是一个资金利用率，在选出的股票相对安全的前提下，利用技术分析波段操作，可以不断降低此股的成本。此间赚取差价和股票数量，底仓中线持有，达到目标价位按交易计划清仓。这样一只个股的中线空间如果是50%，可能我们已经达到了70%或者80%。

561这三个数字是三条核心均线系统。5代表500日均线，6代表600日均线，1代表1000日均线。它们之间的组合和位置是经过近10年实战无数次严谨的推敲和验证的，保证了相对安全性和中线上涨的空间。相信多数投资者尤其是老股民看到这组均线设置的时候，会出现许多疑问，在这里不多做解释，请大家先打开软件设置好，仔细看指数和个股的运行轨迹便知。

接下来再谈谈8561的核心原则——风险控制，通过仓位管理来实现。满仓常态化是大家从股市中挣不到钱的原因，因为永远没给自己留余地。100万涨10%是110万，但110万跌10%就会回到99万，100万跌10%还剩90万，90万再涨回来10%，是99万……

所以涨的少跌的多，而且我们在市场中没有常胜将军，做的是大概率，就算您的概率再高，从100万涨了10倍赚到1000万，可能一个错误就从1000万跌回100万甚至是10万，所以仓位管理是在股市中生存的灵魂。

8561要求分批建仓达到50%仓位，30%～40%仓位波段操作，目标位会分级设置，底仓中线持有，启动上涨途中的底仓部分固定不动，也不能随便加大底仓，而是通过波段操作不断降低成本，这样终极目标如果是50%的空间，用这个方法就可以赚到70%或者更多，到目标位坚决止盈清仓获利了结。

有许多投资者认为每天操作才是在做股票、炒股，殊不知越是频繁操作越容易出现错误，其实有的阶段不操作也是交易策略。一个人的观念及习惯很难改变，这样波段的操作也解决了投资者"手痒"的问题。另外数字1也是告诫投资者，做股票要专一，这是在讲仓位配置的问题，建议百万资金以下投资者最多配置 2~3 只股票。持股只数太多，容易做不精，顾不上，适应不了波段操作，另外尤其在极端行情下根本来不及处理。

细数投资者投资失败的种种原因，其实说到底就是没有一套自己的交易体系。因为追求短期暴利，又不会选股，只能去听消息买票。对自己买的股票又没有信心，也不知道自己买的股票处在什么位置什么阶段，所以容易冲动，盲目操作，追涨杀跌，频繁换股，割在地板上，买在山顶上。

听消息买股票又容易让投资者感觉，听来的哪只票都好，就哪只都买上一点。错误地偷换了不要把鸡蛋放在同一个篮子里这个适合全资产配置的理论概念，造成持股数量众多。又因为贪婪的心理，只觉得自己的资金要全部在上涨中才能有更多的收益，可没有想到这样在下跌中也会有更多的损失，而且失去了补仓和波段操作的机会。

没有章法，越做越乱，恶性循环，一发不可收拾。很多人都能意识到在这个市场中交易心理的重要性，但交易心理如何去纠正，不是听别人的"鸡汤"就能改善的，适合自己的稳定的交易系统才是真正改善交易心态的良药，这是 8561 能带给大家的，也是我当初苦苦钻研这套交易体系的初衷。

普通投资者怎样才能有效控制风险呢？首先第一步就是仓位控制，也就是所说的资金管理，然后才是选股。如果把仓位控制合理了，再按照 8561 炒股法则的中线思路的选股条件去选择个股，至少能把操作的风险降低 70% 以上，平时的波段操作或者 T+0 操作不断降低成本，风险会降到更低，也就能做到在风险最小的情况下，收益最大化了。这也是众多投资者想追求的目标，只要大家学透彻了 8561 炒股法则，这个目标不难实现。

以上林林总总讲了不少，也尽量用平常的语言在讲，方便读者更好地理解。这里没有展开再讲具体的技术分析，一方面是时间及篇幅原因，这个问题想以后会分成若干部分再详细整理出来；另一方面，其实里面细节的技术分析固然重要，但在我上文所说的框架中，将交易体系的逻辑能够真正理解了再去执行，里面细节的技术分析才会真正有用。

股海无涯，仁者见仁。每个人看待问题的方式是不同的，一件事又往往有很多不同的侧面，万事没有完美和全面，也希望能和更多的朋友一起交流探讨。

总之，"8561A 股特色交易体系"从资金管理、仓位控制、选股、建仓、中间波段以及 T+0 操作（T+0 分两种，一种是盈利型 T+0 操作，一种是解套型 T+0 操作）、止损（原则上是没有止损的，除非系统性风险出来明显破位才会止损，因为选出的个股都是主力成本区，大多数主力的资金是有资金成本和时间成本的，主力不挣钱是小概率事件。哪怕最坏的情况下被套牢，也是可以利用 8561 独特的解套策略进行操作逐步降低成本，所以止损这件事情还是需要因个股具体情况而定了，并不是没有止损）、持股（大多数投资者是拿不住股票的，"8561A 股特色交易体系"是可以解决这个问题，但必须遵守底仓和加仓做 T 的仓位之间必须要分清的原则）、止盈等一系列股票投资的操作策略，都包含在内。所以说 8561 炒股法则是一套完整的交易体系，而不是一种战法，这也是我在和客户交流的时候反复强调的。

学习一个股票投资战法也好，交易体系也罢，一定要去认真了解这个战法或策略以及交易体系的作者，这样才能真正了解并掌握相关技术分析，也就能学好、用好策略，让自己在股市中如鱼得水。

目前这个阶段，市场没有单边行情，在期间抢反弹的很大一部分投资者面临最大的问题就是被套。近期也在利用 8561 炒股法则的解套策略来为投资者诊断被套账户，每个账户的情况是不一样的，比如总仓位、持股数量、亏损比例等都不相同，因此要逐步帮助一个个被套账户调整恢复成健康状态。很多投资者心里充满了喜悦，同时也更加丰富完善了"8561A 股特色交易体系"。

一、8561 股票交易系统之——资金管理

很多投资者时常在迷茫，甚至在懊悔，在某些个股刚刚启动之际不久，刚刚见到百分之几的浮盈的时候就产生了"落袋为安"的恐惧心理，全部清仓了。这就分为两种情况，一种属于经过股市几次所谓的"股灾"后遗症，见到股票涨了，怕坐过山车，买的时候盼着账户变红，一旦变红就坐立不安拿不住了，往往就是这种心理的恐惧，很容易被主力洗掉。另外一种自作聪明，在小波段顶部时，全仓做波段（贪心所致），卖掉后再也买不回来，造成相对于后面大幅上涨行情的踏空，懊悔不已。几个人同时建仓的某只个股，最后的收益也是不一样的。有果必有因，相对于结果来说，过程很重要。这种情况会在"8561A 股特色交易体系"中的资金管理部分讲解。

首先聊聊为什么资金管理是非常重要的一部分，毫不夸张地说，股票投资是一门艺术（艺术不同于科学，没有严谨、恒定不变的定理定律，它是所有参与者的共同行为下合力产生的一种表现形式。我们只能依据历史数据进行统计归纳，随之进行分析和做大概率趋势的判断，它不等同于 1+1=2，因为股市瞬息万变，当中没有绝对跌和涨，都是博取的大概率），而这门艺术归根结底就是资金管理的艺术，它是我们整个投资过程中最坚固的基础。

第五章
"8561A股特色交易体系"详解

让我们试想一下，上涨时您后悔没有满仓，觉得吃亏了，如果小概率发生或者遇到系统性风险，下跌了，您还觉得吃亏吗？留有资金的人可以止跌企稳时补仓摊薄成本，如果您满仓的话，还有这样的机会吗？

持币和持股同样重要（作者已经做过多个账户解套了，没有满仓的客户解套所用时间更短，心理承受能力要比满仓被套者好很多，而且这两种投资者解套的策略也是不一样的）。打开K线图我们会发现，K线是由无数个大周期波段、小周期波段组成的，没有只跌不涨，也没有只涨不跌。在关键的位置，主力的操盘手法也是各不相同。这点想提醒到大家，每一波不论大小上涨后都会有回撤，这种关键位置上主力也不会精准做到几分或几角，行情启动前要试盘，要根据市场反应进行与之对应的操作策略。

我们也只有用资金仓位的管理来对应，随时做好安全防范。另外盈利后不要忘乎所以，无休止追涨追高地投入也是要避免的，因为5万资金和500万资金，遇到极端行情以同等比例损失计算，跌到0的速度是一样的。

我们做投资最终目的不是股票本身，而是资金的回收。不要后悔没有卖到最高点，这种行情能挣钱就很好了，市场上没有能够次次卖到最高点上，也没有能每次买在最低点的，这点主力也做不到。所谓买完就涨卖完就跌，那只是小概率事件而已。而因小失大者比比皆是，行情都是走出来的，所以仓位控制，是我们唯一可以主动自我保护控制风险的首选方式。

具体到交易体系中资金管理如何做，还是先理解那八个字的原则，即"中线思路，短线操作"。8561从选股开始，是选取相对底部，跟随主力建仓区域相对安全并具有成长性个股，都属于收益大于风险的个股。所以保守来讲建仓后20%以上收益是大概率可以看到的，选股时的第一目标、第二目标及最后清仓目标已经设立，有始有终才是一套标准的交易体系，这不是一个追随热点的追涨杀跌策略，而是需要耐心中线持股等到成为热点的策略（有个道理大家要明白，做股票是从冷做到热才会挣钱，但多数投资者都是把股票从热持有到冷才会明白，更有甚者还在自欺欺人说："这股票不是某某概念吗？这股票不是10送几十吗？这股票不是业绩增长百分之多少吗？"再次提示一下各位投资者，在您得到某种消息后先看这只股票当前位置再去想以上这些问题）。但为了加强资金利用效率，不断降低成本，使在到达目标位过程中跑赢区间收益，我们是需要波段操作的。这就是"中线思路，短线操作"。

讲了这么多，无外乎是想让大家把思路理通了。不管您是否认同这种理念，不管您在股市受过多大的伤害，我们都要学会客观地认识这个市场，用正确的心态面对问题。

人类共同的弱点就是"贪、嗔、痴、疑、慢",对应在市场当中表现得淋漓尽致。多数投资者个人在这个市场中单独操作,只能依赖对所制定的交易计划的坚决执行,才能帮助我们克服弱点,克服掉贪婪与恐惧。

进可攻,退可守,市场瞬息万变,仓位管理作为风险防范和利益兑现的工具是您唯一可以主动控制的,所以根据当下行情,在此也给出资金仓位策略供大家借鉴。

具体仓位资金管理策略如下:

1. 首先提醒,进入这个市场的资金一定是您的闲置资金,不会对您的日常生活产生压力,借钱炒股坚决不提倡。

2. 百万元级别以下的资金量,建议只做两～三只股票。资金量大的可根据实际资金量来制定配置计划(目前为了打新,建议上海和深圳市场各一只这个思路较为合理)。

3. 挑选"8561A股特色交易体系"的个股持仓,不是说符合8561条件的股票就一定是好的,至少从大方向来看是相对安全的,只有这类的股票才适合长期做波段或者T+0差价或者价值投机。

4. 股票和现金的比例,也就是您的持股仓位。当下行情大多数时间里基本上是5～6成仓位。也就是股票和现金为5∶5或6∶4,这个根据您自己的承担能力决定。现金所占比例里面有50%是可以拿出来做小波段或者T+0操作的。举例,如果您有100万资金,建仓两只个股,可以每只股票建仓2～3成(20%～30%),这个是当作底仓的。也就是每只股票建仓20～30万元,两只股票占40～60万元。剩下的资金中的一部分根据市场行情做小波段或者T+0。

5. 关于T+0的说明,当天必须解决。一般建议挂单价格区间,结合对当天市场走势方向的判断,以及个股情况做出能否操作的分析。T+0的技术方面大家可以参考《8561股票解套实战技术》中讲过的一些关于T+0的方法,建议大家认真学习关于支撑位和阻力位的部分,在操作中明确分析的阻力和支撑区间的方法,可以帮助股民了解能否操作及区间,后面章节也会有相关内容。操作时间长了您对于盘中拉升之后的快速杀跌应该不会产生恐惧了,反而知道那是一个相对的买点。对每一根不是阳线的K线也都会理解了,有些位置走出那样的形态完全是正常运行范围。

6. 大家观察K线图会发现市场大部分时间不是上涨下跌,就是调整盘整状态。之前许多投资者抱怨市场没有单边上涨行情的时候,我在讲课的时候经常会说:"我就喜欢震荡趋势。"为什么?因为这个震荡区间是做T+0或者波段最好的机会。做T+0的好处就是在底仓持股不动等待阶段性上涨趋势享受收益的同时，吃掉每个小波段的上涨和下跌之间的差价。一方面，T+0是必须当日解决掉，相当于避免了高仓位持股的风险；另一方面，这样不停地做小波段，每一笔都会降低总体持股成本。很可能在一只股票从建仓到清仓的区间涨幅为30%的情况下，得到40%甚至以上的收益。

7. 强调一下底仓概念。因为我们是中线思路，从建仓开始不到清仓目标位，底仓是坚决不动的，底仓为什么不动？因为我们从建仓开始就会有目标位。目标也会分阶段，每只股票不完全一样，还会有第一目标位、第二目标位，等等。

行情是走出来的，到某一阶段会根据当下走势进行预判。当风险大于收益时，也要减半或清仓。这里再说一下，为什么做波段不让大家动底仓或者全仓参与，因为任何一种操作策略都不能保证百分之百的正确，所以时刻保持一个安全的仓位，这是成功的关键。很多投资者有过这种经历，即您买一只股票是轻仓参与的就大概率会赚钱，但是一旦您重仓参与，那这只股票大概率就会亏钱。很多人觉得奇怪，就问我原因？其实道理很简单，因为仓位轻，您心理压力就小，压力小的话相对就可以客观地看待浮盈浮亏；但是假如重仓参与了，浮盈浮亏就会容易影响到您的操作决策。

我在做投资顾问期间，有的投资者买了一只股票，在刚刚到达第一目标位盈利不太多时就会产生恐惧，俗称恐高症。会不停地问我要不要卖出，很多时候我都会解释一下，但如果观察到投资者心里承受不了了，我会建议他们清仓获利了结。为什么？有两个原因，第一个原因，大家都这样问我，会影响我的情绪及判断，如果您拿不住了，心情是焦虑的，不如不挣后面的钱，因为人比钱重要许多。关键位置突破后大概率会回调，回调幅度有深有浅，如果设立止损位可能幅度挺大的，也许您从心里是接受不了的，虽然后面趋势没有走完，但是这个过程对您来说是煎熬的。既然不开心，就不要去做了。第二个原因，主力做盘手法不一样，有些直接走了不给您机会再回来，这是有一定概率的，所以我们只能靠仓位、靠预判的风险收益比去做决定。有些鱼尾不能吃，挣了利润就好。钱是挣不完的，高风险利润如果还有，那就留给别人吧（大家记住一句话：只涨不跌那不是股市，只跌不涨也不是股市，涨涨跌跌才会有波动，有波动才会有利润差价。这句话必须仔细理解）。

再跟大家说明一个问题，该买还是该卖，是和级别有关系的。大家观察K线图及分时图并对比一下，您现在说要卖，相对于一分钟级别走势，已经背离，卖是对的，但可能10分钟之后就应该买回来，我们还要考虑您的交易成本和您下单的速度等；同等情况下再看看日线，现在真是今天的顶（也许是个当日最高点哦），但很可能对于明天这个位置就是个底，是应该买的位置啊，咱们再翻一下周线图、月线图可能还是一个时期的大底。所以什么叫买卖的对与错，都是和相对买卖的时间级别有关系的。说这些是希望大家不要再出现一种情况，就是今天上午喊着卖，卖出之后真的跌了，尽管这就是个区间震荡，但是您看着高兴，觉得自己对了，没想到过几天连续拉升了，这时是不是又觉得自己错了呢？反之有的时候买完就涨，但是当天卖不出去，或者涨了也不知道怎么卖出，后来下跌了套上了，您觉得是做对了还是做错了呢？

股市中的这种波动会把心态做坏的。所以要清楚，我们做的中线趋势，按交易计划做好仓位管理，留好底仓，根据个人情况做一些T+0和指导的小波段，对于散户来讲已经不简单了，所谓知足常乐！不要总看卖完就涨、买完就跌这种大众的短期思维！

资金管理在"8561A股特色交易体系"中的运用非常重要，但操作特别简单，就是股票和现金（持股与持币）的比例、底仓和做T的比例，建仓、减仓和清仓，特殊情况的一些说明，这些可以用"中线思路，短线操作"来解决。我们整个账户的操作就像打一场场战役一样，要进行总体的战略布局，所有资金各司其职。资金不光是进攻用的，用来防守也更加重要，多数投资者喜欢满仓，总觉得没有买股票的资金闲着太浪费了，也总想着满仓能一把赚个大的，但历史上多少战役可以绝处逢生实现大逆转？也有着像拿破仑那种叱咤风云、不可一世的经历滑铁卢，从而一蹶不振。股市不是精准科学，股市最大的特点就是瞬息万变！明白了这个道理，您就不会因为没有满仓一只今天涨停板的个股而悔恨不已。理解并执行控制好自己的仓位，快乐投资这才是股市正确的投资之道！各位投资者明白这个道理，心态也就好了，并且能执行到操作当中。

我一直以来帮助很多投资者账户解套成功，内心非常开心，虽然比单纯做自己的股票耗费了更多精力，但毕竟帮助投资者把损失挽回了，比帮助大家多挣钱更加有成就感，其实成功解套和指导投资者盈利都是我希望看到的结果。但是最能激励我前进的动力，是不断有学员给我报喜，告知他们的账户解套了，开始盈利了，每当这个时候才是我认为最满足的时刻。山重水复疑无路，柳暗花明又一村，这也许是所有深陷亏损中股民想要的结果。

股海沉浮，没有在这个市场中生存超过10年的证券从业者是不会明白我这种心情的，但从业近20年的时间里，见到太多的普通投资者面对股市给他们带来的打击一蹶不振，我秉承"授人以鱼不如授人以渔"的理念，希望能够帮助大家减少亏损实现收益，开开心心地投资股市，选股也好解套操作也好，都是给大家把握一个整体的战略方向，尽己之全力。所以把这些经验总结出来分享到大家，希望投资者都能少走弯路，达到快乐投资的目的。

以上关于资金管理的思路，为多年以来指导客户总结的股市较为成功的经验，费心思分享出来，希望各位投资者能够仔细多读几遍，理解其中的道理，真正做到了，才会在股市的每场战役当中把握主动权。

投资者记住一句话：股市里面不看谁活得猛，只看谁活得长。

分享作者平时常用指导客户的炒股口诀，希望能帮到大家先解决一部分实战方面的困扰：

证券市场瞬息变，中线思路短线看。
底长反弹高乐高，底短反弹有限高。
快涨阴跌需警惕，主力拉高出货意。
快跌慢涨不用急，庄家悄悄筹码吸。
放量行情必震荡，高位低位不乱闯。
底部放量建仓忙，高位放量忙减仓。
红肥绿瘦主力忙，绿肥红瘦必须慌。

二、"8561A股特色交易体系" 4个数字的含义详解以及能解决的问题

"8561A股特色交易体系"之核心：数字'8'的含义为"中线思路，短线操作"。这个思路首先解决的是1.过于追求短线暴利；2.盲目操作，盘中迅速买卖交易；3.追涨杀跌；4.频繁换手这四个问题。

561这三个数字的含义是三条核心均线。

数字5含义是500日均线；数字6含义是600日均线；数字1含义是1000日均线。

数字1还有一个含义就是"专一"。这组数字解决的问题有以下两点。第一，持有股票只数过多。第二，听消息做股票，通过这个方法可以找出所谓的消息股。

8561炒股法则还有一个核心原则：风险控制。风险控制的第一步就是合理的仓位控制，这个理念解决的是永远满仓这个问题。这个原则也是在建仓初期需要考虑的，满仓的风险是永远处于被动当中。如本书前面举例的道理一样：100万涨10%是110万，但110万跌10%就会回到99万，100万跌10%还剩90万，90万再涨回来10%，是99万。所以涨的少跌的多！

"8561A股特色交易体系"最后一个理念：8+5+6+1四个数字之和是20。当时在取这个炒股法则名字的时候，也是出于这方面的考虑，利用这个方法选出的个股，只要没有"黑天鹅"事件发生，没有退市的风险，中线目标位或预期收益理论上一般是20%起步，没有这个盈利空间，则不考虑关注，到了目标位以后，坚决止盈减仓！

中线思路： 在选择个股的时候，首先要看中线有没有空间，有没有中线持有的价值，只有建立在此基础上选出的个股才会相对安全，即使短线做错也不怕！纯短线风险大，容易亏损（冒着20%的风险去博取80%的收益，而不是冒着80%的风险去博取20%的收益）！这是8561的底层逻辑！

短线操作： 在中线基础上，选出个股后，可以根据技术分析来回做小波段短线，适当降低持仓成本，合理仓位的底仓进行中线持有，博取最大收益。

在"8561A股特色交易体系"当中，最看重的就是个股所处"位置"，在讲课或者做电视节目的时候，只要投资者问到某只个股，我最先考虑的第一个因素就是当前个股所处位置，以后因为只有战略方向清晰，才能得到理想的收益。也希望各位股民朋友，以后在即将选择个股参与的时候，也要先把某只个股的战略位置判断清楚，再做投资决策。

四个数字虽简单，
实战经历若干年。
简单是美理解透，
账户盈利无须愁。

第二节
"8561A股特色交易理论体系"选股条件

一、股价从历史高位跌幅60%以上

选择跌幅大于60%的个股，首先就是为了找到底部区域的，只有跌幅多了，才有可能是底部的或者是低估的，当然还是要看个股的基本面，基本面没有问题，跌多了就可以用超跌的态度来看待。请看下图5-1案例：

图 5-1

如上图中所示，这是 002346 拓中股份的走势 K 线图，这只个股从上一轮牛市最高点 49.3 元跌到最低点 7.25 元后开始止跌横盘，最大跌幅超过 60%，已经达到 78% 的最大区间跌幅，所以是符合选股条件的。

再看下面一个案例，如图 5-2 中所示：

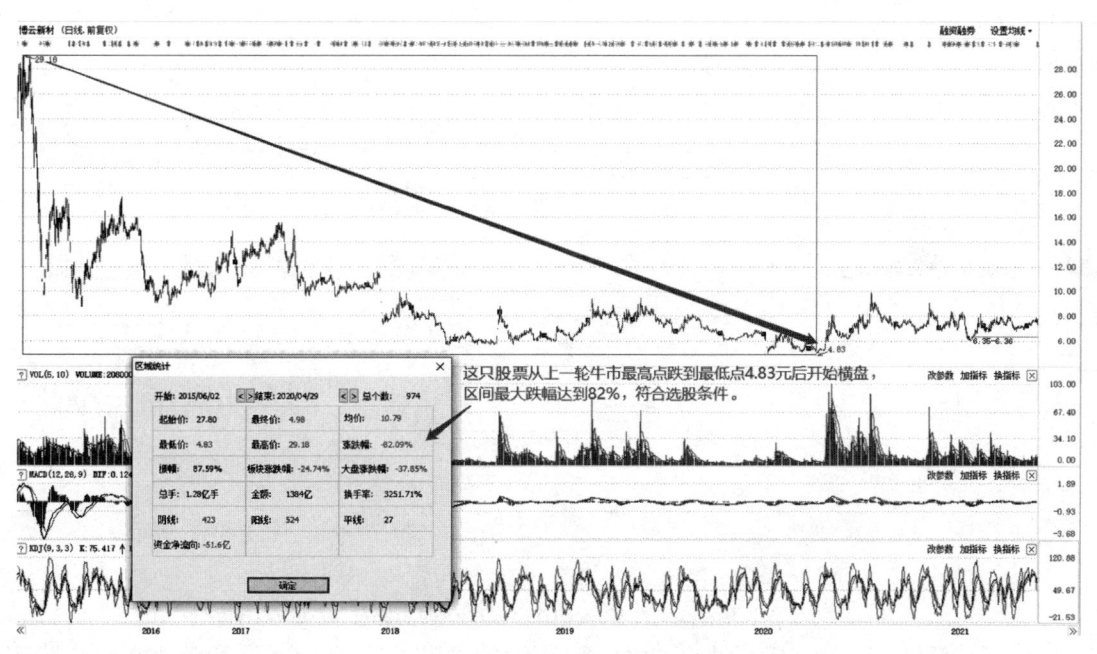

图 5-2

如上图中所示，这是002297博云新材的历史K线走势图，这只票从上一轮牛市最高点29.18元跌到最低点4.83元开始止跌横盘，区间最大跌幅达到82%，已经超过60%跌幅，符合选股条件。

之所以要制定这个跌幅超过60%的选股条件，主要考虑一只个股假如从历史高位跌超过60%，上市公司又没有基本面问题，那就算是大级别的超跌了，跌到一个低位之后开始横盘，说明这个价位大概率就是一个相对低点的区域了。

二、股价长期横盘至少6个月以上

股价经过大幅杀跌之后，不再创新低，开始横盘，至少说明有资金开始关注，里面空头也不再做空，横盘时间越长说明资金介入越明显，后期上涨概率就越大。

继续用案例讲解，请看下图5-3中案例：

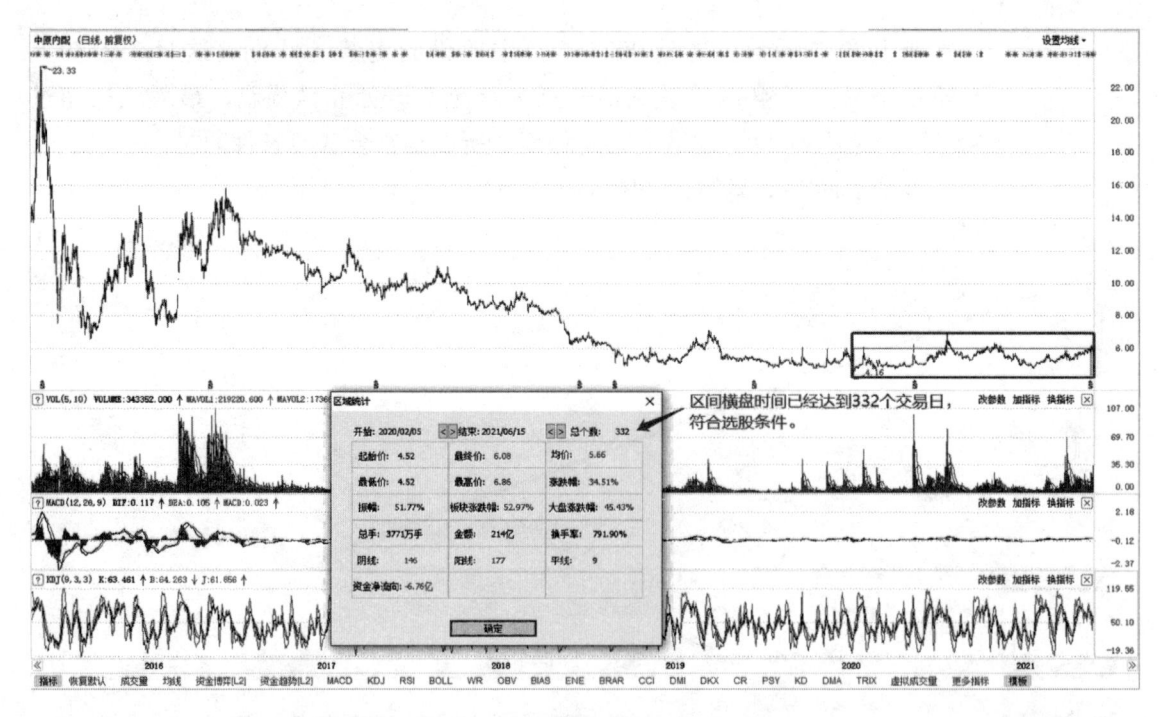

图 5-3

如上图中所示，这是002448中原内配的历史走势K线图，这只个股最低跌到4.16元后开始止跌横盘，连续横盘已经超过6个月，达到332个交易日，这只从横盘时间来看，就是符合选股条件的，可以加到自选股中，再筛选其他条件，进行分析即可。

继续看下个案例，请看图 5-4 中所示：

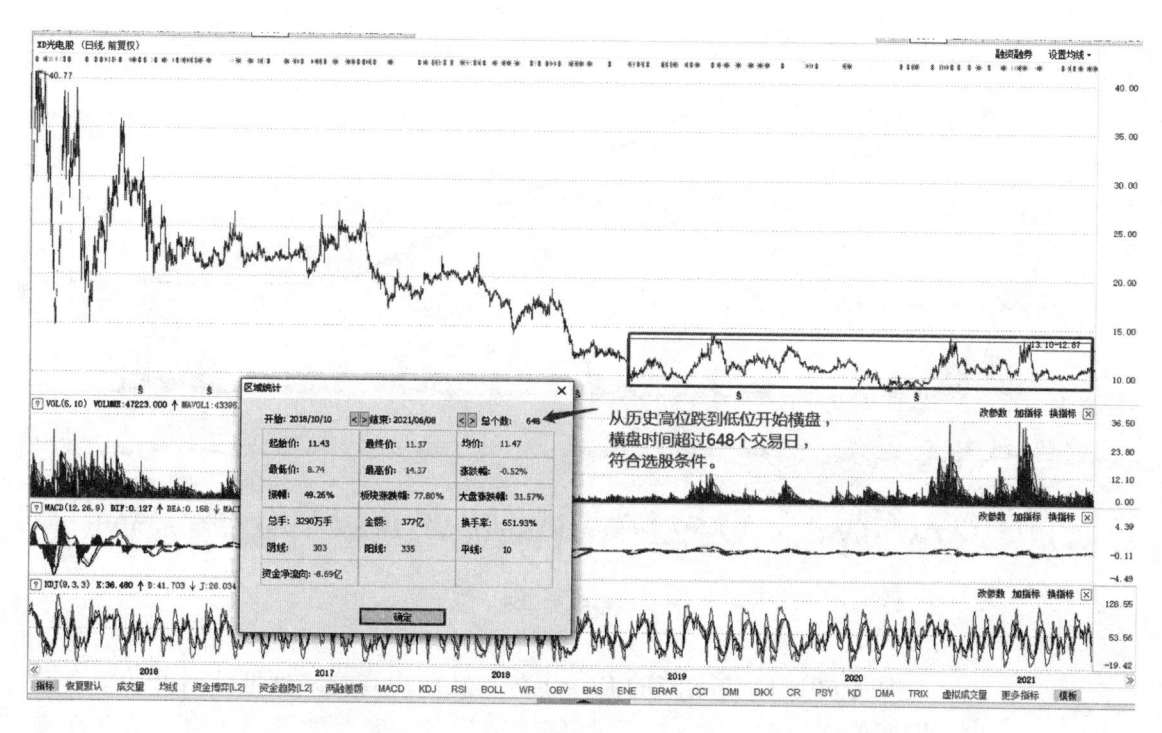

图 5-4

如上图中所示，这是 600184 光电股份的历史 K 线图，从上一轮牛市最高点跌到底部区域后开始横盘，横盘时间超过 6 个月，达到 648 个交易日，符合选股条件，就可以加到自选股中，再用其他选股条件进行筛选即可。

之所以要设置横盘时间超过 6 个月这个条件有两个逻辑，第一个逻辑是，如果能够在一个价位止跌开始横盘，说明已经有主力资金开始重新进场建仓，否则散户是兜不住股价下跌的；第二个逻辑是，主力想要发动大级别行情，一般建仓时间不会太短，都会有个建仓洗盘不断重复吸筹的过程。所以横盘时间也是必须要考虑在选股条件当中的。

三、关注成交量，K 线形态底部区域红肥绿瘦

底部成交量连续放量上涨缩量回调，也是一个主力建仓的典型形态，K线方面也是红肥绿瘦，就是阳线多阴线少，说明资金买的多卖出的少，这样

也是主力建仓的一个重要信号。继续看案例，如图5-5中所示：

图 5-5

上图是601011宝泰隆的K线走势，从历史高位跌到低位后开始横盘，横盘期间的成交量明显放大，期间上涨放量，回调缩量，代表主力是在吸筹洗盘的过程当中。再放大一下横盘阶段的K线图，请继续看下图5-6中所示：

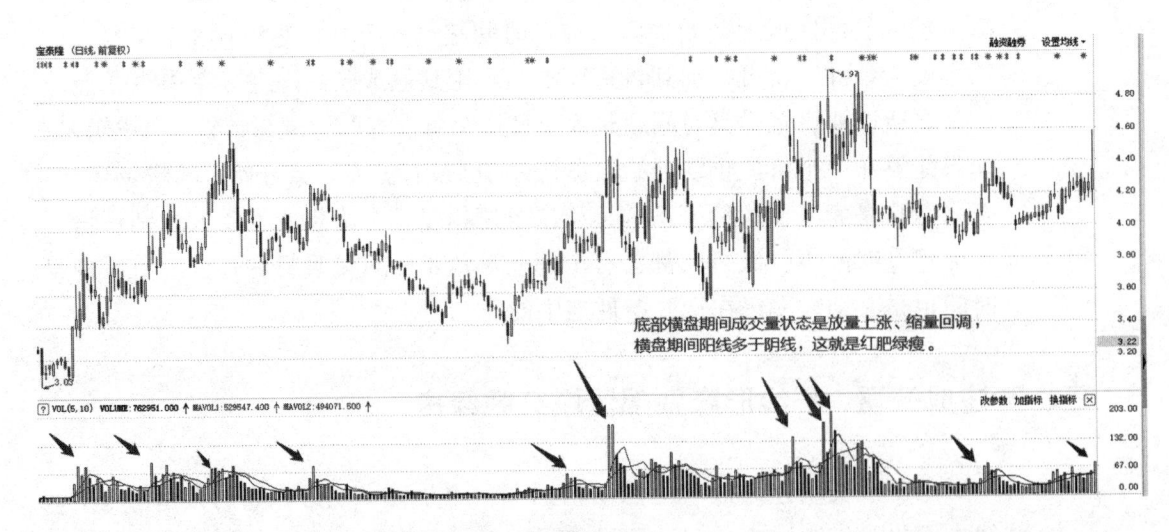

图 5-6

如上图中所示，这是 601011 宝泰隆在底部横盘期间的状态，阳线多于阴线，成交量的状态是上涨的时候是放量的，下跌的时候是缩量的，代表主力是在吸筹洗盘反复循环的趋势当中，这个符合选股条件，就可以加到自选股中进行跟踪，再用其他选股条件进行筛选即可。

继续看下个案例，如图 5-7 中所示：

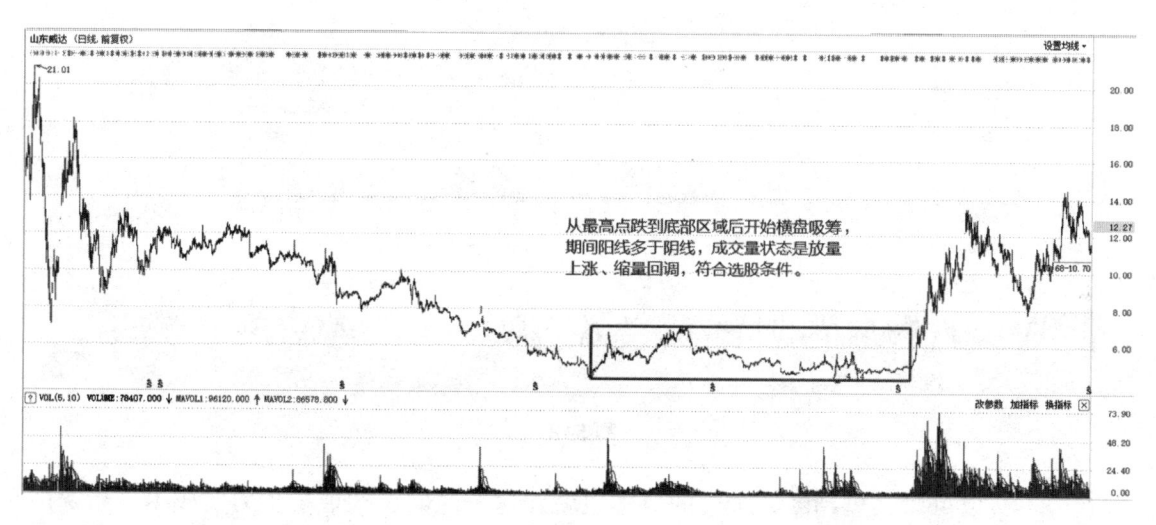

图 5-7

如上图中所示，这是 002026 山东威达的 K 线走势图，从图中可以看出底部横盘期间，也是阳线多于阴线，成交量状态也是放量上涨，缩量回调的，代表主力也是处于建仓期间，这只是我在 2020 年 5 月做抖音直播的时候提到过的一只股票，让粉丝们跟踪学习，最高涨幅也超过了 3 倍多。

四、底部筹码密集，最好选择上方筹码割肉，清洗充分的个股

上方高位筹码一旦松动，说明开始有人割肉止损出局，筹码经过充分换手以后，都被主力在底部区域吃掉，再次拉升股价的时候相对压力就会减少，这样上涨的概率也会加大。请看下图 5-8 中所示：

这是 000591 太阳能的 K 线走势图，这只股票也是我在 2020 年 5、6 月提到的一只案例个股，让粉丝们跟踪学习的，最大涨幅也达到 3 倍，相信跟着参与的粉丝，也还有印象。

从图中可以看出，这只个股在经过连续下跌之后，跌到底部区域开始横盘，经过长时间横盘，筹码已经在底部集中，代表主力是在底部吸筹的，所

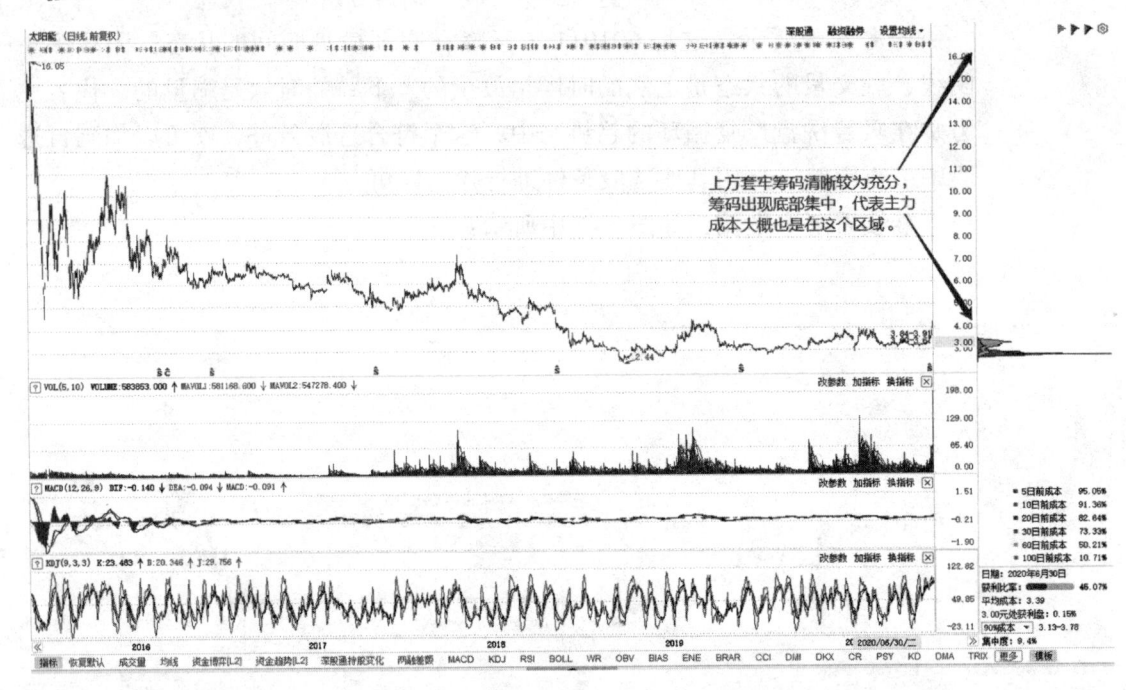

图 5-8

以可以大概判断，主力的成本也就在这个区间，知道了主力的成本，后边的事情就是跟着主力吃肉了。继续看下个案例，如下图 5-9 中所示：

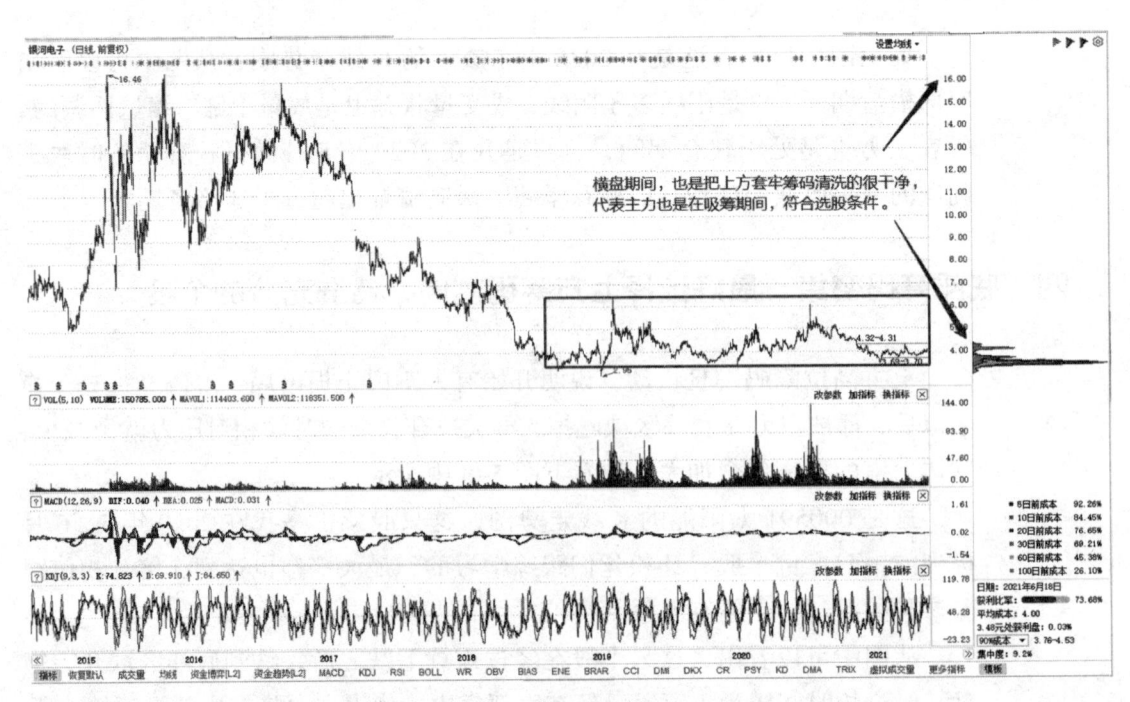

图 5-9

第五章
"8561A股特色交易体系"详解

如上图中所示,这是002519银河电子的K线走势图,这只个股横盘时间超过2年,一直处于底部震荡阶段,筹码状态也是处于底部密集,代表底部还是有资金在吸筹,后市没什么特大利空,理论上也是有行情可以期待的。

筹码的使用方法主要是判断顶部和底部,在高位出现筹码密集,代表主力有出货嫌疑;筹码在低位密集,代表主力在吸筹概率大。所以底部筹码密集作为一个选股条件,相对是客观的。

五、股价处于半年线、年线之上

股价突破半年线和年线,说明已经开始走出底部区域,有机会展开上行通道,在年线以上虽然不是最底部,但是会节省底部盘整的时间,也就是会减少持股时间,各有利弊。取个合理的位置介入即可,因为没有绝对的底部,只有底部区域的概念,这点必须清楚。

我们继续用案例说话,请看下图5-10中所示:

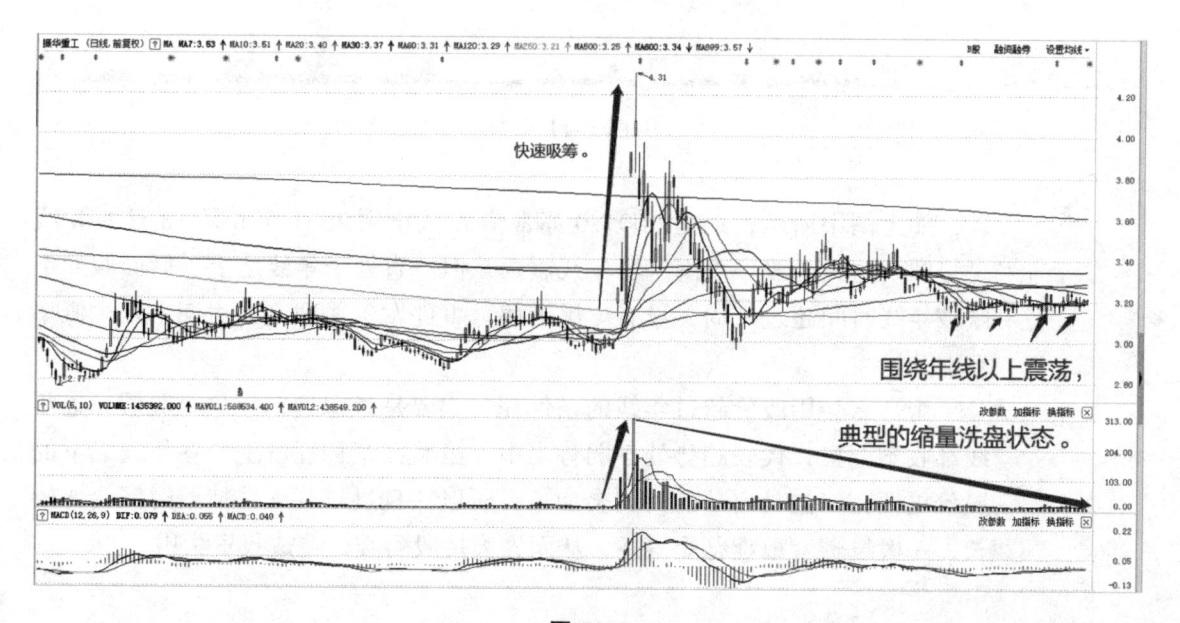

图 5-10

如上图中所示,这是600320振华重工截止到2021年6月18日周五的K线走势图,从图中可以看出,这只个股一直在围绕着年线和半年线进行震荡,后期只要不跌破年线和半年线时间太久,就有机会走一波强势主升浪。

· 141 ·

备注：由于写书时间较长，书中使用的K线图有的会有时效性，所以大家客观看待，不必纠结时间，重要的是学习一些观点。我在写书的过程中，尽量用实时的K线图，这样更能体现实战性。

请继续看下个案例，如下图5-11中所示：

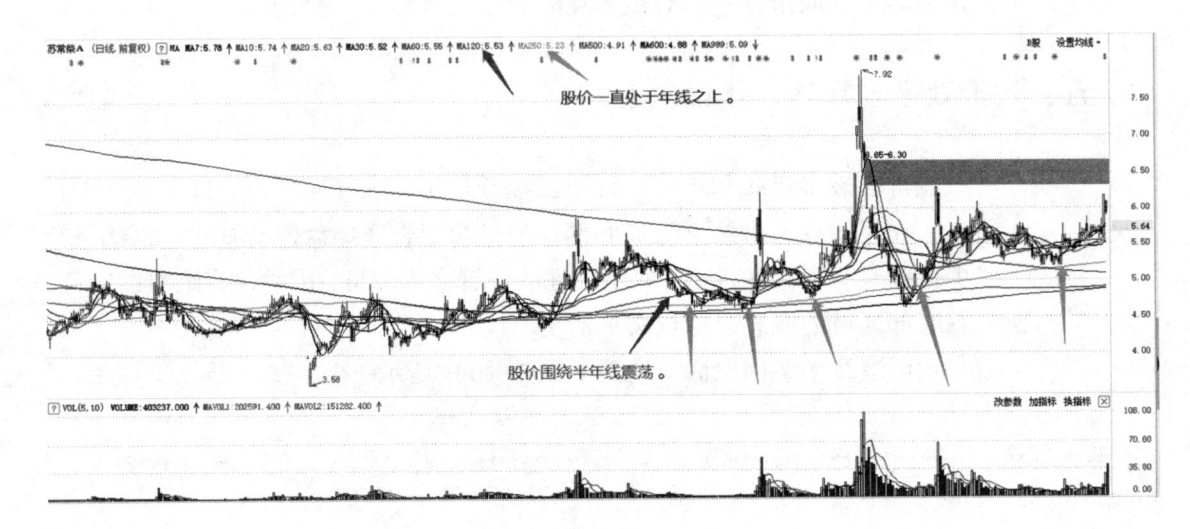

图 5-11

如上图中所示，这是000570苏常柴A截止到2021年6月18日的K线走势图，这只个股一直围绕半年线震荡，但一直处于年线之上，后面假如不跌破年线时间超过一周，没有"黑天鹅"事件发生，理论上后期也是大概率有上升段。

为什么会用股价超过年线的条件呢？主要是考虑到，一只个股假如连年线都收不上去，代表趋势处于弱势当中，虽然在某种程度上，在年线以下的股价更便宜，但是启动的时间会加长，所以一旦过早买入，持股时间会比较长，一般投资者很难忍受得住，从而失去持股耐心，造成投资失败。

七、股价处于500日、600日和1000日均线以下

这个条件主要考虑到安全位置，很多个股在没有涨到这三条均线之前，大多数都是处于底部安全的区域，一旦超过最后一条均线（一般1000日均线是最后一条均线，长期走牛的个股除外）以后就会进入振幅较大的区域，

风险也相应增加。

还有一个逻辑是：一般从年线到1000日均线或者从500日、600日均线到1000日均线的空间，很多情况下是超过20%的，也是"8561A股特色交易体系"最基本的盈利空间。

继续看图说话，请看下图5-12中所示：

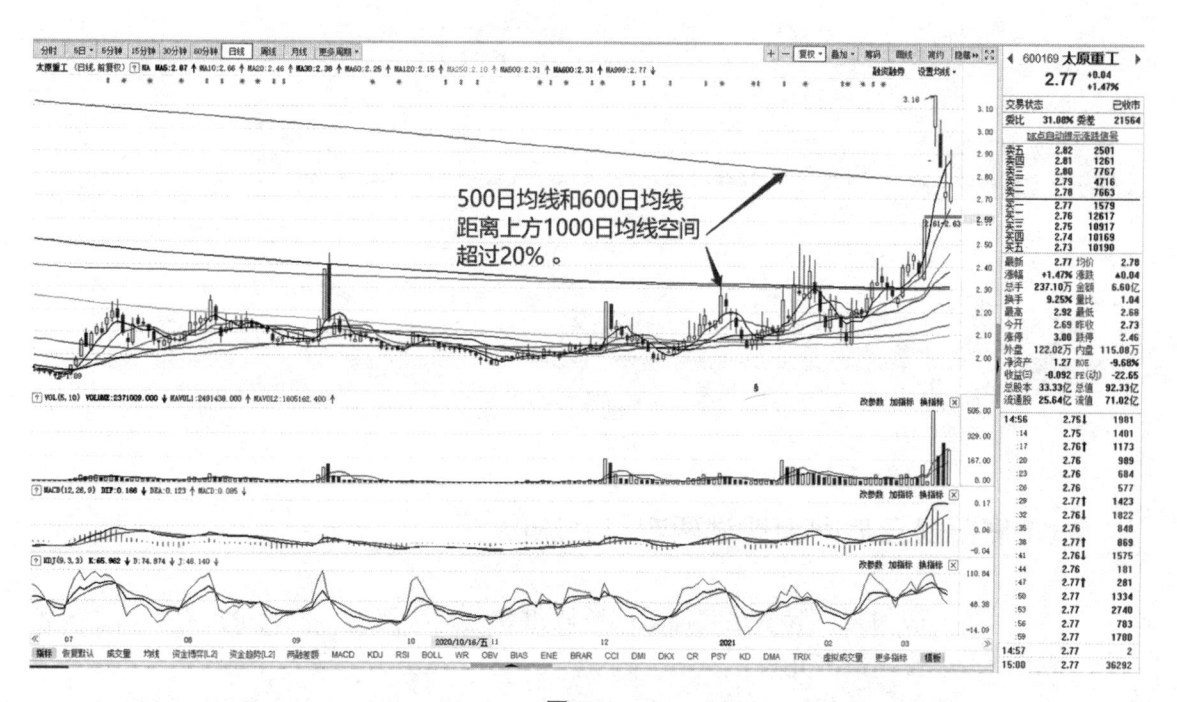

图 5-12

如上图中所示，这是600169太原重工的K线走势图，从图中可以看出，如果当时在500日或600日均线附近参与，当股价涨到1000日均线的位置的时候，收益应该是超过20%的。

继续看下个案例，请看图5-13中所示：

如图中所示，603126中材节能是当时我们参与实战的一个"碳中和"概念案例个股，当时这只个股获利超过70%出局，虽然后来继续创出新高，但从收益比来看是相当满意了。从图中可以看出，从500日均线和600日均线的位置开始起涨，即使到了1000日均线位置卖出，收益也达到30%，这个空间盈利的概率是相对大一些。

所以从500日、600日均线到1000日均线之间的这个盈利空间，是"8561A股特色交易体系"的一个特点，这也是"8561A股特色交易体系"的优势所在。

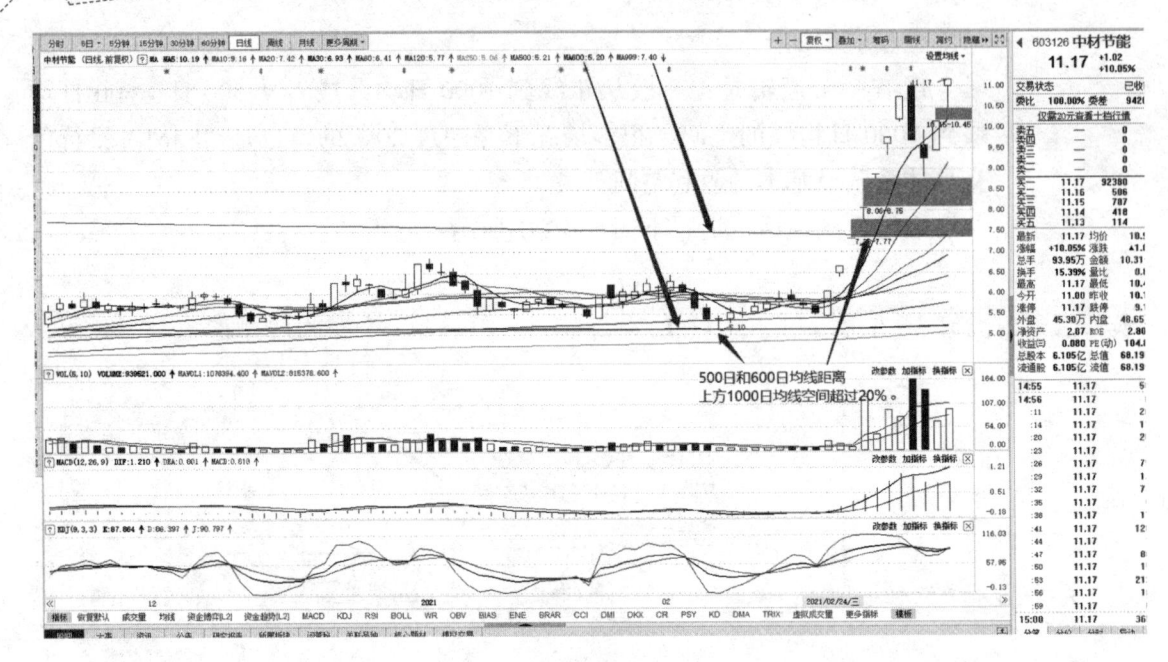

图 5-13

八、底部横盘期间出现过两次以上涨停

假如某只股票在底部筑底阶段出现过几次涨停，但股价没有走出主升浪至少说明以下几点：

第一说明这个主力实力和控盘能力较强，否则不会用涨停方式吸筹；

第二说明后期拉升的时候也会出现涨停拉升；

第三底部涨停而股价不大幅上涨，说明主力还没有吃饱，这个时候介入也是和主力站在一条起跑线上。

请看下图 5-14 中的案例分析：

如图中所示，这是 600841 上柴股份截至 2021 年 6 月 18 日收盘的 K 线走势图，从图中可以看出，这只个股在横盘期间，出现过 4 次涨停，这些涨停代表主力依然还在影响着股价，说明主力还在场，只要上市公司不出"黑天鹅"事件，后期大概率也是会有上涨行情。

一只个股在底部区域出现涨停基因，是未来成为牛股的一个重要因素，出现涨停次数越多，说明后期劲头就会越足。还有一个原因，大家想一下，一只个股能够拉涨停，是散户所为吗？答案是否定的，大概率不是散户能做到的，所以那就是有大资金主力在参与，有大资金参与的票，后边上涨的概

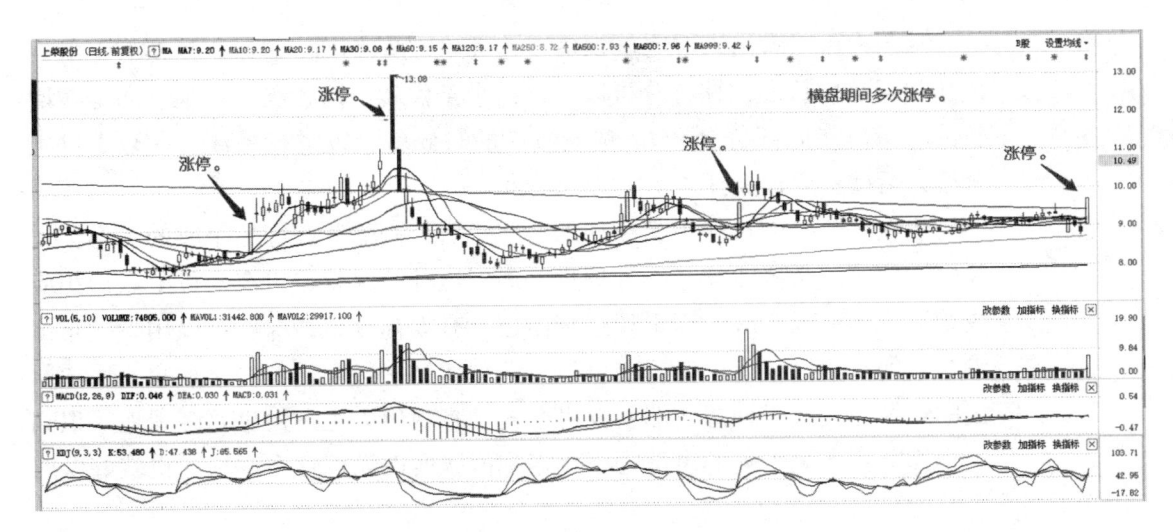

图 5-14

率也就大，我们只要能有这个逻辑作为支撑，就可以增强持股信心。

九、简单的基本面：营业收入、净利润正增长，至少不能大幅亏损

由于我们用的策略是中线思路选股，所以有的股票持股时间会稍微长一些，从安全的角度来看，尽量选择业绩比较理想的个股进行参与，这样至少会多一个基本面作为能长期持股的信心。请看下图 5-15：

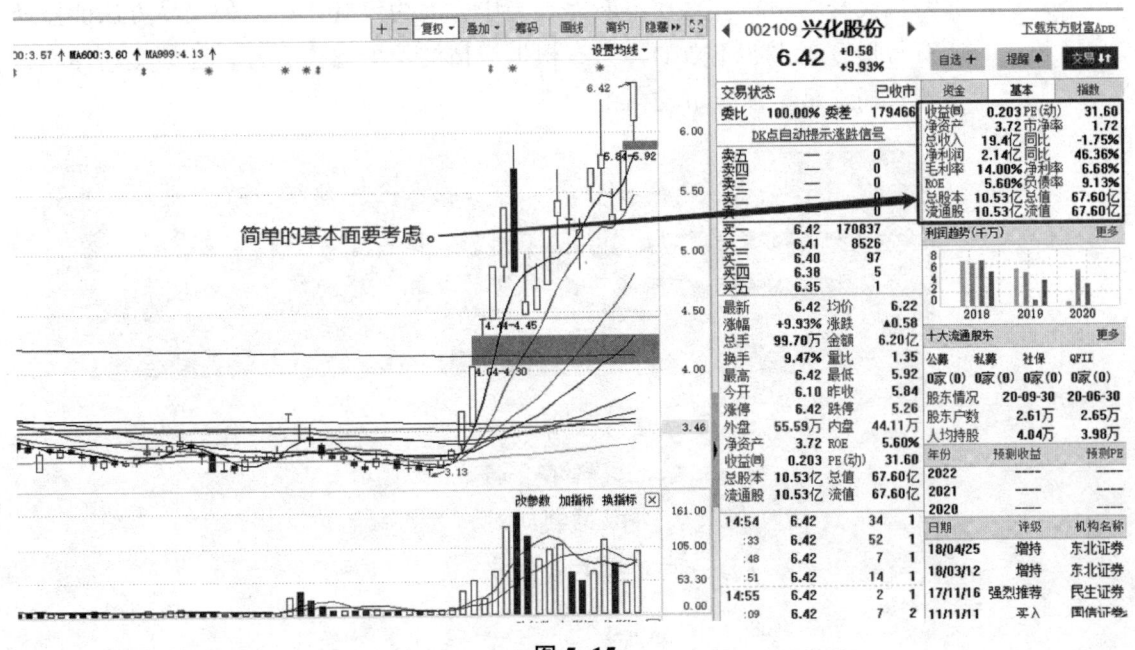

图 5-15

从图中可以看出，这是002109兴华股份的基本面，总收入虽然有下滑，但净利润是增长的，综合分析以后，这个条件就可以接受，至少利润是在增长的，所以在底部符合8561选股条件的时候就可以进行关注。一旦走过主升浪以后就不要再关注了。

但在实际操作过程中又会遇到一些矛盾，有的业绩好的个股的确不会太便宜，便宜的个股业绩又不太理想，遇到这种情况就可以在仓位上做出相应决策。比如一只个股业绩不理想，但也没有大幅亏损，那就可以用少量仓位参与，如有季报或者半年公布以后，业绩转好，找合适位置再加仓，假如新出的业绩还是很不理想，那就找机会先出来观望为主。但也要客观地认识到一个细节：十全十美的事情是很难遇到的。所以懂得这个逻辑，也就好做取舍了。

> 备注：假如选出了符合所有条件的个股，即使形态再好，一旦出现"黑天鹅"特大利空消息，也先要以回避风险为主，不能抱有侥幸心理！比如：之前的长生生物、乐视网、康美药业、康得新等，都是当时的"大白马"，一旦出现"黑天鹅"事件，要先回避风险，而不能再妄想着还会有转机！

除了以上选股条件以外，还可以参考本书关于如何跟庄的章节，"8561A股特色交易体系"一直在不断完善当中，因为没有任何一种交易方法能做通所有行情穿越牛熊不败的，只有根据行情的发展逐步完善自己的交易体系，才能长期立足于证券市场当中。

> 温馨提示：各位投资者也可以在以上选股条件的基础上，再加上一些自己的选股策略，这样也是在构建自己的交易体系。关于短线操作的部分，投资者可以参考本书后面关于短线技术分析的章节。

选股方法有众多，
跟庄策略不会弱。
底部吸筹判断对，
账户增长会少亏。

第三节
"8561A股特色交易理论体系"买入条件

一、K线走出双底、三重底、头肩底等形态

在实战当中，很多个股在启动之前都是有信号出现的，但不是所有走主升浪的个股都会遵循一个信号启动，这是一个重要的知识点，大家一定要记住，站在可操作的角度来分析，就必须寻找符合某个启动信号的去关注就可以了。请看下图 5-16 中所示：

图 5-16

图 5-16 是 600753 东方银星的 K 线走势图，这只个股两次的反弹启动信号都是双底形成，之后才走的一波反弹走势。

在这里给大家普及一个双底的逻辑知识点，为什么会出现双底后会反弹。站在主力操作的角度来看，在股价跌到一定价位后，主力开始介入第一批仓位，然后连续短期建仓的动作就会带来一波股价反弹，但是假如主力再继续买入的话，股价就会一路走高，主力的成本就会不断拉高，所以主力开始停止买入。试想一下假如一只个股没有主力资金的连续买入，股价想上涨理论上是有难度的，所以主力放弃建仓买入以后，股价就开始缩量回调，当股价回调到主力第一次建仓的价位区间后，主力认为这个价位能接受了，然后开始再次建仓拉升，经过两次的建仓，理论上主力两次的建仓成本几乎相差无几，这样主力就可以发动一波上涨行情。这就是形成双底大概的逻辑。

所以在股票 K 线走出双底确认以后，不管是想做短线还是想做波段的，其实按照这个方法进行参与大概率不会吃亏，这里强调的是概率不是必然，不是做完双底就必须大幅上涨，也不是所有个股都会做双底后才能上涨！

二、MACD 第二个底部和第一个底部形成底背离

在看懂了双底形态之后，就可以再增加一个条件了，那就是 MACD 底背离的知识点，请看下图 5-17 中所示：

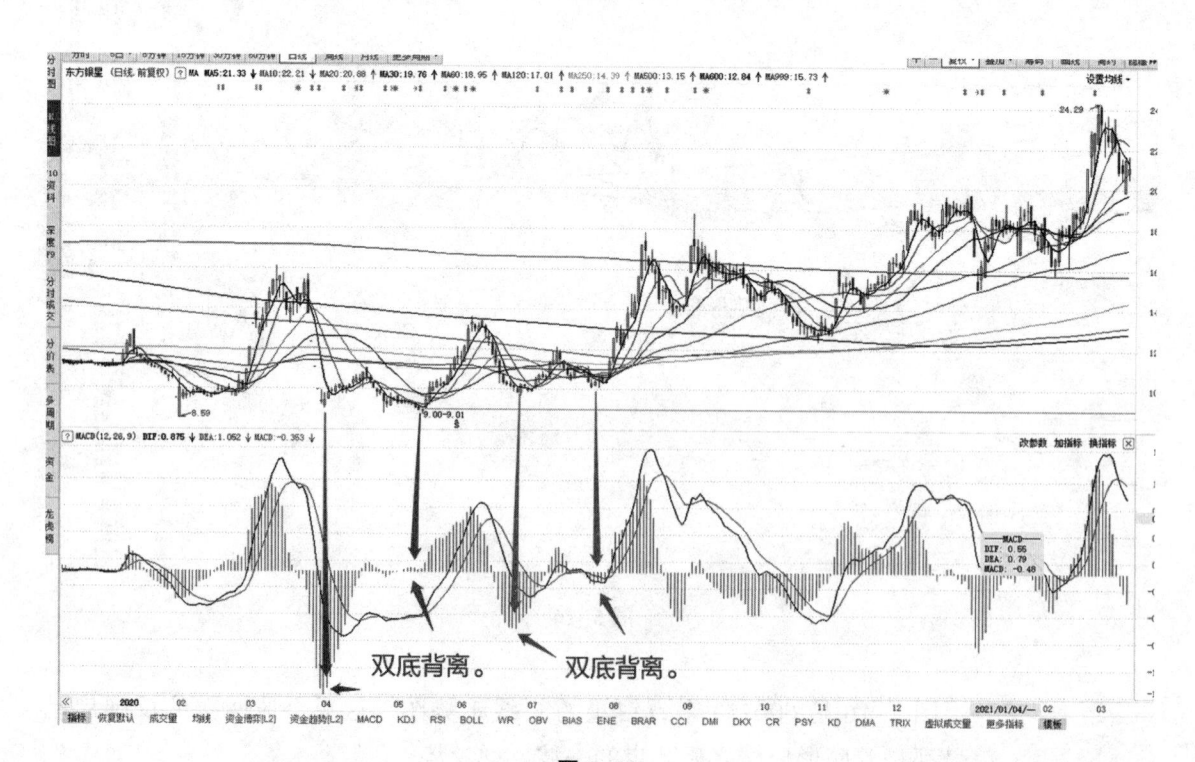

图 5-17

从图中可以看出，这是 600753 东方银星的 K 线走势图，有两次双底出现股价的反弹也是因为背离出现后才开始的，那什么是底背离呢？简单说就是股价接近或者创出上一个底部的低点价格，但是 MACD 的柱子比上一波显得要强势一点。

MACD 为什么会出现底背离呢？在主力没有进入这只个股之前，参与这只个股的多数投资者都是看空的，也就造成很多投资者失去耐心，从而卖盘比较重。但是主力开始建仓以后股价开始反弹，有些投资者就会选择空翻多了，想卖出的开始观望，这样股价经过主力建仓一段时间反弹一定高度以后，又出现回调下跌，但这轮下跌由于主力的一波建仓上涨之后，以前一致看空的投资者出现分歧，其中有一部分已经不再卖出，这样股价就会缩量回调，做空的力量就会弱于第一轮下跌的那一段，所以回调到第一个主力建仓的位置的底部时，主力再次建仓买入，MACD 柱子就会强于前一个底部区域时候的状态，至此双底背离就会出现，其实就是因为空头减少了，才会带来底部背离。

所以 K 线形态加上 MACD 底背离，是两道保险，如果不符合底背离，即使是双底了，也要先观望一下，后边可能会走一波杀跌。

三、KDJ 处于 50 以下并且有拐头向上迹象

KDJ 的 J 线数值在 50 以下，但 J 线不能是向下的趋势，一定要等到 J 线有了低位钝化的信号以后再关注，因为 J 线一直往下，说明短线空头力量还没有减弱，所以暂时选择观望。但假如 J 线开始在 50 以下出现钝化以后开始转为向上了，这个时候代表股价处于短线超卖区域，就会迎来短线资金的回流，从而带来 J 线的向上反弹。请看下图 5-18 中所示：

下图是 600753 东方银星的 K 线走势图，在底部区间，其中有几次的反弹都是因为 J 线从向下趋势转为向上趋势以后，股价才会走出一波反弹。

为什么会选择 50 以下数值作为参考呢？第一是因为 J 线假如处于 80 以上的高位，这个时候大概率股价已经涨了一段了，这个时候处于超买区域，股价随时可能展开回调，很容易就买在了一个短线高位。第二是假如 J 线数值在 50 以上，刚买进去也许第二个交易日就会来到超买区域里面，这样也会影响持股节奏。所以 J 值在 50 以下，既兼顾了短线反弹的空间，又兼顾了股价处于短线相对安全的位置。

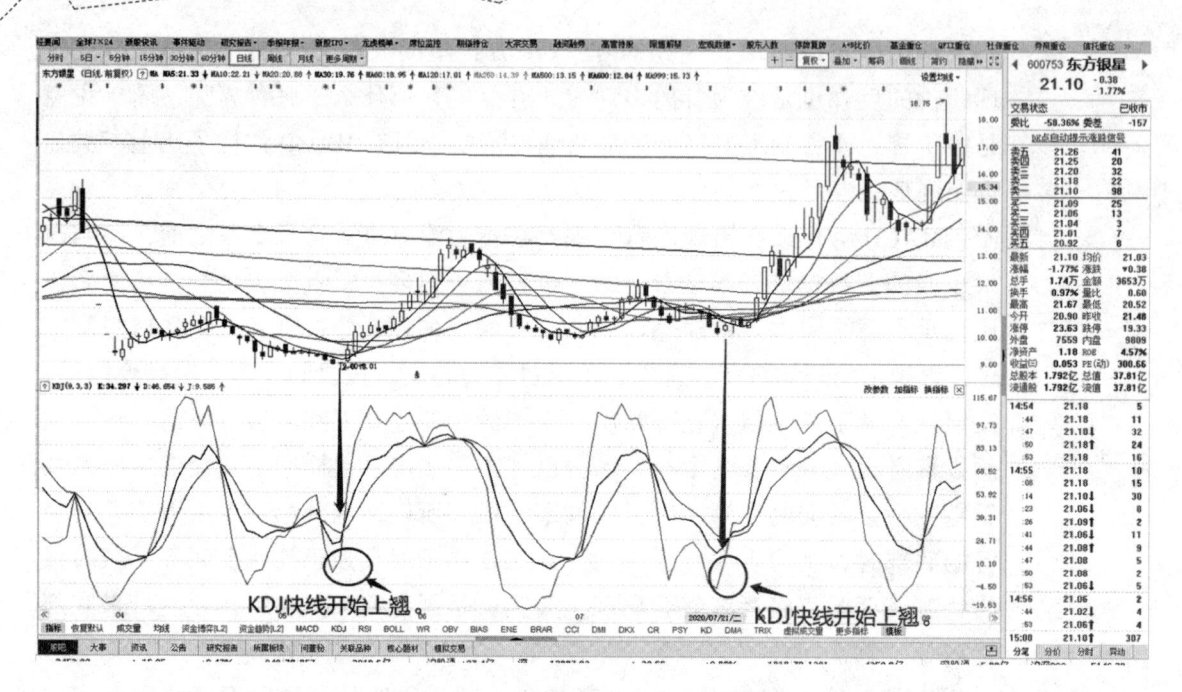

图 5-18

四、成交量开始逐步温和放量

量在价先，这个是很多股民朋友都懂的道理，所以只有出现温和放量，股价才可能出现连续上涨行情，没有量能支撑的上涨，多数属于不能持续上涨的。尤其在底部刚启动的区间，如果成交量不能温和连续放量出来，股价也就不会有持续性上涨的动力。请看下图 5-19 中所示：

下图是 600753 东方银星的 K 线走势图，这只个股在两次启动的位置，相继都出现了成交量显示缩量调整，然后开始出现温和放量的走势，之后便展开一波上涨行情。成交量的温和放量，代表主力资金开始逐步进入的信号，所以成交量配合上其他启动条件，理论上就会增加胜算概率。

五、建仓的方法

1. 在符合中线思路选股条件后，寻找短线低点先进行建仓并打好底仓。
2. 建仓步骤：如果符合以上四个出击条件的时候，第一部分仓位先买入预投入资金的一半作为底仓，剩余资金根据短线买卖条件进行波段或者 T+0 操作，逐步降低成本。在没有达到出局条件的时候底仓就以坚定持股为主。

图 5-19

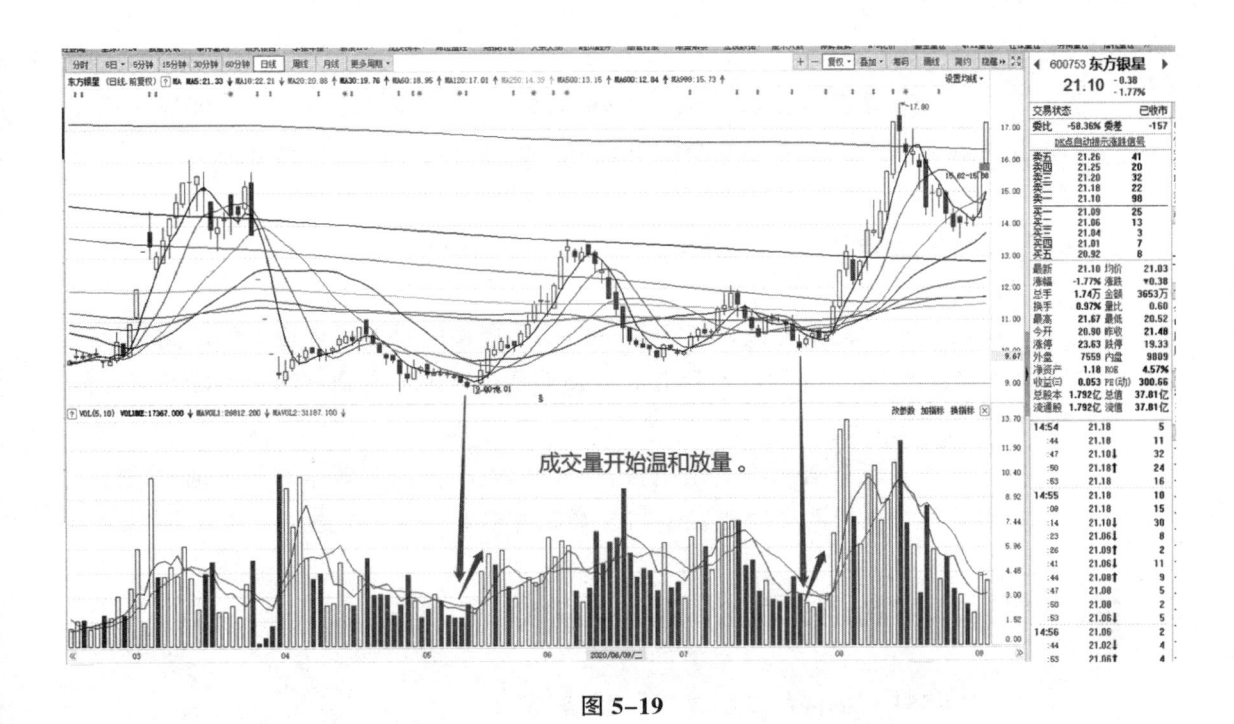

3.底仓的概念就是在学习主力的操作思路,不要认为自己钱少就不去分仓操作。

第四节
"8561A 股特色交易体系"卖出条件与注意事项

一、卖出条件

底仓止损条件 1:跌破双底形态最低点止损出局。
底仓止损条件 2:跌破年线止盈或止损出局观望。

> 备注:业绩没问题的不设止损也可以,使用输时间不输钱的战略思路,因为我们的选股策略不是纯短线的策略,选股条件都是在中线思路的基础上,这样选出的个股至少不是高位的股票,所以只要有耐心不做止损也是可以的。

底仓止盈条件：股价到达 1000 日均线的时候只要不是连续涨停的情况下先减仓一半，剩余底仓仓位待破掉 5 周均线时全部获利卖出。

二、"8561A 股特色交易论体系"使用注意事项

1. 由于"8561A 股特色交易论体系"遵循的是偏价值投资的思路，持股时间相对较长，所以投入股市资金必须是自有闲置资金，绝对不能是以任何形式借来的资金。

2. 不是所有股票都会走出符合"8561A 股特色交易体系"的选股条件，只寻找符合条件的个股跟踪参与，只做自己看得懂的形态！

三、"8561A 股特色交易论体系"优劣势

（一）"8561A 股特色交易体系"优势

1. 既能迎合未来 A 股的发展趋势，又能倡导投资者理性投资。
2. 解决了散户投资者纯价值投资的难点。
3. 在价值投资和技术战略定位的基础上，即使短线做错，风险也不大。
4. 大部分底仓仓位用价值投资思路长期持有，博取高成长的利润，短线用少部分仓位做差价。
5. 既能拿得住牛股，又能解决散户短线每天都想交易的习惯。
6. "8561A 股特色交易体系"是跟踪主力赚中长线投资的利润，所以不必在乎短期涨跌，也就不需要天天盯盘。

（二）"8561A 股特色交易论体系"劣势

和单纯的价值投资一样，不是每次选出个股建仓后，股票就会马上上涨，所以当遇到主力建仓时间长的个股，持股时间会偏长，没有耐心的投资者会放弃持股。

第五节
"8561A股特色交易论体系"适用投资者类型和不适用投资者类型

一、适用投资者类型

（一）大资金量投资者

"8561A股特色交易体系"由于其研究初衷已经考虑到资金的承载量问题，所以用"8561A股特色交易论体系"选股的时候，会考虑诸多资金承载量因素。

从仓位分配、建仓方式、加仓方式、做波段或者T+0的诸多方面都有严格的规定，所以按照"8561A股特色交易体系"的原则进行交易，基本上对于大资金来说和机构建仓投资做股票是一个节奏了。只有这样，对于有大资金的散户投资者来说距离机构式的投资才更近一步。

不是说小资金不可以使用"8561A股特色交易体系"，但资金越小，投资者想挣快钱的欲望就会越高，越不理性。使用8561炒股法则，需要耐心，跟着主力的炒作逻辑即可。

一般大资金追求的都是稳健年化收益，所以才会强调大资金投资者较为适合8561炒股法则的思路。

（二）稳健型投资者

"8561A股特色交易体系"较为适合稳健型的投资者，因为激进型的投资者追求的是短平快，当然短平快也是众多投资者所追求的，但是这些年从业经历告诉我，最后想在股市活的更长，必须要稳健投资，纯投机天天追高图挣钱快的投资者最后的利润都不太好。

（三）中长线追求年化收益为目标的投资者

"8561A股特色交易体系"追求的是年化收益，而不是短线纯投机收益，未来5~10年我国的股市一定会逐步向着价值投资的方向运行，但是10年之内我们一定是要用中国特色的价值投资理论来投资A股，纯价值投资或者照搬国外的价值投资理论投资A股目前来看是不现实的。

"8561A股特色交易体系"的核心是"中线思路，短线操作"！

（四）没有太多时间每天盯盘的投资者

由于"8561A股特色交易体系"选股条件选出来的股票基本都是底部区域主力或者大资金建仓的区域，绝对不会买在历史的最高位，只要市场不是特别极端、个股没有"黑天鹅"事件、没有退市的风险，理论上都有机会盈利。

也要看投资者的心态。所以没有时间盯盘的投资者分几批建仓以后不用每天盯盘，按着价值投资思路持股即可。只要上市公司没有"黑天鹅"事件，最后大概率会走出理想的主升浪行情。

二、不适用的投资者类型

（一）融资带杠杆资金投资者

由于"8561A股特色交易体系"是属于价值投资的战略思路，所以不适合融资加杠杆资金进行投资。

（二）追求短线暴利的投资者

由于"8561A股特色交易体系"是属于跟庄类的操作思路，一般持股时间是按着主力的操作思路来持股和交易的，所以不适合追求短线暴利的投资者使用。

如果能读懂8561炒股法则的精华，理论上比做短线更容易获利。

> 股市投资学技术，
> 琳琅满目常做输。
> 适合自己才最好，
> 辩证看待理性要。

温馨提示：快就是慢，慢就是快，人生也是如此。那些天天想打涨停板赚快钱的，最后被深套以后，是快了还是慢了呢？同理，在人生当中那些每天都想赚快钱的人，只能去做违法的事情，最后结果是什么呢？大概率是他的整个人生被套住！那些违法赚快钱的人是快了还是慢了呢？在股市中想赚快钱的人，一旦被快速深套以后，要么止损把资金减少，要么就被深套多年无法解套，这是慢了还是快了呢？想明白这段话的意思，相信各位股民朋友以后心态就会好很多，也就不急功近利地追求短线暴利了。

强化训练

1. 使用"8561A 股特色交易理论体系"选股条件，选出 5 只股票进行跟踪。

2. 根据"8561A 股特色交易理论体系"买入条件，模拟交易选出的 5 只个股。

3. 用一部分仓位选出一只符合"8561A 股特色交易理论体系"的个股进行建仓，之后持续跟踪来回做差价；然后再根据自己的投资方法进行正常交易投资，一年以后跟踪对比到底是哪种方法更适合您的投资。

第六章 "8561A股特色交易体系"常用短线交易技术分析

抛开左侧交易和右侧交易谈买卖点都是不客观的,所以各位股民朋友一定先定位自己是属于保守型的投资者还是激进型的投资者,这也是券商或者监管层在做投资者教育的时候需要提前做的一个问答,其实意思就是要先定位每个市场参与者是什么类型的投资者,如果是保守型的投资者,有些投资品种是不能参与的,而激进型的投资者就可以参与多数投资品种。

根据多年的从业经历,我也给大家准备了一些如何定位自己到底属于激进型投资者还是保守型投资者的测试题,定位好以后就可以制定交易策略了。激进型的投资者就可以选用左侧交易作为投资策略,保守型投资者就可以选用右侧交易投资策略。

测试题1.您投入股市的资金占家庭资产的比例是多少?
A. 50%以上　　B. 40%　　C. 30%　　D. 20%
答案(　　)

测试题2.一只股票您发现有启动的迹象,假如您想买入这只个股,是一次性满仓买入还是分批买入?
A. 满仓买入　　B. 分批买入
答案(　　)

测试题3.您一般持股时间有多久?
A. 一周以内　　B. 一个月以内　　C. 半年以内　　D. 一年及以上
答案(　　)

测试题4.假如您买了一只股票以后,下跌了5%,您会选择止损吗?
A. 会选择止损　　B. 不会选择止损
答案(　　)

测试题5.您买入股票以后没有上涨,反而下跌了,您心里会恐慌吗?
A. 不会恐慌　　B. 会恐慌
答案(　　)

测试题6.假如您选出两只个股作为投资标的,一只个股同一时期内振幅30%,另外一只同时期内振幅5%,您会选择哪只作为买入?
A. 选择振幅30%的作为投资标的　　B. 选择振幅5%的作为投资标的
答案(　　)

测试题7.平时交易的时候您会追涨停板进行买入吗?
A. 会　　　　B. 不会

答案（   ）

测试题 8.您自选股里有一只个股已经从底部区域涨幅超过 100%，这时上市公司发出一个公告，公司年报业绩大幅增长，这个时候您还会选择买入吗？

A.会　　　　B.不会

答案（   ）

测试题 9.有两只股票，一只股票连续收出三根阳线，另外一只收出三根阴线，您会选择哪只个股买入呢？

A.选择收三根阴线的个股买入　　B.选择收三根阳线的个股买入

答案（   ）

测试题 10.当您买入一只股票以后，出现亏损，您最大的承受能力是多少？

A. 50%　　B. 40%　　C. 30%　　D. 20%

答案（   ）

上述测试题中，您的答案有 8 个以上选择了 A 选项，那么就可以定位自己是激进型投资者了，尽量选择左侧交易做为投资策略；假如少于 8 个选择 A 选项，那就是保守型投资者，尽量选择右侧交易策略进行投资。当然这些问题不是很全面，具体还得看每位投资者自己真实的定位才行，这里只是给大家一个参考。

还有一个简单的方法可以判断自己是保守型投资者还是激进型投资者，如果您每天都交易，而且严格止盈止损，这类属于激进型投资者。

另外一种不适合做左侧交易的，就是涨也怕跌也怕，每天提心吊胆的投资者，这类型的投资者就不要做左侧交易了。

再有就是根据自己的承受能力来判断是激进型投资者还是保守型投资者，这点只有自己清楚，也就是对于盈亏看得很平淡，不以涨喜不以跌悲，这类型投资者就是激进型投资者，适合左侧交易。

定位好自己的风格以后，就可以学习以下买卖点的技巧了。

> 温馨提示：假如您不能承受 50% 的亏损，那么您想在股市中赚取翻倍的利润是做不到的，因为风险和收益是成正比的。仔细理解这句话！

第一节
单根 K 线战牛熊

K 线图是技术分析最基础的指标，新入市的股民朋友最先接触到的也是最直观的技术指标。从业近 20 年的时间里，我见到过太多的技术分析派高手，无论这些高手用的是什么选股策略，最终都是离不开 K 线图。在公开课和做节目的时候我也经常说简单就是美，往往看似简单的东西，才最有用。

K 线图直观、立体感强，且信息丰富，是股票趋势分析中最常用且最基础的工具，K 线图可以直观地表示股价趋势的强弱、买卖双方力量平衡的变化。掌握好 K 线及其分析手法就成功了一大半。

关于最基础的 K 线知识，在这里就不展开介绍了，只介绍单根 K 线买卖点的技巧。

在没讲买卖点之前，先强调"8561A 股特色交易体系"中一个重要的使用技术分析逻辑的前提，大家务必先把这个作为一个重要的分析基础，即在判断单根 K 线买卖点的时候，先要考虑某根 K 线所处的位置，当前股价是处于相对低位还是高位，是短线高点还是短线低点，这个才是判断买卖点最重要的理论基础。因为很多股民朋友非常容易做出简单的判断，阴线一定就不好，阳线就一定会是好事。其实同样一根 K 线所处位置不同，反应的市场信息也不同，简单地说，同样一根 K 线出现在高位就可以看空，出现在相对低位就可以看多。明白了这个分析逻辑，以后也就不再犯一些不该犯的错误了。

接下来的买卖点技巧讲解，我会用对比的方式来进行，所以大家不要搞混，之所以把买卖点一起来讲解，是因为每根相同的 K 线出现在不同的位置，短线给出的信号也会相反，所以这样讲解更加直观，也更容易记忆，这也是我在经过多期小班课程讲课升级后的理论的升级总结。

一、"8561A 股特色交易体系"单根 K 线短线买卖点技巧一

锤子线和上吊线的应用，如下图 6-1 中所示：

锤子线和上吊线	技术含义
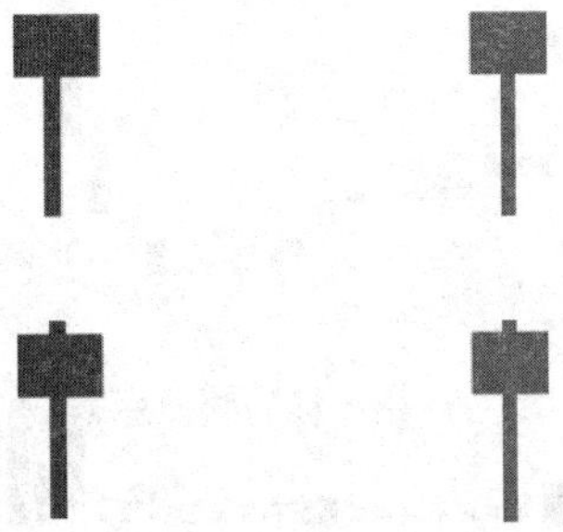 （图示）	原有趋势即将改变，出现在相对高位叫上吊线，是看空信号；出现在相对低位叫锤子线，是看多信号。 下影线越长，代表多空分歧越大，转势的信号越强烈。 可以不分阴阳线，上部分为实体，有少量上影线，不影响参考。

图 6-1

如上图中所示，这是锤子线和上吊线的 K 线，为什么有两个名称呢？假如这两种 K 线出现在短线高位就叫上吊线，出现在低位就叫锤子线，不管是阴线还是阳线，只要符合这个形态，出现在低位或者高位，使用方法是一样的。但是假如在高位出现阴线上吊线要比阳线上吊线看跌概率更大；同理假如出现在低位的锤子线，阳线锤子线要比阴线锤子线看涨概率更大。

锤子线短线买入技巧，锤子线 K 线形态是当天股价有新低走势，之后被多头拉回来，收出一根长下影线，下影线之上有一部分 K 线实体，但可以是阳线实体也可以是阴线实体，这两个阴线实体的锤子线和阳线实体的锤子线在应用的时候没有区别，也就是不用区分是阳线实体锤子线还是阴线实体锤子线，只要是出现在短线低位就可以看作是止跌信号，可以作为左侧交易的买点来看待。如果持有这只股票被套的投资者就不能再止损割肉了，而是可以择机加仓降低成本。

请看下图 6-2 中所示：

从图中可以看出，300475 聚隆科技在 2020 年 11 月 7 日第一根阳线实体锤子线出来以后走出一波短线反弹；经过一轮调整跌到 8.33 元以后，2021 年 1 月 13 日再次收出一根阴线实体锤子线，奠定了反弹的基础，之后走出一波上涨行情。

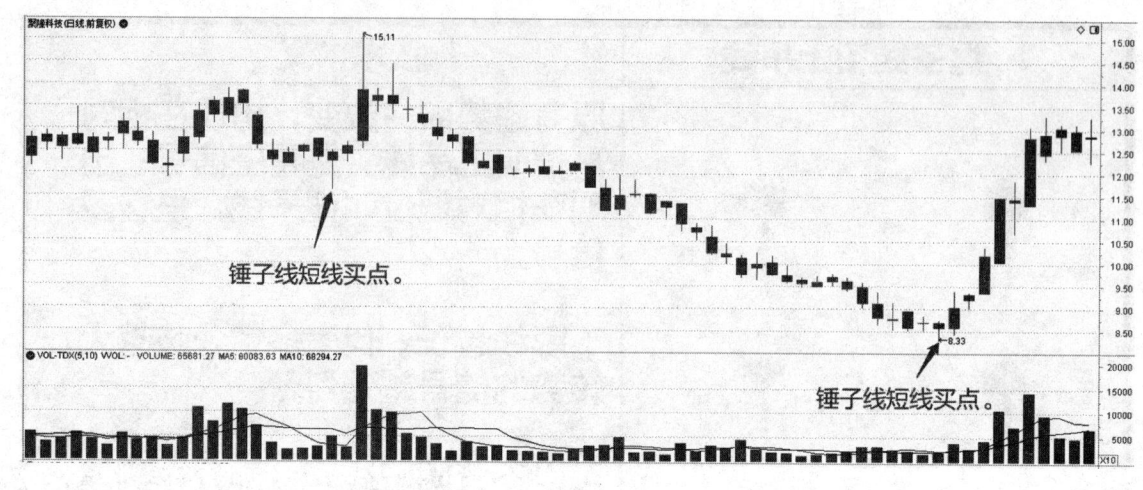

图 6-2

请继续看下个锤子线买点案例，如图 6-3 中所示：

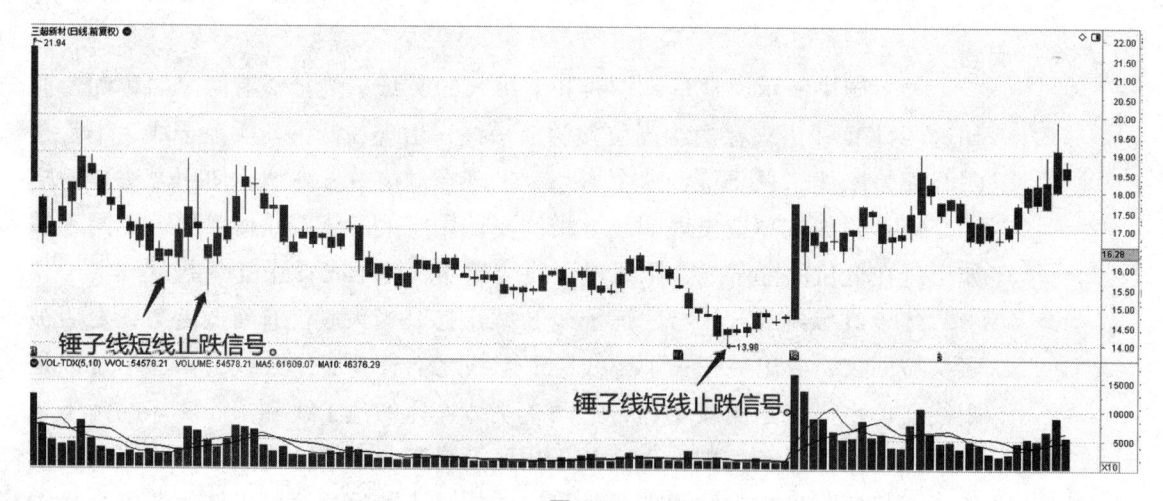

图 6-3

从图中可以看出，这是 300554 三超新材的 K 线图，2021 年 2 月 2 日、2 月 8 日和 5 月 6 日都是因为收出锤子线后带来短线的一波反弹，对于锤子线之所以能够反弹，其内在本质是：由于股价调整一段之后，空头最后疯狂把股价砸破位新低，之后空头短线力竭，出现物极必反，多头开始反攻，直接把股价拉回来，才会收出一根锤子线，短线反弹也就是大概率了。如果持有这只股票被套的投资者就不能再止损割肉了，而是可以择机加仓降低成本。

第六章
"8561A股特色交易体系"常用短线交易技术分析

　　止损设置：根据锤子线短线买入以后，要考虑止损问题，理论上买入以后，假如股价跌破了锤子最低点价格就要止损出局观望，防止后期继续下跌。

　　止盈设置：一旦买完以后股价开始上涨，要在短线上涨2～3个交易日后出现放量滞涨或者出现其他卖点信号的时候，卖出，做短线千万不要贪，否则后续一旦调整创新低，短线利润也就没有了。

　　前边讲过，同样的K线出现在高位就要以看空为主，也就是要当作短线卖点来操作。那么锤子线出现在短线高位就要看作是短线卖点，但这时不叫锤子线了，可以叫上吊线或者吊颈线，通过这个K线的叫法也可以看出，这根K线出现在高位就是不好的表现。

　　继续通过案例来学习上吊线短线卖点的应用，请看下图6-4中所示：

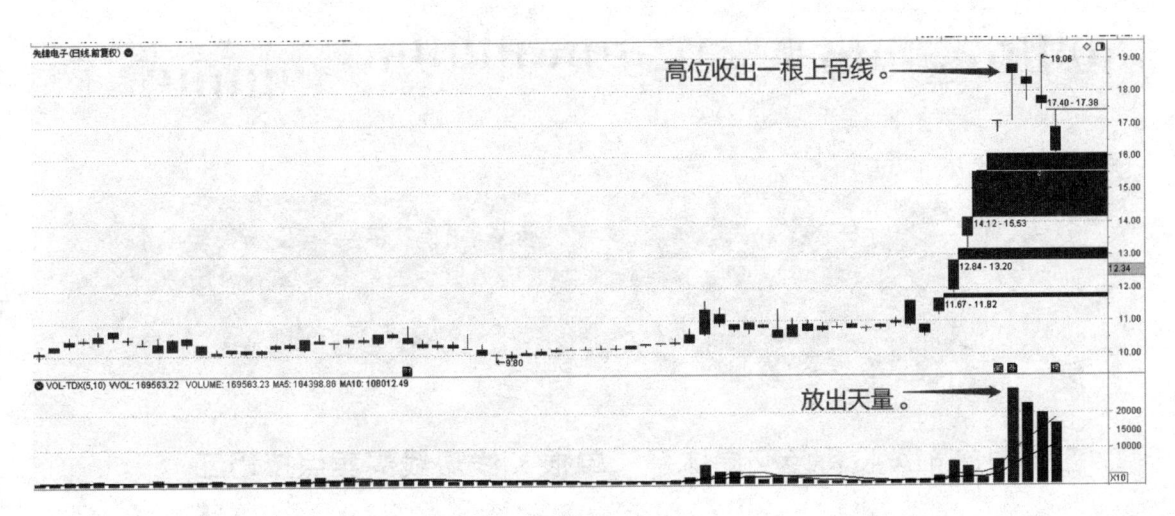

图6-4

　　从图中可以看出，这是002767先锋电子的K线走势，当时在2021年6月22日收出一根上吊线，并且底部出现天量，代表主力开始出货，之后股价便展开调整。所以一旦收出上吊线，如果持有这只股票就要选择获利出局或者减仓降低仓位，而没有这只股票就暂时以观望为主，不能再买入了。

　　继续看下个案例，如下图6-5中所示：

　　从图中可以看出，这是上证指数截至2021年6月25日的K线图，图中在短线几次高位出现上吊线之后开始调整，短线相对低位每次出现锤子线后，短线就止跌展开反弹，这张图中的短线买卖点其实还是相对比较清晰的。

· 163 ·

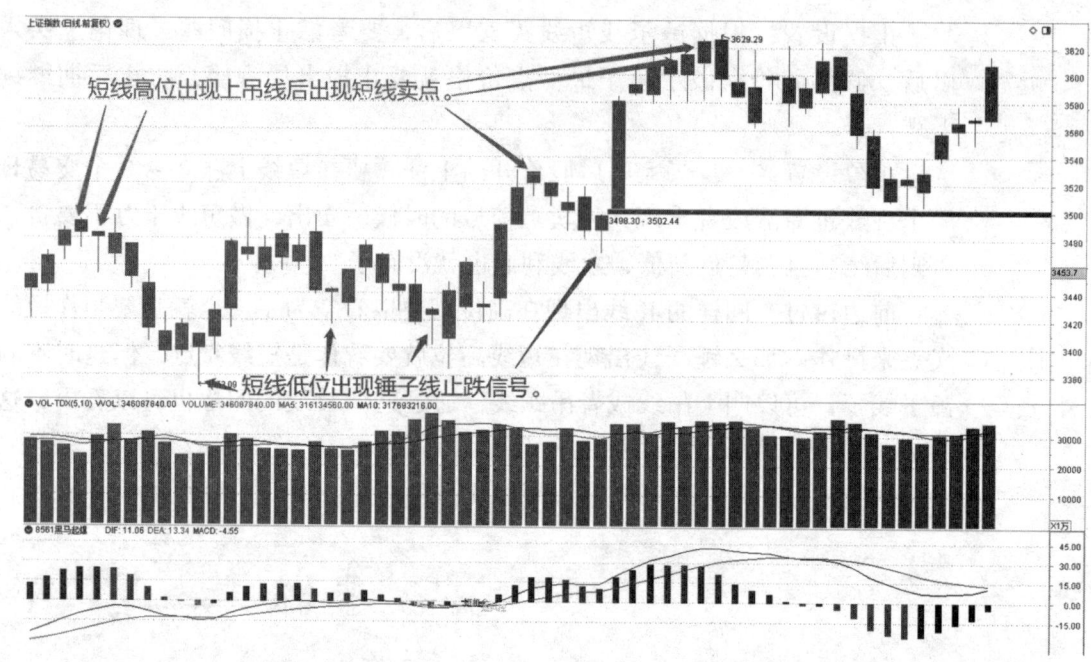

图 6-5

> 备注：以上只是短线的买卖点，千万不要和长线买卖点搞混淆，因为做短线就要按照短线原则交易，不能说按照短线买入了，获利了不卖出，造成后期继续创出新低带来亏损。

二、"8561A股特色交易体系"单根K线短线买卖点技巧二

倒锤头、流星线买卖技巧的应用，如下图 6-6 中所示：

图形特征：

A. 出现在顶部——流星线。

B. 前期为一波上涨行情。

C. 上影线很长，通常是K线实体的2倍以上，影线越长转势信号越强，无下影线或少量下影线。

D. 流星线可阴可阳，预示着后市行情大概率下跌，如果以阴线形式出现，跌势要比阳线猛烈。

E. 出现在底部——倒锤头。

F. 前期为一波下跌行情。

G. 上影线很长，通常是K线实体的2倍以上，影线越长转势信号越强，无下影线或少量下影线。

H. 倒锤头可阴可阳，预示后市反弹概率大，如果是阳线形式倒锤头，涨势要比阴线倒锤头强势一些。

图 6-6

第六章
"8561A股特色交易体系"常用短线交易技术分析

从上图中可以看出，这个K线形态其实就是把上吊线和锤子线倒过来，所以叫倒锤头。倒锤头是出现在调整一段时间之后，收出这个形态就叫倒锤头，是止跌的信号，也就是短线买入的信号；而出现在高位就叫流星线，是看空的信号，也就是短线卖出的信号。

> 备注：倒锤头和流星线不用区分阴线还是阳线，只要符合这个形态就可以，但是出现在高位的时候假如是阴线流星线，下跌的概率要大一些；出现在底部的倒锤头是阳线时，上涨概率要更大一些。

下面来看倒锤头线短线买点的实际应用，如下图6-7中所示：

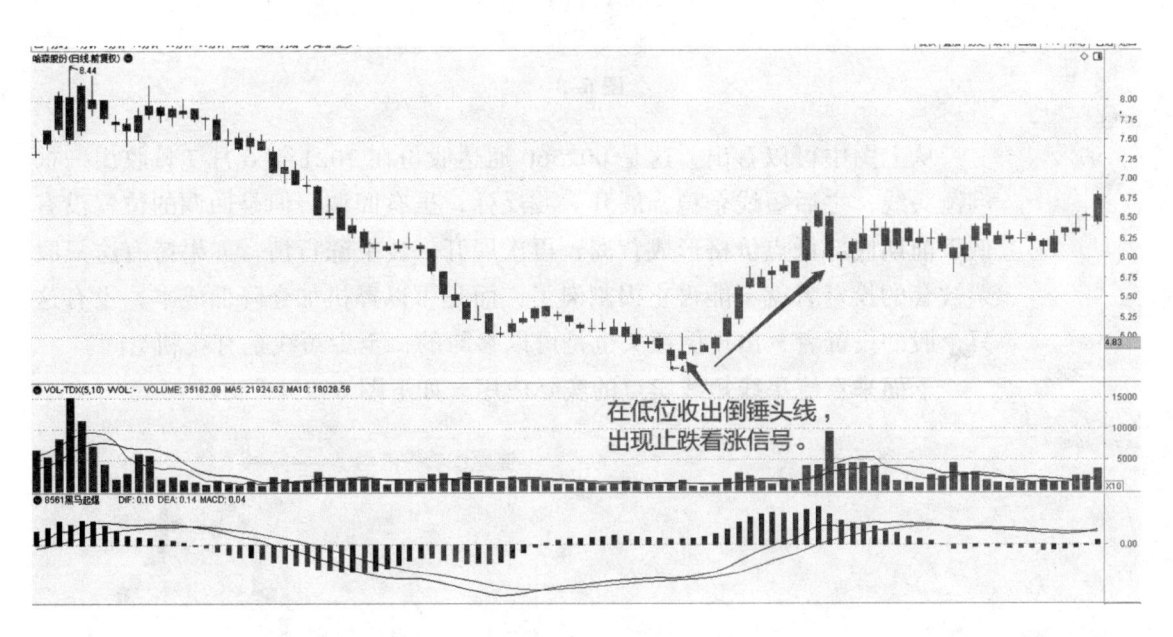

图 6-7

从图中可以看出，这是603958哈森股份在2021年2月5日收出一根倒锤头线，出现短线止跌信号，也就是出现买点，做左侧交易策略的就可以进场参与了，之后便迎来一波反弹行情。如果持有这只股票被套的投资者就不能再止损割肉了，而是可以择机加仓降低成本；没有这只个股的投资者就可以择机进场参与。

继续看下图6-8中的案例：

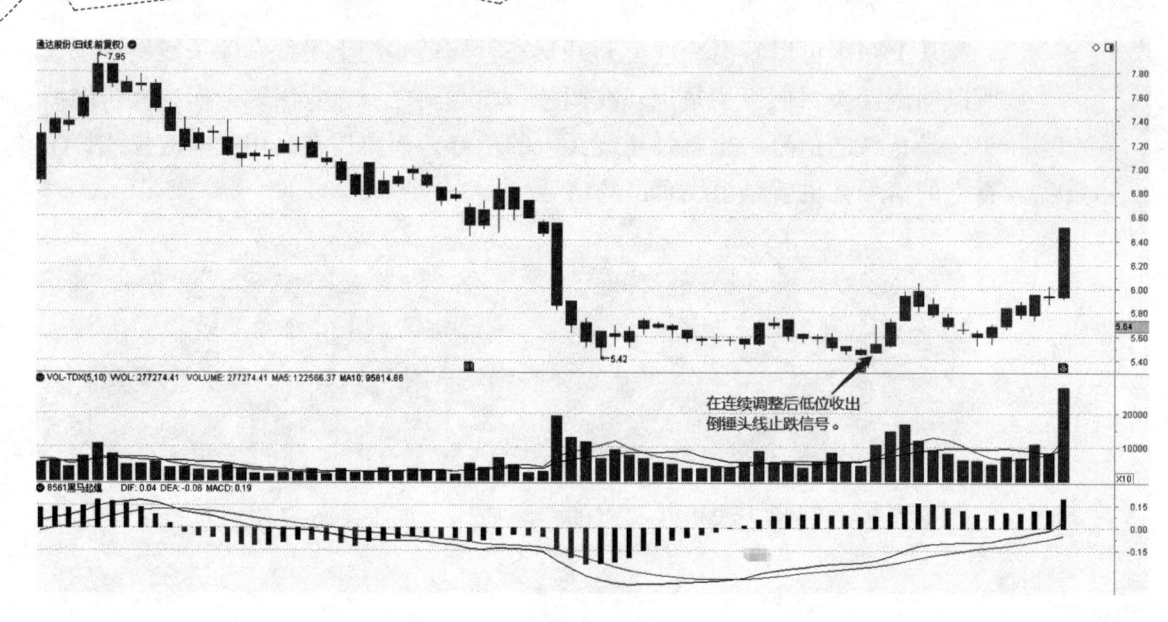

图 6-8

从上图中可以看出，这是 002560 通达股份在 2021 年 6 月 7 日收出一根倒锤头线，之后短线企稳，展开一波反弹，虽有回调，但是回调的位置没有低于前期底部低点价格形成背离，再次展开一波上涨行情。如果持有这只股票被套的投资者就不能再止损割肉了，而是可以择机加仓降低成本；没有这只个股的投资者，出现倒锤头也是可以参与的，至少短线是有获利空间。

下面来看流星线短线卖点的实际应用，如下图 6-9 中所示：

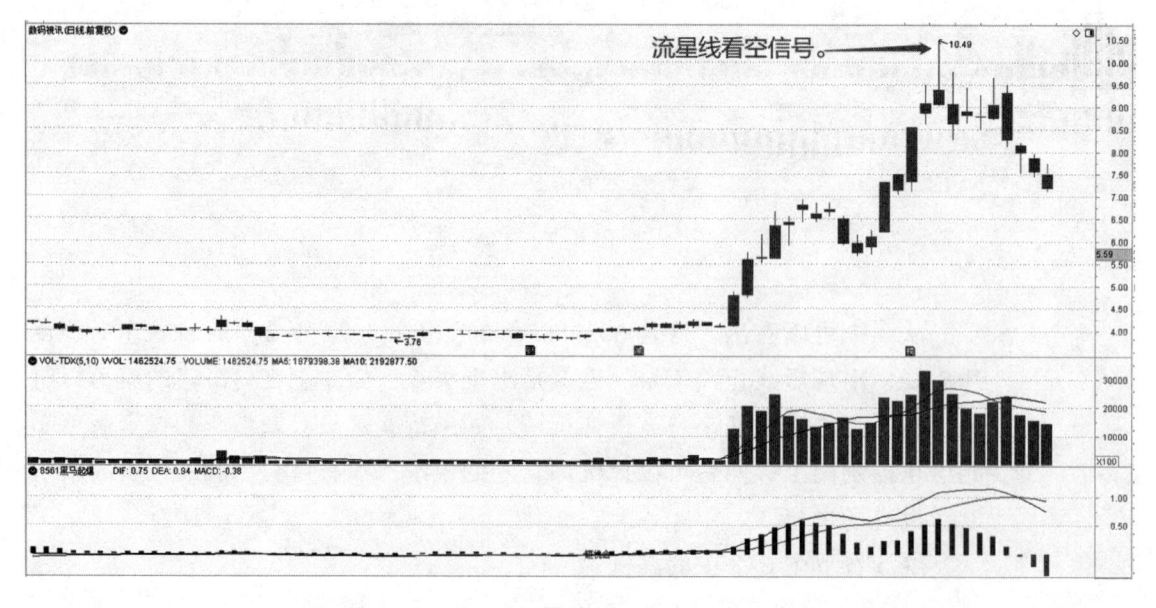

图 6-9

从图 6-9 中可以看出，这是 300079 数码视讯的 K 线走势图，先是经过一波上涨以后，在 2021 年 6 月 15 日的高位收出一根流星线，出现短线卖出信号，之后便开始连续调整。所以一旦收出流星线，如果持有这只股票的投资者就要选择获利出局或者减仓降低仓位，而没有这只股票的投资者就暂时以观望为主，短线不能再随便买入了。

继续看下个案例，如图 6-10 中所示：

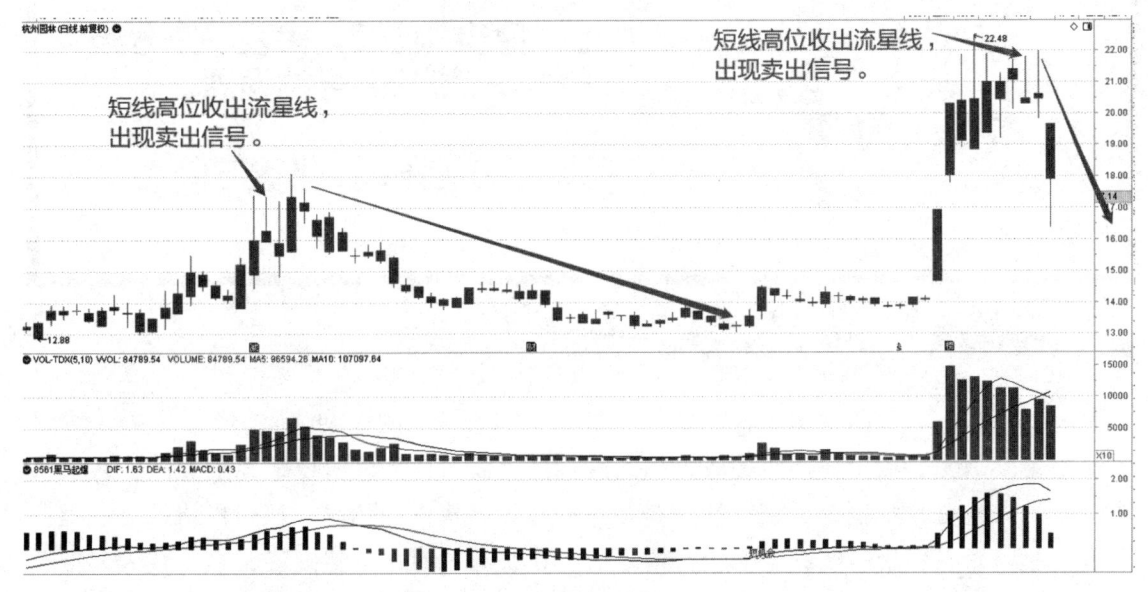

图 6-10

从图中可以看出，这是 300649 杭州园林的 K 线走势图，这只个股在 2021 年 3 月 24 日收出一根流星线，之后虽有新高，但没能延续，也就可以看作是诱多的信号，之后便开始一波调整。经过一波上涨行情之后在 2021 年 6 月 23 日高位再次收出一根流星线，然后开始短线回调。

流星线之所以看空，是因为股价在经过一波上涨行情之后，多头在某一天继续往上拉升，但由于多头力竭，部分多头开始多翻空，开始做空卖出股票，造成股价承压，收出一根带上影线的流星线，所以后市看空的概率就大了。出现流星线就不能再考虑买入了，持有这只股票的投资者需要减仓以防控风险为主。

三、"8561A 股特色交易体系"单根 K 线短线买卖点技巧三

螺旋桨 K 线判断买卖点，K 线形态如图 6-11 中所示：

螺旋桨K线	技术含义
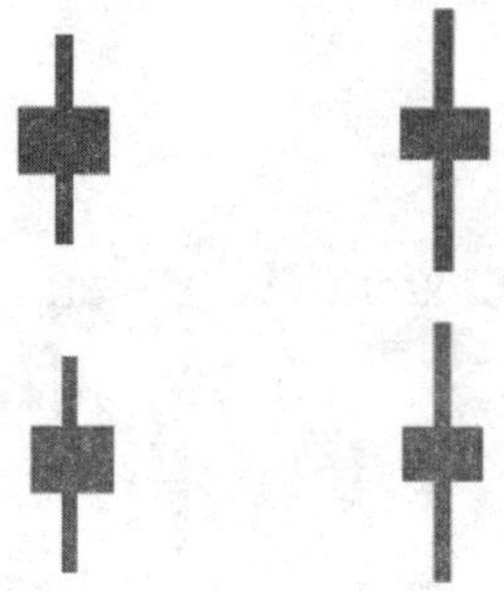	原有趋势即将改变，出现在相对高位是看空信号，出现在相对低位是看多信号。 上、下影线越长，代表多空分歧越大，转势的信号越强烈。 可以不分阴阳线，不影响参考。

图 6-11

  如上图中所示，螺旋桨K线以类似直升机的螺旋桨而得名。其技术含义就是，股价在经历一波大幅上涨行情之后，在高位出现螺旋桨K线，代表多空分歧加剧，上涨行情即将结束，或者多头开始休息，股价即将调整。但股价在经历一波深度下跌行情之后，在底部区域收出螺旋桨K线，代表多空分歧加剧，空头即将力竭，多头有反攻迹象，短线反弹概率加大。

  但在实际运用的过程中，假如股价从底部区域上涨幅度不大，出现螺旋桨K线，也可能是上涨中继的多头休息，横盘之后还会上涨；但假如股价上涨过大，刚开始下跌一小段，收出螺旋桨K线，也可以看作是下跌中继。所以螺旋桨K线的使用也是必须看股价所处位置的，这个细节大家要注意区分。

  我们继续用案例来讲解螺旋桨K线卖点的实际应用，请看下图6-12中所示。

  从图中可以看出，这只个股是002767先锋电子截止到2021年6月25日的K线走势图，在股价经过一波上涨的主升之后，在2021年6月22日至24日的高位先是收出一根上吊线，再收出一根螺旋桨K线，然后又收出一根流星线，三根看空的K线形态，这种就必须按照空头思维来对待了。持有这只个股的投资者先以减仓为主，没有这只个股的投资者就不能再追高买入了，后期大概率是看跌趋势。

  继续看下个螺旋桨K线短线卖点的案例，如下图6-13中所示：

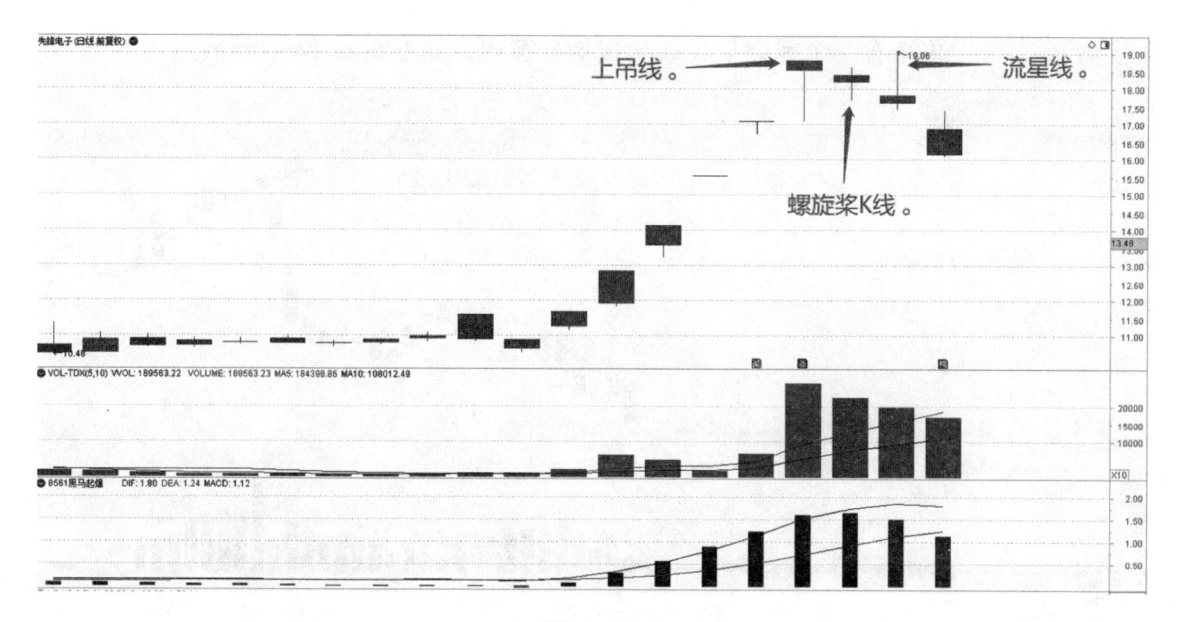

图 6-12

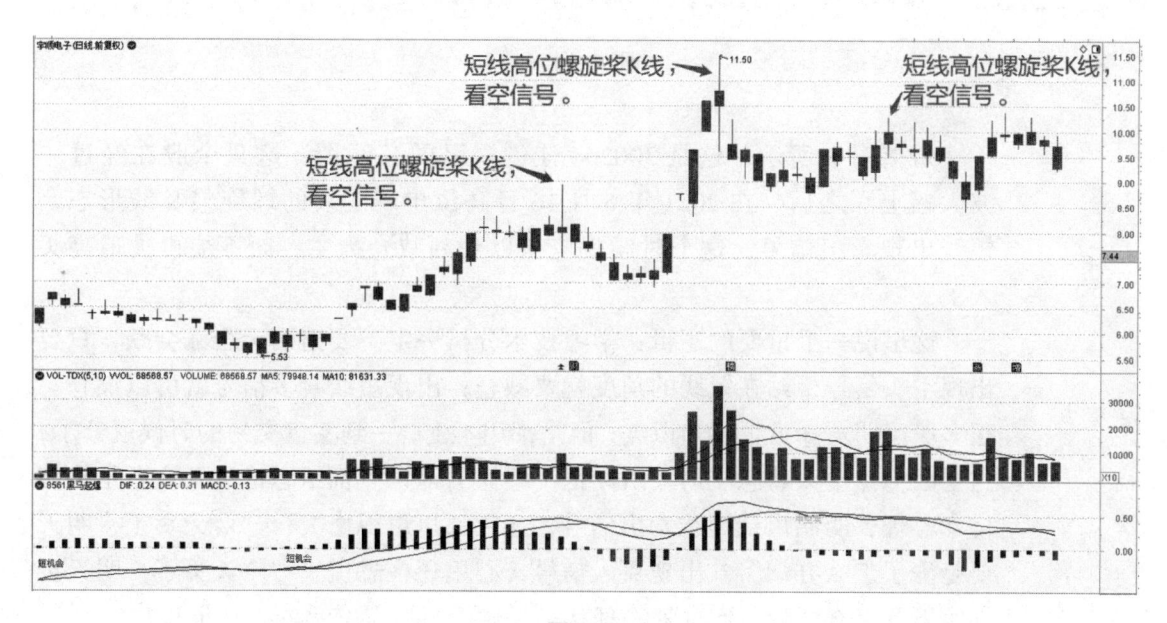

图 6-13

如图 6-13 中所示，这是 002289 宇顺电子的 K 线图，这只个股在 2021 年 4 月 28 日、5 月 19 日、6 月 7 日分别都收出过螺旋桨 K 线形态，之后都出现短线调整走势。所以从短线角度来看，一旦在短线高位收出螺旋桨 K 线形态，就暂时观望一下不能再追高买了，假如持有获利的投资者就可以考虑短线减仓来应对。

再来看一个螺旋桨 K 线卖出信号案例，如下图 6-14 中所示：

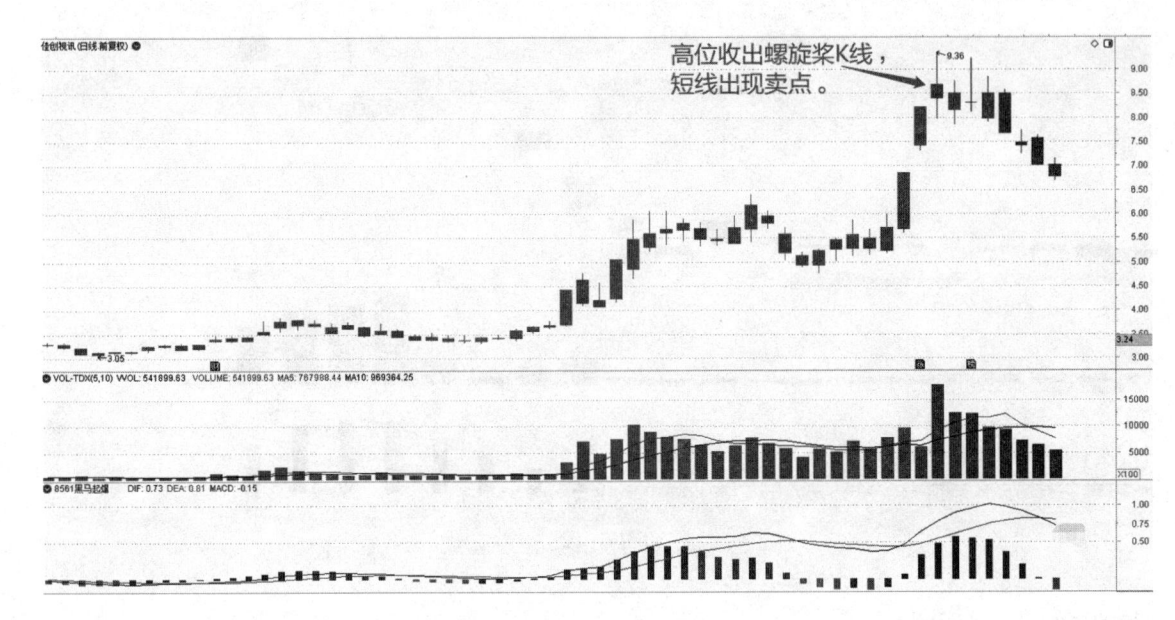

图 6-14

如上图中所示，这是 300264 佳创视讯的 K 线图，这只个股在经过一波大幅上涨之后，在 2021 年 6 月 16 日高位出现阴线的螺旋桨 K 线形态，短线出现卖出信号，这个时候就应该以获利减仓为主，而不能再去追高买入了。

这里说一个重要的逻辑：学习技术分析一定不要猜明天会涨会跌，只要出现空头信号，站在短线的角度就要减仓；出现短线看多信号就可以加仓。很多股民朋友知道很多知识点，但是都用不上，一到实盘交易的时候就蒙了，这是因为盘中太着急交易，所以把一些懂的知识点都给忘记了。或者是抱有侥幸心理，明明出现短线卖出信号，还在那里患得患失，"今天卖了，明天要是涨了怎么办啊"？出现买入信号，心里还在恐慌，"今天买了，明天再继续下跌怎么办啊"？这种心理状态是做不好股票交易的，切记！！！

下面我们用案例分析一下螺旋桨 K 线的买入信号，请看下图 6-15 中所示：

如图中所示，这是 002610 爱康科技的 K 线图，这只个股在 2021 年 6 月 21 日和 6 月 22 日连续收出两根螺旋桨 K 线，出现止跌信号，之后就带来两天的短线反弹。没有这只个股的投资者可以选择在螺旋桨 K 线收出来以后短线介入，持有这只个股被套的投资者就不能再悲观地去止损割肉操作了，而

第六章
"8561A股特色交易体系"常用短线交易技术分析

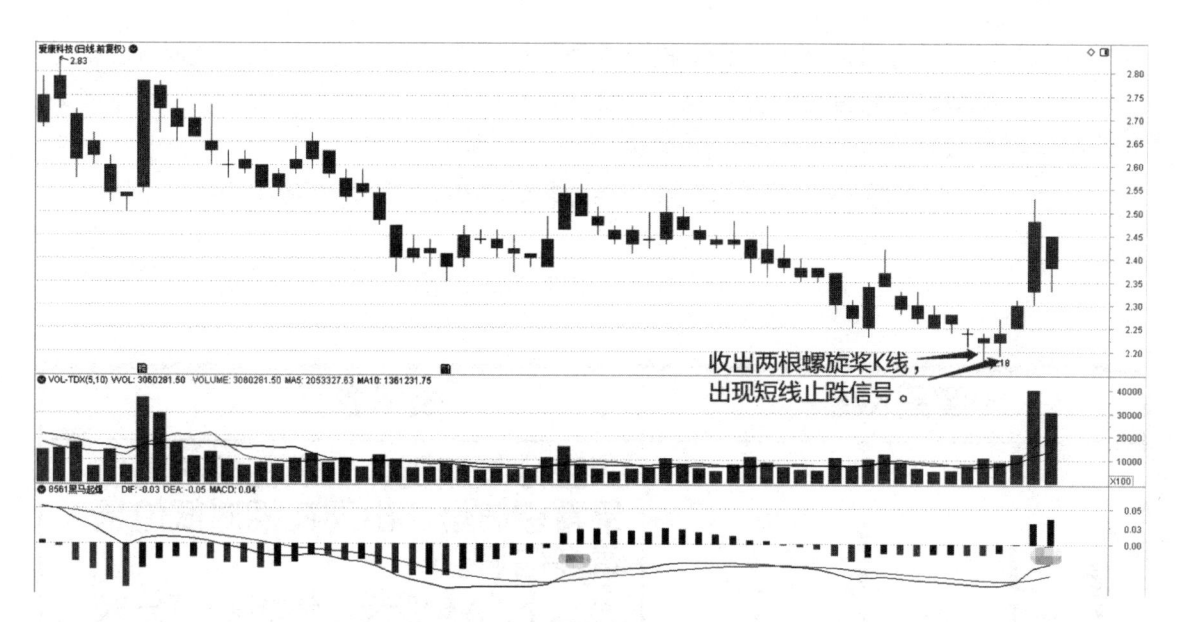

图 6-15

是可以择机以加仓降低成本为主。

请继续看下个螺旋桨 K 线买点案例，如下图 6-16 中所示。

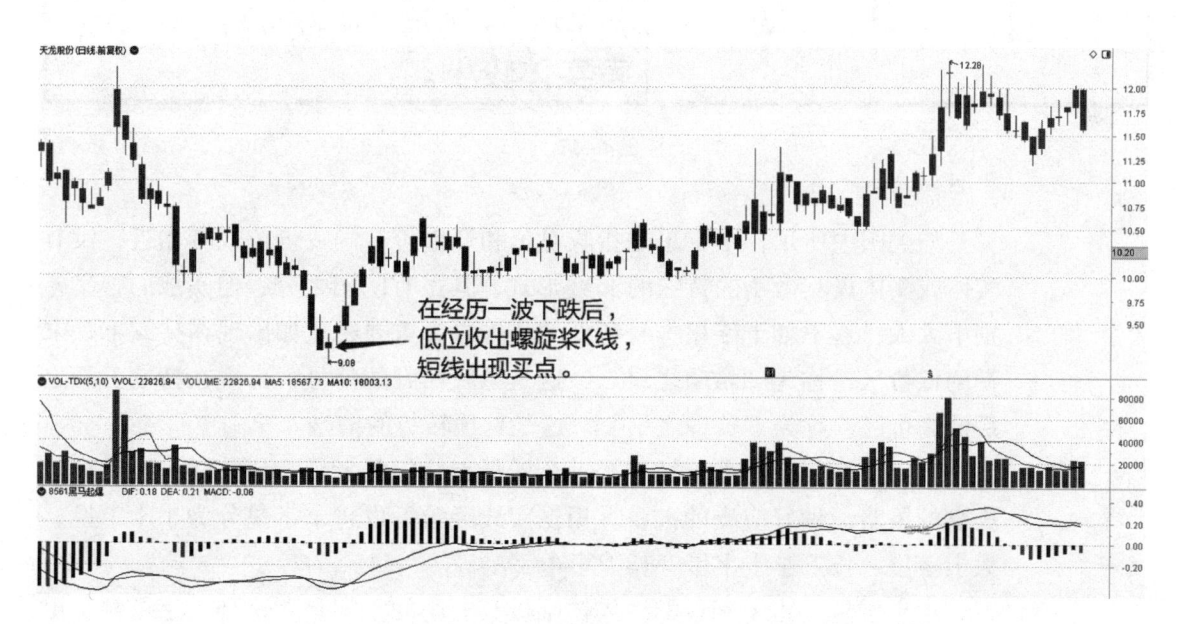

图 6-16

如上图 6-16 中所示，这是 603266 天龙股份的 K 线图，这只个股在 2021 年 2 月 8 日收出一根螺旋桨 K 线，出现止跌信号，之后便展开一波反弹，

· 171 ·

再也没有回到这个低点位置。这种信号出现以后，就可以持股待涨不能再止损割肉，想参与的投资者就可以择机参与了。

四、"8561A股特色交易体系"单根K线短线买卖点技巧四

十字星K线的买卖点实战应用解析，请看下图6-17中所示：

十字星K线	技术含义
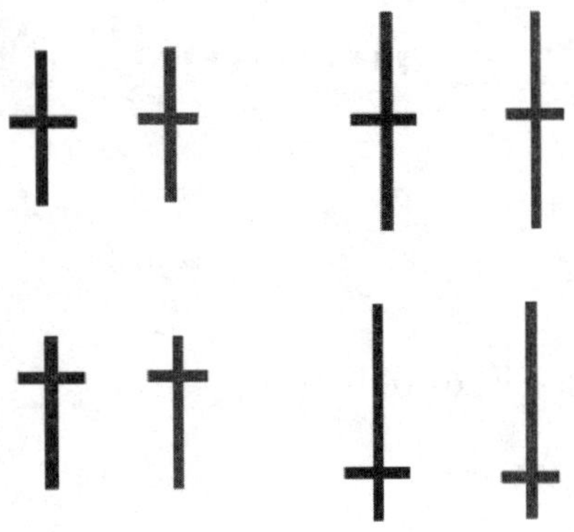 ┼ ┼ ┼ ┼ ┼ ┼ ┬ ┴	多空分歧加剧，出现在相对高位是看空信号，出现在相对低位是看多信号。 上、下影线越长，代表多空分歧越大，转势的信号越强烈。 十字星和螺旋桨K线的区别：螺旋桨K线实体部分稍微长一点，十字星K线的开盘价和收盘价几乎相同而形成一条线，一般没有实体，或者实体较小。

图 6-17

如上图中所示，十字星是指收盘价和开盘价在同一价位或者相近，没有实体或实体极其微小的特殊的K线形式，其虽有阴阳之分，但实战的含义差别不太大，远不如十字星本身所处的位置更为重要，比如出现在持续下跌末期的低价区，称为"希望之星"，这是见底回升的信号；出现在持续上涨之后的高价区，称为"黄昏之星"，这是见顶转势的信号。

十字星往往预示着市场到了一个转折点，投资者需密切关注，及时调整操盘的策略，做好应变的准备。根据实战经验可以将十字星分为小十字星、大十字星、长下影十字星、长上影十字星等。

小十字星是指十字星的线体振幅极其短小的十字星，这种十字星常常出现在盘整行情中，表示盘整格局依旧；出现在上涨或下跌的初期中途，表示暂时的休整，原有的升跌趋势未改，出现在大幅持续上升或下跌之末，往往意味着趋势的逆转。

第六章
"8561A 股特色交易体系"常用短线交易技术分析

先给大家讲一下小十字星买点实战案例，如下图 6-18 中所示：

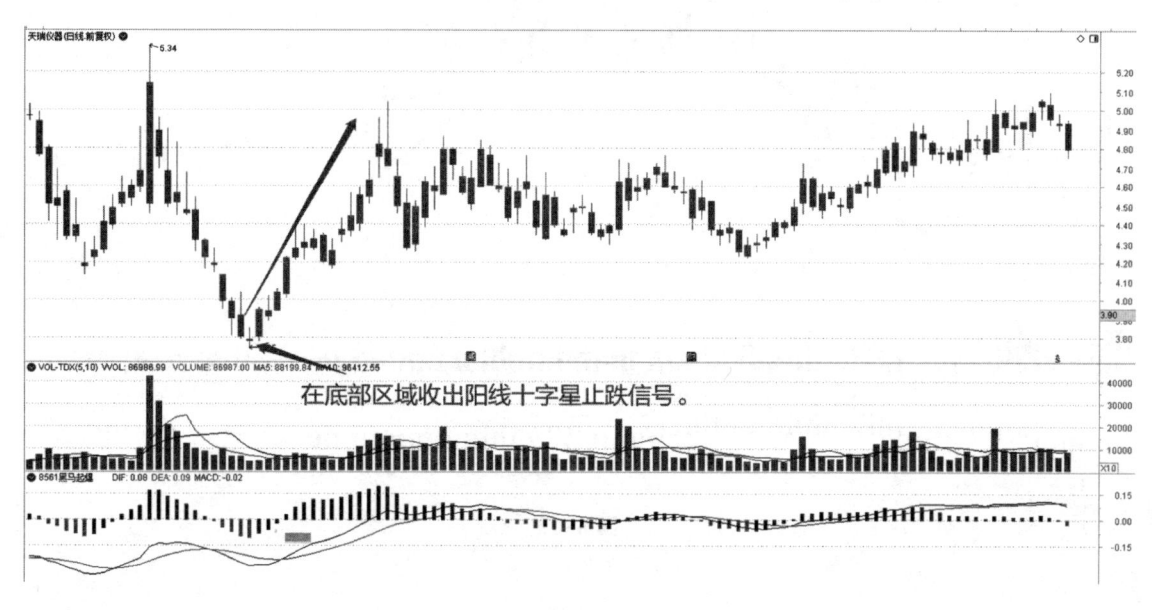

图 6-18

从上图中可以看出，这是 300165 天瑞仪器的 K 线图，在 2021 年 2 月 8 日经过一波调整之后，收出一根小阳线十字星，成交量出现地量，之后便展开一波反弹走势。如果持有这只个股被套的投资者就不能再止损割肉了，而是可以找机会加仓做差价；想参与的投资者就可以择机参与这只个股了。

再提示一个止损的问题：由于单根 K 线买点的判断选择的是左侧交易策略，所以在根据单根 K 线买入以后，股价没有如期上涨，反而下跌了，止损位一定要设在买点信号的那根 K 线的最低点位置，一旦破掉止跌信号的那根 K 线，就要线止损出来观望为主。

下面看一个小十字星的卖点案例，请看下图 6-19 中所示：

从图中可以看出，这是 000030 富奥股份的 K 线走势图，在 2021 年 4 月 7 日收出一根阳线十字星，之后便开始一轮明显的调整行情。如果持有这只个股的投资者看到十字星卖出信号就应该减仓为主，而不能再去追高买入了。

大十字星出现在大幅持续上升或下跌之末的概率较大，盘整区间出现的概率不多见，往往意味着行情的转势。先给大家讲一个大十字星的买点案例，请看下图 6-20 中所示：

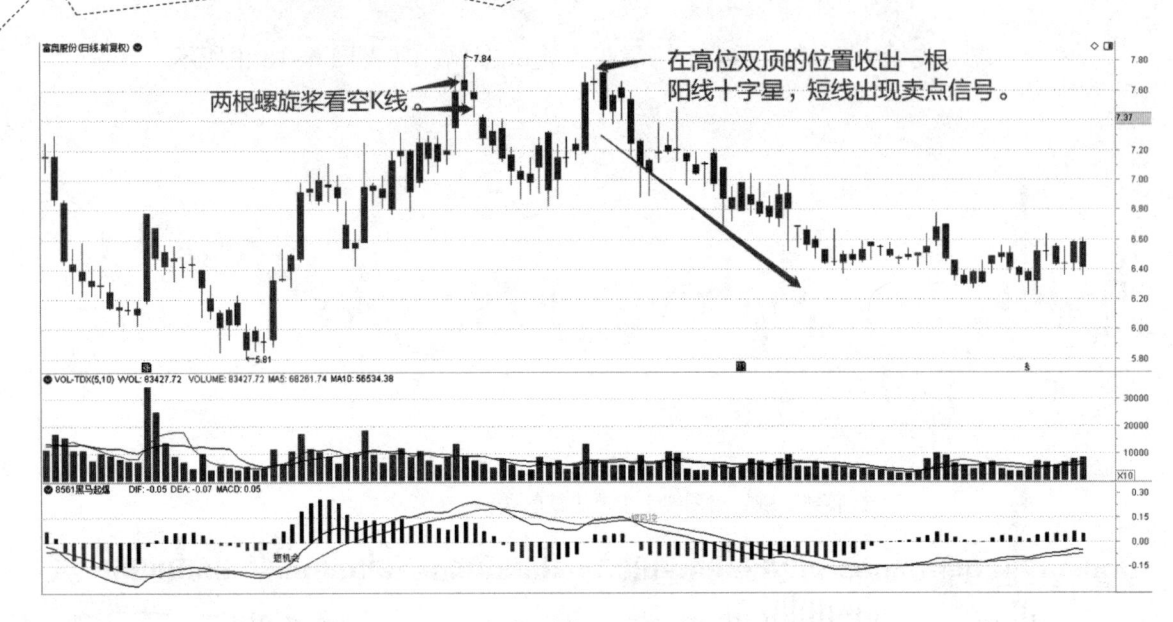

图 6-19

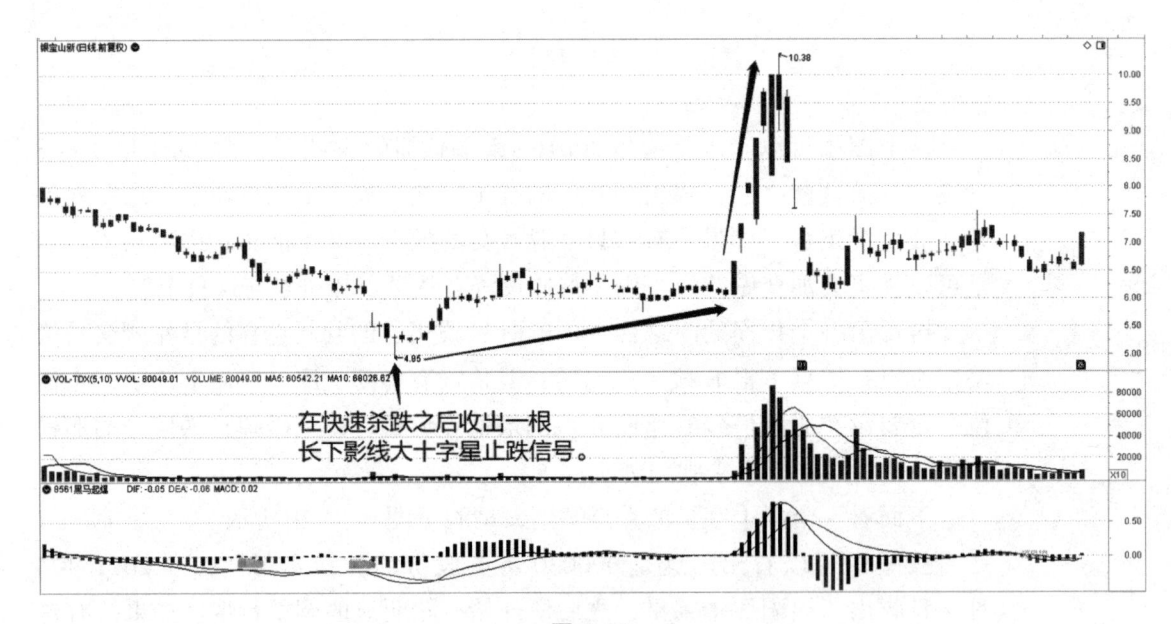

图 6-20

如图 6-20 中所示，这是 002786 银宝山新的 K 线走势图，这只个股在经过一波加速赶底之后，连续收出止跌信号，在 2021 年 2 月 4 日收出一根阳线十字星，下影线较长，代表多头开始反攻，之后便展开一轮上涨行情，股价也没有再回到这个低位位置。所以股价在低位出现十字星 K 线以后，短线可以择机介入，被套的投资者就不能随便割肉止损了，而是要以择机加仓做差价降低成本为主。

接下来给大家讲解一下大十字星卖出信号实战案例，请看下图 6-21 中所示：

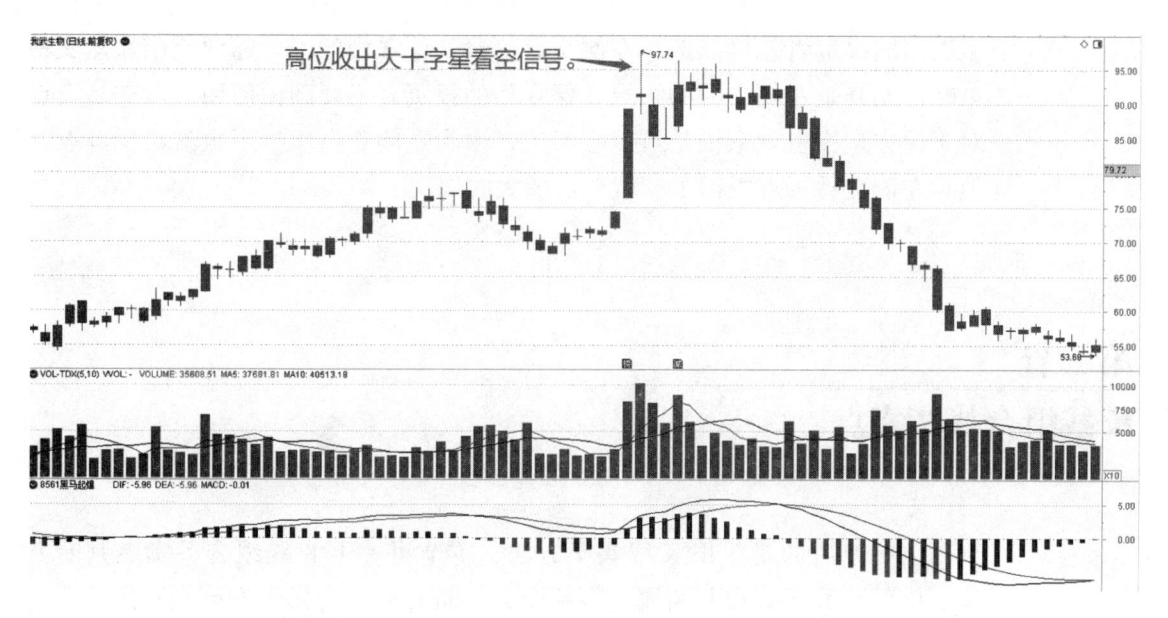

图 6-21

如上图中所示，这是 300357 我武生物的 K 线走势图，这只个股经历一波上涨之后，在 2021 年 1 月 26 日高位收出一根大十字星，长上影线较长，代表多头已经力竭，空头开始卖出股票，带来短线压力，之后就没有再创出新高，而是开始一轮下跌行情。

> **重要知识点**：长下影十字星如果出现在上升趋势中途，一般均表示暂时休整，多头开始撤退空头开始增加，股价回调的概率增大。此为看空信号。

如果是出现在持续下跌之后的低价区，则暗示卖盘减弱买盘增强，股价转向上升的可能性在增大，但次日再次下探不能创新低，否则后市将有较大的跌幅。

最后再给大家一个"8561A 股特色交易体系"中对于十字星的实战应用的一个小技巧：在上涨图中收出阳线十字星，看跌概率大；出现阴线十字星，是上涨中继概率大；在下跌途中收出阳线十字星，止跌概率大，收出阴线十字星，下跌中继概率大。

以上给大家介绍了几种单根 K 线找买卖点的技巧，还有很多其他单根 K 线买卖点判断方法，在这里就不一一介绍了。

需要重点提示的是：单根 K 线判断买卖点都是属于左侧交易，所以只有激进型的投资者才可以选择左侧交易策略，保守型的不要随便使用左侧交易策略，尤其是左侧交易的买点，保守型的投资者不要随便使用，做交易卖点对于保守型投资者来说是可以参考的，因为左侧卖点卖早了也就是少赚点，但是左侧交易买点买错了，就会造成大的损失。

第二节
K 线组合找买卖点

上一节讲的是单根 K 线买卖方法，本节讲一下 K 线组合买卖点判断方法。单根 K 线买卖点判断属于左侧交易，而 K 线组合属于右侧交易的策略，因为不管是卖点还是买点，都要等一个稍微确定点的信号出来才能动手操作，所以是偏右侧交易的策略。左侧交易和右侧交易也是分级别的，这里讲的不管是单根 K 线的左侧交易还是 K 线组合的右侧交易，都是短线的小级别的策略，不能和大级别的左侧和右侧来混淆。

一、"8561A 股特色交易体系" K 线组合短线买卖点技巧一

阳包阴（看涨吞没）、阴包阳（看跌吞没）K 线组合判断买卖点。

阳包阴要开心，阴包阳防遭殃！大家先把这两句顺口溜记住，也就是假如 K 线走势收出阳包阴的 K 线组合，短线看多的概率大；假如收出阴包阳的 K 线组合，短线看空的概率大。但是在这里还要强调一个细节：在低位的和上升趋势中的阳包阴更可靠一点，高位出现的阳包阴就要谨慎对待；同样的在高位的阴包阳和下跌趋势中的阴包阳可信度更高一点，低位的阴包阳就可以看淡一点。

先来讲一下阳包阴的买点技巧，阳包阴 K 线组合请看下图 6-22 中所示：

阳包阴是指股价下跌一段时间后，突然出现一根中阳线或大阳线将前日的阴线全部吞没的 K 线组合。这说明多头发力，一举打垮了空头，走势形成

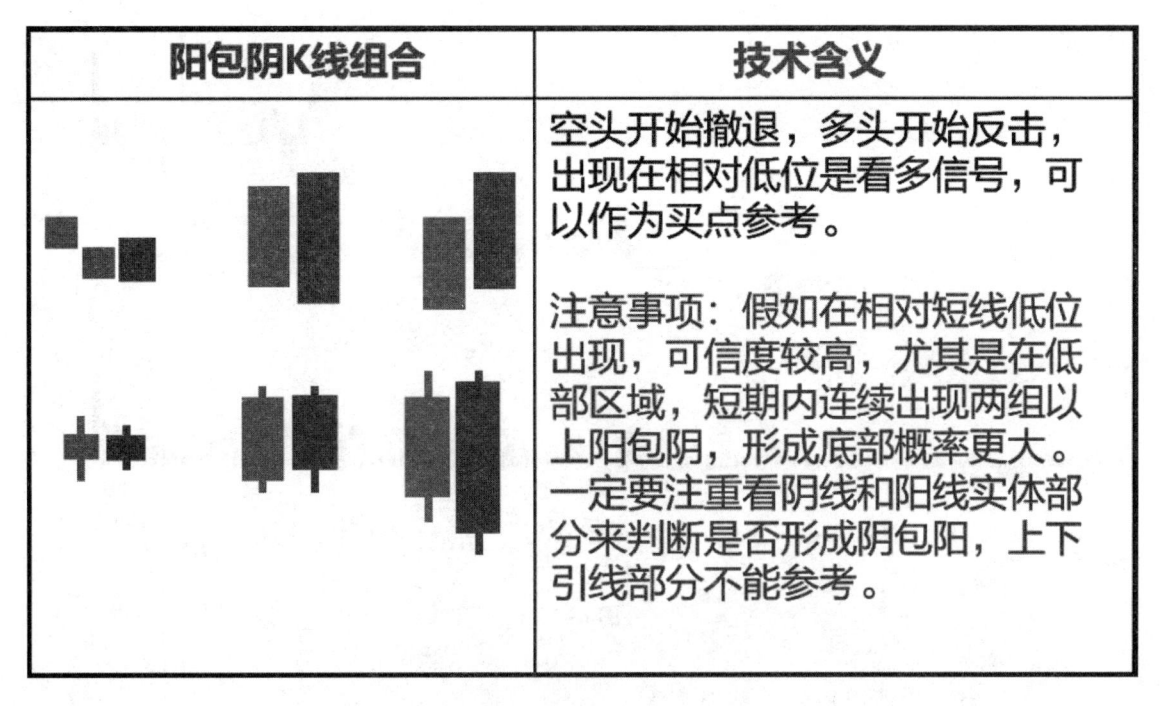

阳包阴K线组合	技术含义
	空头开始撤退，多头开始反击，出现在相对低位是看多信号，可以作为买点参考。 注意事项：假如在相对短线低位出现，可信度较高，尤其是在低部区域，短期内连续出现两组以上阳包阴，形成底部概率更大。一定要注重看阴线和阳线实体部分来判断是否形成阴包阳，上下引线部分不能参考。

图 6-22

反转。投资者通常把这个组合看作股价上涨的信号。其变化形态是前面的阴线不一定只是一根，也可以是几根，只要后面的阳线把它们都吞没就行。阳包阴作为买入信号还需要结合其出现位置、成交量等来综合研判。

> 注意事项：股价前期大幅下跌或者回调到位，股价下跌空间有限；阳包阴如果有量能的放大配合，则多头强势更为明显；如果股价后市继续上涨，则反转走势确认。依然要记住，注意区分股价所处位置，这是重点，也是学习所有技术分析买卖点的K线的时候需要注重的。

下面我们用案例来讲解用阳包阴来判断买点的方法，请看下图 6-23 中所示：

如图中所示，这是 300631 久吾高科的 K 线走势图，这是截止到 2021 年 7 月 2 日的 K 线图。从之前的走势可以看出，在每一轮小幅调整过后，其中几次都出现过阳包阴的组合，之后都带来一波短线反弹。

阳包阴之所以能够在多数情况下止跌，是因为背后的本质是：阴线代表空头，阳线代表多头，一根空头阴线之后，收出一根阳线，代表多头战胜了

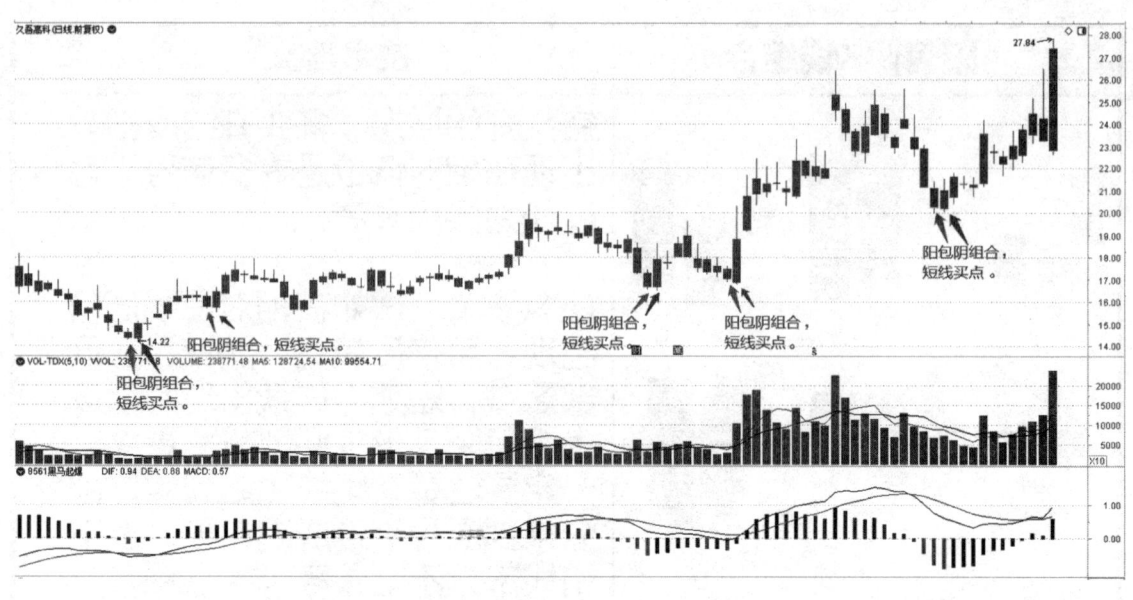

图 6-23

空头，所以短线看涨概率大。

我们继续看下个阳包阴组合买点案例分析，如下图 6-24 中所示：

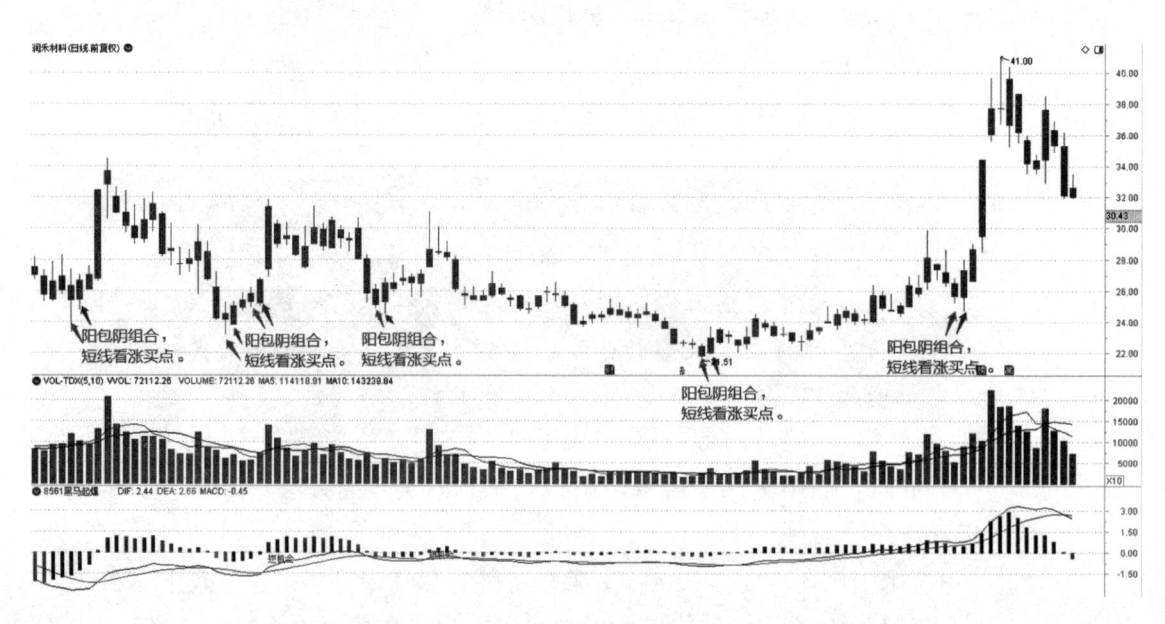

图 6-24

如图 6-24 中所示，这是 300727 润和材料的 K 线走势图，这是截止到 2021 年 7 月 2 日收盘的 K 线图。从图中可以看出，这只股票在横盘期间，

第六章
"8561A股特色交易体系"常用短线交易技术分析

有过几次短线调后的底部区域收出阳包阴的走势，之后大概率都出现一波短线反弹走势。

> 注意：如果有上下影线的K线，不管是阴线还是阳线，一定要以K线实体为准来判断是阳包阴还是阴包阳，因为实体部分才是可以参考的重要依据。
>
> 阳包阴组合买入以后，止损位的设置：在买入以后，假如股价没有上涨，转为下跌了，那就在破掉阳线最低点的时候进行止损。

讲完了阳包阴的买点技巧，继续讲阴包阳的卖点技巧，阴包阳的技术形态如下图6-25所示：

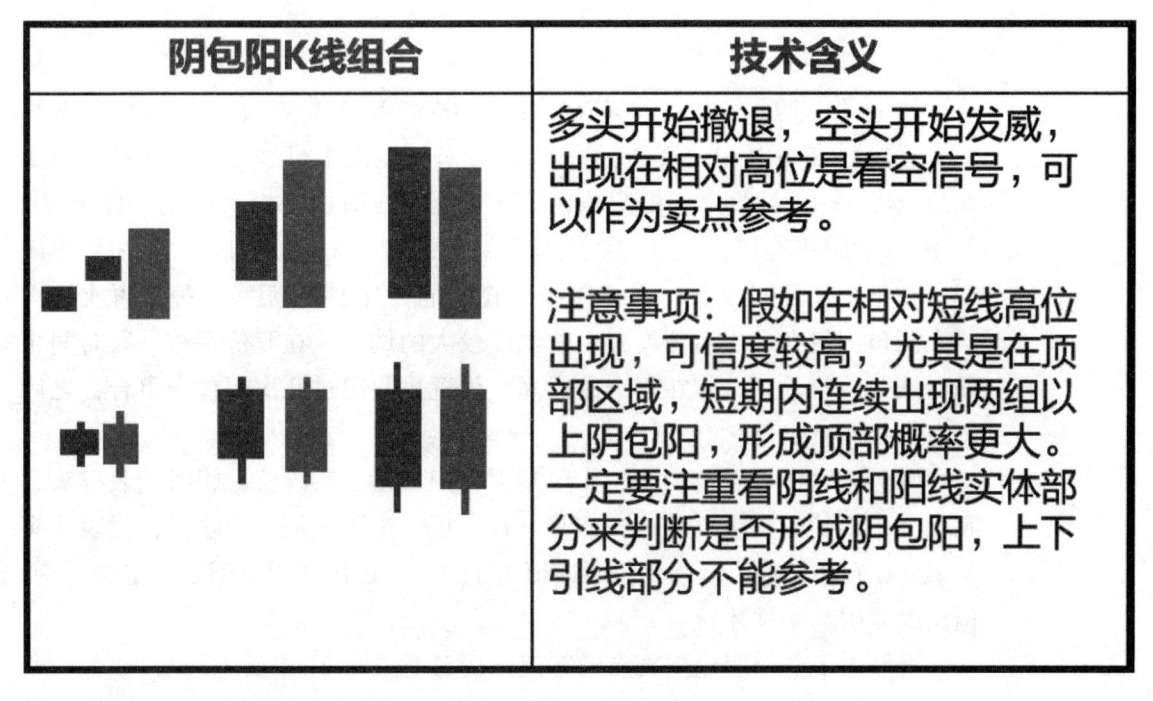

阴包阳K线组合	技术含义
	多头开始撤退，空头开始发威，出现在相对高位是看空信号，可以作为卖点参考。 注意事项：假如在相对短线高位出现，可信度较高，尤其是在顶部区域，短期内连续出现两组以上阴包阳，形成顶部概率更大。一定要注重看阴线和阳线实体部分来判断是否形成阴包阳，上下引线部分不能参考。

图6-25

开始学习阴包阳组合卖点相关案例，继续看图说话，如下图6-26中所示：

图 6-26

如上图中所示，这是 300763 锦浪科技的 K 线走势图，从 2021 年 2 月 5 日至 2021 年 6 月 10 日区间的那一段走势。从图中可以看出，这只股票在 2021 年 2 月 10 日收出一根阳线，第二个交易日收出一根大阴线，直接把 2 月 10 日的阳线吃掉，收出一个阴包阳组合；随后 2 月 19 日又收出一根小阳线，在下个交易日又收出一根阴线，直接把 2 月 19 日阳线吃掉，再次收出一个阴包阳组合，之后便展开一波幅度较大的调整。在股价调整一段时间止跌后展开一轮反弹，但在每个波段高点位置也收出过几次阴包阳组合，之后都有短线调整出现。

阴包阳之所以看空为主，主要是因为阳线是多头阵营，阴线代表空头，在收出阳线的时候可以看多，但是一旦出现一根阴线把阳线吃掉，代表空头发威开始反击，这个时候要暂时谨慎为主，不是说出现阴包阳就一定会下跌，但至少要引起重视才行。

继续看下一个阴包阳卖点的案例，请看下图 6-27 中所示：

如图中所示，这是 002901 大博医疗的 K 线走势图，这只个股在 2021 年 1 月 7 日至 2021 年 7 月 2 日区间的走势图。在 2021 年 1 月 7 日至 1 月 25 日这段时间，也是连续收出三组阴包阳的 K 线组合，看空概率大增，之后便开始一轮深度调整。在止跌的时候 3 月 10 日和 3 月 11 日收出一个阳包阴组合，之后便展开一轮上涨行情。之后的每次短线高位出现阴包阳组合，都出现一波调整。5 月 12 日收出一根缩量阳线十字星，短线止跌开始反弹，到了 5 月

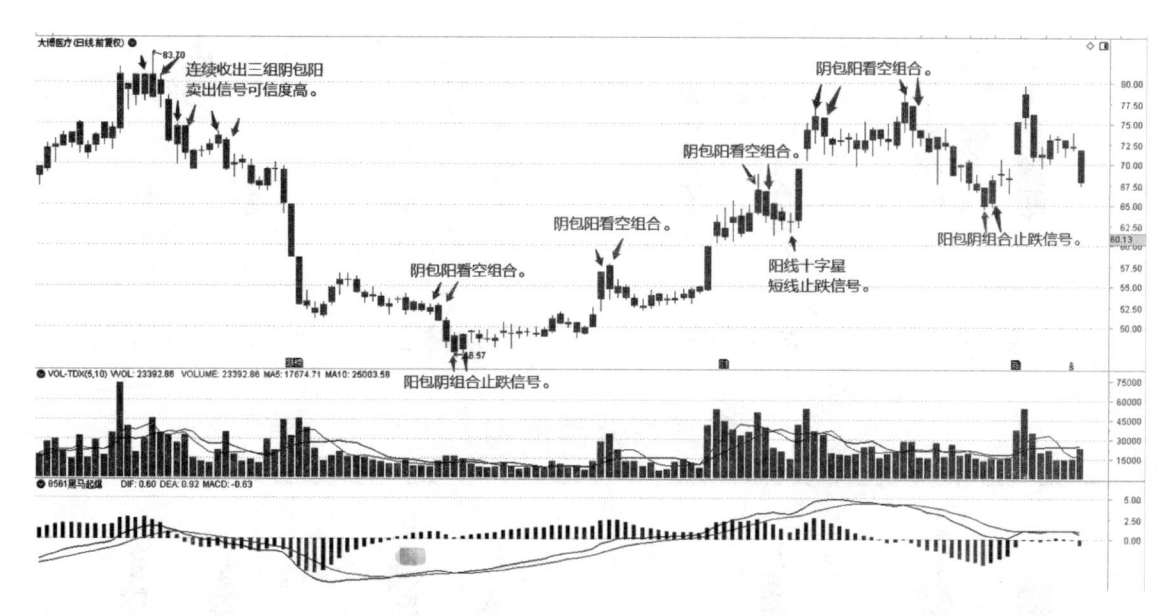

图 6-27

18 日又收出一根阴线，走出阴包阳的组合。

大家学习的目的就是要提高成功概率，所以一定要多学习，综合判断，利用不同的买卖点技巧相互结合使用，这样才能判断出相对准确的买卖点，因为不是所有的短线买卖点都是一样的，不可能每只股票每次的买卖点都是十字星或者阳包阴、阴包阳，同样一只股票会在不同的时期出现不同的买卖点信号。但也有例外，一只个股的主力会相对钟爱一种买卖点，这个知识点在后面章节再去介绍。

二、"8561A 股特色交易体系" K 线组合短线买卖点技巧二

底分型、顶分型 K 线组合判断买卖点，顶底分型理论是缠论中的一个知识点，具体 K 线组合如下图 6-28 中所示：

顶分型和底分型在股市实战投资交易操作中的作用很大，但分型在不同级别价格走势中的趋势差异较大，大级别分型确定性较强，越小级别的分型在股市实战交易操作中的噪音杂波越多，分型技术应该是股市技术分析中的精髓之一。

分型主要分为顶分型和底分型两种形态，其中最有杀伤力的是顶分型，如下图 6-29 中所示：

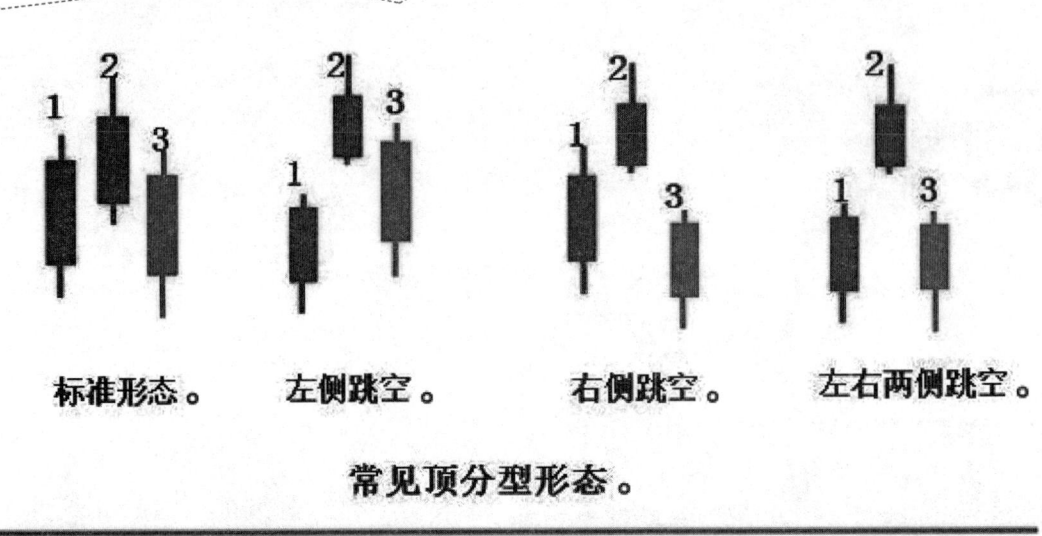

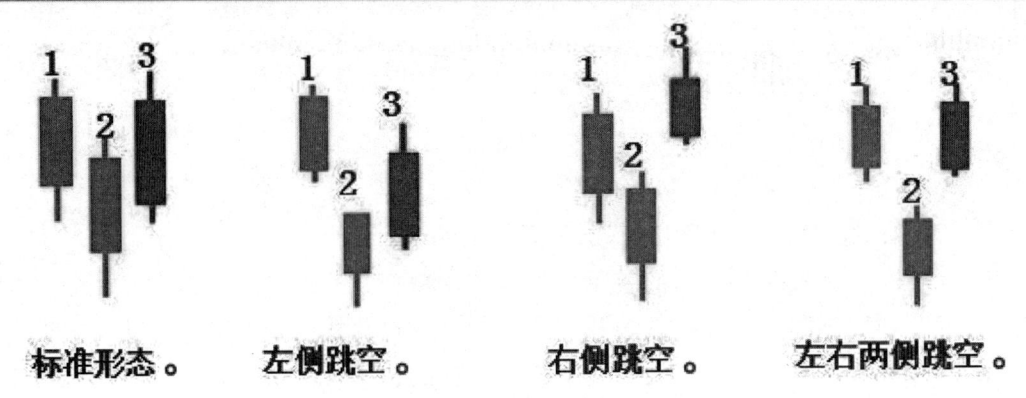

标准形态。　　左侧跳空。　　右侧跳空。　　左右两侧跳空。

常见顶分型形态。

标准形态。　　左侧跳空。　　右侧跳空。　　左右两侧跳空。

常见底分型形态。

图 6-28

如图 6-29 中所示，顶分型：相邻三根 K 线中，中间一根 K 线的高点是三根 K 线中高点中最高的，其低点也是三根 K 线中低点中最高的，这三根 K 线的组合，就是顶分型。

强烈顶分型的特征：主力毫不犹豫，K 线形态上三线见分晓，无须合并多余的 K 线；第三 K 线跌破第一 K 线底部，跳空跌破更惨；顶分型是上涨过程中即将出现转折的信号，一只上升趋势的股票，如果连顶分型都没有出现，就不应该急于卖出。

顶分型的力度，如图 6-29 中所示，先说顶分型的下沿，是指形成顶分型的第 1 根 K 线的最低点。顶分型的下沿是判断顶分型强弱的关键位置。以顶分型的下沿是否被形成顶分型的第三根 K 线有效击破来判断。分为最强走

第六章
"8561A股特色交易体系"常用短线交易技术分析

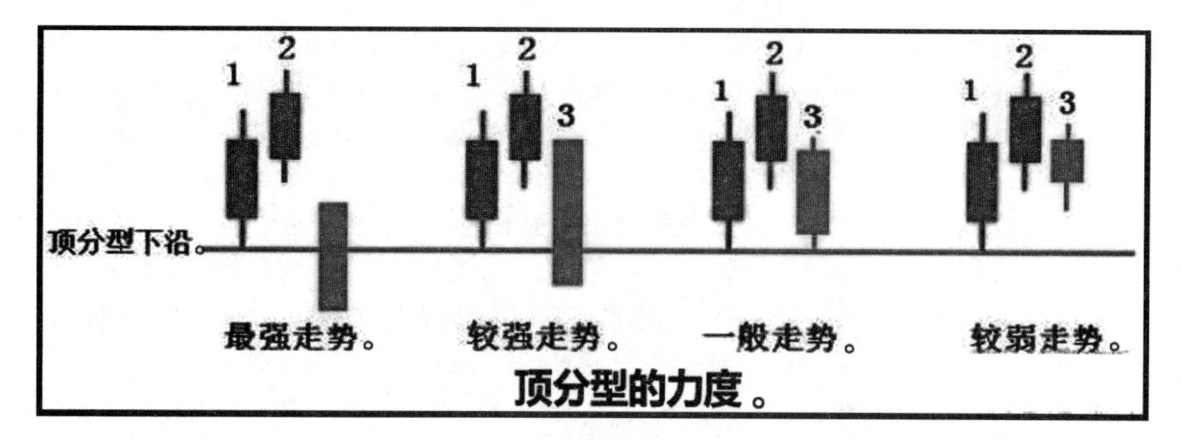

图 6-29

势、较强走势、一般走势和较弱走势四种。

最强走势：第三根K线为跳空低开并低走的大阴线，强力击穿顶分型下沿。收盘时阴线的跌幅越大，力度越强。

较强走势：从第二根K线的中下部开盘，且收盘以中大阴线击穿顶分型下沿。

一般走势：第三根K线最低点在顶分型下沿附近。

较弱走势：第三根K线最低点在顶分型的下沿之上。离下沿越远，力度越弱。

顶分型在上涨过程中第一次出现时，如果形态不是十分强烈，那么一般情况下可能是中继顶分型，不会立即导致行情向下转折。但是如果出现了两三次顶分型，就必须特别小心，这个时候顶分型转折向下的概率非常大。

下面继续讲解底分型K线组合，请看下图6-30中所示：

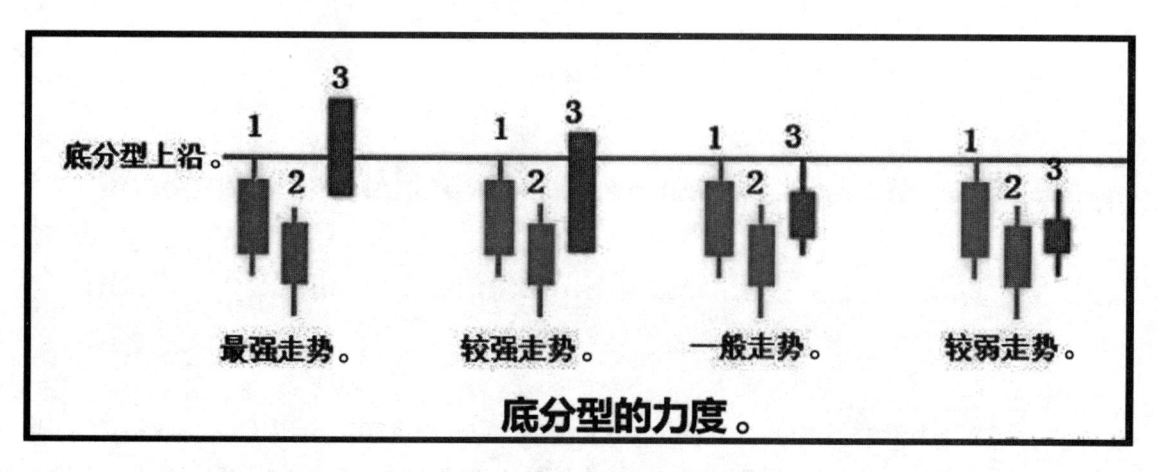

图 6-30

· 183 ·

如图 6-30 中所示，底分型：第二根 K 线的高点是三根 K 线中高点的最低点，同时第二根 K 线的低点也是三根 K 线中低点的最低点。本质是下降后转折成上升。

强烈底分型的特征：主力毫不犹豫，K 线形态上三线见分晓，无须合并多余的 K 线；第三根 K 线覆盖第一根 K 线，跳空覆盖更牛；底分型是下跌过程即将出现转折的信号，一只下跌中的股票，如果连底分型都没有出现，就不要急于买入。底分型的力度，是以底分型的上沿是否被形成底分型的第三根 K 线有效击穿来判断，也分为最强、较强、一般和较弱四种。

最强走势：第三根 K 线为跳空高开高走的大阳线，并强势击穿底分型上沿。收盘时阳线涨幅越大，力度越强。

较强走势：第三根 K 线从第二根 K 线的中上部开盘，并以中大阳线收盘，且击穿底分型上沿。

一般走势：第三根 K 线收在底分型的上沿附近。

较弱走势：第三根 K 线收在底分型的上沿之下。离上沿越远，力度越弱。

第一次底分型有可能是中继底分型，连续两三次底分型，那么转折向上的概率就非常大了。

下面讲几个案例，先来讲一下顶分型卖点的案例，如图 6-31 中所示：

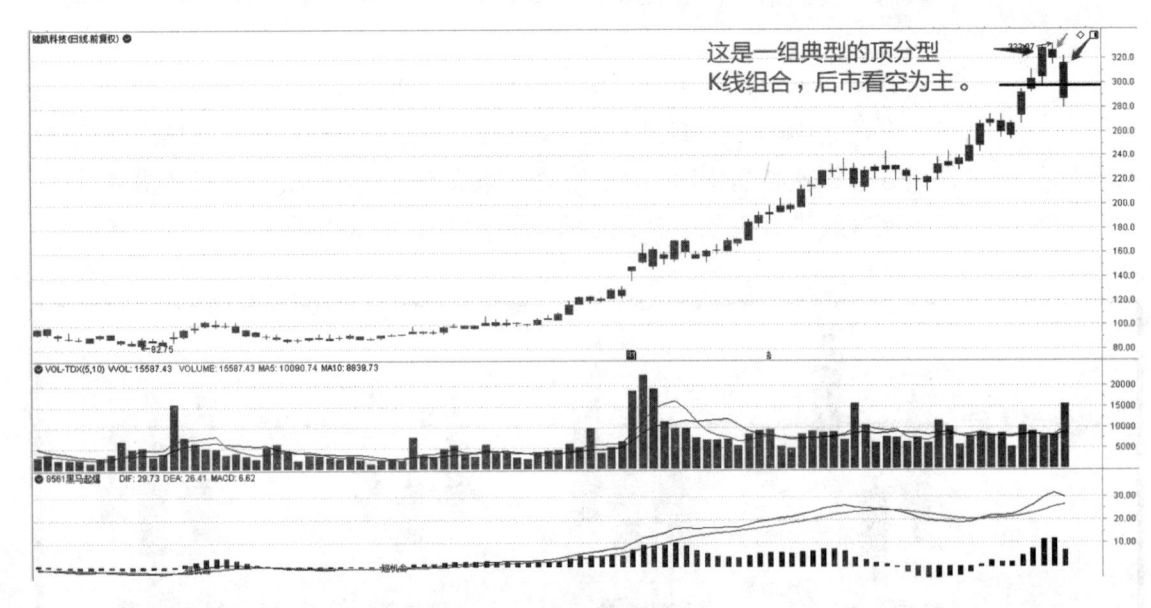

图 6-31

如上图中所示，这是 688356 键凯科技截至 2021 年 7 月 2 日收盘的 K 线走势图，从图中可以看出，这只个股在 6 月 30 日收出一根缩量阳线、7 月 1

日收出一根创新高的小阴线和 7 月 2 日收出一根大阴线，直接把 6 月 30 日那根 K 线最低点跌破，至此在三个交易日内，收出一组典型的顶分型 K 线组合，后市就要以看空为主，假如没有这只股票的投资者，暂时就不能参与了；持有这只股票的投资者，要考虑获利了结，追高进去的投资者就得考虑止损问题，否则后市中期调整的下跌幅度会跌到怀疑人生，下跌幅度最少也得 50% 起步。

继续看下个顶分型案例，如下图 6-32 中所示：

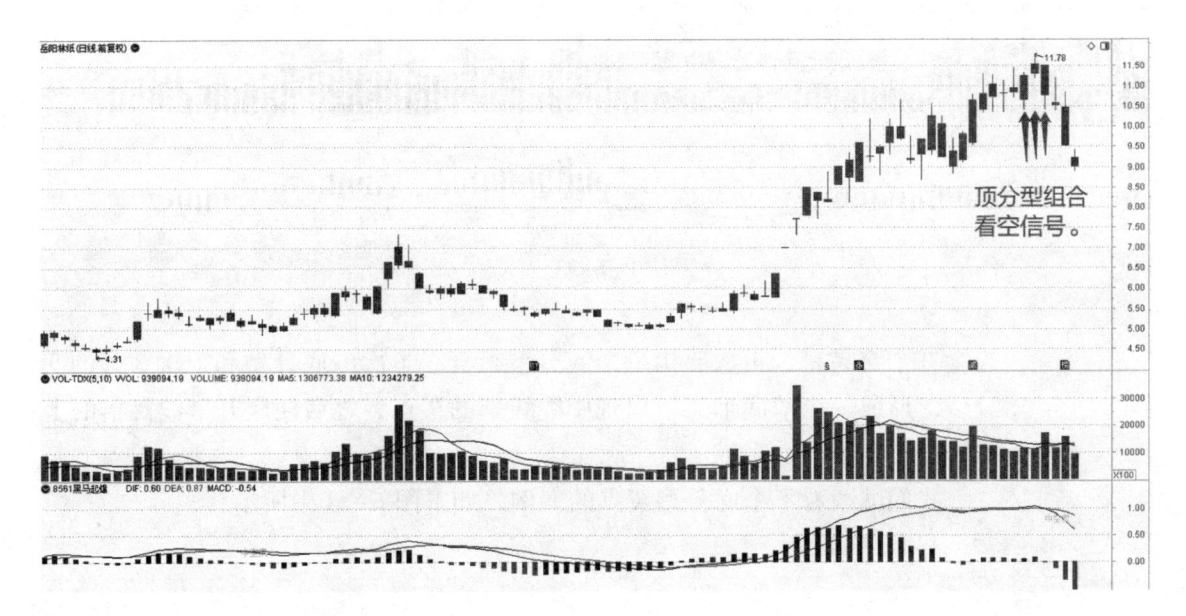

图 6-32

如上图中所示，这是 600963 岳阳林纸截止到 2021 年 7 月 2 日收盘的走势图，从图中可以看出，在 6 月 25 日收出一根中阳线上涨，6 月 28 日又收出一根小阳线，6 月 29 日收出一根中阴线，至此连续三根 K 线收出一个顶分型组合，接下来要看空为主了，没有这只个股的投资者就不要随便参与了，持有的投资者盈利要考虑获利降低仓位，追高进去的投资者就要考虑如何止损控制风险了。

讲完了顶分型的卖点技巧，下面我们来讲底分型的买点技巧，请看下图 6-33 中所示：

如图中所示，这是 002738 中矿资源截止到 2021 年 7 月 2 日的走势图，从图中可以看出，这只个股在 2021 年 3 月 24 日、25 日、26 日三个交易日中，收出一个底分型组合，之后开始筑底，在 2021 年 4 月 12 日、13 日、14 日

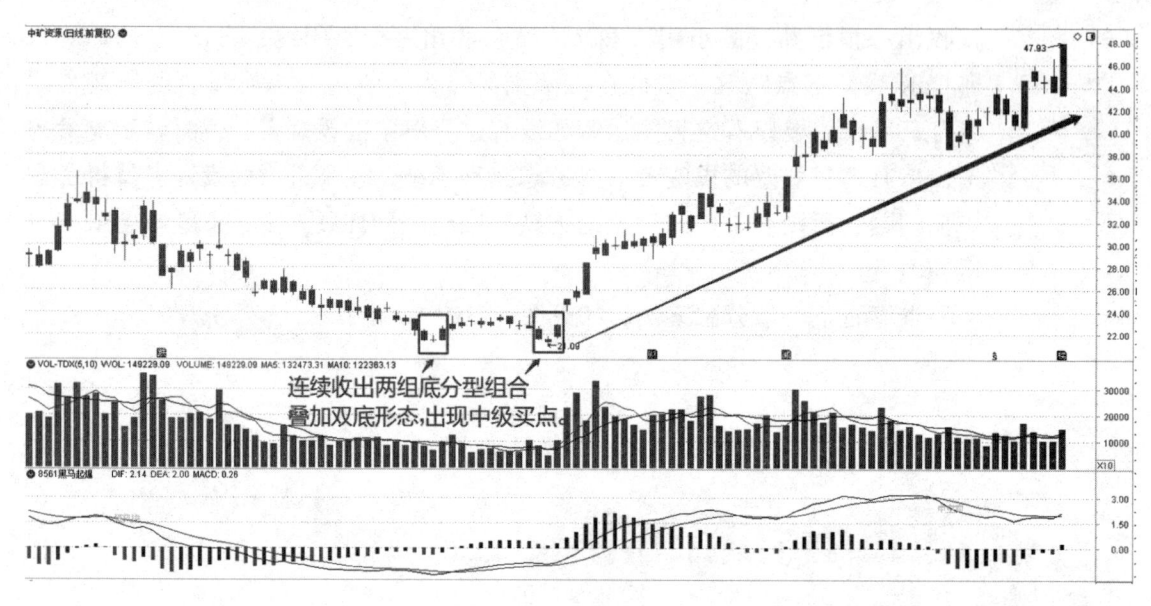

图 6-33

连续三个交易日，再次收出一个底分型组合。本次的底分型和上次 3 月的底分型，形成一个双底形态，出现中线级别的买点，之后便展开一波翻倍的上涨行情。

我们继续看下个底分型买点的案例，如下图 6-34 中所示：

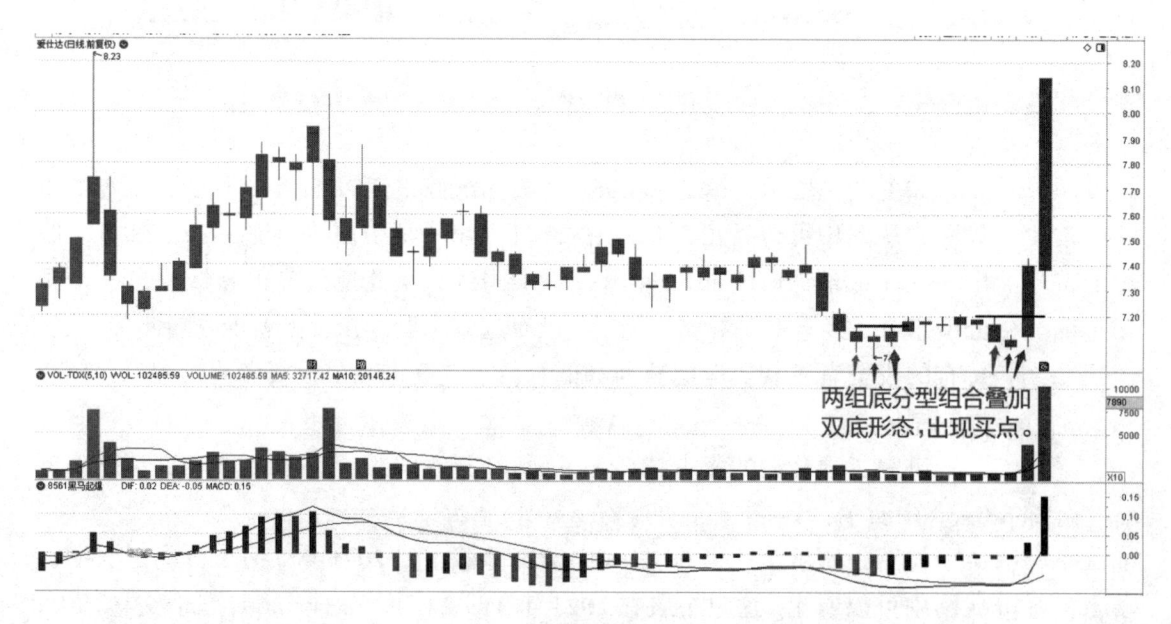

图 6-34

如图 6-34 中所示，这是 002403 爱仕达截至 2021 年 7 月 2 日收盘的 K 线走势图，从图中可以看出，这只个股在 2021 年 6 月 17 日、18 日和 21 日三个交易日收出一个底分型组合，这个底分型相对弱一点，之后走了一小波反弹，便开始回调，在回调到 6 月 18 日低点附近得到支撑，到了 6 月 29 日、30 日、7 月 1 日三个交易日再次收出一个底分型组合，之后开始反弹走势。

对于底分型的使用，尽量结合双低来使用，这样更加可靠一些，当然没有双底也可以使用，只是成功概率我们要考虑在内。

底分型买入以后，止损位设置：由于底分型买点属于右侧交易策略，在买入以后没有如期上涨，那就要严格设置止损位，可以把止损位设置在底分型组合的最低点位置，只要不破底分型组合的最低点，就可以持股，一旦收盘价破掉底分型的最低点收不上去，就要先止损出来，防止股价继续走下降通道。

三、"8561A 股特色交易体系" K 线组合短线买卖点技巧三

刺透形态、乌云盖顶形态 K 线组合判断买卖点，先来看一下刺透形态和乌云盖顶的 K 线组合，如下图 6-35 中所示：

刺透形态K线组合	技术含义
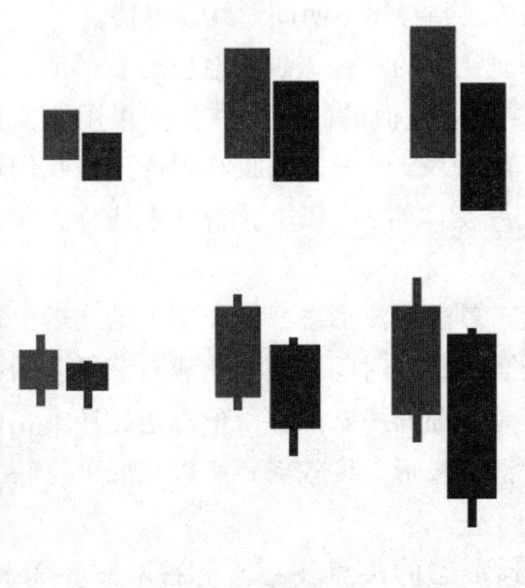	空头力量开始减弱，多头开始反击，出现在相对低位是看多信号，可以作为短线买点参考。 注意事项：假如在相对短线低位出现，可信度较高，尤其是在低部区域，形成底部概率更大。右侧阳线一定要刺入左侧阴线实体一半以上，这样才算是标准的刺透形态。

图 6-35

从图 6-35 中可以看出，刺透形态组合其实是介于阳包阴组合之间的一种 K 线组合，因为如果右侧阳线全部反包了左侧阴线，那就是属于阳包阴组合了。

刺透形态由于其 K 线的表现不同，并其所表达的看涨反转的程度不同，所以我们将其分开来讲。看涨吞没形态是后面一根阳线将前面的阴线完全吞没掉，即后面一根阳线的开盘价低于前面阴线的收盘价，而收盘价则高于前面阴线的开盘价，其看涨意味更加浓厚。

概述图所示是两种 K 线形态的对比，如果将红色的阳线看成多头力量，绿色当作空方的力量，则从图中就可以看出，看涨吞没形态的多方力量的增长要快，而且强大。

刺透形态是由两根 K 线组成，第一天是一根阴线，第二天是一根阳线，第二天的实体穿过第一天的实体。

识别方法：市场处于下降趋势，第一天是一根大阴线；第二天是一根大阳线，它的开盘价低于第一天的最低价；第二天的收盘价应该高于第一天大阴线实体的 50% 位置。市场原本在已经确定的下降趋势中运行，当日大阴线的出现使得市场中处于强烈的卖盘中，第二天市场向下跳空开盘更证明了卖方的决心，但在整个交易日内，市场做多人气开始得到聚集，最后以阳线收盘。

刺透形态是一种判断市场是否已经形成底部的重要标志，通常出现在下降趋势中，建议对该形态进行确认，第二天阳线的实体收盘价应该达到前一天阴线长度的一半。如果达不到，则市场趋势还不明朗，继续等待。

刺透形态在形态上是和顶部形态研究中的乌云盖顶相对应的底部形态，从刺透形态来看，右面阳线实体深深侵入左面的阴线实体，如果阳线实体侵入阴线实体不到 1/2，往往会成为下跌中继形态，因此对刺透形态我们严格规定：右面的阳线实体必须侵入阴线实体的 1/2 以上，否则不能称为刺透形态。

从此形态含义分析大家可以类比于看涨吞没形态，在长期下跌之后出现此形态首先必引起前日阴线出局者的恐慌，短时间内多空达成看涨做多的一致，于是走势被逆转。但这里我们还是和前篇的看涨吞没形态对比一下，由于刺透形态侵入阳线实体的力度比看涨吞没形力度较弱，所以在底部反转力度上也不如看涨吞形态强。

下面我们用实战案例来讲解刺透形态的买点技巧，请看下图 6-36 中所示：

第六章
"8561A股特色交易体系"常用短线交易技术分析

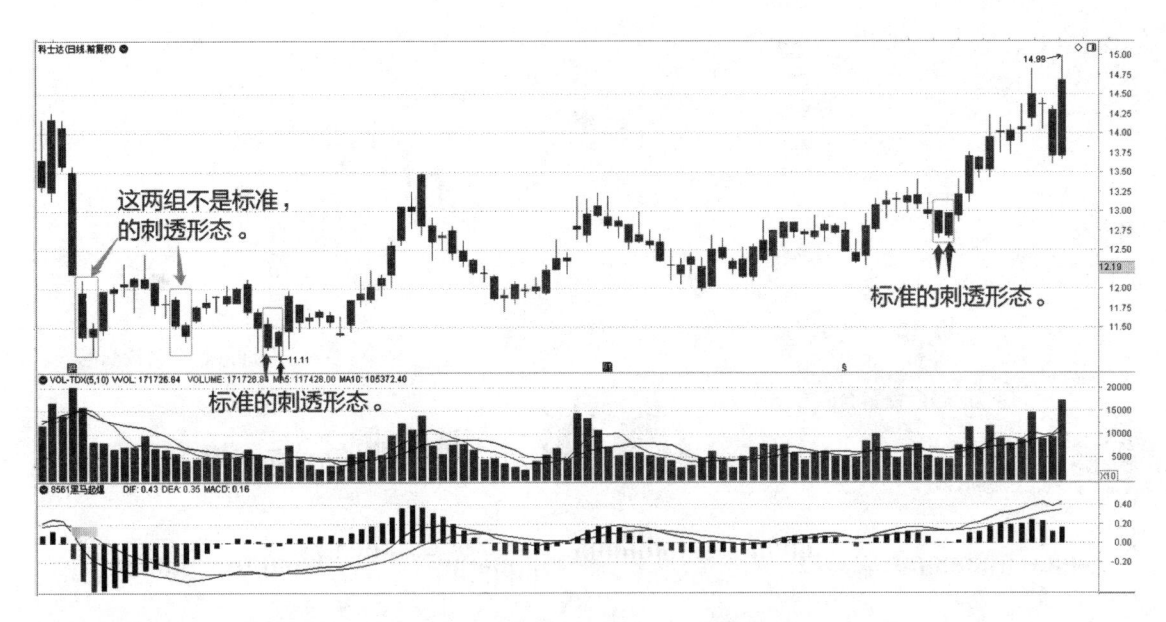

图 6-36

如上图中所示，这是 002518 科士达截至 2021 年 7 月 2 日的 K 线走势图，从图中可以看出，这只个股在 2021 年 2 月 5 日和 2 月 8 日两个交易日也收出过类似刺透形态组合的 K 线组合，但是由于 2 月 8 日的阳线没有能穿透 2 月 5 日阴线的一半以上，所以这是一个不标准的刺透形态。在 2 月 25 日和 2 月 26 日两个交易日也收出一个类似刺透形态的组合，但也是不标准的。之后在 3 月 10 日和 3 月 11 日两个交易日收出的这组刺透形态组合就是标准的了，这才来了一波像样的反弹走势。在上涨趋势当中，6 月 16 日和 6 月 17 日，再次收出一组刺透形态，之后也继续上涨行情。

继续看下一个刺透形态的实战案例分析，如图 6-37 中所示：

如图中所示，这是 000012 南玻 A 的 K 线走势图，这是从 2020 年 8 月 16 日至 2021 年 2 月 23 日的 K 线走势图，从图中可以看出，这只个股在 2020 年 9 月 10 日和 9 月 11 日两个交易日收出一个刺透形态 K 线组合，出现了一波上涨。之后在 2021 年 2 月 5 日至 2 月 8 日也出现一个刺透形态组合，开启了一波上涨行情。

在实战当中，刺透形态虽然不像其他 K 线组合那样常见，但是一旦出现刺透形态，理论上看涨的概率还是很大的。在应用的时候再配合成交量使用，还会提高成功概率，一般情况下，刺透形态的右侧那根阳线，同时出现一段时间的地量，这种看涨的概率更大一些。

刺透形态止损条件：根据刺透形态买入以后，要把刺透形态最右侧的 K

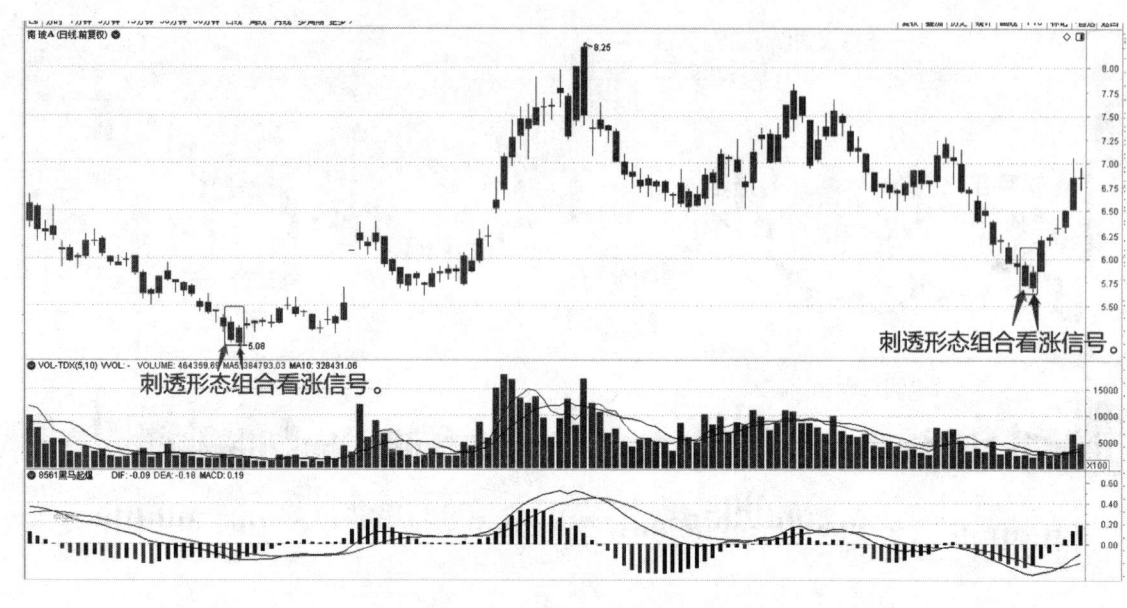

图 6-37

线最低点设置为止损线，一旦收盘价跌破这个最低价，就要先止损出局以观望为主。

接下来开始讲解，乌云盖顶K线形态组合卖出应用技巧，请看下图 6-38 中所示的乌云盖顶形态 K 线组合：

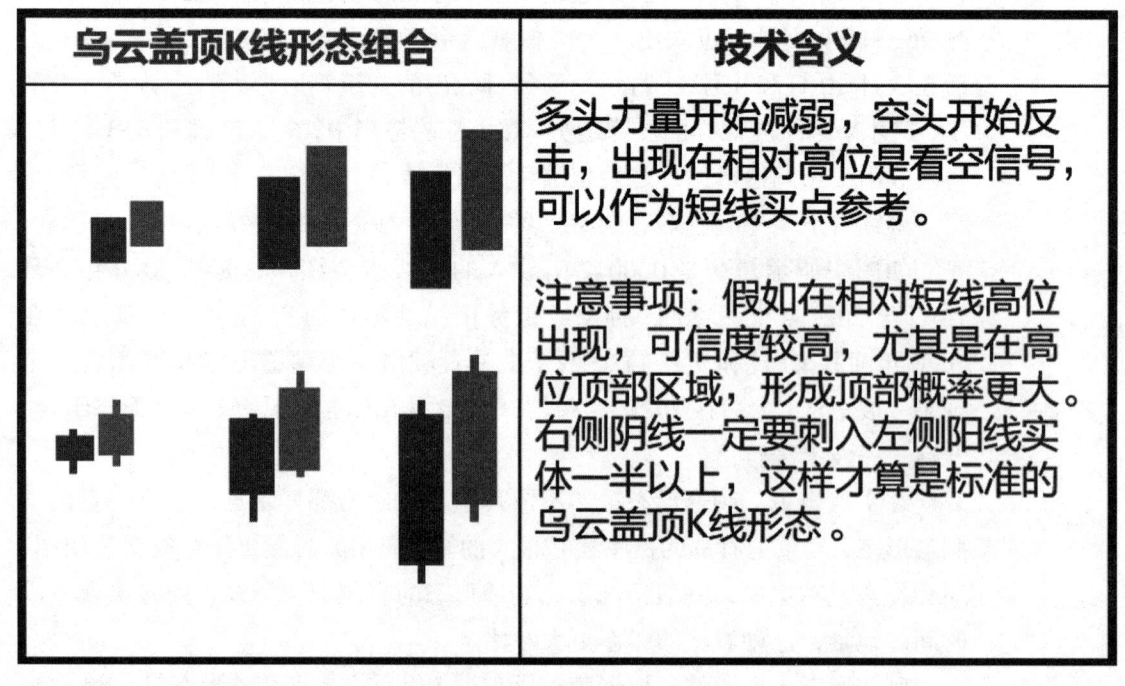

乌云盖顶K线形态组合	技术含义
	多头力量开始减弱，空头开始反击，出现在相对高位是看空信号，可以作为短线买点参考。 注意事项：假如在相对短线高位出现，可信度较高，尤其是在高位顶部区域，形成顶部概率更大。右侧阴线一定要刺入左侧阳线实体一半以上，这样才算是标准的乌云盖顶K线形态。

图 6-38

从图6-38中可以看出，其实乌云盖顶形态就是刺透形态反过来看，和刺透形态是相对应的卖点。

该形态一般出现在上升趋势之后，在某些情况下也可能出现在横向盘整区间的顶部。在这一形态中，第一个交易日是一根红色的K线实体，第二个交易日的开盘价超过了第一个交易日的最高价（也就是超过了第一个交易日的上影线顶端），但是收盘价却接近当日的最低价水平并且收盘价明显向下插入第一个交易日的K线实体内部。如果第二个交易日的绿色K线实体向下插入第一个交易日的K线实体的程度越深，那么该形态构成顶部反转的可能性就越大。

按照实战经验来看，第二个交易日的K线实体收盘价必须向下插入第一个交易日K线实体的50%。如果第二个交易日的K线实体收盘价没有向下穿过第一个交易日K线实体的中点，那么当这类"乌云盖顶形态"发生后，最好的办法就是等一等，看看是否还有进一步的看跌验证信号出现。

1. 在乌云盖顶形态中，第二个交易日绿色K线实体的收盘价向下插入第一个红色K线实体的程度越深，则该形态构成股价运动顶部的机会越大。如果绿色K线实体覆盖了第一个交易日的整个红色K线实体，那就形成了看跌吞没形态。在乌云盖顶形态中，绿色实体仅仅向下覆盖了红色实体的一部分，这就好比月亮只遮住了太阳的一部分形成了日偏食，而看跌吞没形态好比月亮遮住了太阳的全部就成了日全食。从这一点来说，作为顶部反转信号的看跌吞没形态比乌云盖顶形态更具的技术意义。当然如果在第三个交易日出现了一根长长的红色实体，并且其收盘价超过了前两个交易日的最高价，那么就可能预示着新一轮上攻行情的到来。

2. 如果乌云盖顶形态发生在一个超长期的上升趋势中，并且它的第一个交易日是一根光头光脚的红色K线实体（其开盘价是最低价且收盘价是最高价），而它的第二个交易日是一根光头光脚的绿色K线实体（其开盘价是最高价且收盘价是最低价）。

3. 在乌云盖顶形态中，如果第二个交易日绿色K线实体的开盘价高于某个重要的阻力位，但是最终又未能成功突破该阻力位，那么就有可能是多头乏力，无力控制局面。

4. 如果在第二个交易日开盘的时候交易量非常大，那么就可能形成"爆量"现象。

具体来讲当开盘价创出了新高的同时出现大量的成交，那么就可能意味着很多新的买家终于下定决心进场了，但是随后的局面是空头的抛售接踵而至。于是过不了多久，这群为数众多的新多头（还有那些早已在上升趋势中坐上了轿子的老多头）就会意识到原来这是一个陷阱！股价随后也就会经历一波漫长的下跌之路！

我们继续学习乌云盖顶 K 线组合的卖点实战案例分析，请看下图 6-39 中所示：

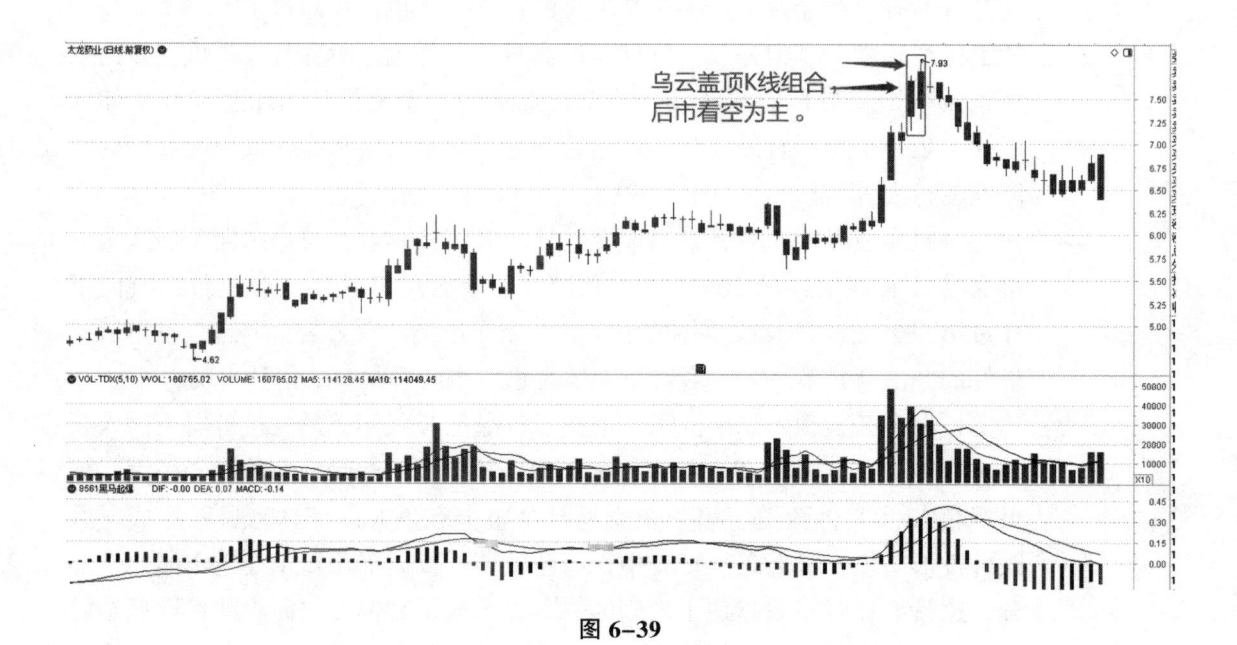

图 6-39

图 6-40

第六章
"8561A股特色交易体系"常用短线交易技术分析

如图 6-39 中所示，这是 600222 太龙药业的 K 线走势图，这是截至 2021 年 7 月 2 日收盘时候的 K 线图，从图中可以看出，这只股票在 6 月 3 日和 6 月 4 日收出一组乌云盖顶 K 线组合，之后便开始一波像样的调整走势。

继续看下个乌云盖顶 K 线组合的卖点实战案例，如图 6-40 中所示：

从图 6-40 中可以看出，这是一组典型的乌云盖顶 K 线组合，这只股票是 002646 青青稞酒的 K 线走势图，是截止到 2021 年 7 月 2 日的走势。从图中可以看出这只个股在 2021 年 6 月 7 日收出一根大阳线，在 6 月 8 日直接收出一根大阴线，把 6 月 7 日那根阳线吃掉了一半以上，形成一组标准的乌云盖顶 K 线组合，后市展开一波下跌行情。

四、"8561A股特色交易体系" K 线组合短线买卖点技巧四

孕线 K 线组合判断买卖点。

孕线也是由两条 K 线组合成的图形。组合形态与抱线相反，第一条 K 线是长阳线或长阴线 K 线，第二条 K 线为短 K 线，第二条 K 线的最高价和最低价均不能超过前一 K 线的最高价和最低价。孕线又叫母子线。这种前长后短的组合形态，形似怀有身孕的妇女一样，所以称为孕线。孕线孕育着希望，趋势随时都可能会反转。

孕线一般分为三种形态：一是前一条 K 线是一条长大的阳线，第二条 K 线是一条短小的阴线，称为阳孕阴线，简称阴孕线；二是前一条 K 线是一条长大的阴线，第二条 K 线是一条短小的阳线，称为阴孕阳线，简称阳孕线；三是前一条 K 线是一条长大的阳线（或阴线），第二条图线是一条十字星线，为十字星孕线，简称星孕线。

处在双底走势的右底低点处的孕线是强烈的买入信号，短中线投资者均可在此建仓做多。如果高位出现孕线则是明显的见顶信号。

有一类特别的孕线形态，称为十字孕线形态。也就是其第二天的小实体，为一根十字线。一般的孕线，不属于主要反转形态，但十字孕线形态的反转意义更为强烈。

形态特征：

1. 秉承前期走势，第一根 K 线为一个长长的实体，它将第二天的小实体及其上下影线完全包容起来。

2. 在孕线形态中，两根 K 线的实体颜色应该互不相同，但这一点不是一项必要条件。其中，第二根 K 线实体的颜色并不重要。

3. 孕线形态中，两个实体的相对大小是至关重要的，上下影线的大小，

无关紧要。

4. 孕线形态中，第二天的 K 线实体越小，整个形态的反转力量就越大，对短期股价产生较大影响。

5. 十字孕线，即第二天的 K 线为十字线。这类形态出现在市场顶部或底部时，反转意愿更为强烈。

下面请看常见孕线组合形态，如下图 6-41 中所示：

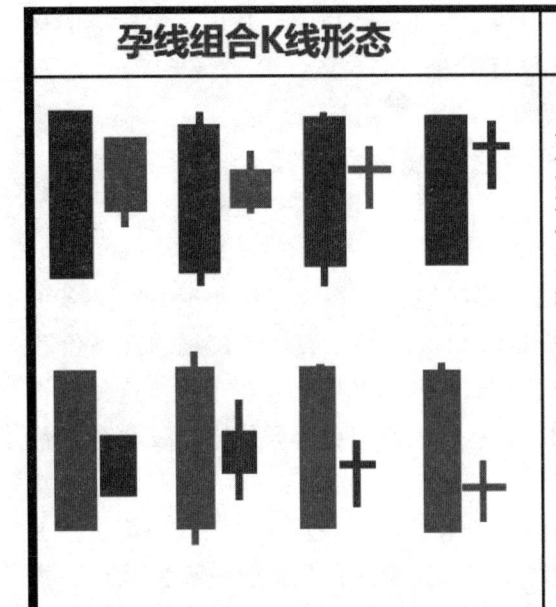

孕线组合K线形态	技术含义
	处在双底走势的右底低点处的孕线是强烈的买入信号，短中线投资者均可在此建仓做多；如果高位出现孕线，则是明显的见顶信号。形态特征：1. 秉承前期走势，第一根K线为一个长长的实体，它将第二天的小实体及其上下影线完全包容起来。2. 在孕线形态中，两根K线的实体颜色应该互不相同，但这一点不是一项必要条件。其中，第二根K线实体的颜色并不重要。3. 孕线形态中，两个实体的相对大小是至关重要的，上下影线的大小，无关紧要。4. 孕线形态中，第二天的K线实体越小，整个形态的反转力量就越大，对短期股价产生较大影响。5. 十字孕线，即第二天的K线为十字线。这类形态出现在市场顶部或底部时，反转意愿更为强烈。

图 6-41

如上图中所示，孕线是 K 线形态中的转折组合的一种，类似字面可以理解为一根长 K 线把另一根短 K 线包含住了，多空变化上，以第一个交易日出现单边下跌或上涨，为多头或空头的单边市场，第二个交易日突然在第一个交易日的波动范围内开盘，收盘的上升或下跌幅度也比第一个交易日要小，此为多头或空头市场由趋势明确的单边市变得犹豫不决，在寻找新方向的态势。抓住这个本质就能更好地理解孕线的真正含义。

在实际运用孕线的过程中，一定要注意以下几点：

1. 左边的 K 线可以是阳线也可以是阴线，可以带有上下影线，但如果是光头光脚的中阳线或大阳线并伴随着成交量放出，可信度会比较高。

2. 右边的 K 线实体必须与左侧 K 线实体颜色相反，但是绝对不可以超过左边阴阳线的 K 线实体。右边的 K 线也可以带有上下影线，但是影线越

第六章
"8561A股特色交易体系"常用短线交易技术分析

短越可信。

3. 高位中的阳孕阴孕线，多为见顶信号，该孕线出现后，股价至少要出现一波中级以上的下跌行情，投资者要注意及时卖出。

4. 低位出现的阴孕阳孕线，多为大底信号，孕线过后会出现一波中级以上的上涨行情，投资者应多加关注此处的孕线形态，一旦确认，就应该果断进场，以免错失进货良机。

开始学习孕线组合K线形态的买入案例分析，请看下图6-42所示：

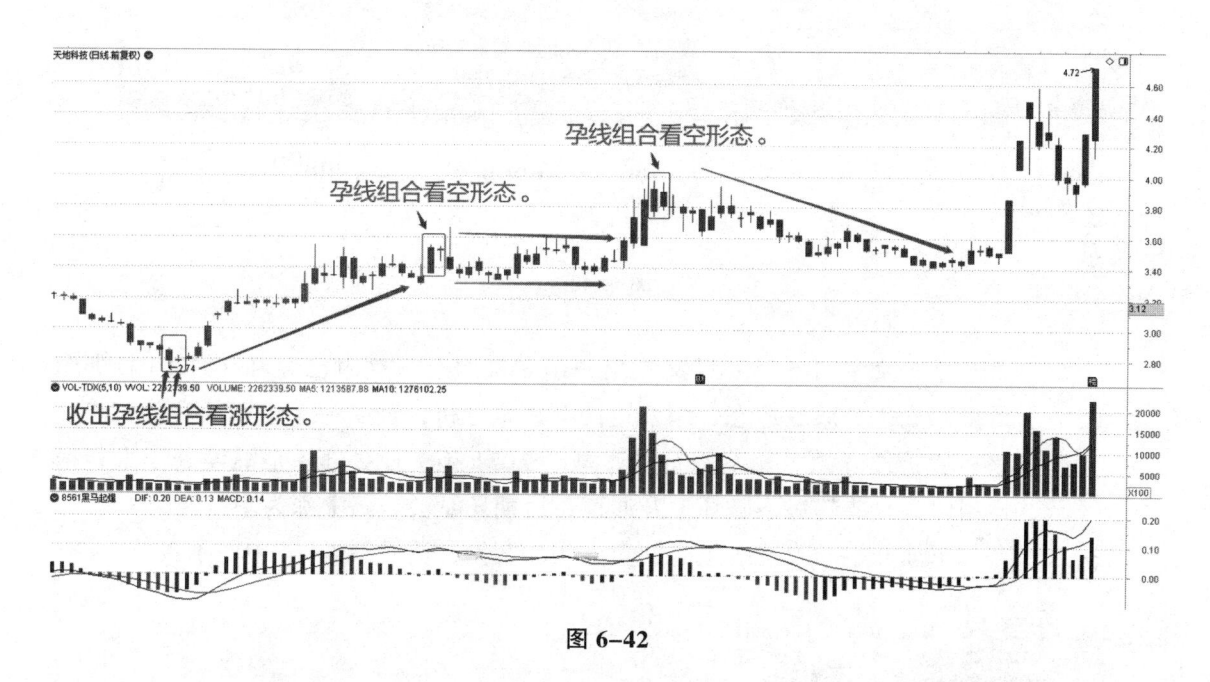

图 6-42

如上图中所示，这是600582天地科技的K线走势图，这是截至2021年7月2日收盘时候的K线走势。从图中可以看出，这只股票在2021年2月4日收出一根阴线，2月5日收出一根阴线十字星，收盘价没有超过2月4日实体部分，两根K线形成一组孕线组合，之后止跌企稳展开一波上涨行情。到了3月22日收出一根中阳线后，3月23日收出一根阴线十字星，之后虽然没有大跌，但是横盘调整了20个交易日后才开始继续上涨。到了4月23日又收出一根阳线，在下个交易日的4月26日收出一根小阴线，两根K线形成一组孕线组合，之后股价便展开一轮调整洗盘的走势。

继续学习孕线组合K线形态的买入案例分析，请看下图6-43所示：

如图中所示，这是688258卓易信息的K线走势图，这是截至2021年7月2日收盘的走势图。从图中可以看出，这只股票在2021年3月15日和3月16日两个交易日中收出一组孕线组合，之后开始筑底阶段；在4月30

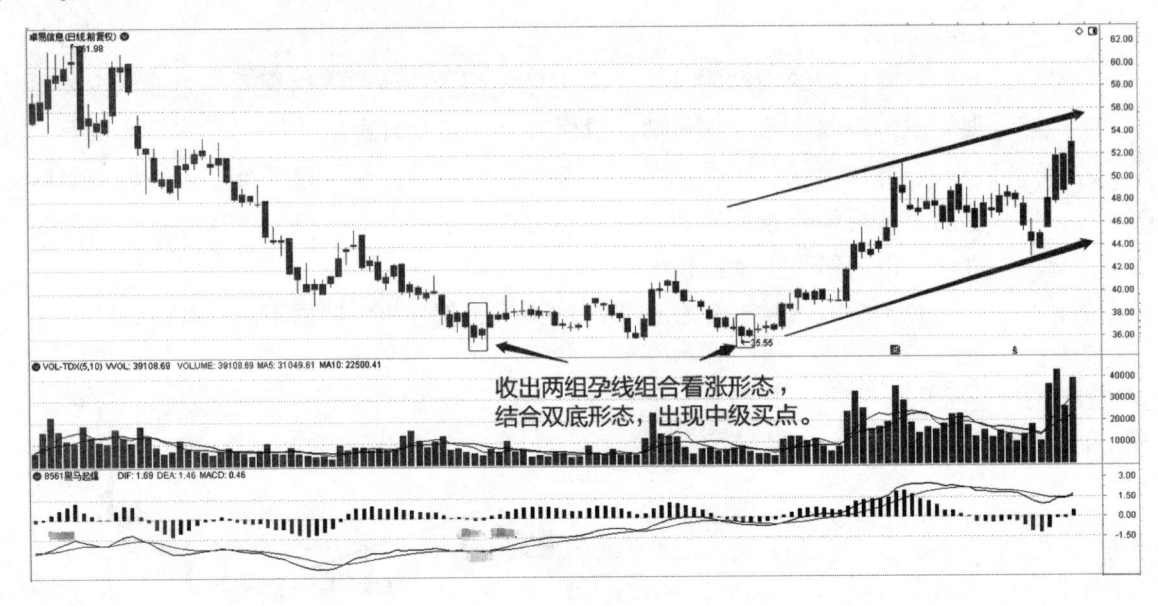

图 6-43

日和下个交易日 5 月 6 日又收出一组孕线组合，这时已经和 3 月 15 日那个低点形成一个双底形态，综合这两个因素分析，迎来一个中期的底部买点，之后股价便开始一轮上涨行情，截至 2021 年 7 月 2 日还是继续处于上行通道当中，只要趋势不破坏上升通道，后期还是会一路上涨为主。

下面开始学习孕线组合的卖点实战案例，请看图 6-44 中所示：

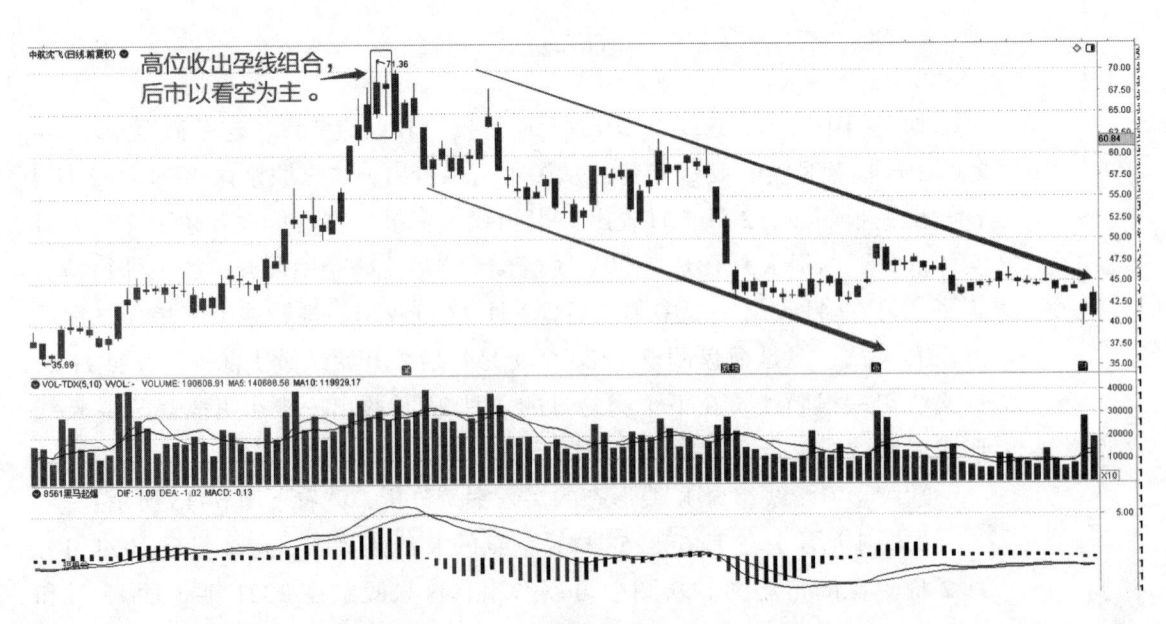

图 6-44

第六章 "8561A股特色交易体系"常用短线交易技术分析

如图6-44中所示,这是600760中航沈飞的K线走势图,从图中可以看出这只个股在经过几轮大涨后,在2021年1月7日和1月8日两个交易日相对高位收出一组孕线组合,后市便展开一轮深幅调整。

继续看下个孕线组合卖点案例,如图6-45中所示:

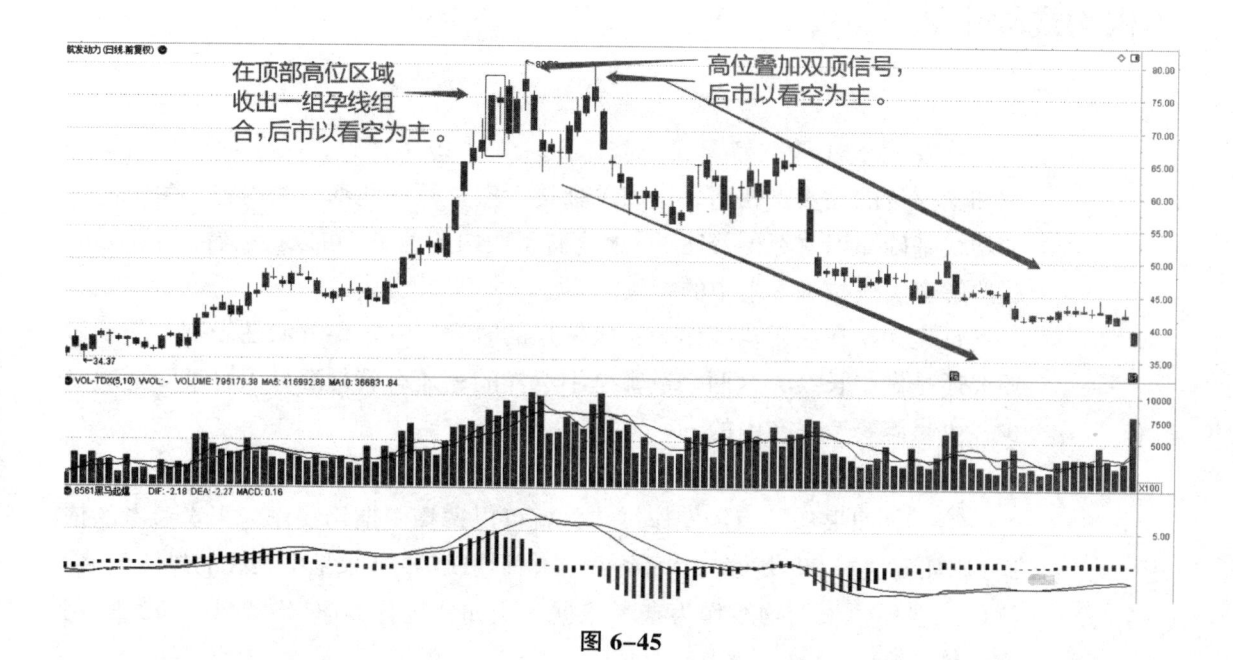

图 6-45

如上图中所示,这是600893航发动力的K线走势图,从图中可以看出,这只股票在经历过大涨之后,2021年1月7日和1月8日两个交易日收出一组孕线组合形态,之后调整一下,再次反弹,但没有创出新高,和本轮高点形成一个双顶形态,之后就是下跌通道了。

其实这次的航发动力的大顶和上一个案例中航沈飞是同时见顶,是当时航天军工概念这个板块的中期顶部,也就是说有板块效应的。有的时候某个热点或者概念,大概率会在同一个时期见顶或者见底!这是一个重要的知识点,大家要记住。

各位股民朋友一定要明白一个道理,所有的技术分析和交易策略都不是百分之百准确的,没有一种买卖交易策略买完必涨卖完必跌,这是不客观的,这样在实际应用过程中就不会太过自信,从而造成大的亏损,所有的交易策略或者买卖方法都是有概率论存在的。

第三节
单根均线战牛熊

我在《8561 股票解套实战技术》一书中曾经写过，关于均线判断阻力位和支撑位的买卖点技巧，这回单独给大家再写一些细节的内容，关于简单的均线基础知识就不再赘述了，大家有不明白的地方，可以再去看一下《8561 股票解套实战技术》书中的相关内容。

首先大家在使用均线作为买卖依据的时候，一定要分清楚级别，您是做短线还是做中长线，这两个逻辑是不一样的；还有就是您投入股市资金的多少，也是需要考虑在内的。

具体的策略如何选择呢？可以参考下面的建议：

第一，如果您是短线操作策略，就可以选择短期均线作为买卖参考的依据，比如要选择 5 日均线、10 日均线、20 日均线等；如果是中长线的投资策略，就可以选择中长期均线作为参考依据，比如要选择 60 日均线以上级别去制定交易策略。

第二，假如您资金量大于 500 万，就要选择中长期均线作为买卖参考依据，比如要选择 60 日均线以上级别去制定交易策略；低于 500 万的资金量就可以选择短期均线作为买卖依据，比如 5 日均线、10 日均线、20 日均线等。

当然，不是说小资金就不能用中长期均线，也不是大资金一定不能用小周期均线，我说的是相对的，这个是和您操作的策略相关的，但是大资金经常来回做短线，那失败的概率会加大，因为要考虑到每只股票资金承载量和盘口轻重的问题。

先强调一个观点，单根均线战牛熊策略属于偏右侧的交易策略，所以在使用的时候要注意止损问题，根据哪条均线买进去的要根据哪条均线设置止损位。原则上您用哪条均线作为买点参考的时候，股价不在这条均线之上就不要考虑看多，只有站上这条均线才能看多操作。

用大级别均线作为买入条件的，可以根据小级别卖出条件卖出，但是用小级别买入的就不能用大级别条件去卖出。千万不要根据 5 日均线买进去了，卖点去参考 60 日均线，这点是不安全的，很多技术分析都要注意这个逻辑。

第六章
"8561A 股特色交易体系"常用短线交易技术分析

使用短周期均线作为买点的要选择走出底部盘整区域的形态，或者找上升趋势中的个股去参考。不能选择下降通道中的个股去使用短周期均线买点方法，也最好不要选择在盘整当中的个股去做，因为下跌趋势用什么方法大概率都会失败，而在盘整区域里面的个股，会频繁突破和跌漏短期均线。这是使用短周期均线作为买卖点参考的重要前提条件！

切记不要纠结"突破5日线后买了万一再跌漏了怎么办呢？""跌漏5日线卖了万一又涨了怎么办呢？"这是学习技术分析过程中最忌讳的一个问题，也是很多股民朋友亏损的重要原因所在，导致本来赚钱的股票没舍得卖出最后亏钱出局。不要患得患失，出现买点就买，出现卖点就卖，后边不要幻想会怎么样，因为什么预测或者猜测都没有当下最重要。

我们开始学习单根均线战牛熊的短线买点案例分析，在本书中我们将把5日均线、10日均线、20日均线和30日均线作为短线买卖点参考。先来用10日均线作为参考买卖点条件，请看下图6-46中所示：

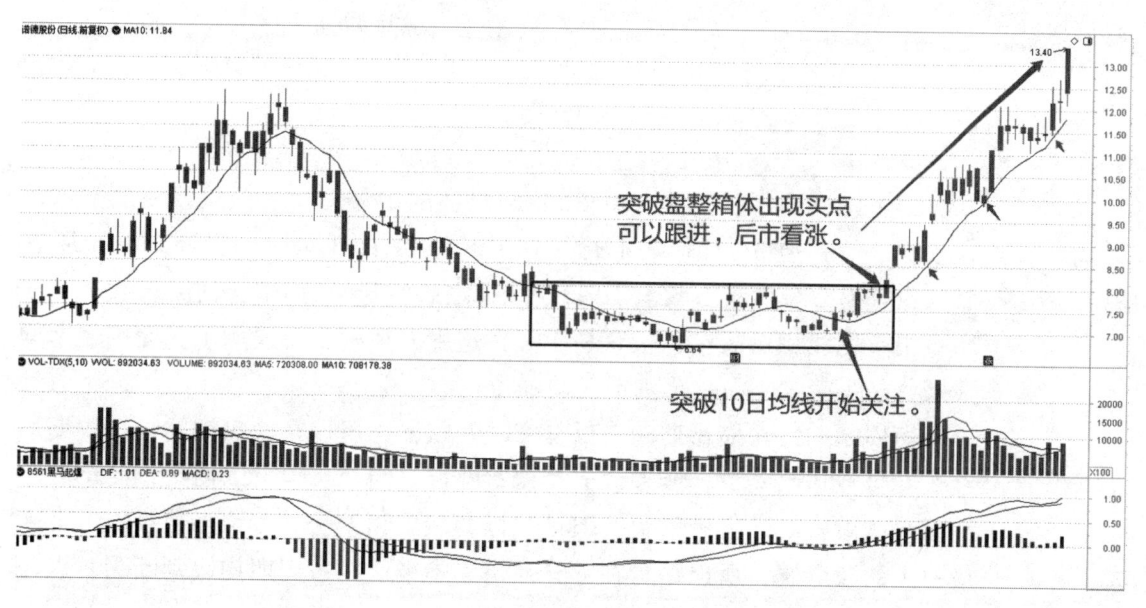

图6-46

如上图中所示，这是600110诺德股份的K线走势图，这只股票在2021年5月19日一根阳线突破10日均线，之后就一直在10日均线以上运行，期间几次回调到10日均线就会形成支撑，之后再次向上运行。也就是说股价在走上升趋势之后，每次回调到10日均线就形成一个买点，如图中几次箭头的地方，便是形成的支撑位买点。

接下来我们开始学习单根均线战牛熊短线卖点案例分析，请看图 6-47 中所示：

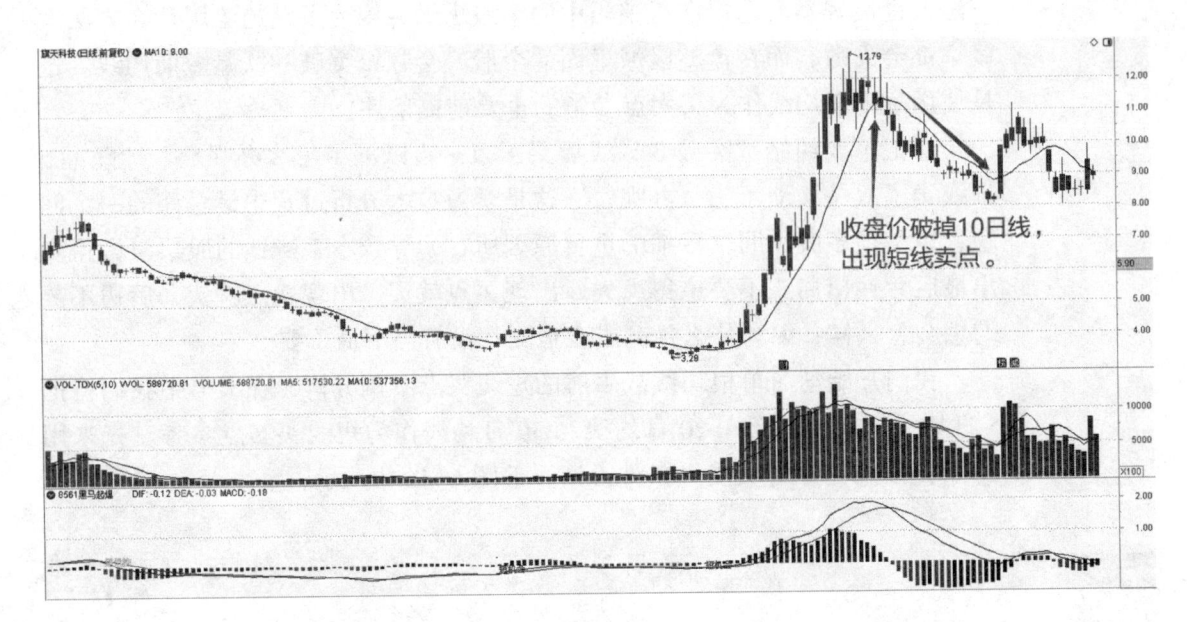

图 6-47

如上图中所示，这是 300061 旗天科技的走势图，这只股票从底部启动以后，一直沿着 10 日均线上行，到了 5 月 11 日开始横盘震荡，在 5 月 20 日收盘价差 2 分钱没有收上 10 日均线，之后便开始走下降通道。

由于均线相对简单，很容易学习，这里就举两个短线例子。使用短期均线来判断买卖点，有一个细节需要注意：

短周期均线在横盘期间会反复突破和跌漏，所以在横盘期间，短周期均线买卖点技巧会失效，或者说成功概率降低。但其实也可以使用，简单的用法就是跌破就卖，突破就买，但是这样会造成频繁交易，给多数投资者带来应对上的疲劳感，所以尽量在上升通道当中来使用短周期均线判断买卖点，成功概率会提高。

我们再来学习单根均线战牛熊的中线买点案例分析，在本书中我们将把 60 日均线、半年线 120 日均线、年线 250 日均线作为中线买卖点参考。请看下图 6-48 中所示：

如图中所示，这是 300079 数码视讯的 K 线走势图，从图中可以看出，这只个股在底部横盘期间，出现过三次突破 60 日均线，前两次都出现了假突破，之后再次跌破，只有第三次突破以后，回踩没有跌破 60 日均线，形成中线买点。之后便展开了一波翻一倍多的行情，截止到 2021 年 7 月 9 日收盘，这只个股还在持续上涨。

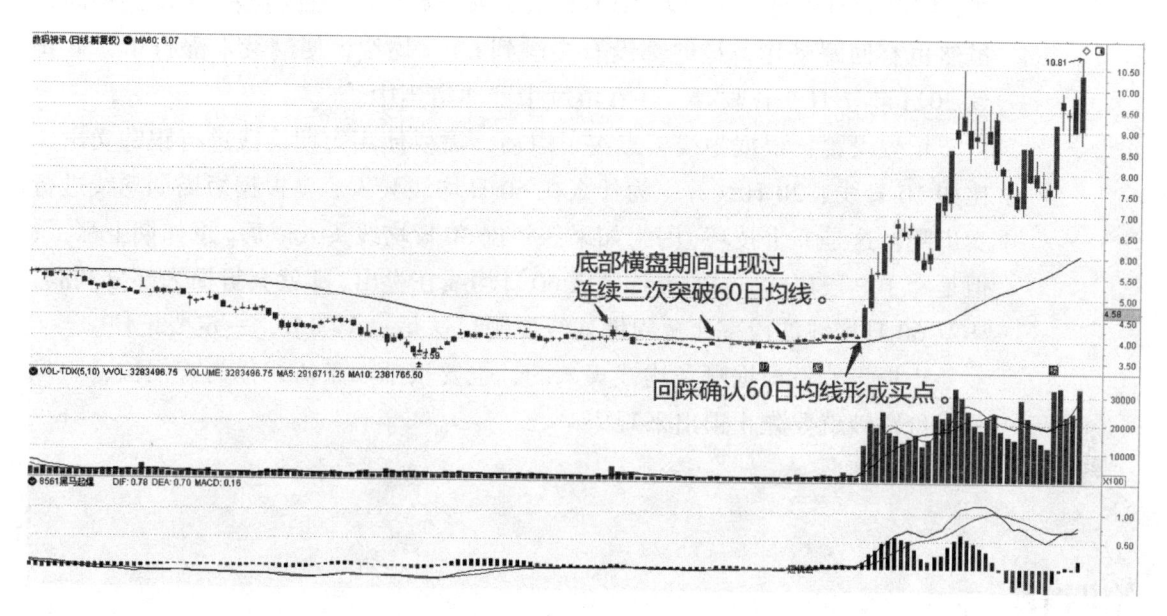

图 6-48

这里强调一下，为什么要等突破后的回调确认成功才能去买，这主要考虑到假突破诱多的嫌疑，这也是需要记住的一个细节。

继续学习单根均线战牛熊中线买点案例分析，请看图 6-49 中所示：

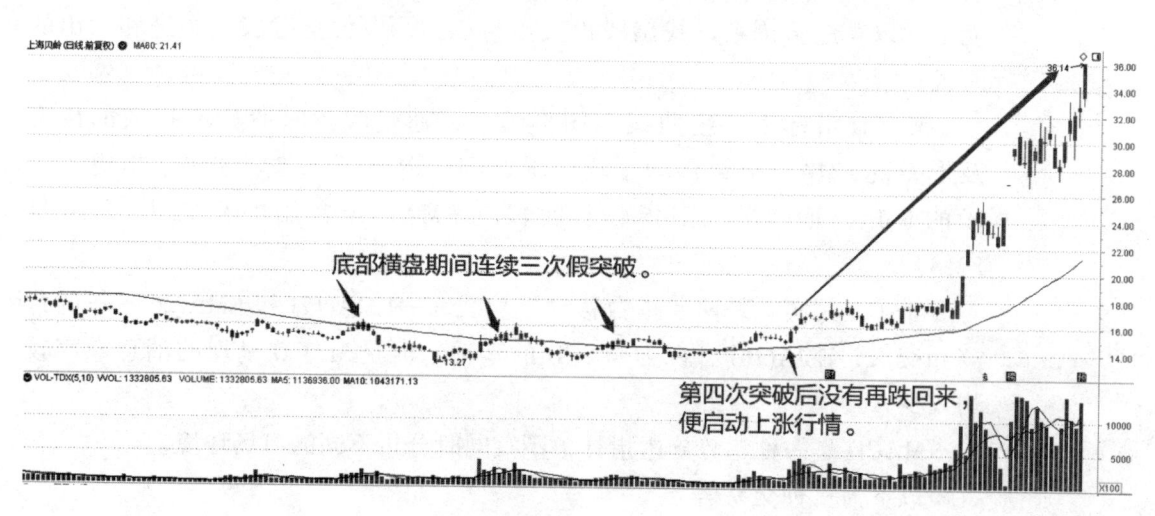

图 6-49

如图 6-49 中所示，这是 600171 上海贝岭的走势图，从图中可以看出，这只个股在底部横盘期间也出现过三次假突破，之后在第四次突破 60 日均线，回踩的时候没有再跌破 60 日均线，就开始启动上涨行情，上涨的期间，虽然也有回踩动作，最终都没有接触到 60 日均线，便继续上涨行情，截止到 2021 年 7 月 9 日收盘，还在继续上涨通道当中。

止盈设置：根据中线买点买了以后，需要使用短期均线进行跟踪卖出，比如 10 日线、20 日线等，为什么在 60 日均线买入后要根据短周期均线进行卖出呢？这是一个技巧，因为如果您根据 60 日均线买入以后，也如期上涨了，但是涨了一段以后，假如等着跌破 60 日均线在卖出，那就会折损大部分利润，毕竟 60 日均线波段率比短周期均线要慢！这是一个细节，一定要记住。

止损设置：根据哪条均线买入的，也要根据哪条均线作为止损位，一旦收盘价跌破就要先止损出来观望。

第四节
MACD 交易战法

MACD 指数平滑移动平均线是股票交易中一种常见的技术分析工具，由杰拉德·阿佩尔于 1970 年提出，用于研判股票价格变化的强度、方向、能量，以及趋势周期，找出股价支撑与压力，以便把握股票买进和卖出的时机。

MACD 指标由一组曲线与图形组成，通过收盘时股价或指数的快变及慢变的 EMA（指数移动平均值）之间的差计算出来。"快"指更短时段的 EMA，而"慢"则指较长时段的 EMA，最常用的是 12 日及 26 日 EMA。

MACD 其实就是两条指数移动平均线——EMA(12) 和 EMA(26)——的背离和交叉，EMA(26) 可视为 MACD 的零轴，但是 MACD 呈现的消息噪声较均线少。

MACD 是一种趋势分析指针，不宜同时分析不同的市场环境。

以下为三种交易信号：

1. 差离值（DIF 值）与信号线（DEM 值，又称 MACD 值）相交；
2. 差离值与零轴相交；

3. 股价与差离值的背离。

差离值（DIF）形成"快线"，信号线（DEM）形成"慢线"。

当差离值（DIF）从下而上穿过信号线（DEM），为买进信号；若从上而下穿越，为卖出信号。买卖信号可能出现频繁，需要配合其他指针（如RSI、KD）一同分析。

柱状形图的作用是显示出"差离值"与"信号线"的差，同时将两条线的走势具体化，以利判断差离值和信号线交叉形成的买卖信号，例如正在下降的柱形图代表两线的差值朝负的方向走，趋势向下；靠近零轴时，差离值和信号线将相交出现买卖信号。

柱状形图会根据正负值分布在零轴（X轴）的上下。柱形图在零轴上方时表示走势较强，反之则是走势较弱。

差离值自底向上穿过零轴代表市场气氛利好股价，相反由上而下则代表利淡股价。差离值与信号线均在零轴上方时，被称为多头市场；反之，则被称为空头市场。

当股价创新低，但MACD柱子并没有相应创新低（底背离），视为诱空信号，股价跌势或将完结，形成买点；相反，若股价创新高，但MACD柱子并没有相应创新高（顶背离），视为诱多信号，出现卖点。同样，若股价与柱状图不配合，也可作类似结论。

MACD是一种中长线的研判指标。当股市强烈震荡或股价变化巨大（如送配股拆细等）时，可能会给出错误的信号。所以在决定股票操作时，应该谨慎参考其他指标及市场状况，不能完全信任差离值的单一研判，避免造成损失。

以下就开始学习MACD判断买点的案例分析，请看下图6-50中所示：

如图中所示，这是002738中矿资源走势图，从图中可以看出，在2021年3月25日打出一个低点后开始反弹，MACD绿柱也随之缩短；反弹一小段以后，股价再次回调，到了2021年4月13日股价创出3月25日新低后收出一根止跌的阳线十字星，其实单独十字星也是一个买点，叠加MACD红柱和3月25日也出现底背离，当时在3月25日还是绿柱子，这次止跌稳以后是红柱子，明显强于当时低点位置时候的绿柱子，可以判断这个位置就是底背离的买点，之后估计一直处于上涨趋势当中，截止到2021年7月9日收盘，股价还在上涨当中。

继续学习MACD判断买点的案例分析，请看下图6-51中所示：

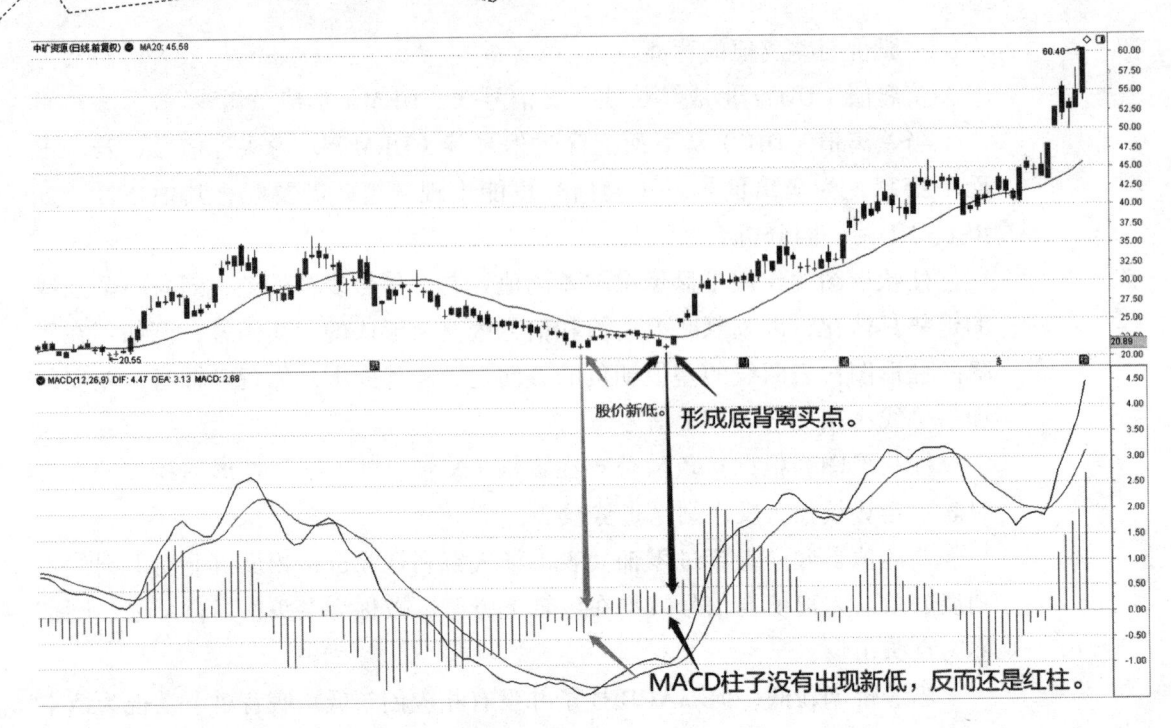

图 6-50

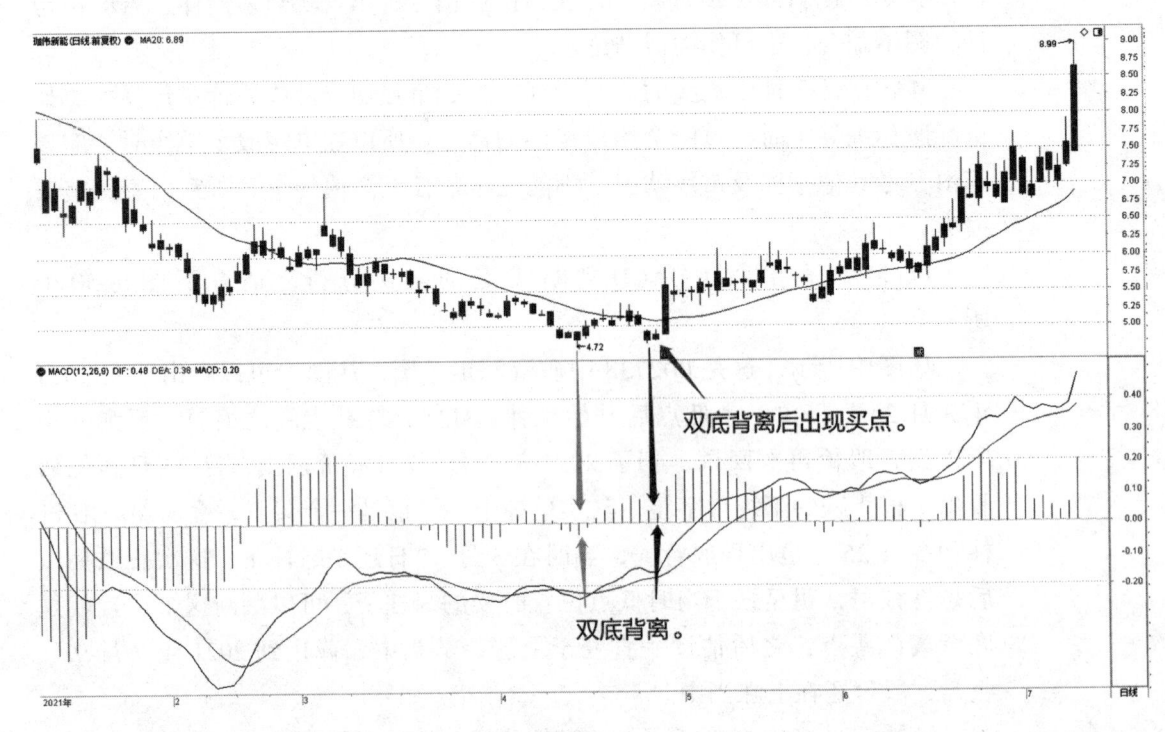

图 6-51

从图 6-51 中可以看出，这是 300317 珈伟新能的 K 线走势图，从图中可以看出在 2021 年 4 月 15 日的时候收出一根止跌信号后开始反弹，当时的 MACD 柱子还是绿柱；反弹一波后再次出现回调走势，到了 4 月 28 日收出一根小阳线，当时的柱子是红色，明显强于 4 月 15 日的绿柱，形成底背离的买点，之后股价出现一波上涨行情，截至 2021 年 7 月 9 日收盘，股价还是在上升趋势当中。

接下来开始学习 MACD 判断卖点的案例分析，请看下图 6-52 中所示：

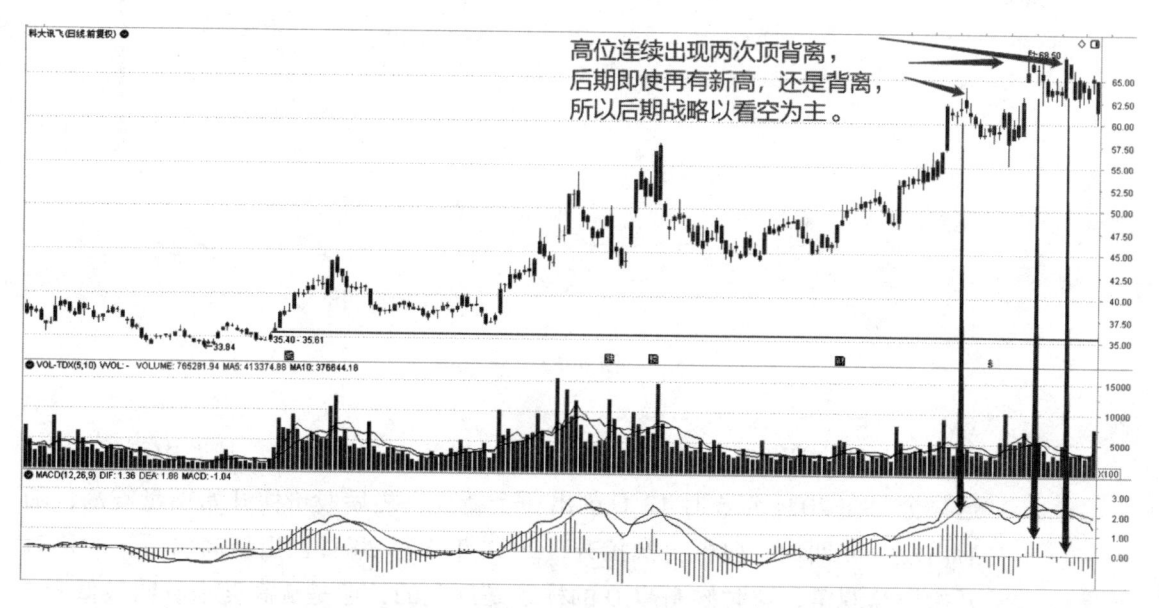

图 6-52

从上图中可以看出，这是 002230 的走势图，这是截止到 2021 年 7 月 9 日收盘时候的 K 线走势。从图中可以看出，这只股票在 2021 年 5 月 31 日打出一个高点，当时的 MACD 柱状图是红柱子，高度达到顶峰；之后股价回调一小段后，再次上涨，于 2021 年 6 月 18 日再次创出新高，但此时的 MACD 柱子虽然还是红柱，但比 5 月 31 日高点位置红柱出现缩短迹象，出现第一次顶背离，之后再次出现回调，短线止跌以后股价再次拉升，到了 6 月 30 日股价接近 6 月 18 日高点，红柱表现还是较为弱势，至此已经出现两次顶背离的信号，后期再有新高也要以诱多来判断，不能再轻易参与这种类型的股票了，如果还持有这只股票的投资者就可以获利了结。

下面继续学习 MACD 判断卖点的案例分析，请看下图 6-53 中所示：

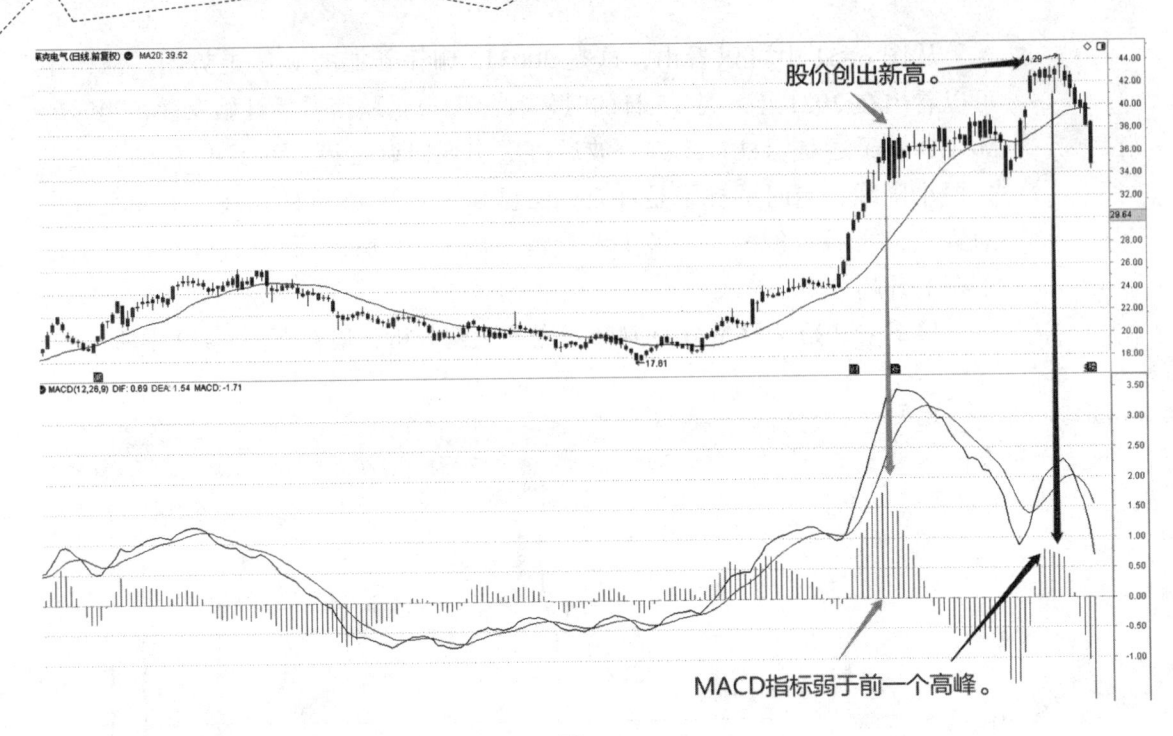

图中标注:
- 股价创出新高。
- MACD指标弱于前一个高峰。

图 6-53

如上图中所示，这是 603355 莱克电气的 K 线走势图，从图中可以看出，这只个股在 2021 年 5 月 13 日创出一个新高，之后股价便开始横盘震荡，随后出现一波回调，股价再次拉升，2021 年 6 月 24 日创出新高以后，股价就开始横盘调整，这时候 MACD 的柱子是红色的，但是从高度来看明显低于 5 月 13 日那个高点时候的柱子，这个时候就得时刻关注红柱一旦走弱就可以判断，这个位置这个新高属于顶背离诱多的动作，没有这只个股的投资者就不能再去买入了，持有的投资者就要考虑减仓以降低仓位为主。

这是利用 MACD 红柱绿柱顶底背离来判断买卖点的一个方法，还可以使用 DEA 和 DIF 两条线金叉死叉来判断买卖点的方法。

使用 MACD 指标来判断顶底，这是一个偏中线的策略，如果想做短线，可以把时间周期缩短，比如可以使用 30 分钟 K 线来做短线，这与 MACD 的 30 分钟级别判断买卖点是一样的，只不过是时间周期越短，变化越频繁。

第五节
KDJ 交易战法

KDJ 指标中文名叫随机指标，是一种相当实用的技术分析指标，它起先用于期货市场的分析，后被广泛用于股市的中短期趋势分析上，是期货和股票市场上最常用的技术分析工具。

随机指标 KDJ 一般是用于股票分析的统计体系，根据统计学原理，通过一个特定的周期（常为 9 日、9 周等）内出现过的最高价、最低价及最后一个计算周期的收盘价及这三者之间的比例关系，来计算最后一个计算周期的未成熟随机值 RSV，然后根据平滑移动平均线的方法来计算 K 值、D 值与 J 值，并绘成曲线图来研判股票走势。

随机指标 KDJ 是以最高价、最低价及收盘价为基本数据进行计算，得出的 K 值、D 值和 J 值分别在指标的坐标上形成的一个点，连接无数个这样的点位，就形成一个完整的、能反映价格波动趋势的 KDJ 指标。它主要是利用价格波动的真实波幅来反映价格走势的强弱和超买超卖现象，在价格尚未上升或下降之前发出买卖信号的一种技术工具。它在设计过程中主要是研究最高价、最低价和收盘价之间的关系，同时也融合了动量观念、强弱指标和移动平均线的一些优点，因此，能够比较迅速、快捷、直观地研判行情。由于 KDJ 线本质上是一个随机波动的观念，故其对于掌握中短期行情走势比较准确。

KDJ 随机指标反应比较敏感快速，是一种进行中短期趋势波段分析研判的较佳的技术指标。一般对做大资金大波段的人来说，当月 KDJ 值在低位时逐步进场吸纳。主力平时运作时偏重周 KDJ 所处的位置，对中线波段的循环高低点作出研判结果，所以往往出现单边式造成日 KDJ 的屡屡钝化现象。日 KDJ 对股价变化方向反应极为敏感，是日常买卖进出的重要方法；对于做小波段的短线客来说，30 分钟和 60 分钟 KDJ 又是重要的参考指标。对于已指定买卖计划即刻下单的投资者，5 分钟和 15 分钟 KDJ 可以提供最佳的进出时间。

使用技巧：

1. K 与 D 值永远介于 0 到 100 之间。D 大于 80 时，行情呈现超买现象。

D 小于 20 时，行情呈现超卖现象。

2. 上涨趋势中，K 值大于 D 值，K 线向上突破 D 线时，为买进信号；下跌趋势中，K 值小于 D 值，K 线向下跌破 D 线时，为卖出信号。

3. KD 指标不仅能反映出市场的超买超卖程度，还能通过交叉突破发出买卖信号。

4. KD 指标不适于发行量小、交易不活跃的股票，但是 KD 指标对大盘和热门大盘股有极高准确性。

5. 当随机指标与股价出现背离时，一般为转势的信号。

6. K 值和 D 值上升或者下跌的速度减弱，倾斜度趋于平缓是短期转势的预警信号。

接下来我们就开始学习使用 KDJ 指标来判断短线买卖点技巧，请看图 6-54 中所示：

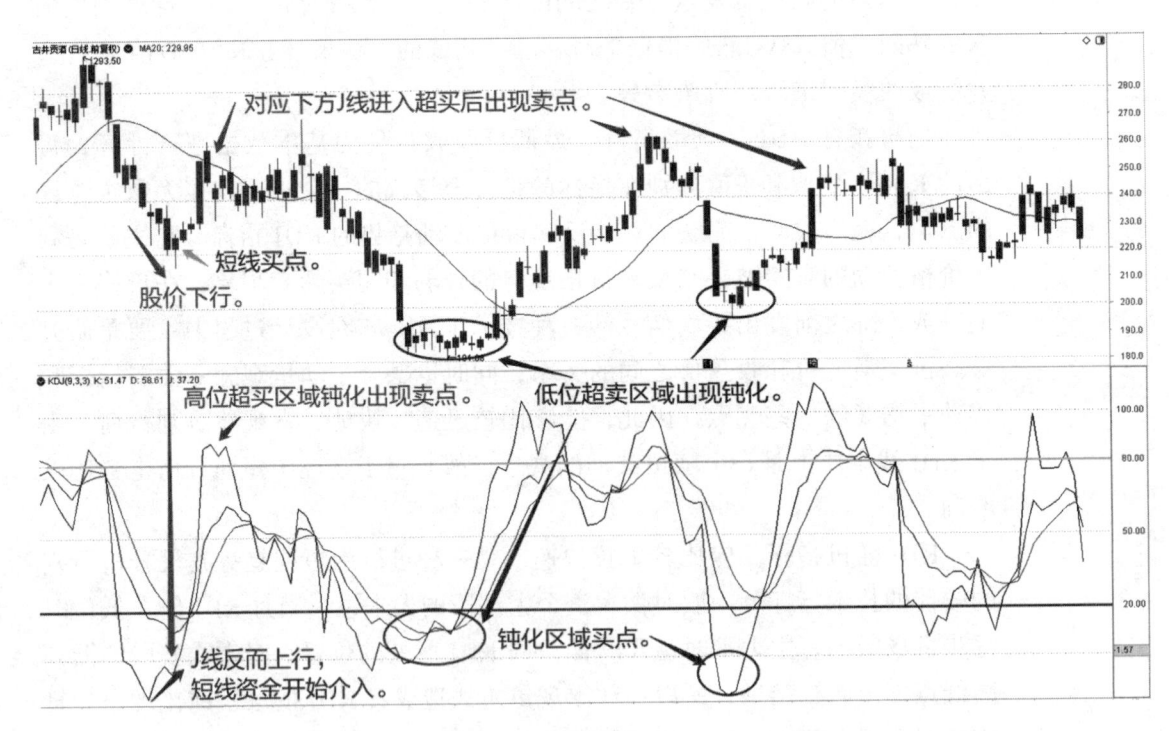

图 6-54

如上图中所示，这是 000596 古井贡酒的 K 线走势图，从图中可以看出，这只个股在盘整区间，出现过多次 J 线处于低位超卖区域里面，股价下行的时候，J 线却出现钝化甚至上行，这其实也是一种背离，出现买点信号，之后股价开始短线反弹，在 J 线进入高位 80 以上的时候进入超卖区域，产生

第六章
"8561A股特色交易体系"常用短线交易技术分析

钝化后形成短线的卖点，之后股价便开始下跌回调。由于图中多次出现买点和卖点，不再一一介绍日期了，相信大家能看出图中的买卖信号。

KDJ指标使用注意事项：随机指标虽然克服了移动平均线系统的收盘价误区，但是它本身还有难以克服的缺陷和自身局限性。因此在利用随机指标来决定股票的投资策略时应该注意以下几个问题。

1. 股价短期波动剧烈或者瞬间行情幅度太大时，KDJ信号经常失误也就是说投机性太强的个股KD值容易高位钝化或低位钝化。此外随机指标对于交易量太小的个股不是很适用，但对于绩优股，准确率却是很高。同时还应该注意的是随机指标提供的股票买卖信号均有或多或少的死角发生，尤其是个股表现受到基本面、政策面及市场活跃程度的影响时，在任何强势市场中，超买超卖状态都可能存在相当长的一段时期，趋势逆转不一定即刻发生。随机分析所能得出的最强信号之一是偏差，也就是说K值在80以上时股价还有可能进一步上升，如果投资者过早地卖出股票，将会损失一些利润；K值在20以下时，股价还有可能进一步下跌，如果投资者过早地买进股票则有可能被套。此时KDJ指标参考价值降低，投资者应该因时因势分析，同时参考其他指标与随机指标结合起来使用。

2. J值可以为负值，也可以超过100。比如在前面背驰现象所举的案例中就出现了J值大于100或小于0。出现这种情况主要缘于J线和K、D相比较更为灵敏一些。

3. 因为随机指标提供的买卖信号比较频繁，投资者孤立的依据这些交叉突破点来决定投资策略，则依然存在较大的风险。因此使用K、D线时，要配合股价趋势图来进行判断。当股价交叉突破支撑压力线时，若此时K、D线又在超买区或超卖区相交，K、D线提供的股票买卖信号就更为有效。而且，在此位上K、D来回交叉越多越好。

4. 当K值和D值上升或下跌的速度减弱，倾斜度趋于平缓是短期转势的预警信号。这种情况对于大盘热门股及股价指数的准确性较高，而对冷门股或小盘股的准确性较低。

5. KDJ指标比RSI准确率高，且有明确的买、卖点出现，但K、D线交叉时须注意"骗线"出现，主要因为KDJ指标过于敏感且此指标群众基础较好，所以经常被主力操纵。

6. K线与D线的交叉突破在80以上或20以下时较为准确。当这种交叉突破在50左右发生时，表明市场走势陷入盘局，正在寻找突破方向。此时，K线与D线的交叉突破所提供的买卖信号无效。

综上所述，可以这样认为，随机指数在设计中充分考虑价格波动的随机振幅与中短期波动的测算，使其短期测市功能比移动平均线更加准确有效，在市场短期超买超卖的预测方面又比强弱指数敏感，同时该指标又能够提供出明确的买卖点。因此，这一指标被投资者广泛采用。虽然说，随机指标可以为短线投资提供简便直接快捷有效的投资参考依据，但是，作为一个投资者应该明白，成功地使用随机指标的关键在于将随机指标分析与其他的技术指标或分析方法结合起来使用。

还有一个细节需要记住：当股价在走主升浪过程中和下跌主跌浪过程中，KDJ指标会失效，因为股价走熊市会连续创出新低连续出现超卖现象；而在主升浪过程中会连续出现主力超买拉升的现象，所以会失效。要记住KDJ是短线指标，其实在盘整期间，KDJ的成功概率反而会更高。

没有一个指标可以解决所有的问题，这是学技术分析投资者最应该记住的一个前提！

第六节
8561量价交易法则

成交量是学习技术分析不可缺少的一个技术指标，少了成交量作为基础来判断买卖点，理论上都是不客观的，因为成交量代表的就是真金白银，只有真正买进去了才能代表是客观存在的交易，没有成交量来支持，股价想上涨多数也是虚涨（连续一字板涨停除外）。

成交量除了在大势重要转折阶段为我们提供信号外，在波段操作中成交量也能发挥举足轻重的作用。在上升趋势和下跌趋势中，我们可以顺势而为，以持股或者观望为宜，而在横盘期间，波段操作也就显得尤为重要了。

掌握好波段操作的精髓在于能否掌握好高抛低吸的策略，即是否具有在相对点逢低买入，在相对高点卖出套现的能力。要想很好地掌握波段操作的技巧，首先我们必须要懂得，股价的波段很大程度上就是人情绪预期波动的综合反映。当看涨情绪高涨时，市场投入的资金也会相应增加，在资金的推动下，股价逐步上涨，表现在成交量上则出现量能逐步放大的趋势；而当市场情绪谨慎投资者进场意愿不强时，会导致资金缺乏，而且更多表现为在场资金的离场，从而使股价难逃下跌的命运，在量能上则表现交易量的逐步萎缩。缘何是逐步萎缩呢？这个不难理解，在下跌的初期，套现离场的人较多，卖量较大，而随着股价的逐步下跌离场的人也在慢慢减少，所以表现在成交量上就是逐步缩量。

一、根据量能进行波段操作的注意事项

第一，量能的萎缩过程和放大过程很多时候并不是呈现有序的逐步的趋势，虽然量能的变化趋势较为明显，但这个趋势的过程却表现出参差不齐的态势，这也就给我们做出判断带来一定的干扰。此时最好的策略就是结合形态去看量能的波动，在震荡市中，当价格处于相对低位而量能也处于相对低量时，一旦有开始放大的趋势，那一般就是开始上涨的征兆；当价格处于相对高位而量能处于放大状态，并开始出现萎缩迹象时就要警惕了，因为此时阶段性向下的概率很大。

第二，有时量能出现大幅的缩减并不代表股价不会出现大幅下跌的趋势。尤其是在多空双方处于相对平衡状态时，双方都较为谨慎，多头不敢贸然进攻，空头也不敢咄咄逼人，买入量自然很少，卖出量也不大，量能也就出现了急剧萎缩的情况。此时并不代表价格不会下跌，向上还是向下都是很有可能的，那么接下来既可能出现放量上涨的态势，也可能出现放量下跌的趋势。总的来说，就在于多空相对平衡后，谁将取得最后的胜利。一般来说，当多空双方处于相对平衡时，股价此时处于相对高位，后市行情的发展将对空方有利，接下来放量下跌的可能性较大。在相对高位处于相对平衡，多方要想取得最终的胜利就必须比空方付出更多的努力。当多空双方处于相对平衡时，而价格处于相对低位，那么后市行情将有利于多方的发展，接下来放量上涨的可能性较大。道理同上，空方要想在相对低位发动一场大的战役将比多方发动进攻要付出更多努力。

第三，高位放量，高位放量上吊线，是指股价经过一轮上涨后，出现一根上吊线。通常情况下，成交量又出现了明显的放大，那么见顶的信号就非常明确了。通常情况下，在高位或连续涨停之后出现吊颈线是强烈的卖出信号，投资者应该提高警惕，最好清仓观望，不要以为盘中出现探底回升，是庄家高位吸货。否则，就会很容易套在高位。不过也不是绝对的，只是出现这种情况就要谨慎对待，至少不能再去追高买入了。

第四，下跌末期中的放量阴线，随着股价的下跌，某个交易日突然出现放量的大阴线，大阴线表明空头的力量充分释放，短线下跌动能可能衰减，而放量则表明有恐慌盘杀出，但是同时又有资金将这些恐慌盘的筹码收入囊中。这里的放量，同样以5日均量的两倍作为标准，如果达到或超过，那么

结合基本面，短线往往就有参与的价值。

相对于右侧交易，这种主动性的左侧交易，通常情况下是不建议短线投资者参与的。不过，如果大盘走势依旧向好，个股的下跌只是因为行业的利空消息或基本面的利空消息打压所致，并且这种利空消息不会对上市公司的业绩有很大的影响，那么就可以逢低买入。

股价在向上突破阻力位形态时，说明股价调整即将结束，很多投资者都会使用这种突破作为买入信号，但是按照这种相关技术形态进行实盘操作时，要注意把握以下技术要点。

1. 突破的前提是股价的位置和阶段。如果处于底部吸货区域、中途整理区域、庄家成本区域附近的，若向上突破其真突破的概率较大，若向下突破其假突破的概率较大。如果股价已经涨了几倍处于高位区域、远离庄家成本区域的，若向上突破其假突破的概率较大，若向下突破其真突破的概率较大。

2. 股价突破时，盘面必须有可持续性的、短暂的冲击波时，肯定假突破概率大。

3. 在考察成交量时一定要注意价与量的配合，如果量价失衡（成交量巨大突破后回落、突破后放量不涨或突破时成交量过小）则可信度差，谨防庄家以假突破的方式出货。

4. 当股价无量突破颈线阻力位时，且突破的幅度不足以确认为真实突破时，此时有出现假突破的可能。如果股价在突破后不久又再度回到颈线之下，应卖出观望。

5. 分析突破时的一些盘面细节，有利于提高判断准确性。例如，当天的突破时间早晚，通常当天的突破时间越早越可靠，特别是在临近尾盘的突破更应值得怀疑；观察当天的突破气势，突破时一气呵成，刚强有力，气势磅礴，可靠性就高；突破后能够坚守在高位的，可靠性就高，如果仅仅是股价在当天盘中的瞬间碰触，那么突破肯定不能成立。这些盘面细节十分重要，应当细心地进行观察分析。

6. 记住三三法则。即突破的幅度超过3%，在突破阻力位以后，能持续时间3天以上还在当时阻力位以上。

7. 有很多朋友有个疑问，如何来判断是真突破还是假突破某条均线或者重要的中期阻力位呢？大家记住一个要点，即假如在2个月至5个月内，一个重要的阻力位被突破过三次以上，这个时候加入后面再来一次突破，这个时候真突破的概率就很大了，所谓再一再二不能再三再四，这句中国的古话说的是有道理的。大家记住这个细节即可！以上几个细节需要把握，尤其是在整体市场处于弱势当中，这种假突破的情况出现的概率更大。

二、根据成交量捕捉短线买卖点

放量滞涨是一种常见的量价背离的情况，指的是成交量放大，但是股价没有涨。这说明股价的上行受到了压力，一种情况是进入密集成交区，遭到历史套牢盘的抛压，后市在震荡之后还有上升的空间；另一种情况是主力通过对敲手法人为制造成交量放大的情况，实际上暗中进行出货，后市就需要投资者高度警惕了。

如果在股价的中高位区域出现放量滞涨，这是一个比较危险的信号，要以卖出操作为主。不过如果是进入前期的密集成交区，出现了放量滞涨，那么可以在之后的几个交易日根据盘中的情况进行买卖操作；如果出现了缩量震荡，短线可以轻仓逢低吸纳；如果出现了明显的回落，短线清仓观望。

股票量价关系一般都会经历以下几个阶段：

第一个阶段，成交量逐渐减少，卖盘越来越轻，低位横盘区域出地量状态，意味着股价即将止跌；

第二个阶段，成交量逐步温和放量，说明有主力觉得股价相对便宜开始逐渐吸筹，成交量才会逐步放大，股价开始进入底部盘整阶段，然后逐步转成上升趋势；

第三个阶段，股价被拉升到一个定涨幅高度后，多方的力量慢慢减弱，买盘减少，成交量开始出现萎缩，出现了量价背离（股价上涨，成交量开始缩量）；

第四个阶段，股价由上升趋势转为下跌的趋势，成交量开始逐渐放大，出现放量杀跌的迹象，这说明主力开始派发出货，此时要以控制风险为主了。

放量必震荡，这是我在每次电视台做节目和讲公开课的时候经常提到的一个知识点。很多同学会问我："刘老师，到底是放量好还是缩量好呢？"我第一句话就是先看个股所处位置，在低位的放量就是好事，在高位的放量就需要注意风险。但是在低位的放量也要看从哪个角度说，假如站在中长线的角度来分析，在低位的放量就是好事，但是站在短线的角度来分析，低位的放巨量就要防止出现短线震荡调整。所以放量必震荡主要是说在底部区域的放巨量，短线震荡调整的概率大。

我们来看一个案例分析，请看下图6-55中所示：

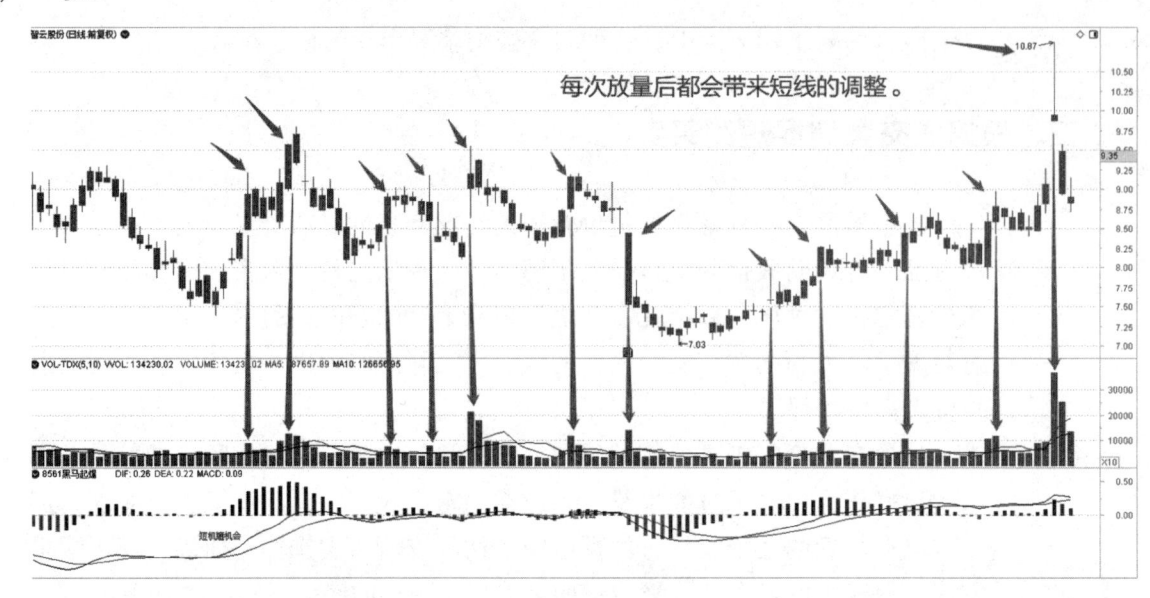

图 6-55

如上图中所示,这是教给学员解套的一只个股案例 300097 智云股份,从图中可以看出,这只个股在底部区域横盘阶段,每次放量以后都会出现短线的调整,或是短线横盘,站在短线的角度看,每次放量其实都是短线的卖点,而不是买点;但是站在中长线的角度来看,就是主力在吸筹的信号。请看下图 6-56 中所示:

证券代码	证券名称	持股数量	持股成本	持股总成本	保本价	现价	市值	盈亏
300097	智云股份	19000	10.025	192863.06	10.151	7.650	145350.00	-47513.64

操作日期	委托时间	证券代码	证券名称	买卖标志	委托价格	委托数量	委托单号
20210628	9:42:33	300097	智云股份	证券买入	8.21	10000	125931

证券代码	证券名称	持股数量	持股成本	持股总成本	保本价	现价	市值	盈亏
300097	智云股份	29000	9.35	274478.01	9.465	8.590	249110.00	-25368.01

证券代码	证券名称	持股数量	持股成本	持股总成本	保本价	现价	市值	盈亏
300097	智云股份	29000	0	-27049.72	0	10.340	0	27049.72

图 6-56

如上图中所示，智云股份19000股成本是10.15元，被套24%。在2021年6月28日挂单8.21元加仓了10000股，这个加仓的理由是在这一天成交量是缩到地量了，短线出现买点，所以才会挂单加仓，加完仓后持股变成29000股，成本降到了9.46元，之后一直持股，到了2021年7月14日放了一个巨量，高开冲高成功解套并盈利27000多元后卖出。如果解套了没有及时卖出，截止到2021年7月16号收盘又会再次被套，这是一个现实当中的案例，患得患失会失去很多所谓的机会，也会带来很多的风险点。这也是一个根据放巨量卖出的操作，放量滞涨就是短线卖出的信号。当然站在战略定位的基础上，这只个股还是可以战略看多的，但是站在解套的逻辑里面，必须按照原则去做解套才可以。

各位投资者需要记住一个原则，股价在底部区域或者上升通道当中的，使用成交量来判断短线买点的时候，大概的思路就是温和放量上涨缩量回调，只要这种趋势不变，基本行情不会结束，如果发生变化了，变成缩量上涨放量回调了，这个时候就要注意控制风险了。非正常的放大量（超过上个交易日30%以上）就要随时注意出现短线高点。

第七节
如何构建属于自己的短线交易体系

从业近20年来我在8561选股策略的基础上，研究出几套短中线战法，先来教给大家如何构建自己的交易体系。

首先各位投资者要给自己定位，您是短线交易还是中长线交易，只有定好位才能选择构建什么类型的交易体系。

交易体系是属于自己的操盘策略，用来形成自己熟练掌握的交易准则或者交易习惯。一个自己能够熟练掌握的交易体系，就像日常生活中做饭炒菜，每个菜放多少盐放多少酱油、火候如何掌握，菜的味道才刚刚好，道理是一样的。交易体系是一个成功投资者的实战经验的结晶，它体现了成功投资者的交易哲学。交易体系不是万能的，一个完整的交易体系只有在它的创造者手中才能发挥出最大效果。所以只有打造出自己的交易系统才能走上稳定盈利的道路。

交易体系构建过程：自我定位—构建适合自己的交易体系—验证和升级

完善交易体系。

一、自我定位

　　自我定位是在股市中交易生存的最重要的部分，所谓知己知彼百战百胜，知己不知彼胜率一半，不知己不知彼百战尽输。只有清晰地了解自己，理性认识自己的长项，在这种前提下构建形成的交易体系才会一直使用下去。如果交易体系不符合自己的性格特征，就会出现反复的肯定否定再否定，很容易造成构建交易体系失败。

　　假设您构建了一个属于自己的交易体系，用的是跟庄策略，但是您的交易体系是买在主力成本区；当整个大盘连续上涨，每天涨幅榜上涨停板很多，但自己的交易策略持股却是亏损，这时候您可能会出现焦虑，看着别人的股票蹭蹭上涨，自己的股票就是不动，这时候很可能您会考虑放弃坚持交易体系了。当您忍不住而放弃这个交易体系之后，选择卖出交易体系持股组合，结果卖出的个股出现连续上涨趋势。

　　和交朋友一样，适合自己的才是最好的，交易体系也是一个道理，无论市场中有多少涨停的股票，无论出现多么大涨的妖股，您只需要坚守自己看得懂的交易体系选出的个股即可。假如您用的是别人的交易体系，又没有深入熟悉并且曾经获利，那您的持股总是让自己提心吊胆，涨跌都能触动您的神经。您不能说这套交易系统不好，可以理解为这套交易体系大概率不适合您，您也很难通过这套体系实现稳定盈利。因此，适合自己的交易体系应该是与投资经历、自己性格、交易习惯、资金总量和资金属性相匹配的。所以一定要先给自己定位，只有这样才能构建属于自己的一套交易体系。

　　在本章最开始给大家出了一些问答题，来帮助大家定位自己，并且能构建属于自己的交易策略。

　　自我定位主要根据自己的性格特点需要判断自己是激进型还是保守型投资者。前者适合选择集中仓位的强势股短线交易策略，能承担较大的风险，但收益弹性也较大。后者适合做一个稳健的交易策略，享受稳健投资组合带来的市场平均收益或者属于自己交易策略预期的收益。

　　个人认知主要是指自己的能力强项在哪里——擅长宏观经济分析、擅长企业财务分析、擅长捕捉市场热点、擅长把握政策方向、对某个行业了如指掌或者其他。任何一个强项都可以帮助您提高相对应交易体系的胜率和风险回报比，帮助您更大概率地实现稳定盈利。

　　擅长方式主要是指擅长什么样的交易风格。交易风格的关键环节包括买点策略、持仓时间、仓位安排、止盈卖点策略、止损卖点策略等。我们要根据自己的性格特点，以及历史的交易情况，来固定完善自己擅长的交易模式。比如需要认清自己适合短线交易还是波段趋势交易还是价值投资做长期持股，如果您对盘面波动非常敏感，建议您使用短线交易体系；如果您认为短线的波动并不能让您体会到交易所带来的预期收益，那就应该属于波段趋势交易者，建议您使用波段趋势系统进行交易；如果您觉得短线和波段交易赚来的收益还不能满足您，那就应该重仓位进行价值投资，用长期收益来指引自己的交易体系的不断完善和升级！

二、构建属于自己的交易体系

在自我定位之后就可以进一步构建适合自己的交易体系，具体包含以下内容：选股策略、持股时间策略、买卖点策略、仓位管理策略、风险控制策略等内容。

选股策略：完整的交易体系，一定是先从选股开始的，因为没有合适的标的，您的交易策略就无从说起。假如您定位了自己属于激进型投资者，那就使用短线的选股策略来进行选股；假如您定位自己是保守型投资者，那就要使用稳健型的选股策略。

持股时间策略：持股时间是要根据自己的交易风格来制定的，假如您是短线的交易体系，那就使用短周期持股；假如您是保守型的投资者，那就要尽量选择中长线的持股时间较长的策略。

买卖点策略：站在买卖点的角度来看，短线交易策略和中长线的交易策略，买卖点的依据是不一样的，短线的交易策略是要偏向于激进，买完就涨的风格，需要的是尽量准确的买在最低点，卖在短线最高点；而中长线的交易策略，买在一个相对合理的底部位置，卖在一个相对高位区域就可以了。

仓位管理策略：从仓位管理的角度来看，短线交易策略需要合理控制仓位，因为短线交易风险较大，一旦总是带着止损交易，亏损是很快的。而中长线的交易策略，看重的是价值投资类的指标，或者买在主力成本区域，所以参与的仓位就可以偏重一些。

风险控制策略：风险控制指的是对于短线的风险控制，更加偏向于技术层面的风险，比如出现强烈的卖出信号等，这些是风险控制的指标；而中长线的策略偏向于企业是否出现"黑天鹅"利空事件，只要不出现"黑天鹅"事件，基本就是以持股为主，直到达到盈利预期。

所以不同的交易体系，相关的细节也是不同的，如果不同的体系使用的策略都一致，那也就没有不同的交易体系这一说了。

三、验证和升级完善交易体系

实战是检验真理的唯一标准，是在构建交易体系过程中最重要的一个环节，假如有好的交易方法，长期坚持做下去，不断地检验自己的每一笔交易，从中提炼出最适合自己的交易体系，不断升级完善。

第一，每天坚持做交易笔记，对每一笔交易进行记录，尤其是交易的原因、市场和板块当时情况等。

第二，定期回溯账户的所有交易记录，记录盈利和亏损来源于哪些交易，尤其是哪些大幅盈利，哪些大幅亏损，导致出现大幅盈利和亏损的原因是什么。

第三，不断地强化记忆带来大幅盈利的那些交易的过程，不断重复审视导致大幅亏损交易的原因，制定策略避免再次出现单笔交易大幅亏损的可能。

第四，将盈利交易的共性要素提炼成交易体系的每个细节，并且牢记在心，必须注意，无论发生任何事情，都要严格按照提炼出来的细节进行交易。

第五，要不断通过交易日记记录每天的心理波动，尤其面对超预期波动时候的心理波动，找到纾解和平缓心理的各种心理暗示，锻造一颗强大而平和的内心。

另外，在完善升级交易体系的时候，还要考虑坚持以下几个方面的问题：

（一）盘前操作计划

1. 复盘作业，当天市场的热点，赚钱效应所在，资金的方向，热点人气个股的题材面，技术面，资金面。

2. 标的的选择，预判市场方向，寻找个股，作出合理推演。

3. 对明天大盘形势的预判，在作出大盘无系统性风险的情况下，完善步骤。

（二）交易模式

模式指的是您平时操作中擅长于做哪种技术形态，哪种形态是您最有把握的，这需要靠个人去摸索并固定下来，任何一种模式只要做到极致，都会发挥出它最大的威力（切忌，每一种模式都有其适用的市场环境，在一个不适合的市场中坚持特定的模式，会让你对自己的模式产生巨大的怀疑，以至于放弃。然后又寻找新的模式，最后走在了寻找模式的轮回之中无法自拔。

一要切忌不要试图寻找一种万能模式。二要懂得放弃，在模式与行情不匹配的时候，放弃该放弃的机会，避免对自己的模式失去信心）。

（三）仓位策略

仓位策略要根据自己的风险承受能力来选择。

1. 满仓进出：满仓操作一只股票，这是现在超短最主流的仓位策略，集中资金的优势，使资金效益最大化，缺点是怕遇到系统性风险。

2. 半仓滚动：半仓资金操作一只，留半仓现金备用，这种策略的优点是相对减轻了系统性风险，缺点是资金利用率减半。

3. 333仓位：这是保守型短线交易策略的最佳仓位组合，攻守兼备，三成仓开仓，在有利润以后，可以加仓到六成仓，剩三成资金来进行滚动操作，第二天如果老仓出现亏损，手中三成资金不再进场，继而寻求老仓的迅速了结。

4. 221仓位组合：建仓三只股票，两只建仓两成仓位，一只建仓一成仓位，剩余半仓资金来根据这三只个股的短线技术形态做高抛低吸降低持股成本，这是最合理的一种仓位组合，也是从业多年以来个人强烈推荐的一种仓位管理方式。

（四）止盈止损

止盈止损，这是超短系统里最重要的一个部分，这部分也是整个系统中最重要的环节。有一天您发现自己的系统里不再有止损止盈的时候，您就成功了。

1. 止盈，超短系统以复利为核心，但也要努力吃到更多的利润，个人一般止盈点是五个点利润，再根据个股分时及气势判断是否及时获利了结及持有，持有的情况下逐步提高止盈点，有效跌破止盈点清出，尾盘不板基本也会获利了结。

2. 止损，做超短需要保持的是一颗谨慎之心，每一步都不要心存侥幸，一次侥幸可能就是深套的开始，每天盘后在制订第二天卖出计划时，都要静态设个止损点，有时直接设个亏损3%为止损也可以，动态上则可以根据第二天的盘面，分时状况来进行及时止损，截断亏损，让利润奔跑。

（五）执行力

患得患失，对于理论都懂，但是一到了实战当中，就不去执行，恐慌和贪婪时刻都影响着您，影响着您的计划，让您心存侥幸，直到酿成大错，所以严格执行您计划中的交易，炒股炒到最后，比拼的不是技术，而是每个人的执行力及控制力。

（六）心态

心态在股市中占据最重要的位置，人的喜怒哀乐、七情六欲，反映在这市场上，就存在着情绪上的波动，而情绪的波动也是操作中犯错的根源，情绪的波动会让您偏离计划，降低专注度，如果我们能够做到如机器人般交易，不以物喜，不以己悲，不让上一笔操作影响到下一笔的操作，每一笔操作都可以独立的分开，保持心态的平和，清晰的思维，我们就会减少犯错的概率。

每个人都是独一无二的，每个人性格也是不同的，所以每个交易者也应该有属于自己的交易系统，短线也好，中线也罢，这些都是策略选择，没有绝对的好坏，定位自己，找到最适合自己的才是最好的。

强化训练

1. 先清晰定位自己属于哪种类型投资者；
2. 尝试构建一个符合自己交易风格的交易策略；
3. 尝试了解某只股票的走势风格，跟踪一只股票时间超过 3 个月以上，从分时到日线持续跟踪。

第七章　庄家主力操盘运作股价的步骤

　　无庄不成股，这是很多老股民都知道的一个道理。在市场当中，有各路主力资金，由于他们的资金体量大，能影响股价的趋势，所以不管是什么类型的资金，当他们看好一只个股，建仓的时候总会留下蛛丝马迹，我们只需要去跟随这些发现的细节去追踪主力跟庄即可。想要赚大钱，是要跟庄操作的，否则很难赚到大钱。

　　所有的个股拉升都必须要有大资金的引领，但也少不了散户的力量，当主力需要助攻的时候，只要散户投资者敢于追高，就能把股价拉到一个新高度，所以主力和散户是相互成就的。散户少了主力就不会发动一波大行情，主力少了散户坐庄也做不下去，很多人可能不同意这个观点，但是大家客观分析一下就能理解了。

　　市场是同一个市场，股票是同一只股票，为什么有的投资者就能赚钱，有的投资者就会亏钱？一切都要从自身找原因才能救自己。如果市场中少了主力资金，那么股票就会成为死水一潭，不会有大的波动，没有大的波动，散户投资者也就赚不到差价。没有主力资金的参与，个股也是没办法打出差价的！

人是在不断成长的，股票也有生命周期。人类的生命周期分为少年、青年、中年、老年，股市中的股票也可以分为少年期股票、青年期股票、中年期股票和老年期股票。每个人的人生都是不一样的，每个人的寿命长短也是不一样的；站在这个角度来看，每只个股的生命周期是不一样的，每只个股的寿命也不一样。利用这个逻辑来分析判断和理解股票的走势，相信很多投资者就会理解透彻了。

股市如人生，人生如股市。
孕育生命期，如横盘建仓。
少年时脆弱，类有假突破。
人生遇坎坷，像股价调整。
青壮年之时，似走上升势。
人到中年里，犹中枢蓄势。
中年过后段，追最后疯狂。
人到老年后，随时防见顶。
防患于未然，唯看重健康。
人活一辈子，同股价生长。
喜怒哀乐活，涨跌横盘调。
快乐属童年，最佳买点恋。
老年独自愁，卖点随时有。

第一节
主力吸筹阶段

一只股票在一轮熊市过后，低位一般都会出现主力吸筹股价才会止跌，股价开始横盘震荡，宛如少年时期的孩子蹦蹦跳跳，但是鉴于主力还没吃饱，所以再怎么蹦也是高度有限。

主力在吸筹期间，一般会出现几个特征：

横盘时间较长：主力建仓是一个缓慢的阶段，吸筹花费的时间一般比较长。

第七章
庄家主力操盘运作股价的步骤

股价波动较小：主力在短期建仓吸筹的时间一般较短，个股的股价一般波动较小，因为主力不会连续吸筹买入，那样会拉高股价从而抬高主力建仓的成本。

成交量放大：主力进行吸筹时会导致成交量放大，因为主力的资金再小，也会大于多数散户，主力集中吸筹几天的阶段，成交量就会逐步放大，而主力停止吸筹，成交量就会减少。

短中长期均线出现缠绕：主力在底部建仓期间，其均线一般由向下的发散状态，不断黏合缠绕在一起，跟着股价开始底部盘整。

使用利空消息洗盘吸筹：主力喜欢利用利空消息进行震仓诱空散户割肉卖出，从而达到建仓的目的，这样可以吃到更多的筹码。

下面举个主力吸筹形态的例子，如下图7-1中所示：

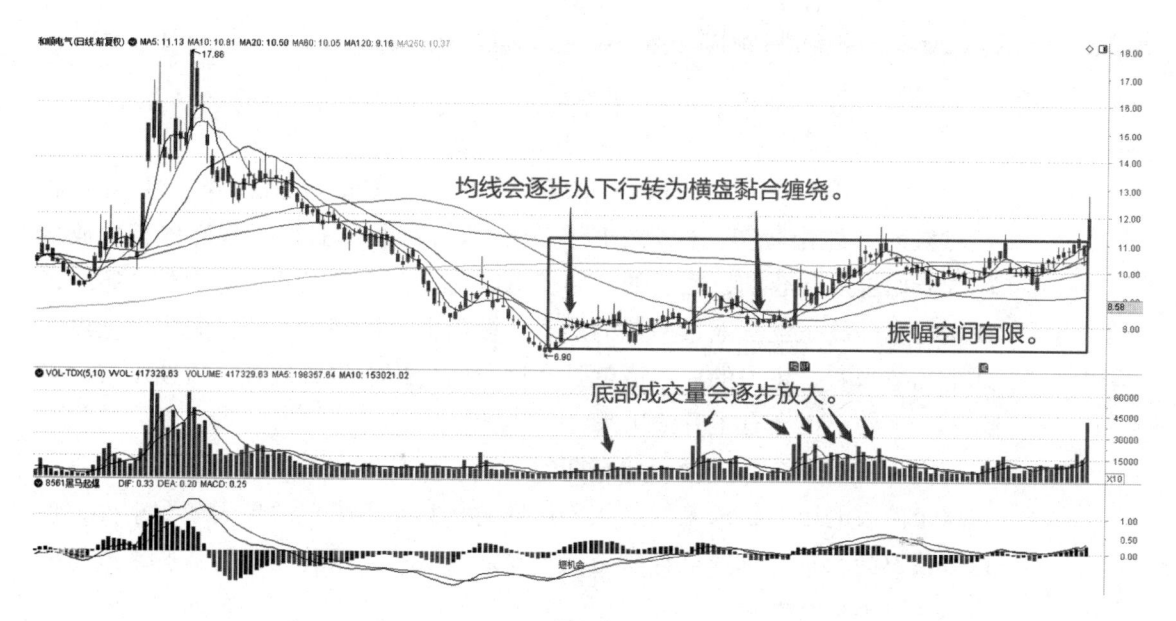

图 7-1

从上图中可以看出，这是300141和顺电气截止到2021年7月16日收盘时候的K线走势图，从图中可以看到，在2021年1月15日至1月22日，主力第一次吃了一部分货，然后利用买到的第一批筹码开始继续砸盘，直到2月9日最低调整到6.9元后，股价开始止跌企稳，主力再次吸筹。

在底部横盘吸筹期间，各条均线开始逐步缠绕黏合，成交量逐步放大，期间出现过两次20%的涨停板。区间振幅不是很大，放量上涨缩量回调，这些特征都在预示着主力正处于建仓期间，后期只要没有"黑天鹅"事件，

· 223 ·

大概率还会有新高出现。

再来看一个主力建仓吸筹的案例，如下图7-2中所示：

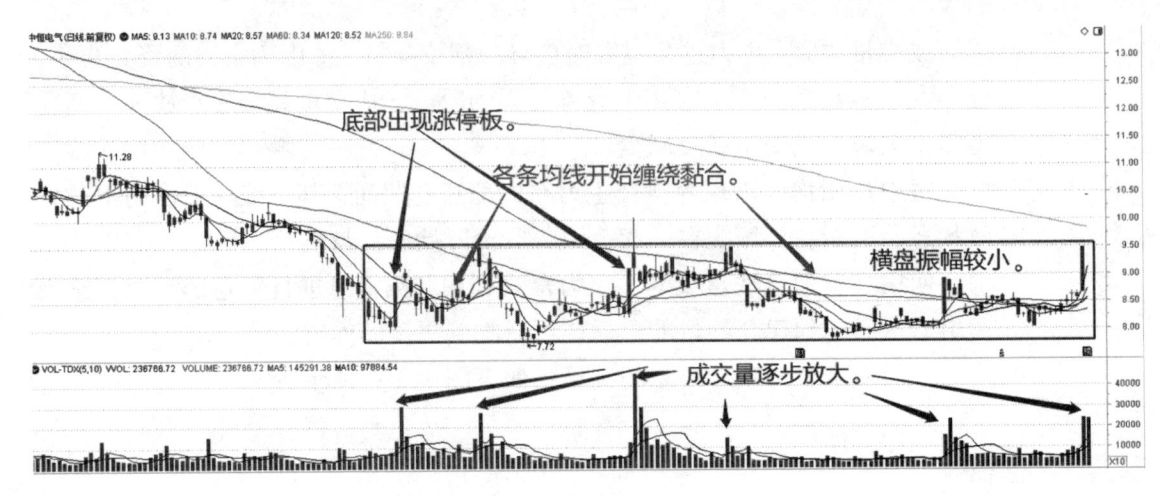

图7-2

从上图中可以看出，这是002364中恒电气截止到2021年7月16日收盘时候的K线走势图。这只个股在2020年12月31日以一根涨停板的放量阳线开始进入建仓期，之后便开始横盘震荡，各条均线开始出现黏合缠绕，成交量也是放量上涨缩量回调的形态，振幅也是控制在一个区间内。从以上几个细节来看，主力的成本区就是在这个横盘的中位数位置，后期没有"黑天鹅"事件，也会有主升浪出来。

以上就是两个主力处于建仓期的个股，也是处在人生青春期间的个股，在这个阶段的个股，未来的成长是可期的，只要不出现"黑天鹅"事件，理论上就不会夭折，选择这种主力在建仓期的股票，跟着主力的节奏来进行操作，至少不会吃大亏。

还有一种主力抢筹式的吸筹方式，由于主力着急建仓，从而先拉升股价大幅吸筹，这种主力是不计成本的快速吸筹，遇到这种主力也可以适当跟进，如下面这个案例就是典型的快速抢筹式吸筹的方式，请看下图7-3中所示：

从图中可以看出，这是600055万东医疗的K线走势图，这是截止到2021年7月16日收盘时候的走势图，从图中可以看到在经过一轮漫长的熊市之后，在2021年2月1日那天突然放大量涨停，之后便开始一字板上涨，到了高位开始放出巨量，主力连续吸筹，因为这种大量只有主力参与才会放出这么大的成交量，之后便开始一段时间横盘，在横盘期间主力依然是在边洗边吸筹，吃到足够的货以后，股价便开始主升浪的走势。

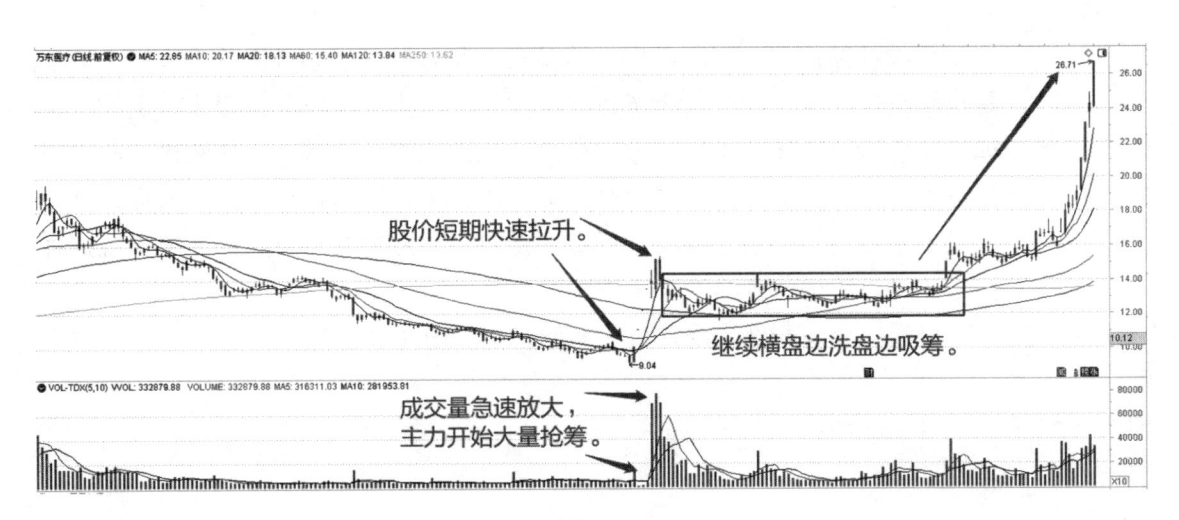

图 7-3

这种主力一般都是提前知道消息，所以才会在短时间内不计成本来抢筹，遇到这种类型的主力，大家就可以大胆择机参与！

在这里强调一个细节：主力建仓的时间没有一个量化的数据来定量，所以我们能做的也只是知道主力在哪个区域开始建仓了，给我们一个能拿得住好股票的依据，而不是去妄想着找到一个所谓的启动点！买在启动点，您想我想他也想，请问主力怎么想？理解了这个道理以后，也就不会急功近利地去选择所谓的启动点了。

第二节 主力洗盘阶段

主力洗盘，就是把低成本的筹码震荡洗出来，这里洗的主要就是散户，为轻松拉高做准备。那如何判断主力在洗盘呢？

很多投资者在买进某只股票以后，由于信心不足或者被深套其中，常常被主力洗盘洗出去，然后看着股价一直涨上去。所以股民朋友对于主力的洗盘技巧务必要熟知，而主力常见的洗盘方式有以下几种。

一是高开低走法。常发生于短期出来利好，投资者可以看到股价高开之后便有大单开始逐渐杀跌，有些甚至杀到跌停才甘心，但股价却不跌停，不然就是在跌停价位，不断产生大笔买盘，此时缺乏信心者低价出售，主力于是统统吃进，等到没有人愿意再低价卖出、压力不大时，再逐步向上拉升，如果拉了一段后压力不大，可能会急速拉到涨停，然后再封住涨停。所以当投资者看到某股低位大量成交时，可以进行跟随主力操作，但是前提是这只个股不是在高位出现这种高开低走的走势，一定要在相对底部区域出现这种信号才可以跟进或者继续坚定持股。

请看一个高开低走洗盘法的案例，如下图7-4中所示：

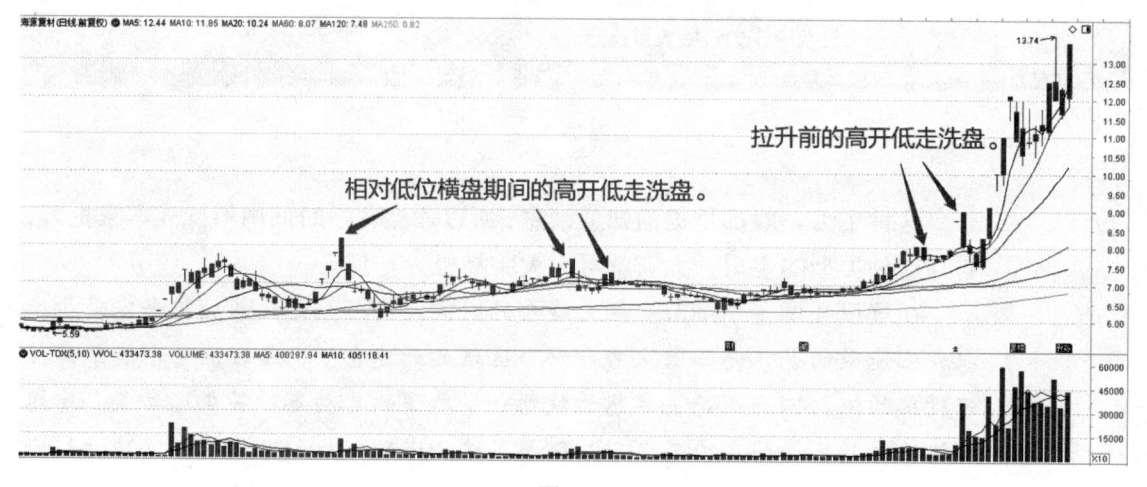

图 7-4

从图7-4中可以看出，这是002529海源复材截止到2021年7月16日收盘时的K线图，从图中可以看到，在相对底部区间出现过两次高开低走的K线，这属于相对底部区域的洗盘吸筹的动作。在即将启动之前，又出现过两次拉升之前的洗盘，是为了洗出一些不坚定的筹码，从而为接下来的拉升清除障碍减少抛压盘。

二是跌停板洗盘法。股票开盘便瞬间开始猛烈杀跌到跌停，等在跌停板上封死一段时间后，挂单卖出的数量不再增加的时候，主力迅速将自己的跌停挂出单取消，瞬间将散户挂在跌停板上的卖单吃光，然后往上拉升股价，主力拉升的意愿视所吃的筹码多少而定。通常主力要拥有大的筹码时，才会展开行动，因此若筹码不够，则第二天可能还会重复这样的动作，投资者也应在此时机低价买进或者是坚定持股待涨。这种属于8561跌停板抄底法。

请看一个跌停板洗盘法的案例，如下图7-5和图7-6中所示：

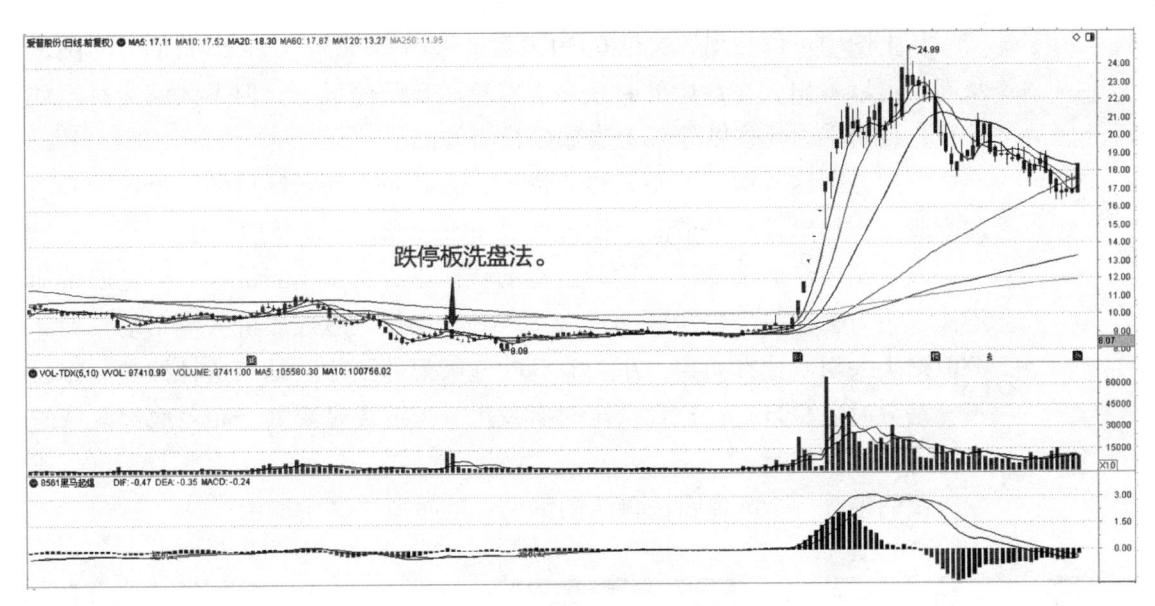

图 7-5

从上图中可以看出，这是 603020 爱普股份截止到 2021 年 7 月 16 日收盘时的 K 线图，这只个股在底部横盘期间 2021 年 1 月 26 日盘中出现跌停走势，同时成交量放大，代表这一天是主力把股价打到跌停板上达到洗盘吸筹吃货的目的。再来看一下当天的分时图走势，请看图 7-6 中所示：

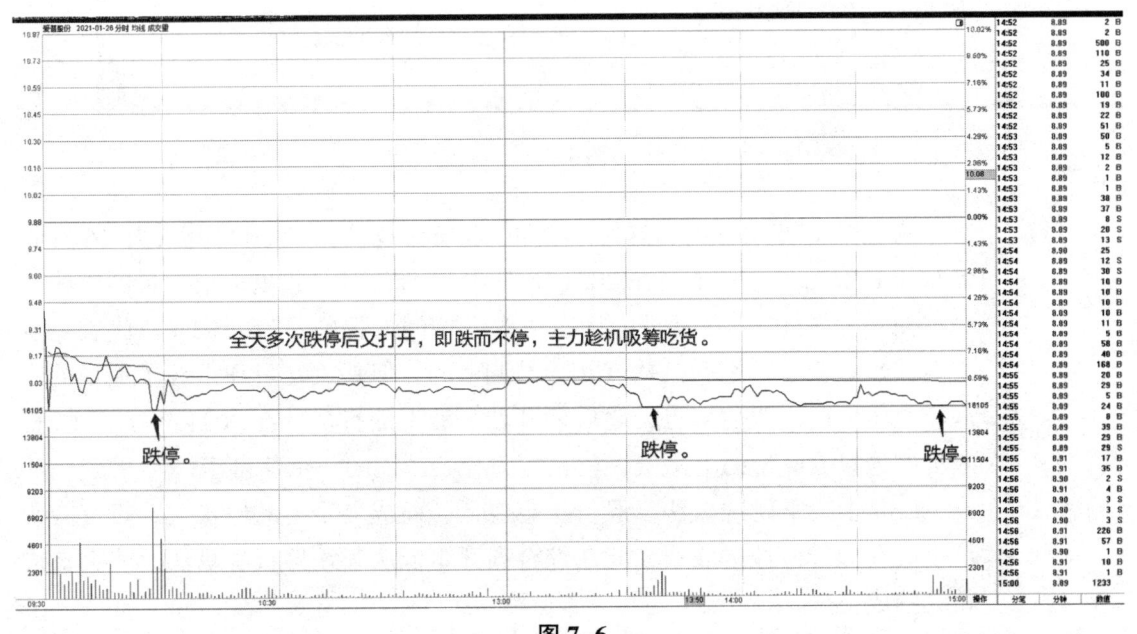

图 7-6

从上图中可以看出，这是 603020 爱普股份 2021 年 1 月 26 日的分时图，从图中可以看出，在盘中的时候多次股价趴在跌停板上，但不久就会打开跌停板，说明主力是在跌停板上偷偷摸摸吸筹的。

以后遇到这种情况就不要再恐慌了，尤其是在底部区域的还没走主升浪的个股，一旦出现这种情况，就可以适当跟进或者坚定持股为主。

三是高控盘的洗盘法。这种走势的特征是成交量不断扩大，但是股价却不涨，主力会在一个价位区间进行买入卖出操作，造成股价久盘不动，大部分散户失去耐心选择卖出，主力直到吃饱吸筹够了才会结束这种控盘动作，不管是分时还是日线，这种情况时有发生，但前提是要处于相对底部区域的时候才能这样判断。

我们来看一个高控盘洗盘法的案例，请看图 7-7 中所示：

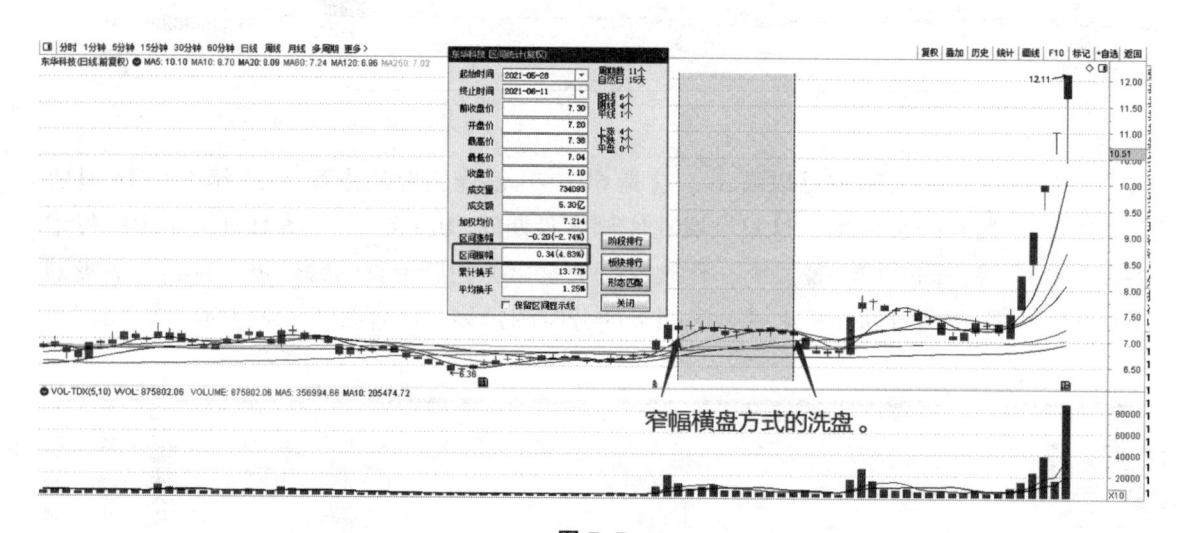

图 7-7

从上图中可以看出，这是 002140 东华科技截止到 2021 年 7 月 16 日收盘时的 K 线图，这只个股在 2021 年 5 月 27 日的时候收出一根放量的阳线，之后便开始了 11 个交易日的横盘洗盘，期间的振幅只有 4.83%，代表是主力高控盘的状态，之后虽然有几天是调整的，但是成交量却出现了地量的表现，说明出现短线的买点，之后便开始一波上涨行情。在 2021 年 7 月 16 日收出的这根放巨量的上吊线，就是主力开始派发的一个信号了。

四是上蹿下跳洗盘法。股价忽高忽低，而成交量不断地扩大，投资者应该设法在低价位挂进股票。此法综合高开走低法和跌停板洗盘法，将会造成特大的成交量。

请看一个上蹿下跳洗盘法的案例，如下图 7-8 中所示：

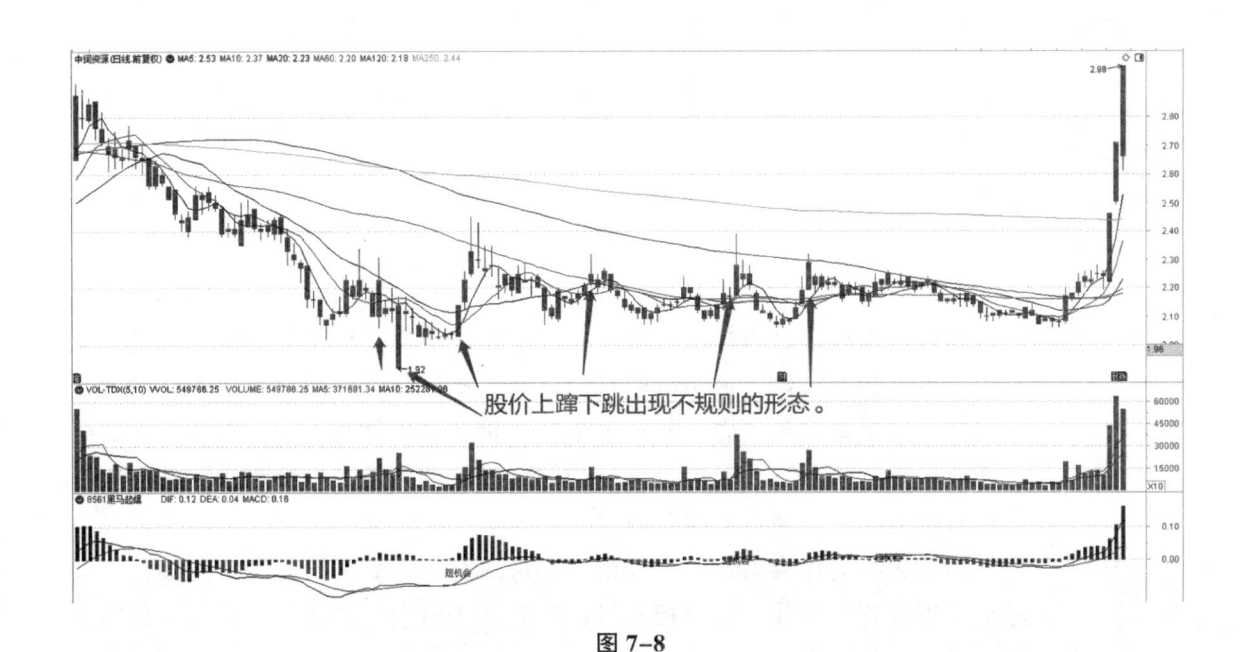

第七章
庄家主力操盘运作股价的步骤

图 7-8

从上图中可以看出，这是 000506 中润资源截止到 2021 年 7 月 16 日收盘时的 K 线图，这只个股在 2021 年 1 月 14 日至 5 月 14 日横盘吸筹期间，出现过多次不规则的上涨形态，这就是主力利用上蹿下跳的方式在洗盘吸筹。

洗盘阶段 K 线形态的几个特征：

第一，出现宽幅震荡，阴线阳线夹杂排列，趋势不明朗。

第二，成交量较无规则，出现递减趋势（缩量下跌）。

第三，阴线振幅逐步减少。

第四，股价一般维持在庄家持股成本的区域之上，可以通过筹码分布密集状态和横盘震荡区间的中位数来判断主力成本区。

第五，按 K 线组合的理论分析，洗盘过程即整理过程，图形上也都大体显示为三角形整理、旗形整理和矩形整理等形态。

> 总结：所谓的洗盘动作一定是在相对底部区域发生，或者在上升通道当中发生。在高位出现放大量的杀跌就不要幻想是在洗盘了，这是最重要的一个知识点。很多投资者之所以亏损，就是因为每次调整他都认为是主力在洗盘，所以就幻想着股价还能涨回去，结果越亏越多，最后被深套，才清醒过来："哦！原来那个位置是主力在出货呢！"

第三节
主力拉升阶段

股价是市场的合力拉上去的，主力的角色是发动行情的引擎，在拉升过程中，虽然会有洗盘，但是洗的是旧筹码，不想让他们随便坐轿子，而新进入的散户力量就会和主力一起往上推高股价，这也就是为什么在日常的所谓的妖股横行的阶段，监管层公布参与拉升股价的都是"散户账户"的原因。真正有实力的主力都不会露面的。

但若无主力作为引擎，市场就不会形成合力；如果没有散户追随，市场就会显得寂静。为什么新三板和科创板有些个股会交易清淡？部分就是因为没有散户投资者的参与！在2021年7月中旬，出台了一个关于科创板做市商的政策，从这个角度来看，就能理解个股少了主力资金就没有活力，没有活力的个股就没办法形成趋势。做市商制度，市商和主力资金有区别吗？其实道理是一样的，就是合法的主力。他们的任务就是找对手盘来激活股价和交易量，这样股价就会形成上涨和下跌的趋势，就不会跟僵尸股一样一直趴着没有成交量。

散户重要还是主力重要？主力更需要散户，主力是市场的跟随者，主力是散户的追随者。散户不参与买卖交易，这个庄就没法坐。散户参与度越高，这只个股可炒作的空间就越大。这就是既对立和又统一的矛盾体。

所以股价在拉升阶段的时候，既要吸引散户积极参与，又不能让散户获得太多的收益，所以才会有了边拉边洗的动作。散户在拉升阶段的时候积极为主力抬轿，但未必能获得很好的收益，多数散户都会遭受亏损，这就会造成散户参与者往往空欢喜一场。

一、主力拉升步骤

主力建仓、洗盘后就会启动拉升股价，有时洗盘和拉升同步进行。虽然主力拉升的股票涨幅很大，但能从头吃到尾的人却很少，散户在拉升初期不能有效识别这种机会，等发现是主力拉升的时候，又不敢追高，等到了拉升阶段的尾声，散户就会忍不住追进去，从而追在了主力出货的阶段。在股票拉升时期，完全是由主力说了算，不会受外界因素的影响，除非遇到特大利空或系统风险，主力才会改变操盘计划。当然，也有的主力因为资金链断裂或由于某种原因，需要迅速撤庄，套现资金，不计成本地砸盘出货，而有些资金不足的主力，则采取盘整的方式等待后续资金的救援。当然，中途也有换庄的主力，作为中小资金投资者没必要去深入研究它中间出现了什么情况，只要按照自己的计划行事，做到随机应变，在保证本金安全的情况下，最大获利，就足够了。如果想一味探知主力的内情，过分看重主力的行为，则会进入操盘的误区。能做好自己看得懂的即可。

主力拉升股价是要付出一定的拉抬成本的，这里指的是主力投入拉升的资金，主力为了减少拉抬成本获取利益最大化，还要选择合适的拉升时机，一般大盘处于强势上涨时人气旺盛，跟风盘较多，投资者不计成本追涨买入股票，主力拉抬容易，只需花费很少的资金就可以拉高股价；当大盘处于弱势阶段连续拉升的股票很少，因为大盘走势不好，人气不旺，主力拉升付出的成本相当大，并且接盘者很少，高位出货不太顺利，所以跟着主力操作，还要结合大盘走势情况，以变应变。

主力除了动用资金力量拉抬股价外，同时还要利用好相关题材。主力大量的货要在高位卖给散户投资者，如果没有好的故事题材，散户是不会轻易接盘的，一般出现大幅拉升的股票往往会伴随相关利好题材出现，或者业绩大增等利好兑现了，股价也到高位了，这就是我们平时所说的利好兑现是利空！投资者实盘操作中，要分析消息出现的时机和股价的空间位置，避免落入主力的圈套中。

二、主力拉升的几种类型

第一，逼空性拉升。个股在启动初期经常出现连续逼空涨停的行情，有的情况是连续一字板拉升，有的时候股价拉升时期成交量连续放大。对这类主力而言，时间比资金更重要，闪电式的突击拉升把主力的风格完全暴露了，连续逼空就是主力性格的显现。因此这种类型主力的拉升一般都是十分迅速的，主力必须及时把握时机而快速拉升股价，这样才能达到事半功倍的效果，同时快速拉升产生的暴利效应，能够更好地起到诱导散户的作用。但主力的性格我们在他建仓的时候也会发现蛛丝马迹，这个细节后边还有介绍。

请看下面这个逼空性拉升的案例，如图7-9中所示：

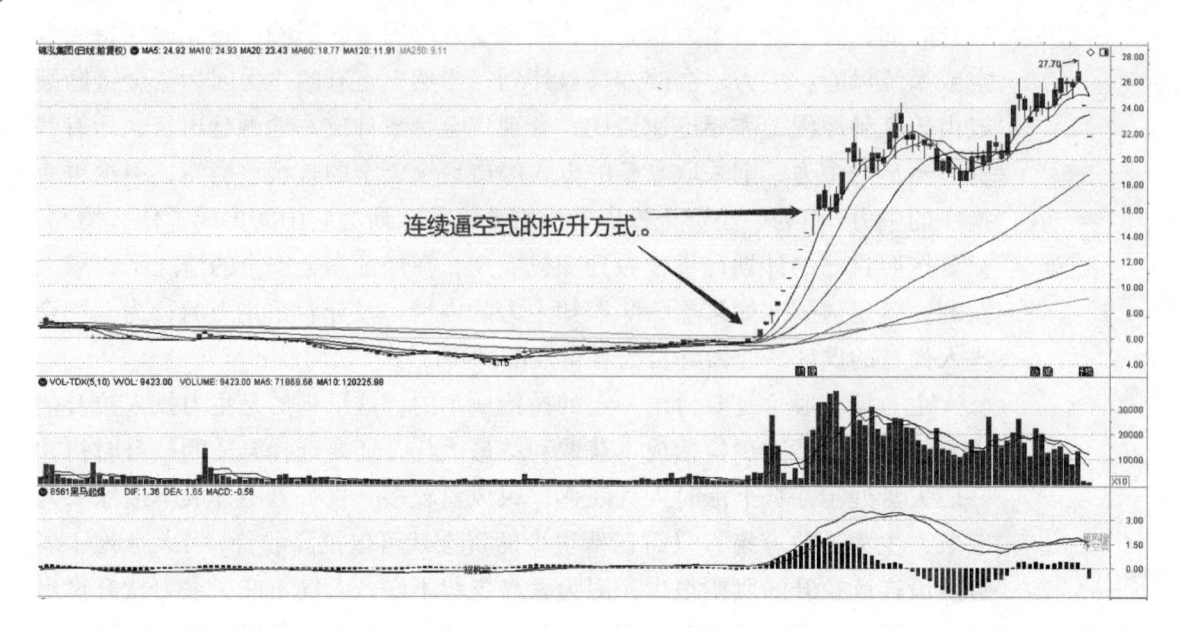

图 7-9

如图 7-9 中所示，这是 603518 锦鸿集团截止到 2021 年 7 月 16 日收盘时候的个股走势图，这只个股的主力在 2021 年 4 月 20 日开始拉升初期，就以涨停板的方式展开，先是几个带量的涨停拉升，之后又开始缩量一字板拉升，这种走势一般散户是追不进去也不敢去追的。等到了高位追进去了，也到了主力开始出货的阶段了。

第二，短线主力的拉升。这类主力最擅长的就是顺势，顺大盘反弹之势、顺市场整体上升之势、顺利好消息之势、顺阻力位突破之势，顺势拉升股价往往是一鼓作气。短庄的拉升手法比较简单，以快狠为主，有时快到让想追入的投资者，不得不一次又一次地撤单将价位挂的更高。一般来说，短庄的拉高多出现在尾市，因为如果过早地拉升，极有可能面临抛压砸盘的风险，而在尾盘拉升，往往可以让投资者想买的买不着，想卖的又会不舍得卖，手法狠的庄家甚至将股价用大单封至涨停，让投资者只能望股兴叹。这类主力资金常见的就是游资。

请看下面这个短线拉升的案例，如图 7-10 中所示：

如图中所示，这是 300079 数码视讯截止到 2021 年 7 月 16 日收盘时候的个股走势图，这只个股在底部区域横盘时间较短，主力其实很难吃到足够多的筹码，但是故事题材来了也不能等待，直接就展开拉升行情。2021 年 5 月 24 日主力借助华为虚拟现实和之后网络安全的概念，开始逐步拉升股价，边拉边洗也是这种形态的本质所在。

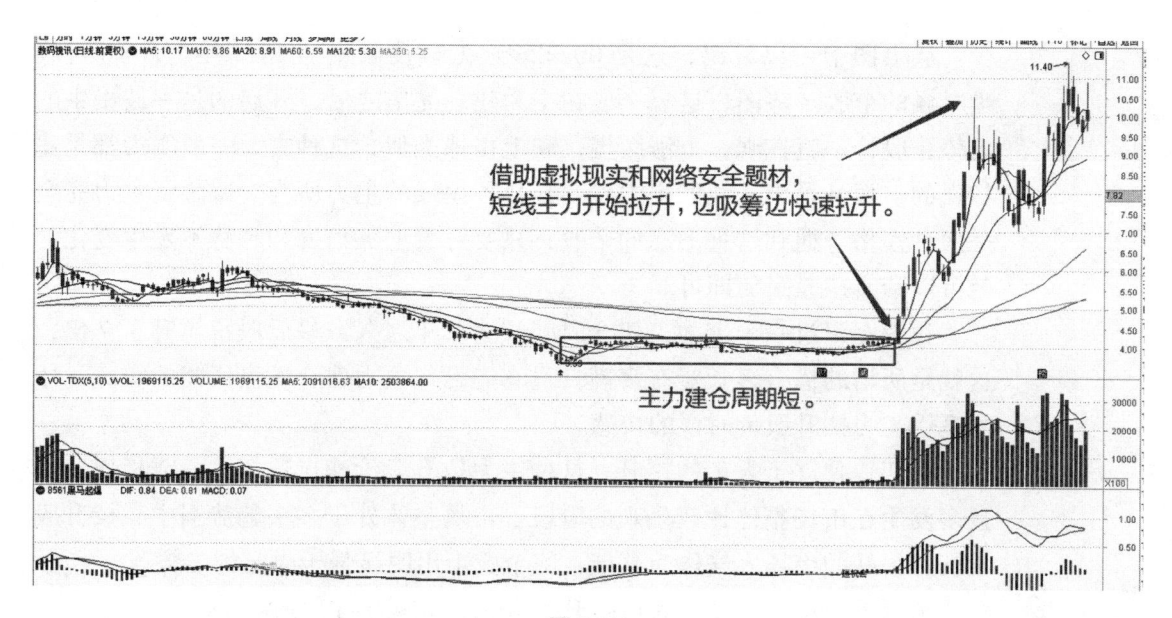

图 7-10

第三，中、长线庄家的拉升。由于建仓周期比较长，往往都是控盘度高，其股价目标位定得比较高，因为筹码吃的多而且比较集中，拉升时的盘口通常不看大势，是慢慢拉升的慢牛走势，股价拉升持续时间较长。但如果遇上合适的拉升时机，主力就会借势快速拉升一波，不必花费大量的资金就可以达到目的，且拉升速度快、幅度大。

请看下面这个中长线主力拉升的案例，如图 7-11 中所示：

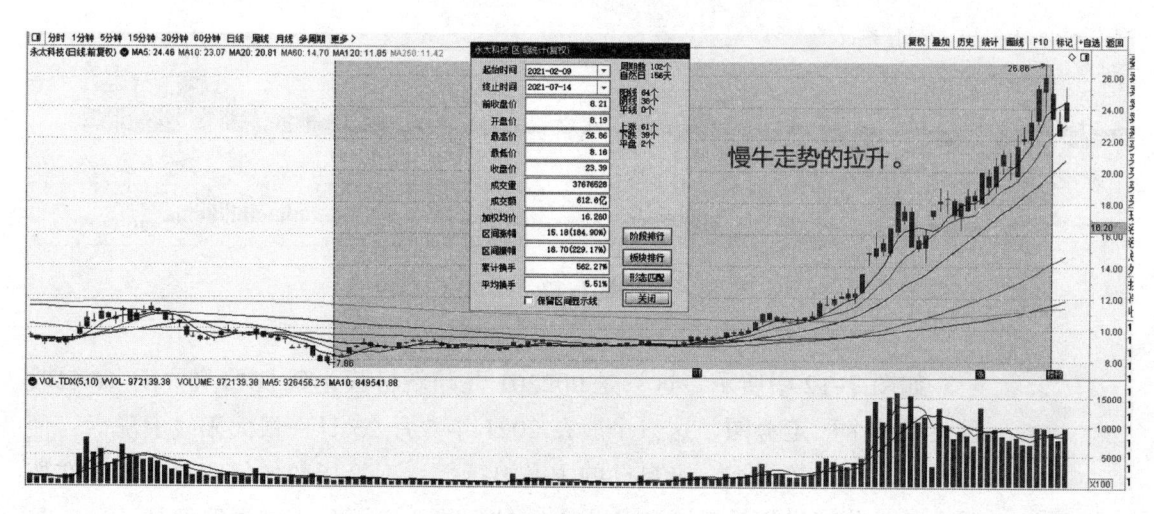

图 7-11

从上图中可以看出，这是 002326 永太科技截止到 2021 年 7 月 16 日收盘时候的个股走势图，这只个股在主力建仓完毕之后，开启的是一波慢牛的走势，股价一直在涨，上涨缓慢，和上楼梯类似，这种主力一般实力都是比较强的，而且是中长线的主力，不是那种短线的主力所为。跟游资主力完全是两种性格。遇到这种形态的个股，只要盯着上涨角度和趋势不发生变化，就可以踏实持股跟随即可。

我曾经跟过一个主力，建仓时间长达 2 年之久，最后股价拉升了 7 倍，这就是所谓的横有多长竖有多高。只有能忍住主力建仓洗盘区间的寂寞，才能享受主力拉升股价时候的快感。

第四，独立于大市的拉升。这种主力拉升股价速度快于大盘或板块，而且多发生在市场整体比较乐观的阶段。市场整体处于多头趋势当中，拉升股价就有很好的市场人气作为基础，使个股走出明显强于大盘的走势。

请看下面这个独立于大市拉升的案例，如图 7-12 中所示：

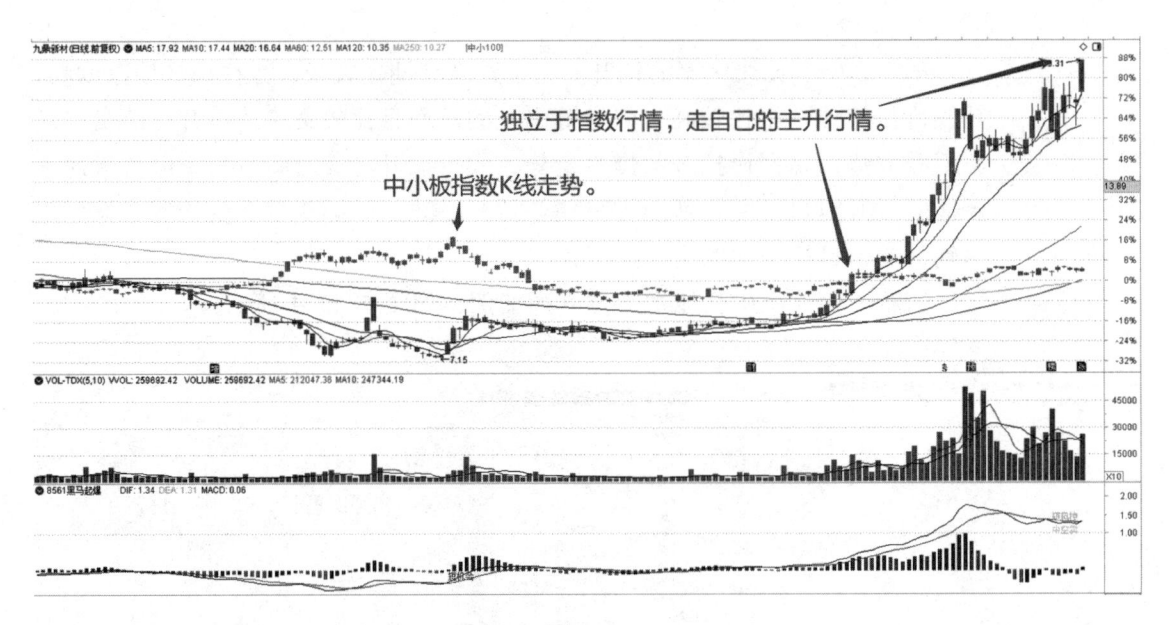

图 7-12

如图 7-12 中所示，这只是 002201 九鼎新材截止到 2021 年 7 月 16 日收盘时候的个股走势图，这只个股在 2021 年 5 月 25 日一根大阳线上涨后，便开始独立于指数行情，走自己的主升浪行情，不管指数如何调整，它都在按照自己的节奏进行拉升。这种主力比较强势，这也是一个选股的技巧，就是只选比指数强的个股去参与。

第七章
庄家主力操盘运作股价的步骤

第五，借助故事拉升。主力庄家拉升股价的时候，上市公司会发布公告，通过媒介或股评放出题材故事，造成很多散户资金关注度提高，这样就可以在短期内积聚做多人气，这样做的好处是降低抛压盘，从而形成市场合力做多，带来股价的快速上涨。

请看下面这个借助故事拉升的案例，如图 7-13 中所示：

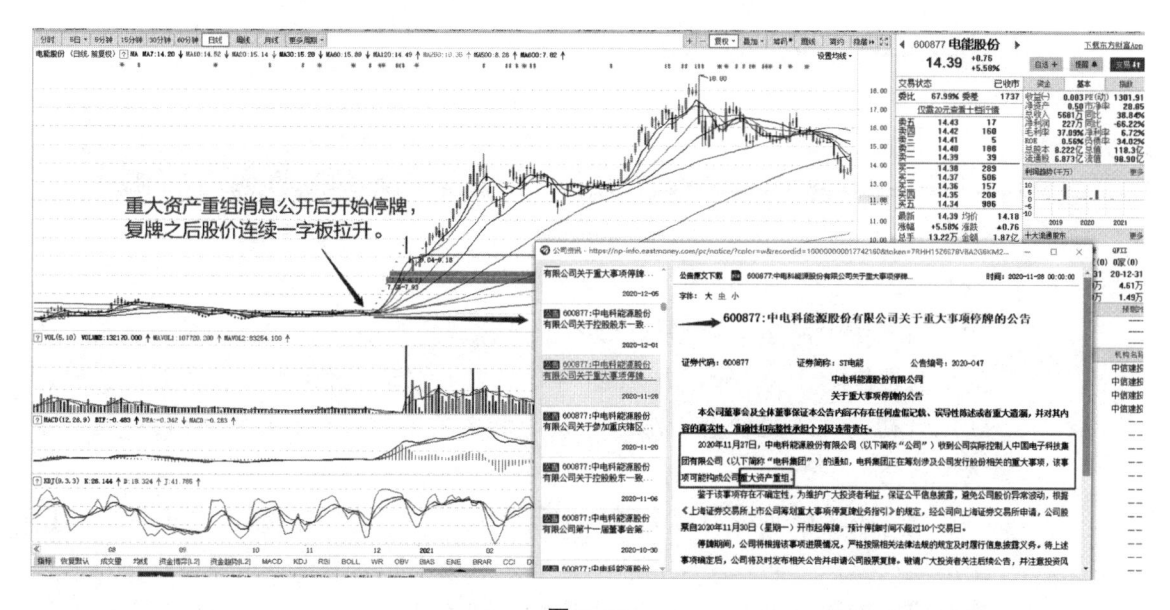

图 7-13

如上图中所示，这是 600877 电能股份截止到 2021 年 7 月 16 日收盘时候的个股走势图，这只个股在 2020 年 11 月 28 日发出公告，内容是重大资产重组，开始停牌，2020 年 12 月 14 日复牌后，便开始一字板涨停主升浪行情，其实这种消息主力都会提前知道并且做好埋伏的，只是在主力建仓期间那段时间是一般散户不能忍受的，所以我经常说：您只有忍受别人不能忍受的忍受，才能享受别人不能享受的享受。就是这个道理。

第六，加速赶顶的主升浪拉升。股价上涨后期上涨幅度越来越大，角度越来越陡，速度越来越快，成交量越来越大，这个时候就是最后的疯狂阶段，所以涨幅大、角度陡、速度快、成交量大的股票，持续时间比较短，股价随时都有可能见顶，然后就会进入出货阶段。

请看下面这个加速赶顶拉升的案例，如图 7-14 中所示：

·235·

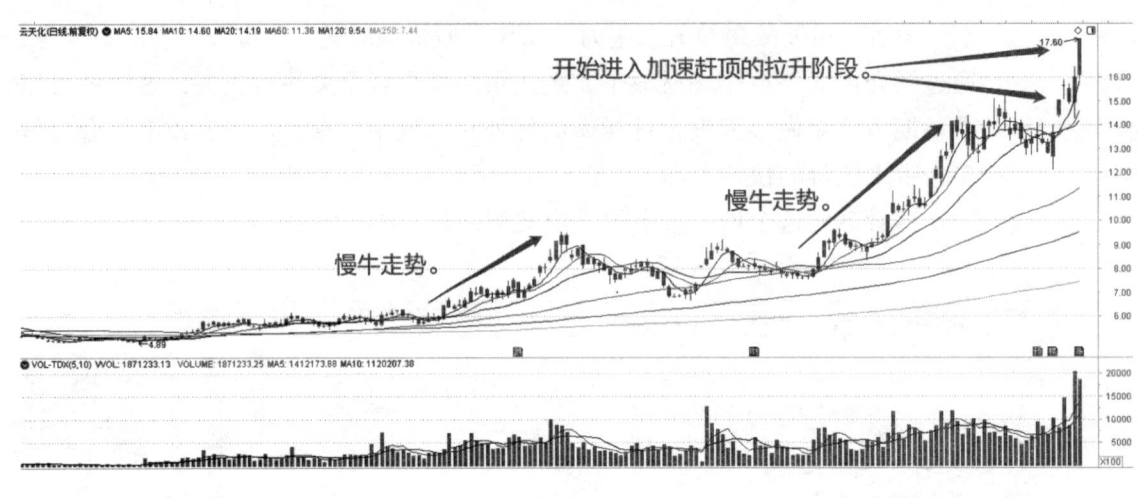

图 7-14

如上图中所示，这是 600096 云天化截止到 2021 年 7 月 16 日收盘时候的个股走势图，这只个股在 2021 年 1 月开始启动上涨行情，主力开始拉升，在拉升初期并不是快速上涨，而是小慢牛的走势，在 5 月 21 日再次拉升走慢牛行情。

到了 7 月 12 日主力再次展开拉升行情，但是这次的上涨角度发生了变化，上涨速度较快，而且角度较陡峭，成交量也是放出天量，所以这次拉升大概率是要去加速赶顶的节奏！以后遇到这种类型的个股，切记不要追高，宁可错过不要做错。如果持有这只个股的投资者要随时注意见到一个大顶。

第四节
主力出货阶段

当股价涨到主力心仪的位置以后，主力便开始出货，但是每个主力出货的手法是不一样的。有的主力会在拉升后期边拉升边出货，有的主力会选择双顶出货，有的主力会以横盘的方式出货，有的主力着急出货会把股价砸出大阴线出货，实力较强的主力会选择以假突破的方式选择出货。

所以主力出货的方式大概分为以下几种：

第一种，经过一段时间的横盘，主力已经卖出了大部分筹码，之后再次快速拉升股价创出新高，造成假突破，这样就会吸引散户追高入局，主力顺势再次出货。

我们来看一个高位横盘出货的案例,如图7-15中所示:

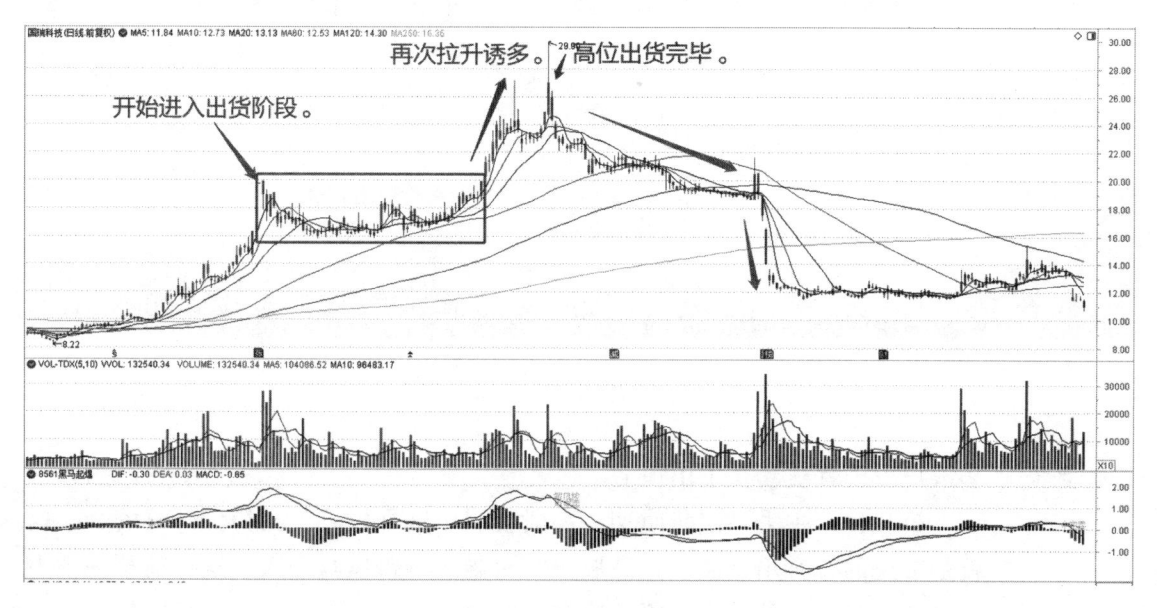

图 7-15

如图7-15中所示,这是300600国睿科技截止到2021年7月16日收盘时候的K线走势图,从图中可以看出,这只个股在经过一波拉升以后在2020年8月14日开始放大量后横盘出货,在2020年11月16日再次拉升创出新高,但股价并没有连续上涨太多,之后也是做出一个双顶放大量继续出掉手中最后的筹码,股价随后开始走熊市,股价从最高点的29.9元跌到2021年7月16日最低点10.74元,腰斩还要多,上面高位站岗的散户也是惨不忍睹。

第二种,主力利用市场热度比较高,整体市场处于上涨的高涨情绪当中,主力会在市场比较疯狂的阶段选择获利了结手中筹码,这个时候主力出货压力较小。

我们来看一个利用市场热度比较高来出货的案例,如图7-16中所示:

如图中所示,这是600031三一重工截止到2021年7月16日收盘时候的K线走势图,从图中可以看出,在2021年1月中旬至2月中旬,当时机构抱团行情异常火爆,以大为美,以持有各个行业龙头为荣,这是当时的市场共识,很多机构抱团的股票在这个时期都开始大幅出货,三一重工就是其中的一只典型案例,在构筑一个双顶出货之后,股价便开始了慢慢熊途,众

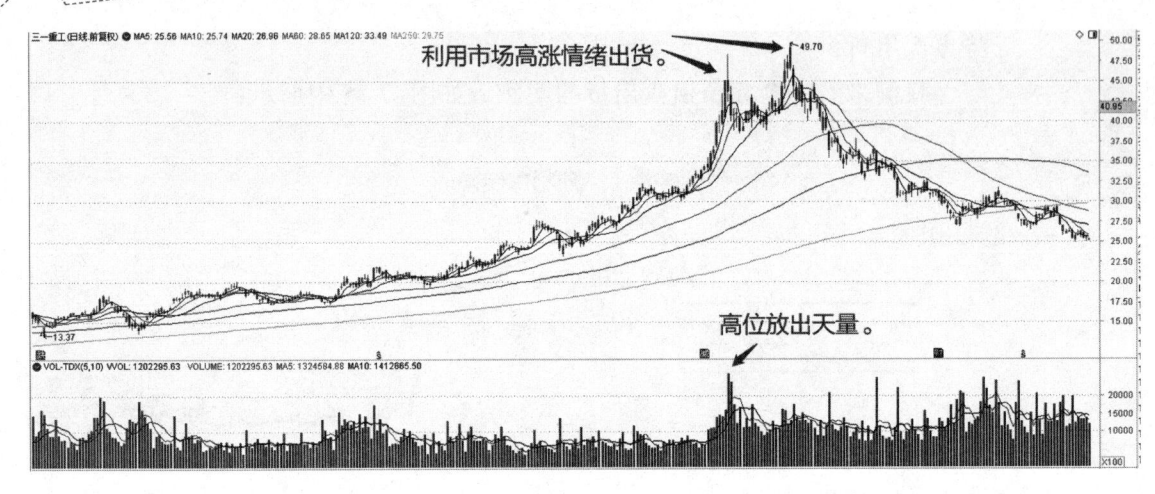

图 7-16

多散户投资者被套在了山顶上。

第三种，主力在出货时期，一般会用小资金拉升，出掉大部分资金，这就是常说的拉升出货法，拉高股价的时候会有跟风盘介入，这样就帮助主力一起拉升股价，随后主力便开始逐步出货。请看下图 7-17 中的案例：

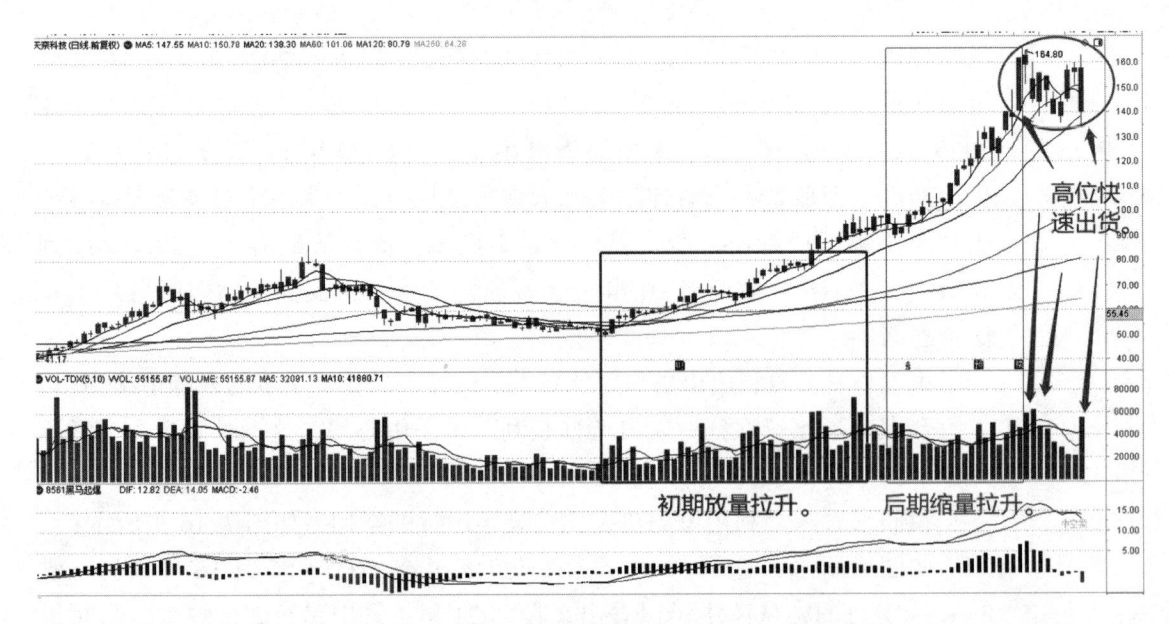

图 7-17

如图 7-17 中所示，这是 688116 天奈科技截止到 2021 年 7 月 23 日收盘时候的 K 线图，这只个股在 2021 年 4 月 14 日开始启动拉升，到 6 月 15 日前这波成交量是在逐步放量的，但后期的6月18日至7月12日那波拉升，成交量并没有放量，代表主力并没有出现用大资金拉升，而是小资金带着跟风盘一路拉升股价。但是了7月12日一根涨停的大阳线加速之后，便开始快速出货，此时成交量在7月13日放出大量的滞涨信号，代表主力开始出货，7月23日再次放出一根放量的阴线，做出一个双顶雏形，理论上正式出货做阶段性顶部了，后期大概率股价会以震荡调整为主，即使有新高出现也要以诱多看待，后面的钱让别人去赚吧。

第四种，个股涨幅至少一般超过1倍以上，这类个股的累计涨幅较大，距离主力成本较远，建仓时候的成本+时间成本+洗盘成本+拉升成本+最后的出货成本，如果没有1倍以上的涨幅，其实主力的获利空间也相对较小；如下图7-18中所示：

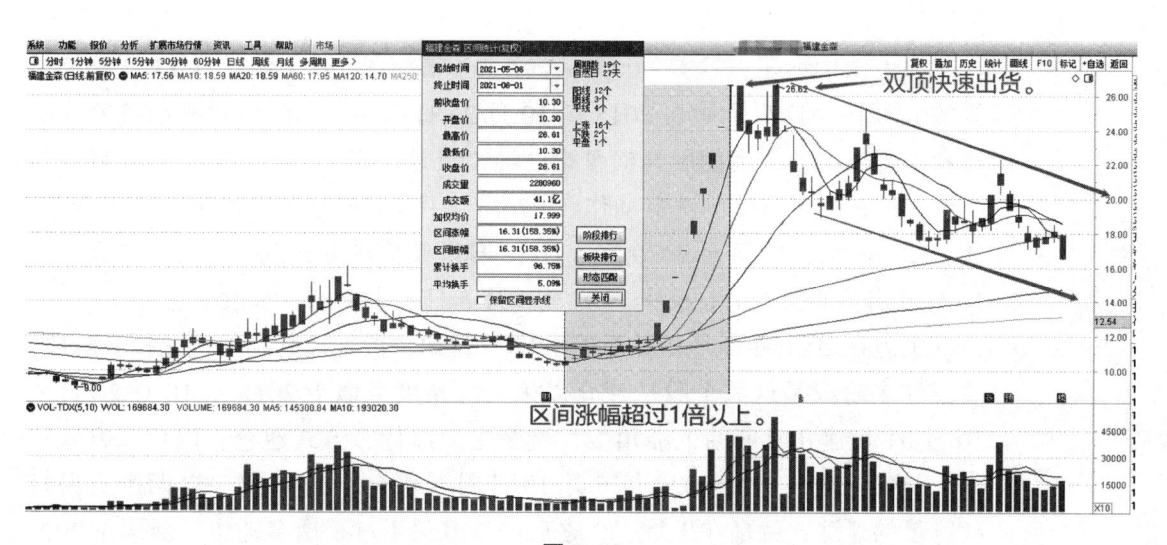

图 7-18

如上图中所示，这是002679福建金森截止到2021年7月23日收盘时候的K线图，这只个股在2021年5月6日开始启动拉升，截止到6月1日，区间涨幅超过158%，6月1日收出一根放量涨停的T字线，回调后在6月8日有一根放量诱多涨停的大阳线，此时主力已经出掉大部分手中筹码，之后虽然有反弹，但都是主力借机出货的，股价一路走下降通道，除非后期有新的主力入场炒作，否则这只个股后期就是从哪里来回到哪里去的节奏。

第五种，主力出完货的股票。一般下跌的时候没有什么支撑位可言，一直阴跌是没有主力的一个特征。请看案例如下图7-19中所示：

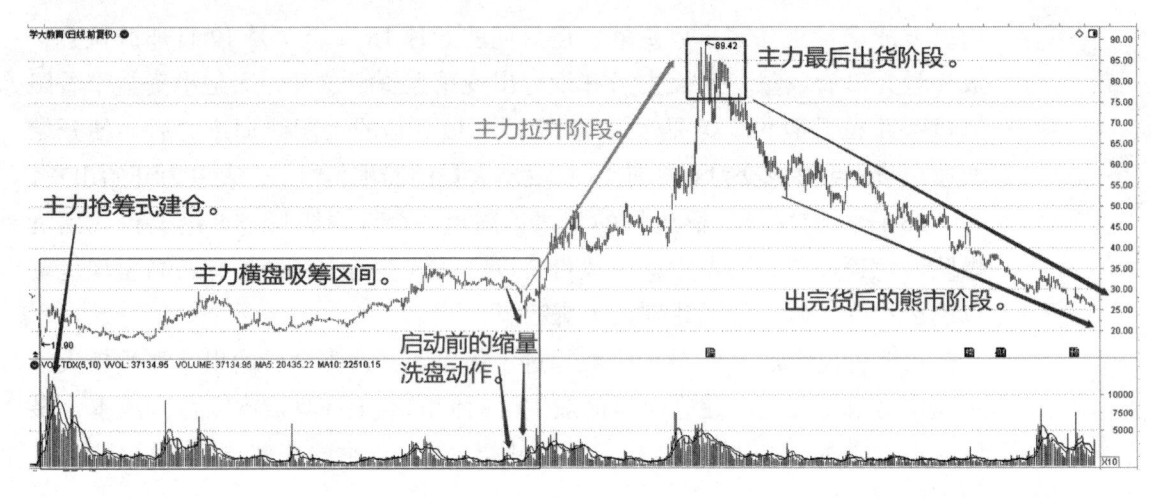

图 7-19

如上图中所示，这是 000526 学大教育截止到 2021 年 7 月 23 日收盘时候的 K 线图，这只个股在 2018 年 10 月 26 日以一字板的方式开始抢筹式的建仓拉升一波，之后便展开横盘震荡继续吸筹，到了 2020 年 1 月 14 日开始一波快速的缩量调整的洗盘动作。2020 年 2 月 4 日开启拉升的第一波主升浪，在 2020 年 2 月 27 日至 2020 年 6 月 15 日继续横盘方式洗盘，之后又在 6 月 16 日开启一波拉升后，6 月 19 至 7 月 8 日再次走出一小段横盘洗盘。

主力在 2020 年 7 月 9 日至 7 月 15 日拉出一段加速赶顶的快速拉升阶段，注意这个阶段是这只个股从建仓以来上涨角度类似于 2018 年 10 月 26 日至 10 月 31 日建仓时期的上涨角度，这个主力以什么方式建仓就以什么方式结束。其实这个主力在 2020 年 6 月 19 日周五和 6 月 22 日周一这两个交易日放巨量的滞涨，就是在出货了，之后的拉升只不过是诱多动作，继续在 2020 年 7 月 16 日至 8 月 7 日横盘阶段的高位出掉手中最后的筹码。之后这只个股就处于没有主力参与的阶段，股价开始一路阴跌，截止到 2021 年 7 月 23 日收盘的时候股价还在创出新低。这就是主力从建仓到出货的全过程。

主力在出货期间技术方面的特征有以下几点：

主力出货阶段 K 线走势特征：在出货阶段，主力出货时候 K 线的形态一般表现为绿肥红瘦中阴线、大阴线数量非常多，阴线量大，阳线量小，上影线较多，换手率明显高于底部建仓期间几倍以上，这种情况大概率就是主力在出货期间；股价在高位出现向下跳空缺口后而不能回补。K 线形状多为放出巨量的大阳线、长阴线、流星线、上吊线等 K 线形态；K 线组合大概有乌云盖顶、三只乌鸦、平顶、双顶形态、三重顶、头肩顶和最恶劣的单头顶等组合。

下面来看一个最恶劣的单头顶的见顶案例，如下图7-20中所示：

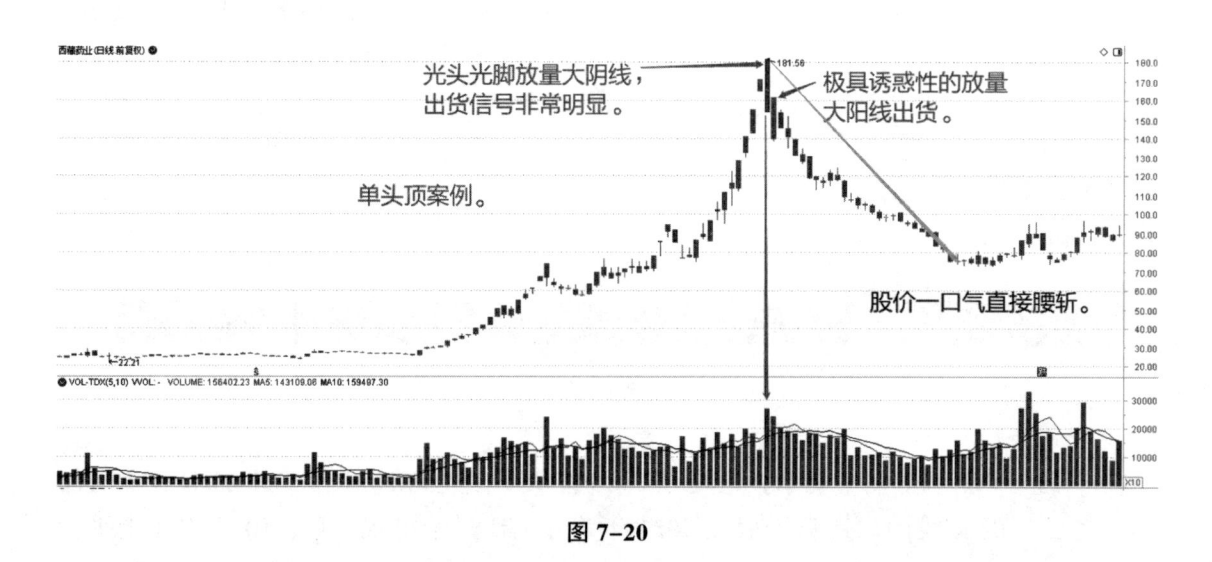

图7-20

如上图中所示，这是600211西藏药业的K线走势图，当时刚下跌第一根大阴线的时候，我正在电视台做直播节目，有个观众就问了一个问题："请问刘老师，西藏药业可以抄底了吗？"当时我看到这个问题的时候吓了一跳，我说："这只股票刚开始跌，就想抄底？"

也不知道这位观众听没听进去，之后的股价走势大家也都看到了，是一路快速下跌，股价直接一口气腰斩。在下跌期间不管是做节目还是讲公开课，很多散户投资者都想抄底，我也劝住了不少想抄底西藏药业的投资者。

西藏药业这个主力是非常狠的主力，压根不给您二次逃命的机会，所以在以后的投资实战当中，如果遇到了给您双顶机会逃跑的主力，我们得敬重这个主力才行。因为给大家做双顶或者三重顶甚至头肩顶出货机会的主力都算是比较善良的主力。至于能不能分辨出来是不是顶部，这就需要个人提高升级自己了。

主力出货时期均价线特征：股价经过大幅的上涨，5日均价线和10日均价线缠绕黏合，形成有效死叉时，股价头部形状出现。20日均线、30日均价线在高位形成走平后的缠绕，60日均价线走平或向下掉头，表示股价中线趋势破坏。这几种均线的状态都是见顶的信号。请看下图7-21由于多条均线黏合，带来阶段性顶部的案例：

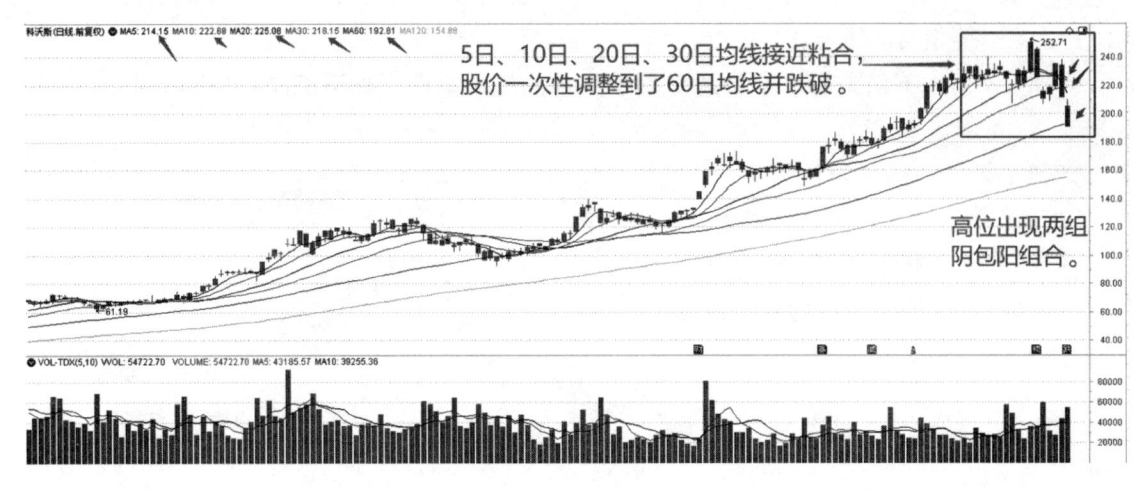

图 7-21

如上图中所示，这是 603486 科沃斯截止到 2021 年 7 月 23 日收盘时候的 K 线图，这只个股在 2021 年 7 月 1 日开始出现 5 日、10 日均线走平，之后一直横盘整理，在 7 月 15 日和 16 日收出一组高位阴包阳 K 线组合，7 月 21 日和 7 月 22 日再次收出一组阴包阳 K 线组合，截止到 7 月 23 日收盘股价是跌停状态，此时均线方面表现为短期均线都黏合后开始向下空头排列，股价截止到 7 月 23 日收盘跌停并且跌破 60 日均线，代表主力出货迹象明显。

股价在高位出现均线由多头排列先是走平，黏合缠绕，再转到空头排列，这个过程就是代表股价已经不再创新高，而是由于主力出货或者洗盘带来的阶段性顶部或者绝对的顶部已经开始形成，遇到这种情况，先是要以回避风险为主。千万不要幻想着："哎呀，之前有过均线黏合走平又空头排列的，也是阶段性顶部，但是后期又突破了！"假如有这种心理的投资者，那就可以离开股市了，因为您会是永远给主力站岗的命运！

出货时期成交量有以下几个特征：

第一，放巨量的大阳线，也是主力在诱多出货的信号。

第二，股价不在强势上涨，但成交量放大，此为量价背离现象，也就是所说的放量滞涨的状态，这些都表明庄家正积极出货。

第三，在上涨的高位区间，股价仍然上涨，但成交量不能有效放大，说明市场高位缺乏承接盘，后势不容乐观。

第四，股价还在上涨趋势中，突然滞涨而下跌，成交量大幅增加，说明主力急于出货。

第五，股价经大幅度的上涨，成交量突然在顶部急剧放大，并且股价转而向下。请看下面这个主力出货的全过程，成交量是如何变化的，如图 7-22 中所示：

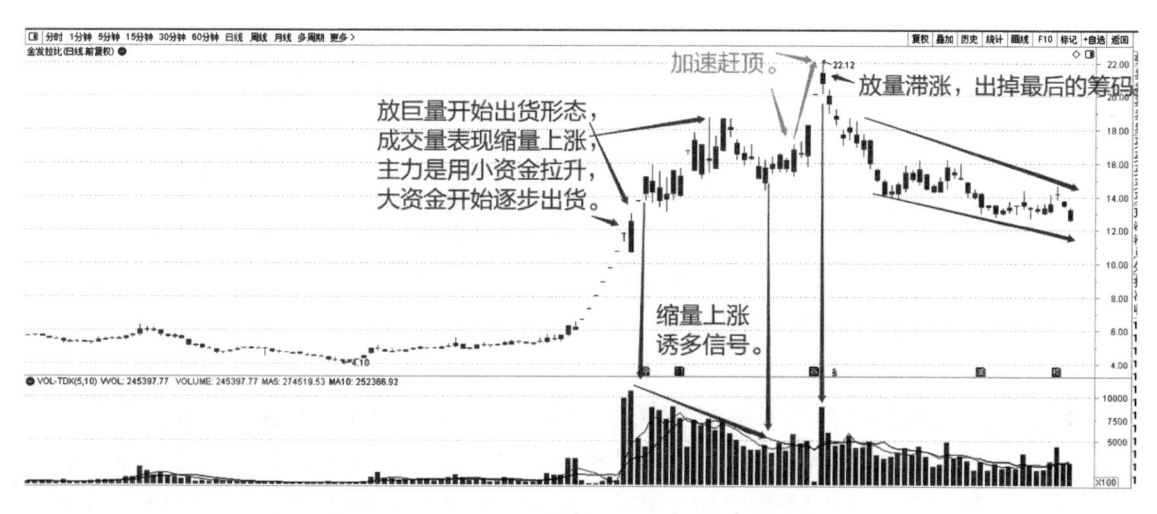

图 7-22

如上图中所示，002762 金发拉比截止到 2021 年 7 月 23 日收盘时候的 K 线图，这只个股在 2021 年 4 月 2 日开始出现缩量涨停的一字板主升浪，到了 4 月 13 日出现放巨量的 T 字涨停板，此时主力便开始出货，第二个交易日再次放大量没涨停，继续出货，之后虽然有拉升上涨，但是成交量却是逐步缩量状态，这个时候就像之前案例中提到的一样，主力开始小资金拉升，大资金出货。

5 月 31 日再次涨停和 6 月 1 日缩量诱多涨停，两个交易日再次走出加速赶顶信号，6 月 2 日便放大量滞涨收出一根阴线开始出货。此时主力手中的筹码已经出得差不多了，之后股价便展开一轮杀跌行情，截止到 2021 年 7 月 23 日收盘时候股价依然还在创新低。

主力出货时期分时走势类型分析，股票处于主力出货的分时走势有以下几种：

第一种，早盘高开后在开盘短时间拉升股价，然后高位震荡，开始逐步下跌，尾盘可能再拉回；

第二种，午盘尾盘快速拉升或者下午收盘尾盘快速拉升，做出一根诱多的阳线，然后下午开盘或者第二个交易日开盘，分时又快速被杀跌；

第三种，分时震荡下行，虽然每天跌幅不小，分时形态是有规律的阶梯式下跌；

第四种，集合竞价涨停，开盘也是涨停板开盘，开盘后股价迅速杀跌，短时间内打到跌停板上，然后又用几分钟拉回来，再次出货，甚至能拉出地天板再次拉到涨停，开始大量出货。

注意：以上分析是建立在股价在高位的基础上进行分析的，千万不要用底部主力建仓时期的阶段性高点分时来这样分析，否则就没有意义了。

主力在出完货以后，股价就会进入下个生命周期轮回。

主力从建仓开始是一只股票生命的开始，建仓完毕后就进入拉升期处于青壮年阶段，之后在进入拉升后期属于中年阶段，再到高位进入老年阶段开始出货后期，待主力都出完货了，这只个股也就进入下个生命周期的轮回，这个轮回时间长的有5年甚至更多，短的也得1年2年，之后才会再次进入下个生命生长期。

搞懂了一只股票的生命周期理论，再去研究每只个股当前正处于哪个阶段，这才是研究主力的正确逻辑。在每次做节目和讲课的时候我会经常说这只个股三五年之内没有值得关注的价值，其实就是看到这只个股已经出完货了，短中长期都不值得再关注了。

强化训练

1. 根据本章学习的主力吸筹特征，复盘找一只主力正在建仓时期的股票进行1~2年时间的跟踪。

2. 根据本章学习的主力洗盘特征，复盘找一只主力正在洗盘的股票进行后期走势跟踪。

3. 根据本章学习的主力拉升期间的特征，复盘找一只主力正在拉升时期的股票进行后期走势跟踪。

4. 根据本章学习的主力出货期间的特征，复盘找一只主力正在出货时期的股票进行后期走势跟踪。

5. 根据本章学习的主力已经出完货的特征，复盘找一只主力已经出完货的股票进行1~5年时间的走势跟踪。

第八章　如何识别主力的性格

第一节
什么是主力的性格

一、人的性格

股市如人生。在人生当中，每个人的性格都是不同的，但是有些人的性格是类似的；而主力的性格也是一样的，不可能每个主力操盘的风格都是一致的，但是我们找到类似风格的主力还是不难的。

东方古语云："积行成习，积习成性，积性成命。"西方也有名言："播下一个行为，收获一种习惯；播下一种习惯，收获一种性格；播下一种性格，收获一种命运。"可见东西方对性格形成的看法都相似，那么什么是性格？尧谷子认为人的性格就是人性决定的人格，性格是人格的表现。

人的性格大概分为以下几种类型：

按行为可分为积极、较积极、较消极和消极；

按情感可分为热情、平易、冷漠、冷淡；

按认知可分为优、良、中、差；

按精神可分为坚韧、坚强、脆弱和懦弱；

按目的可分为明确、较明确、较不明确和不明确。

我们经常听到性格决定命运。那到底什么是性格呢？

通俗地讲，"性"就是性情，"格"就是格局，格局大的人具有包容性，这样的人就容易成功，但是包容性不强、格局低的人就很难成功。

在股票投资中，先要分析自己的性格属于哪个类型，然后再去分析主力的性格。都分析完以后，再去制定交易策略，这样就能大大提高股票交易成功的概率。

很多散户投资者每天在抱怨，主力不好，上市公司不好，这不好那不好，自己在股市不赚钱……其实真正亏损的原因，还是取决于自己的性格。读懂了这段话，各位投资者能去适当地改变自己的性格，才会改变在股市中投资的结果。

最后大家要记住：注意您的思想，因为它能变成您的言辞；注意您的言辞，因为它将变成您的行动；注意您的行动，因为它将变成您的习惯；注意您的习惯，因为它将变成您的性格；更要注意您的性格，因为它将决定您的命运。在股市里投资也是如此。

股市如人生，
人在股市中！
性格稳健妙，
急躁股票糟。

二、主力的性格

大家都听说过"股性"这个专业的股市用语，股性又称"股票的市场表现"，是指个股价格对大市变动的敏感程度，即股票的活跃程度、弹性程度。股性是股票的一种外生特征，它是由投资人行为所赋予的，准确地说每只股票的股性是由主力所决定的，主力的操盘风格就是股票的股性。

股票进入流通市场以后，往往会有一些特别的经历：或者被恶炒而大败，留下一大批套牢筹码；或者多次飙升而让许多投资人大获其益；或者有长期庄家照看；或者筹码分布与众不同，等等。股票特殊的市场经历会建立特殊的市场基础和市场形象，因而在市场竞争中也会形成特殊的市场表现，它对股票价格的定位与变化有极强的作用。

简单地理解股性就是某只有股票在长期运行中，所表现出一定的特性或规律。就像一个人的性格，有的是急性子，有的是慢性子。股性很大程度上是和主力的关系密不可分的。

总体而言，股票的股性可以分为三种：

第一种，股性"活"的股票。由于这类股票要么有长庄进驻，要么业绩优良，要么有炒作题材等，所以，每当股市有行情时它们往往率先启动，即使在大盘低迷之时也会常常有所表现。毫无疑问，股性活跃的股票总是最受投资者的追捧。这种常见于那些中小盘题材类的个股当中。

第二种，股性"死"的股票。由于这类股票要么盘子较大，要么业绩太差，要么群众基础不好等，所以这类股票股性表现"呆滞"，每当股市有行情时它们也是慢半拍，而且也是一闪而过；如果大市低迷，它们更会率先下挫。这种类型一种是业绩差的个股，没有主力参与；一种就是那些超大盘子的个股，两分钱能玩一天的类型。

第三种，介于股性"死"和"活"之间的股票。它们既不会领先于大盘提前反应，也不会落后于大盘行情。这种常见于那些既有题材特征，但同时又是中大盘的股票。

每种不同类型的主力，决定了个股的股性。大概分为以下几种类型。

第一种，公募基金、社保基金、大型私募等机构。这种类型的资金由于体量较大，个股风格表现就是慢慢悠悠不急不躁，一般都是以价值投资的方式来投资的，走势都是长慢牛的走势，短线爆发力不是那么强，但是长期来看，持续性会很长。

比如像贵州茅台、五粮液、招商银行、海康威视等这类的股票都属于长期慢牛的走势，从K线走势来看，很少出现涨停或者跌停，股价一般走的也是正常的小波段式的上涨或者下跌。请看图8-1、8-2、8-3、8-4中所示：

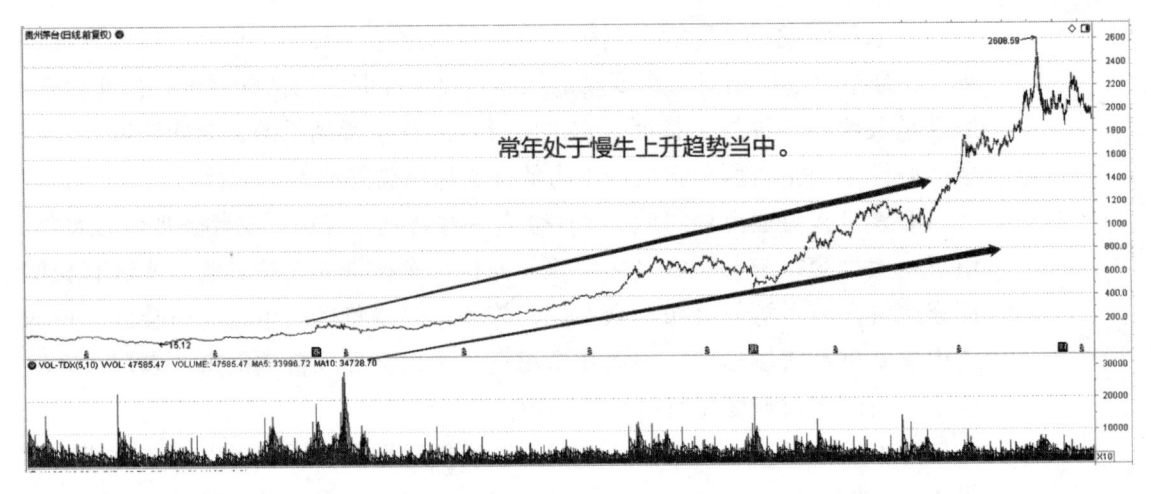

图 8-1

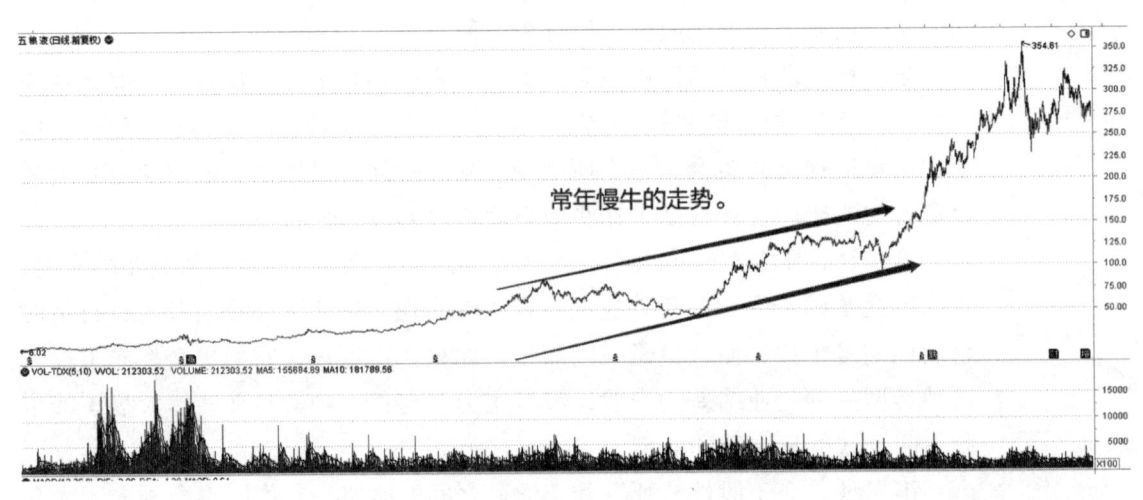

图 8-2

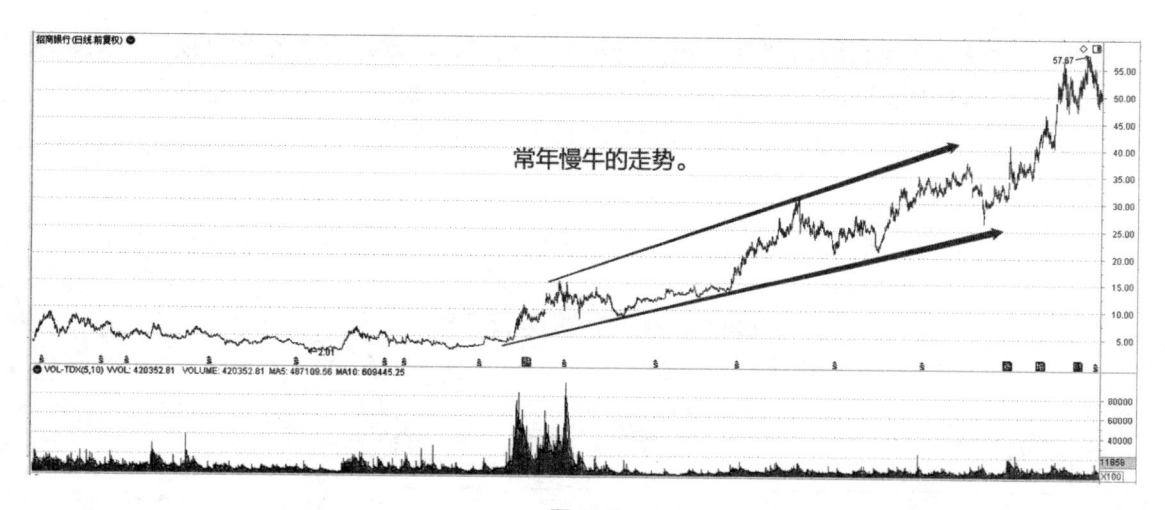

图 8-3

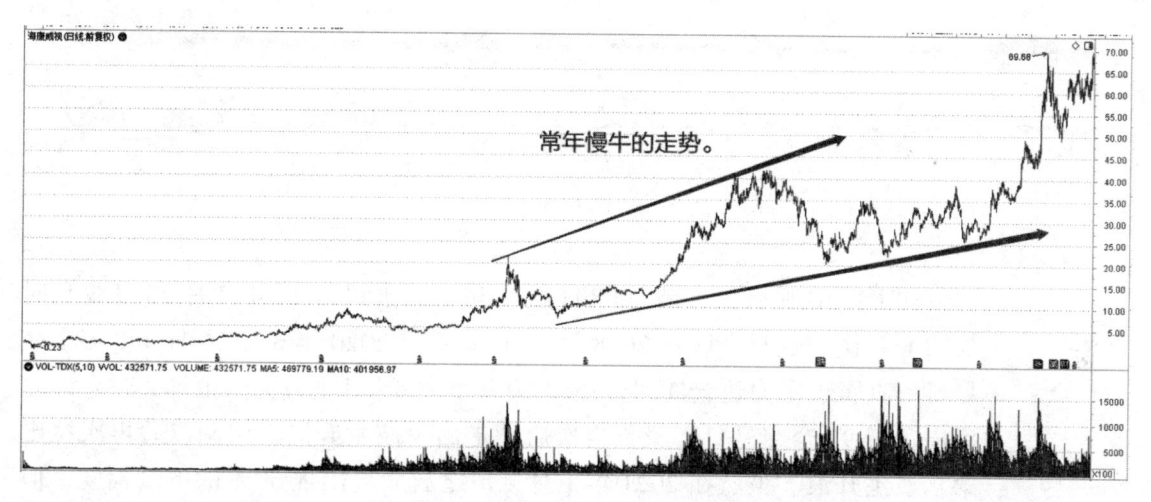

图 8-4

  4 个图中的这几只股票，站在长期战略的角度来看，其实都是大的上涨趋势，也就是以年为单位来持股，5 年 10 年以后，回头一看每次买入都是对的，每次卖出都是错的。这就是价值投资类型的股票，也是大资金主力的首选。

  这种股票的性格就是不温不火，不常出现涨停，但是一直涨不停的节奏；不会经常出现跌停，一旦出现跌停或者波段下跌一段后，都是准备进行战略建仓的好时机。

  第二种，长期主力类型，这里面也会有小型公募基金和中型私募机构。这种类型的主力一般是阶段性的慢牛走势，股性表现较为温和，张弛有度；

股价在运行的时候会出现主升浪、主跌浪，涨跌停也会经常出现，案例如图8-5中所示：

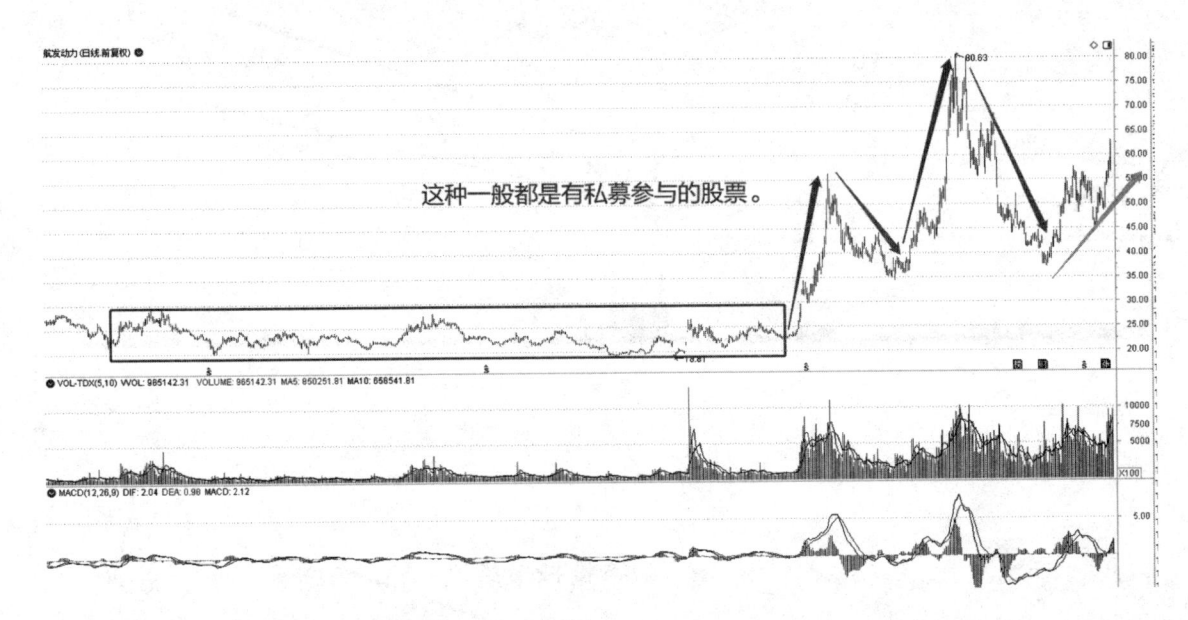

图 8-5

如上图中所示，这是600893航发动力截止到2021年7月23日收盘时候的K线图，这只个股在2018年6月26日至2020年6月26日480多个交易日一直属于主力建仓期间，在2020年2月17日主力突然抢筹式建仓，之后横盘了91个交易日，股价再次启动走出一波主升浪，回调以后再次拉出第二波主升浪。虽然在2021年1月见顶之后股价出现50%的下跌幅度，但之后又被主力拉回来，截止到2021年7月23日收盘，股价从2021年5月11日的底部开始计算，又上涨了60%之多。这其实就是很典型的长期主力在运作。

第三种，小型私募和游资类型的主力。这种类型的资金一般都是属于急性子，就是非常暴躁的那种类型，从股价上也能反映出来，尤其是K线图更容易分辨出来，如图8-6中所示：

如图中所示，这是600152维科技术的K线图，我选取了一段非常有代表性的K线走势，这是2018年7月6日至2019年11月14日的K线走势图，这只股票我在抖音直播和公开课当中讲过多次，就是典型的游资类型的股票。从图中可以看出，这只股票的主力非常暴躁，说拉涨停就连续拉出几个涨停板，之后便开始一轮下跌直接回到原位。下次还是这种节奏，振幅巨大，一

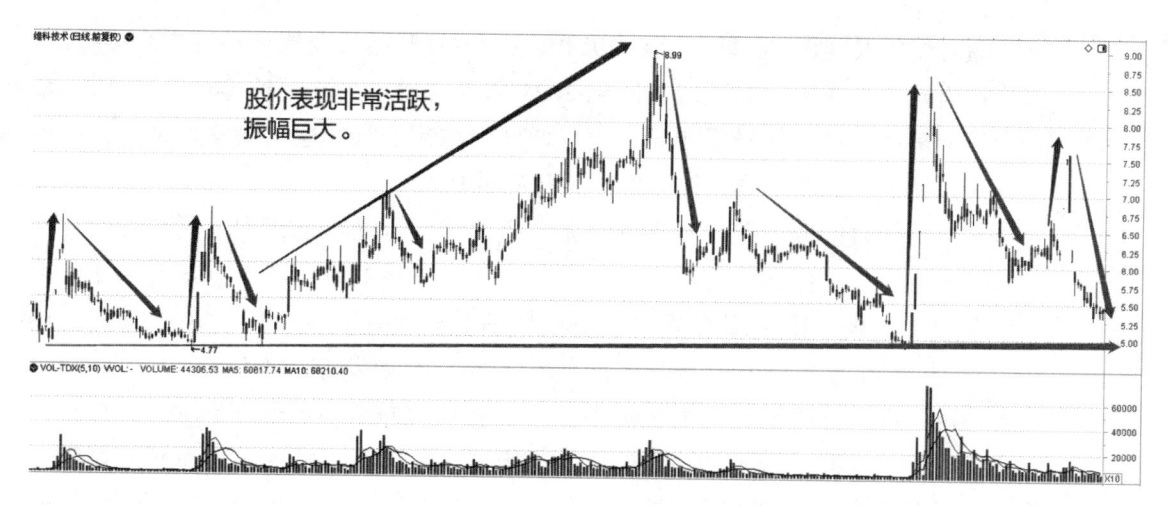

图 8-6

般没有耐心的投资者，在这只股票上想赚钱，真的很难，但是如果您了解了这个主力的性格，反倒是容易赚到钱。在底部横盘期间有几个小班学员参与过这只股票，几乎都是赚钱的，除非他特别贪婪，在波段高点不卖出。这个节奏反而比那些大主升浪的股票好把握。截止到 2021 年 7 月 23 日收盘，这只个股已经走出了当初底部横盘的箱体，理论上后期还会有那种宽幅震荡出现。

再来看另外一种游资操盘风格，如图 8-7 中所示：

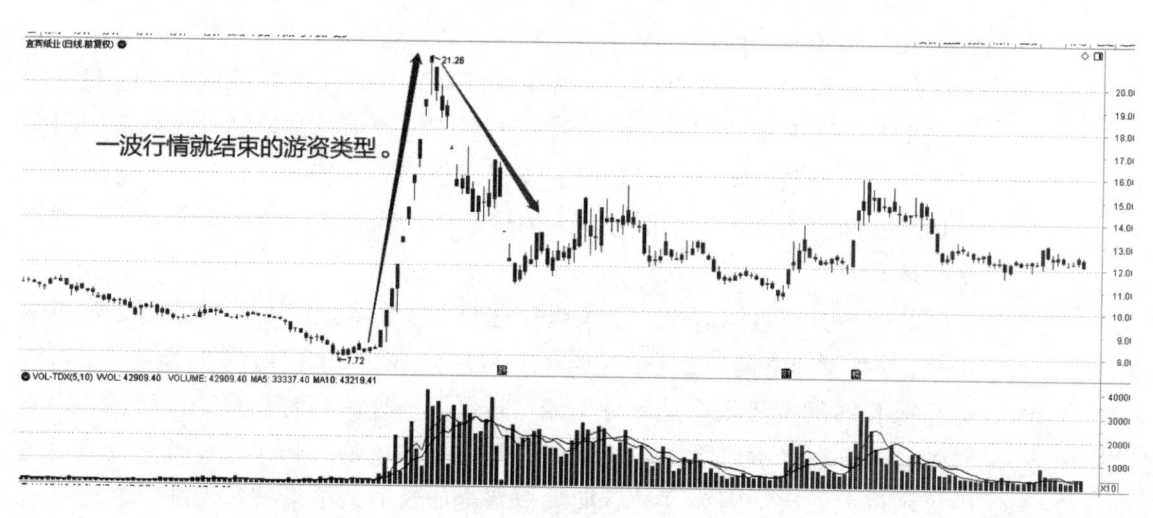

图 8-7

从上图中可以看出，这是 600793 宜宾纸业截止到 2021 年 7 月 23 日收盘时候的 K 线图，这只个股在 2021 年 1 月 6 日开始快速拉出一波主升浪行情，在当时也是成了一只妖股，涨到 2021 年 1 月 19 日的时候，拉出一根放巨量的上吊线，见顶信号很明显，之后便开始快速下杀，这只股票当时也有点单头顶的形态，不给高位被套的散户逃跑的机会。

每个时期的妖股，基本都是游资干的，游资是市场当中不可缺少的一部分主力资金，假如没有游资的存在，市场在低迷的时期就没有妖股出现，没有妖股出现，市场就是死气沉沉一片寂静。大家回忆一下，在 2018 年 10 月 19 日市场最恐慌最悲观的时候，如果没有游资把 600776 东方通信给打造成妖股，理论上当时的市场不会改变悲观的局面，正是有了游资的存在，打出标杆妖股，带来赚钱效应，才把市场人气激活，从而带来市场的好转。所以在每个不同的时期，都会时不时有妖股被游资打造出来，这就是市场的自然规律。

其实在 A 股当中，缺少了哪一部分投资者，理论上都是不完美的，但是哪种类型的投资者都重要，股市就是一个生态链，相互依存相互成就。能理解这段话，相信正在看书的您就会升级了。

第四种，老庄股。这种类型的主力属于高控盘类的，这个老庄股和长期的主力不是一个概念，一定不要混淆。这种类型的股票属于我经常讲的黑五类当中的，所以一旦发现这种状态的个股就不要参与，否则很容易在短期内您的资金就能腰斩甚至亏的更多。因为这类型的个股，一旦上市公司出现问题，或者主力庄家出了资金链断裂的情况，很容易就会断崖式下跌。请看下图 8-8 和图 8-9 中所示：

从图 8-8 中可以看出，这是济民医疗在高位时候的 K 线状态，这只个股是慢牛走势涨上来的，在高位的时候出现了一个消息，说是有人盗取了很多散户账户，把散户账户的股票都清仓了，全部买入了这只股票，当时闹得沸沸扬扬。其实这就是一个信号，主力资金快出问题了，否则不会想出这种招来找接盘的。

从图 8-9 中可以看出，济民医疗这只个股在高位的 K 线状态都是横盘的走势，控盘度非常高，尤其是在崩盘 1.0 过后，在 2020 年 4 月 7 日至 4 月 13 日，那几根 K 线的走势就像是一种乐器"排箫"一样。当时我看完以后，觉得不对劲，一直在提示风险，不管是在抖音直播间还是公开课以及做电视节目当中提示过无数次，因为这种后期大概率会崩盘的，结果被我说准了，而且是崩了两大波的一字板跌停。

第八章 如何识别主力的性格

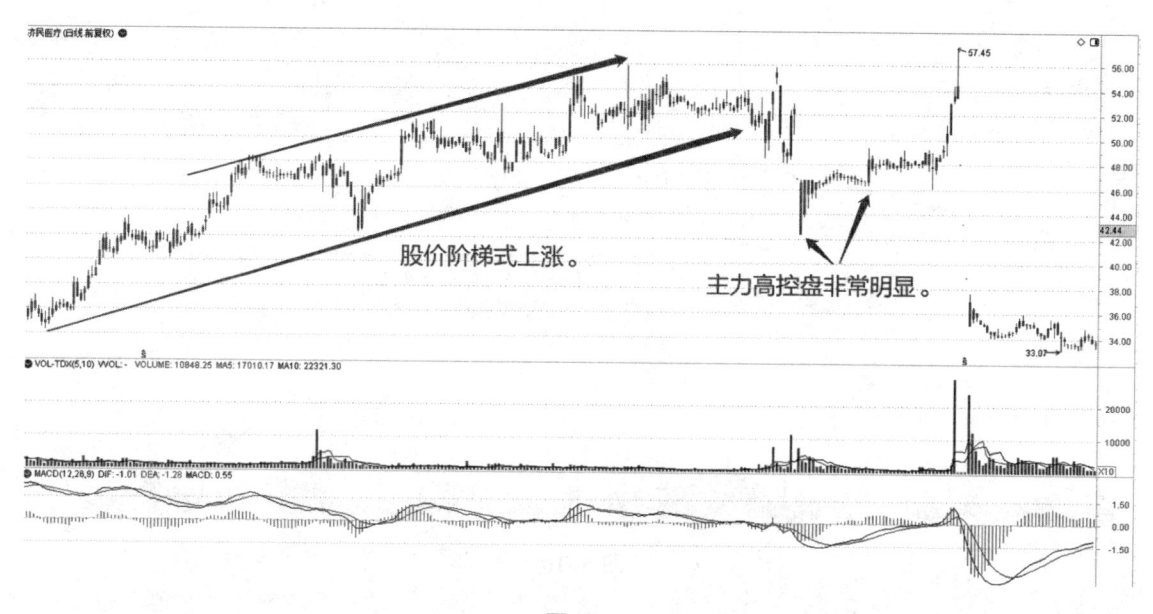

图 8-8

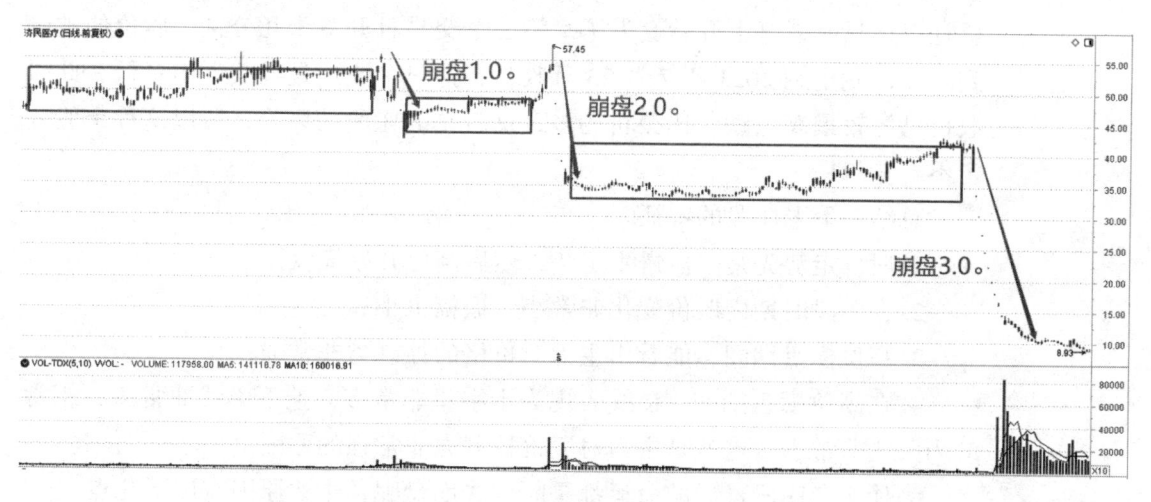

图 8-9

再来看一种老庄股的类型，如下图 8-10 中所示：

如图中所示，这是 300669 沪宁股份截止到 2021 年 7 月 23 日收盘时候的 K 线图，这只个股在 2020 年 9 月 23 日之前走了一段小慢牛的走势，之后便开始高位横盘，在横盘期间，K 线形态表现非常诡异，图中画长方形内的部分 K 线，十字星非常多，价格一段时间变化非常小。在抖音直播间直播的时候我提示了好几次，这种类型的股票一定不要随便参与，弄不好后边就会崩盘，很多抖音粉丝也见证了这只个股票后来的崩盘走势。在 2021 年 3 月

· 253 ·

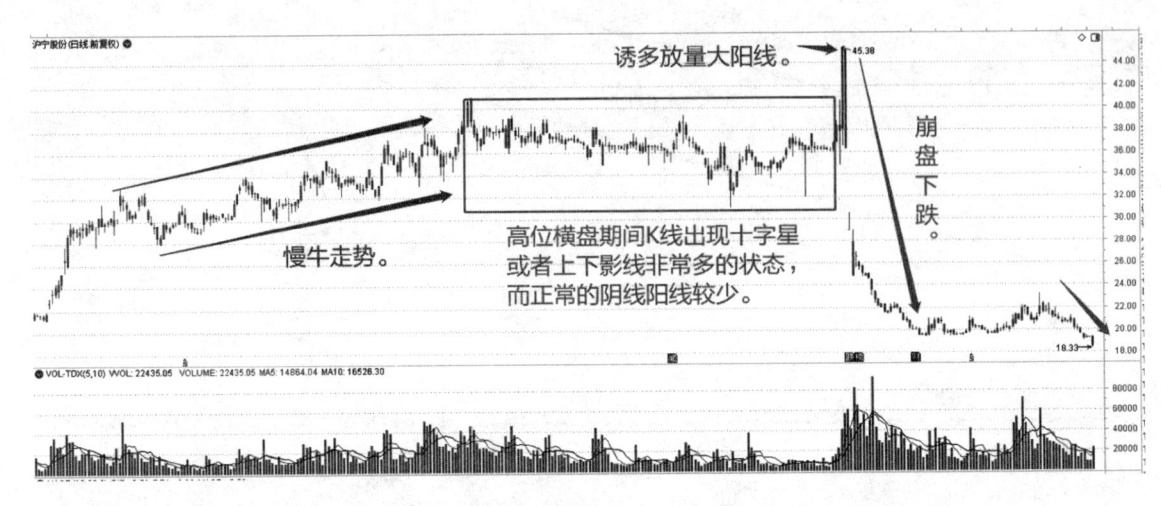

图 8-10

26 日一根放巨量的涨停板大阳线，诱多信号非常明显，当我看到的时候，就觉得这只股票马上开始套人了。第二个交易日开盘十几分钟，股价便被砸到跌停，截止到 2021 年 7 月 23 日收盘，这只个股还是继续创出新低，此时股价已经较最高点跌了比腰斩还多，这就是老庄股的风险，所以这种个股一定不要参与！

总结一下老庄股的特征。

1. 股价走势先是一段慢牛走势，然后高位开始横盘；
2. 在一段时期内股价变化非常小，振幅也小；
3. 高位横盘期间，能看出主力对价格的控制力非常强；
4. 在高位横盘期间，K 线表现为十字星非常多，上下影线非常多，正常的阴阳线非常少，这就是主力对股价控制力非常强的原因。

为什么老庄股最后的命运都是断崖式崩盘呢？主要原因有以下几点。

1. 主力在达到控盘目标位以后，开始横盘出货，出完货以后，股价就会进入自由落体的崩盘模式；
2. 主力在拉高股价以后，由于后续增援资金出现问题，不能再维持高度控盘股价，最后资金链断了，就会带来崩盘的结果；
3. 主力在拉高股价以后，上市公司突然出现特大利空的"黑天鹅"事件，造成大量卖盘出现，但主力承接力已经不能维持股价在高位，从而造成崩盘；
4. 主力提前知道了上市公司会有特大利空消息，先行不计成本式地卖出，带来股价崩盘。

第八章
如何识别主力的性格

但不管是哪种原因，老庄股最后的命运大多数都会出现断崖式下跌，鉴于以上原因，我才会把老庄股定性为黑五类当中。

第五种，阴狠毒辣的庄家。这种主力基本都是靠杀猪盘式的手法来出货的，理论上是用违法的手段来达到出货的目的。很多股民都听说过所谓的喊单，即在网络直播间、微信群等媒体平台上养着众多喜欢蹭股票占便宜的股民，在庄家想要出货哪只股票的时候，这些主力就会找到这些喊单的人，直接让他们配合喊出哪个股票什么价位买进，配合主力出货。下面我们看两个案例，先看下图8-11中所示：

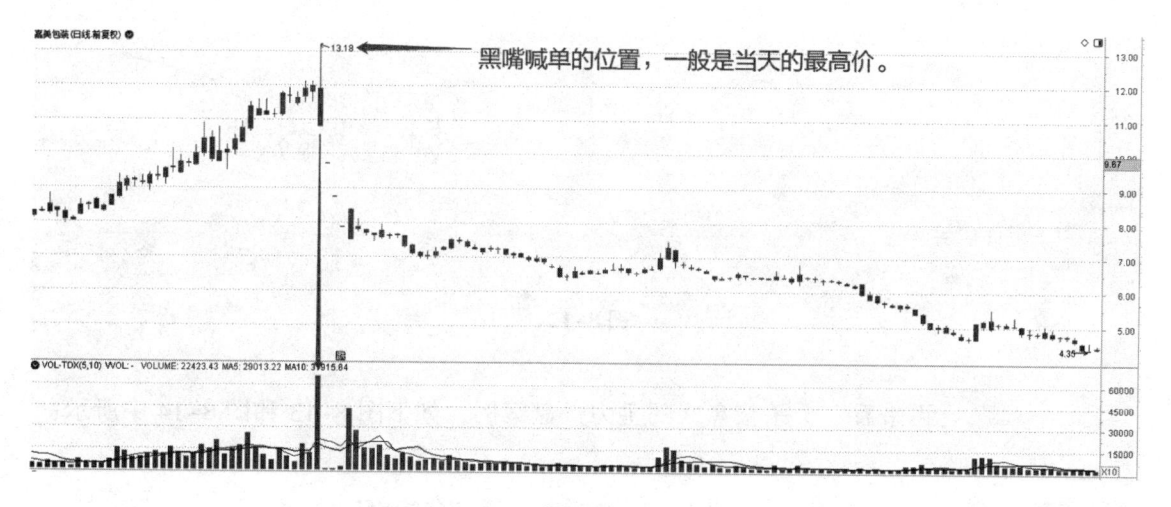

图 8-11

上图中是002969嘉美包装的K线走势图，这只个股在2020年9月9日，收出一根带长上影线的大阴线，成交量放出天量，这就是主力明显出货的信号。

再来看一下当天的分时图走势，如下图8-12中所示：

图中是嘉美包装2020年9月9日的分时图，从分时图中可以看出，这只股票当天走过两拨脉冲式的分时走势，其实两拨分时最高点的价格就是那些喊单的黑嘴喊出来让散户买进的价格，众多被诱骗的散户挂单那个价格往里冲，结果当天股价跌停，假如买在最高点，这样一算一个交易日就亏损20%。这只是开始，后期股价便开始一波像图8-11中那种走势，先是连续一字板跌停，之后便是阴跌之路。

· 255 ·

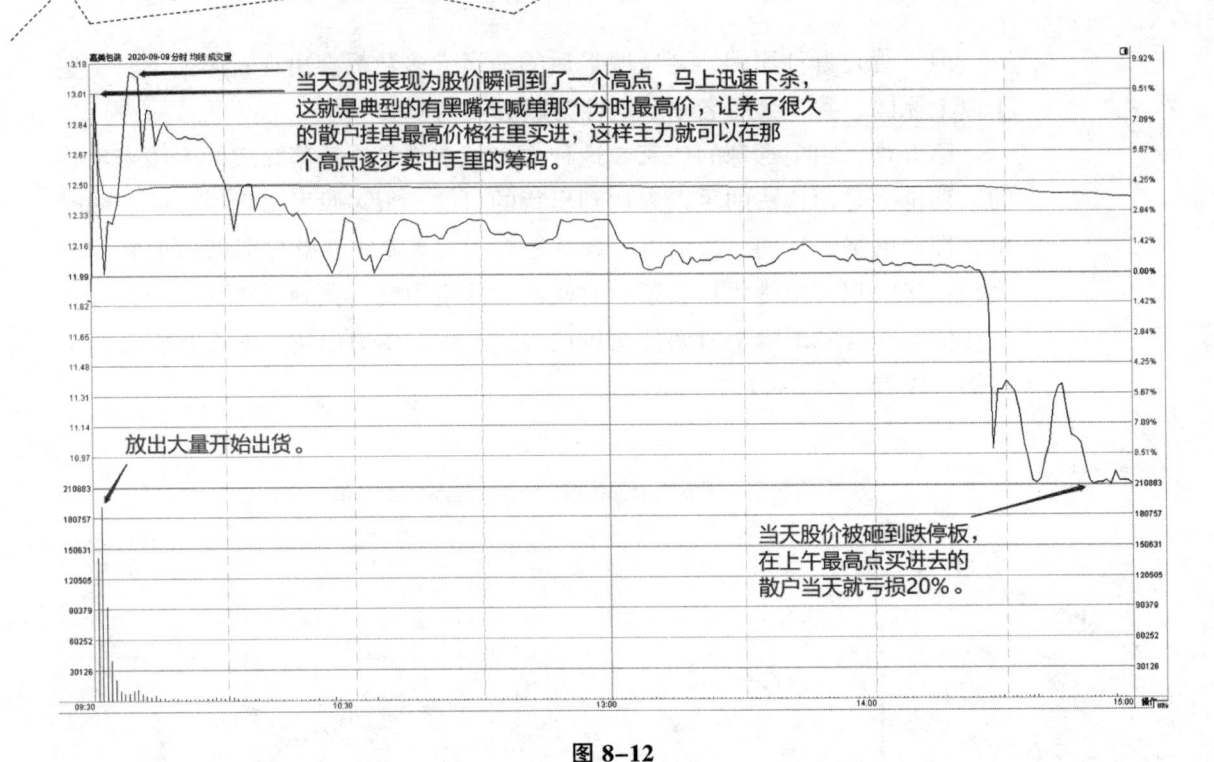

图中标注文字：
- 当天分时表现为股价瞬间到了一个高点，马上迅速下杀，这就是典型的有黑嘴在喊单那个分时最高价，让养了很久的散户挂单最高价格往里买进，这样主力就可以在那个高点逐步卖出手里的筹码。
- 放出大量开始出货。
- 当天股价被砸到跌停板，在上午最高点买进去的散户当天就亏损20%。

图 8-12

再来看一个杀猪盘式的主力操盘案例，如下图 8-13 和图 8-14 中所示：

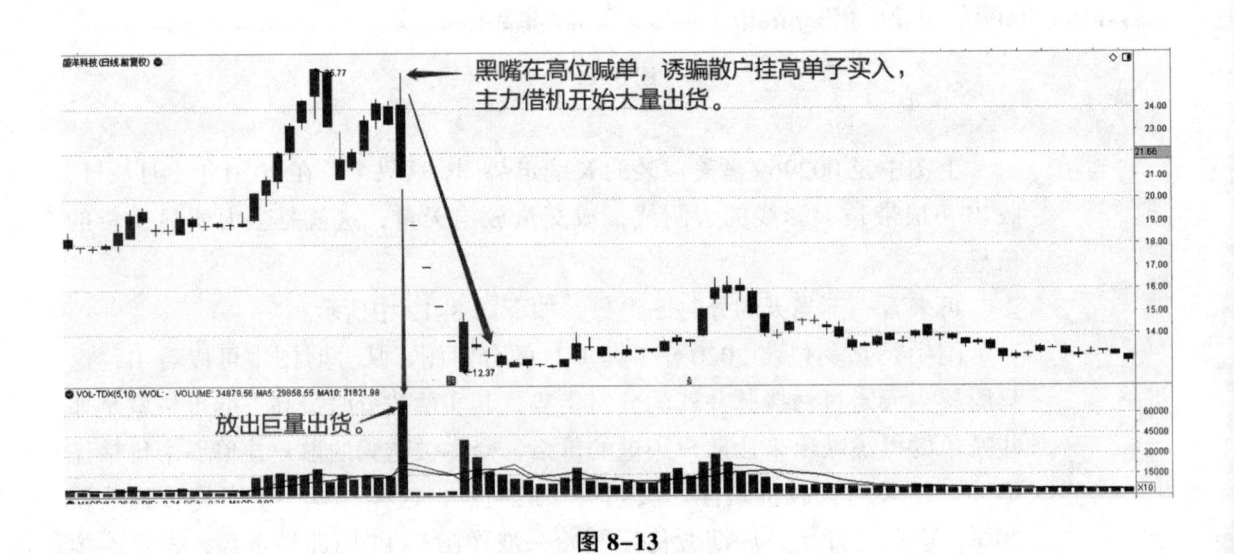

图中标注文字：
- 黑嘴在高位喊单，诱骗散户挂高单子买入，主力借机开始大量出货。
- 放出巨量出货。

图 8-13

图 8-13 中所示，这是 603703 盛洋科技的 K 线走势图，图中可以看出这只个股在 2020 年 6 月 3 日那天也收出一根带长上影线的放巨量的大阴线，

主力出货信号非常明显，之后便开始一字板跌停，股价也是6个交易日后几乎腰斩，在6月3日最高点买进去的散户根本没有出货的机会，6个交易日亏损超过50%。

再看下当天分时的走势状态，如下图8-14中所示：

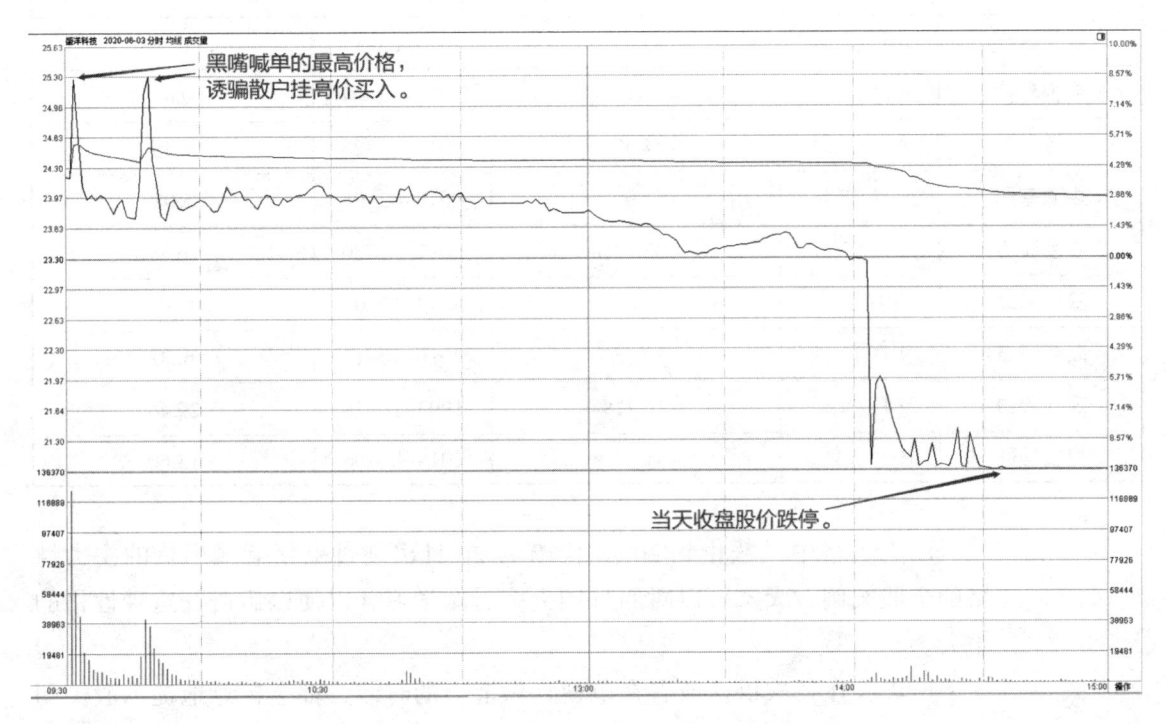

图8-14

从图中可以看出，603703盛洋科技开盘后股价迅速拉升，之后便开始调整，过了十几分钟，分时再次出现拉升，这波高度和第一波高度机会一致，然后股价走势也是一致，到了这个价位以后，股价便迅速掉头向下，最终截至当天收盘股价跌停，当天买进去的散户是没办法卖出的，一天亏损接近20%，日线从第二个交易日表现也是一字板跌停，之后股价就一直处于萎靡不振的走势中。

我总结了一些2020年6月至10月出现杀猪盘式主力的案例，如下表格8-1所示：

表 8-1

股票名称	下跌起始日	截止到 2021 年 7 月 23 日期间最大跌幅	上市时间	2020 年 10 月 20 日流通市值（亿）
盛洋科技	6 月 3 日	−54.06%	2015-04-23	29.77
济民医疗	6 月 11 日	−83.69%	2015-02-17	117.38
合力科技	6 月 24 日	−38.11%	2017-12-04	9.82
松霖科技	8 月 21 日	−34.43%	2019-08-26	7.50
中源家居	8 月 27 日	−51.92%	2018-02-08	5.08
泰嘉股份	8 月 27 日	−32.34%	2017-01-20	16.74
嘉美包装	9 月 9 日	−63.61%	2019-12-02	6.89
路畅科技	9 月 11 日	−30.36%	2016-10-12	6.50
珠江股份	9 月 24 日	−19.21%	1993-10-28	29.44
嘉友国际	10 月 14 日	−31.77%	2018-02-06	13.60

以上表格中是截止到 2020 年 10 月 20 日出现过杀猪盘式出货的主力性格的个股案例，大家可以对照日期去多看图学习，以便以后避开这种性格的主力。

所以我在每次讲课或者在电视台做节目的时候，都会善意地提示股民朋友，千万不要占便宜去蹭股票，股市如人生，天下没有免费的午餐，占小便宜吃大亏。在这里我也善意地提示各位正在看书的读者，股市之路唯有自渡。不要轻易相信任何人，只有自己多学习，逐步升级完善自己的交易体系，形成属于自己的交易策略，才能长久在股市中生存。

第二节
不同主力性格的应对策略

一、了解主力性格的重要性

为什么要了解主力的性格呢？

知己知彼百战百胜；知己不知彼或知彼不知己，胜败各一半；不知己不知彼，百战皆输；股市是一个适者生存的地方，不是很容易就能赚到钱的，如果您连主力的性格都不能把握，每天去靠运气来和主力斗，最后的结果大概率都是亏损。

假如我们读懂了每只股票主力的风格或者说是性格，我们就可以根据这个主力的操盘风格来制定交易计划，这样操作的成功概率就会大大提高！这才是真正意义上的跟庄操作。

那么如何才能读懂主力的性格呢？唯一的途径就是长期跟踪一只个股的分时和日线状态，时间久了您就有经验了。

但是有些股民朋友用一种特定的方式去应对所有的股票，也不是不可以，但是成功概率会很低，如果您用短线投机的策略去做那些银行股，试想一下结果会好吗？如果您用价值投资的思路去应对那些游资的股票，结果会好吗？

二、以其人之道还治其人之身

我们了解了自己的性格，再读懂了主力的性格，接下来就可以根据每种不同性格的主力来制定交易策略了。可以用简单一句话总结如何应对不同类型的主力：以其之道还治其人之身。

有些恶庄假如您把握不好就不要去碰，这样就能回避很多大的风险，股市如人生，在人生当中交朋友、处对象、同事之间相处等，找到适合自己的才是最好的，那些妖股或者恶庄不适合您，就不要去碰他们，只去找那些适合自己性格的股票去认真研究，久而久之您就能跑赢大多数散户投资者。

在这里我还要强调一下：在股市当中您不要妄想着会跑赢主力，这是不可能的，我们能做的只有想办法跑赢其他散户，这样我们就赢了，因为理论上我们普通散户投资者能在股市赚到的钱，都是别的散户亏的钱，一定不是主力亏的钱。这个道理我们要理解，因为股市就是一个零和博弈的地方，有人赚钱就得有人亏钱，这也是股市残酷的一面。

在股市投资当中，很多散户每次遇到大跌了就到处去找原因，为什么大跌？为什么跌停？其实很多时候都会有信号提前放出来的，只是您不知道，或者知道了也不愿意相信会下跌，所以才会每次遇到大跌了就去找各种原因安慰自己。殊不知这种思路就是在找别人的原因，而不找自己的原因，这样长久在股市投资能赚到钱才怪。

强化训练

1. 根据本章学习到的知识，去复盘寻找一只游资风格的股票，进行长期跟踪；

2. 根据本章学习到的知识，去复盘寻找一只公募基金风格价值投资类的股票进行 3~5 年的跟踪学习；

3. 根据本章学习到的知识，去复盘寻找一只老庄股进行跟踪，看看这只老庄股是如何崩盘的；

4. 把自己账户中持有的所有股票进行长期分时和日线走势跟踪，来判断所有个股的主力到底属于哪种风格。

第九章 如何判断阶段性大顶和大底

第一节
利用市场情绪判断大顶和大底

我经常说,不要被市场情绪所影响,因为很多股民朋友特别容易受到市场情绪的影响,给自己的操作带来错误的决策。有句话大家都听说过:"别人贪婪的时候我恐慌,别人恐慌的时候我贪婪。"说的就是市场的情绪。

我个人习惯在公众号上写一些预测股市的记录,2021年2月13日给粉丝们写过一首诗,大概意思就是当时的官媒提示,抱团可以但是不能太过了,需要防止抱团瓦解的风险。

投资者都在想着自己持股的利好或者利空,但当时很多中小盘个股跌得非常惨,很多个股连续创出新低,而相对应的各个行业的'茅'却在不断创出新高。待到疯狂过后,股价是高估还是低估了,自然就会反映到股价当中。

春节假日期间,国内国外消息非常复杂,当时我建议粉丝朋友对于春节后开盘的预期不要太高,要等待风格切换(这里指的是当时的抱团股大盘股行情转换为中小盘股的风格)。节前的热点抱团股票防止出现降温杀跌,那些被低估的中小市值个股会潜龙出海式地开始活跃。

2021年2月27日,开盘一周多后,我预测抱团个股已经出现连续阴线调整,高位的各行业的"茅"出现分化,有的个股杀跌比较快、比较深。核心资产个股相继出现踩踏迹象,但是没有这些高位的个股投资者可以不用担心。我给的结论就是3731点的高位已经成为阶段性的高点,而抱团的核心资产股票下跌会影响指数的表现,从而带来指数的调整。

之后的走势正如我所料,由于抱团股的瓦解,带来指数连续调整震荡,也带来了风格的转化,其实这就是利用市场的情绪来判断阶段顶部的实战应用。

从2021年2月大盘见顶以后,每次讲公开课和在电视台做节目的时候我都会提示:"2021年2月以后中小盘个股机会多于大盘抱团股的机会。"因为当时的市场表现就是风格已经成功转换,是由抱团核心资产的风格转换为题材类的概念炒作的风格。

第九章
如何判断阶段性大顶和大底

但是每次在做节目的时候，都会有很多股民朋友问道："当时抱团的个股被套在高位，该如何处理？"

其实这些股民朋友就是没有意识到那个高位抱团个股的疯狂的时期，就是在加速赶顶的节奏，也是市场情绪对于抱团核心资产个股的情绪最高涨的时期，这时应该随时防止见顶，而不是被市场情绪所影响，追高买入那些核心资产。

以上讲的是如何利用市场情绪来判断市场的大顶，下面我们继续说一下如何利用市场情绪来判断大底。

与2021年2月那些抱团大盘股见顶的时候对比，很多股票是没有最低只有更低的节奏，多数个股都出现连续新低，持有这些中小盘个股的投资者，看着那些核心抱团资产股票价格连续新高，而自己手中持有中小盘个股却连续新低，心理就产生了恐慌情绪，因为指数天天涨，但是自己手中的个股却是下跌的，这个时候相信多数投资者都会感到恐慌。

之所以每次大顶阶段或者大底阶段我能够相对客观地判断，主要是我有自己的优势，因为我每天都在接触很多股民朋友，不管是在做节目还是在讲公开课或者抖音直播的时候，众多股民的情绪我是能够直接感受的，这样我就能利用这个细节来结合市场的节奏做出相应客观的判断。

所以当时我就给出了2021年2月以后，中小盘个股机会大于大盘股的判断，而且当时一直提示要关注创业板中的个股，我一直的观点就是：假如您看好哪个板块，就先去找同一个板块当中创业板的个股去研究，因为当时很多创业板个股都出现了加速赶底的恐慌阶段，这个时候大概率会出现新的主力开始建仓的情况。之后大家也看到了市场整体的表现，截止到2021年7月23日收盘，创业板指数创出6年新高，但是沪指却没有创出新高，这就是很明显的对比。

在2021年7月17日和2021年7月24日，我都在公众号文章中提示市场有风险，主要依据如下。

当时有很多观点认为有降准消息作为支撑指数跌不下去，但是经过综合分析之后，我认为降准是有原因的，背后的逻辑还是需要分析清楚，在叠加当时市场的走势分化较为严重，中证1000指数也面临最重要的阻力位，所以给出当时的判断。之后的走势大家可以看下图9-1中所示：

263

图 9-1

从上图中可以看出，在 2021 年 7 月 26 日和 27 日连续两天大跌，个股当时也是杀跌明显，中证 1000 指数也是经过一波洗礼，请看下图 9-8 中所示：

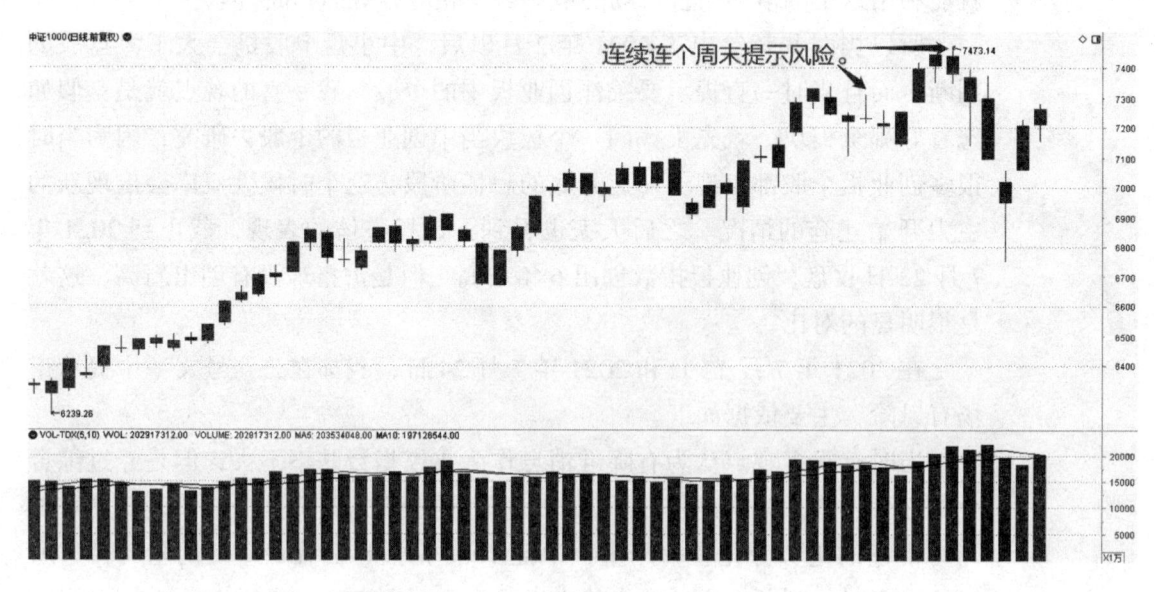

图 9-8

从上图中可以看出，在 2021 年 7 月 26 日和 7 月 27 日也是连续两天大跌，意味着多数个股都是普跌的状态，但在这之前市场表现还是比较积极的，因为妖股频出，中证1000指数也是再次创出新高。我当时认为这是短线的一个诱多行为，所以才会提示短线的风险。这个位置能否成为阶段性的高点，后期还有待观察。但假如理解了当时这个位置存在市场情绪的高点，不要去追高买入，而是适当降低仓位，这样就会躲避这波恐慌性杀跌，这也是利用当时市场的情绪来判断阶段性的高点的实战案例。

所以要学会利用市场的情绪来判断风险和机会，不管是从指数层面、板块层面还是个股层面，假如您学会了使用这个技巧来判断阶段的顶部和底部，成功概率还是很高的。很多道理不只是随便说说，一定要能应用到实战当中，您才是真正理解这句话含义的投资者。

我讲课的时候经常说一句话："说到和做到这两者之间的级别或者说是功力要相差至少5年以上甚至10年。"所以我们学习到的知识点，一定要去使用，否则一学就会，一用就废，学习也就没有意义了。

第二节
利用技术分析判断大顶和大底

加速赶顶和加速赶底来判断市场或者个股顶部和底部。

在前面章节中我多次提到加速赶顶和加速赶底这个概念，再次强化这个知识点，从K线图中表现其实就是大家很熟的一句话："别人贪婪的时候我恐慌，别人恐慌的时候我贪婪"，用在这里是最恰当的了。我们来看下面关于加速赶底和加速赶顶的逻辑是什么。

加速赶顶形态：之前是一波小慢牛的慢涨走势，在临近顶部的时候，K线会改变上涨角度，很多是90度直角往上连续拉升，这就是到了股价最疯狂的时期了，我们来看一个案例，如下图9-2中所示：

从图中可以看出，这是600031三一重工截止到2021年7月30日的K线走势图，这只个股在2021年1月4日之前都是小慢牛的走势，到了1月5日股价开始加速大阳线拉升往上涨，一直涨到1月13日出现放巨量的滞涨信号，收出一根带长上影线的阴线，主力出货信号明显，之后一波调整后，在2月9日再次拉升，连续三个交易日上涨，到了2月18日收出一根放量的中阴线，至此双顶形态已经做好，再往后的日子里，股价便开始处于阴跌状态，截止到2021年7月30日收盘，三一重工已经较最高点跌去47%之多，

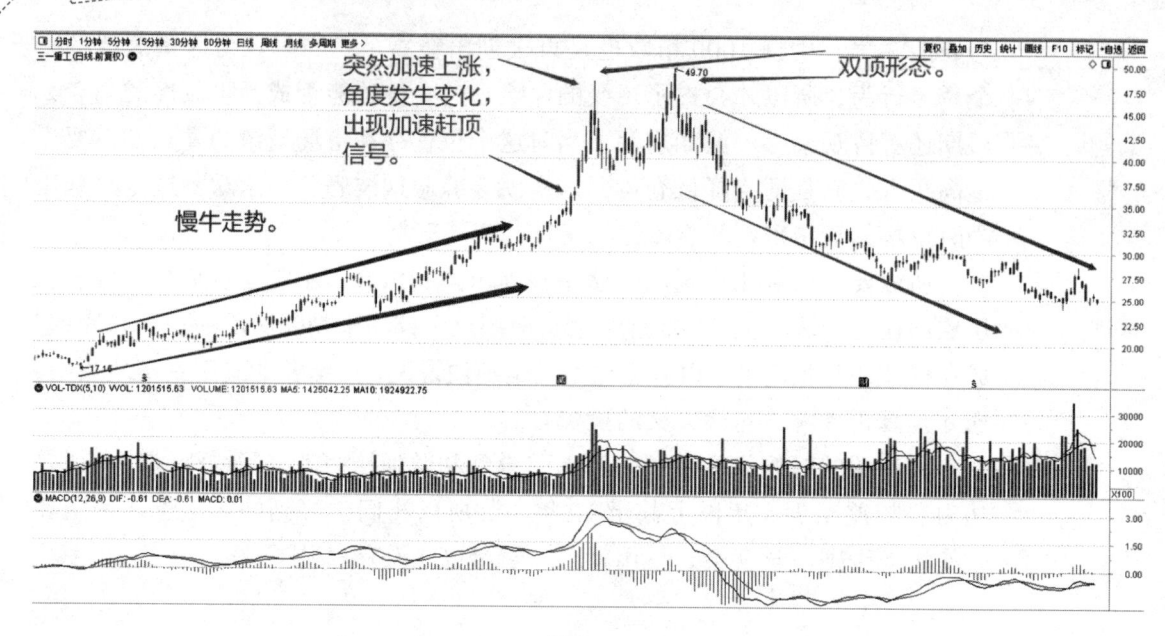

图 9-2

如果学会了加速赶顶这个方法,可能也就不敢再去高位买这只股票了。

加速赶底:这个形态和加速赶顶正好相反,是股价经过一轮慢熊阴跌走势以后,在底部区域突然再次加速下跌,之后便出现企稳信号,这就是加速赶底的形态。

我们看一个加速赶底的个股案例,如图 9-10 中所示:

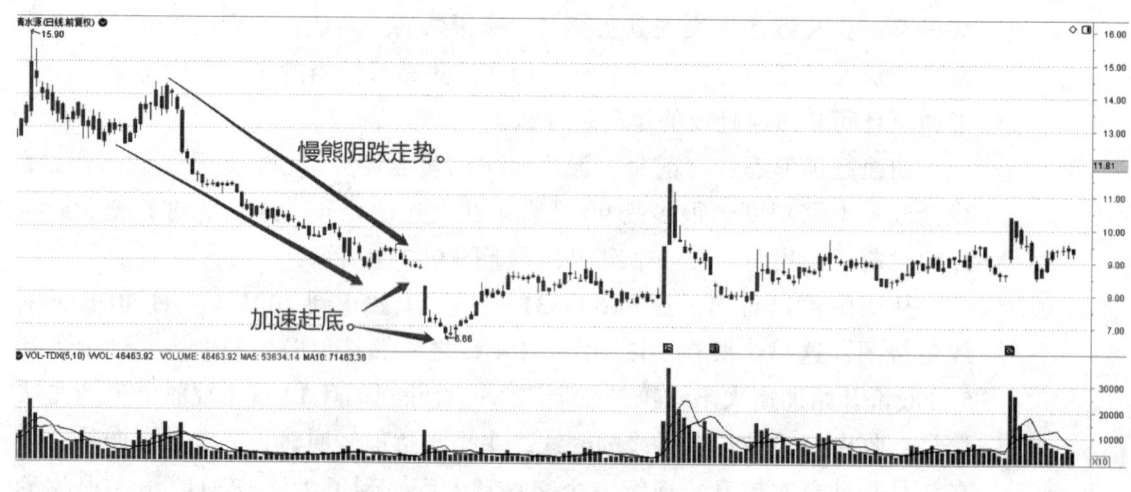

图 9-3

从图 9-3 中可以看出，这是 300437 清水源截止到 2021 年 8 月 6 日的 K 线图，这只股票从 2020 年 10 月 15 日开始下跌，一直处于慢跌趋势，在 2021 年 1 月 29 日，突然跳空低开大阴线杀跌，开始加速赶底信号，之后便开始逐步企稳，主力开始介入，像这种类型的个股就属于主力成本区了，后期大概率还是会走主升浪行情。

加速赶底和加速赶顶判断阶段性顶部和底部，属于是在强化"别人贪婪的时候我恐慌，别人恐慌的时候我贪婪"的思维方式。加速赶顶背后的逻辑简单地说就是主力借助最后的疯狂拉升，来达到出货的目的。加速赶底背后的逻辑是经过一轮慢熊阴跌之后，相对底部出现快速下杀，把恐慌盘杀出来，主力达到吸筹的目的。所以我们在实战当中要去按照加速赶底和加速赶顶来反向操作即可，加速赶底出来信号就要去找企稳后的位置介入即可。遇到加速赶顶的情况就要出掉持股或者不能再去追高进入了。

> 注意事项：加速赶顶一定是先有一段慢牛走势以后，出现加速上涨的情况，才能给出加速赶顶的判断。加速赶底一定是要先有一波慢熊阴跌走势以后，出现加速杀跌的情况，才能判断是加速赶底。
>
> 从概率上来说，加速赶顶的概率多于加速赶底，也就是平时在实战当中遇到加速赶顶的概率会大一些。

第三节
利用基金发行节奏判断大顶

2021 年 1 月开始爆款基金不断，1 月 11 日当天就有五只"日光基"出现，单日首募规模超过 1400 亿元。1 月 18 日，募集规模上限为 150 亿元的易方达竞争优势企业基金首募规模超 2300 亿元，刷新公募基金首募纪录。基金这一话题也频繁登上热搜榜，不少基金经理"火出了圈"，从"千亿规模"变成"千亿顶流"。

基金的良好表现，让"炒股不如买基"的观念深入人心。2020 年，全市场可统计的股票型基金和混合型基金的平均涨幅超过 40%，其中收益率翻番的基金超过 100 只。

基金赚得盆满钵满，得益于近年流行的"抱团取暖"模式。手握巨量资金的基金抱团进入以白酒、酱油为代表的大消费和以光伏、电动车为代表的新能源板块，部分股票涨幅超过200%，而未被基金"相中"的股票则有被抛售的风险。

以上是在2021年年初的时候媒体报道的部分内容，从当时的行情来看，"大白马"行情进入最高涨的阶段，也就是加速赶顶阶段。叠加这个消息，当时我给出判断，抱团行情要结束了。

回忆在2020年6月之前的那波科技股行情也是如此，当时科技类的基金发行出现"日光基"，当时市场的情绪也是到了最高涨的阶段。之后也是科技股一路杀跌。

所以在实战当中，我们一定要关注多方面的消息面，虽然不能抓到最高点，但是抓住一个顶部区域是大概率事件。每当哪个行业或者板块出现"日光基"的时候，一定要远离那个板块，因为那个位置大概率会成为一个阶段性的顶部。

第四节
利用利好消息和利空消息判断大顶和大底

逆向思维，反其道而行之。主力一般会利用利好消息和利空消息来达到吸筹和出货的目的，所以我在每次讲课当中会时常提道："高位利好是利空，高位利空还是利空；低位利好是利好，低位利空还是利好！"

如果主力处于吸筹区域的时候，主力为了拿到更低的筹码，会利用利空消息来达到吸筹的目的，这样才能让散户交出手中带血的筹码。低位的利空一般是：大股东减持（最常见的）、大宗交易（比市场价低的方式）、解禁、业绩不及预期（小幅的）、股票质押等利空消息。高位的利好一般是上市公司回购、大股东增持、上市公司业绩大增等利好消息，来吸引散户追高买入，达到主力出货的目的。下面来看一个高位利好是利空的案例，如下图9-4中所示：

从图中可以看出，这是000333美的集团在2021年2月24日发布一个回购公司股份的公告，当时公告回购价格不高于140元，但是前一个交易日2月23日收盘价是89.34元，消息公布以后在2月24日股价高开，当时公

第九章
如何判断阶段性大顶和大底

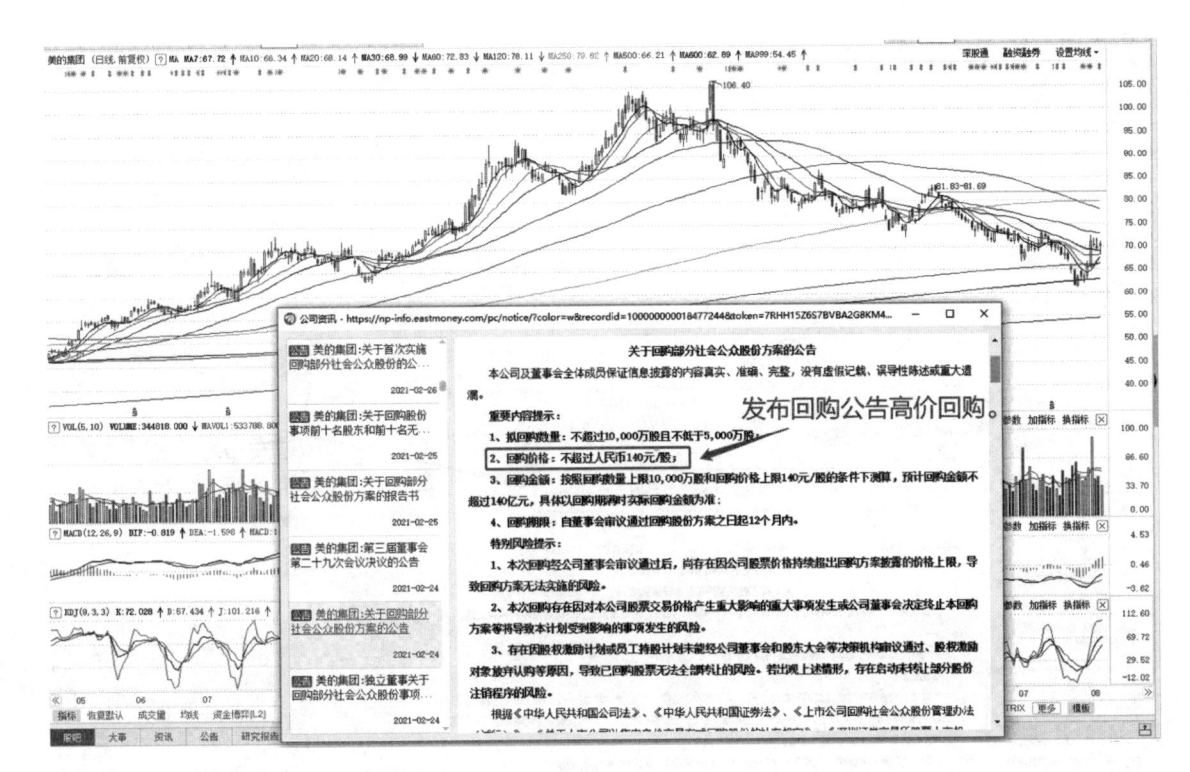

图 9-4

开课我就特意提示：这种高位出现利好，要防止是利空诱多的。

果不其然，之后股价便开始一路下跌。截止到 2021 年 8 月 6 日收盘的时候，期间最大跌幅超过 30%。如果没有这个高位利好是利空的逻辑，那么按照当时的利好消息追进去的散户，亏损可想而知。

接下来看一个低位利空是利好的案例，如图 9-5 中所示：

从图中可以看出，这是 300619 金银河截止到 2021 年 8 月 6 日收盘时候的 K 线走势，这只个股在 2021 年 3 月 12 日发布一个股东减持股份的预披露公告，当时股价已经处于相对低位，消息发出以后，接下来就是一段时间的洗盘下跌动作，但是当时下跌的成交量可是缩量的，所以这种状态就是洗盘的概率大。随后从 5 月 19 日开始上涨行情，截止到 2021 年 8 月 6 日星期五收盘股价已经实现翻倍行情。这就是典型的底部利空是利好的案例，这种利用低位减持来达到洗盘吸筹的案例非常多。在以后的实战当中就要注意一旦发现低位发布这种利空消息的就可以找适当位置跟进，或者持有这种类型的个股就不要再恐慌了，而是要找机会加仓降低陈本，等待主力拉出一个主升浪。

· 269 ·

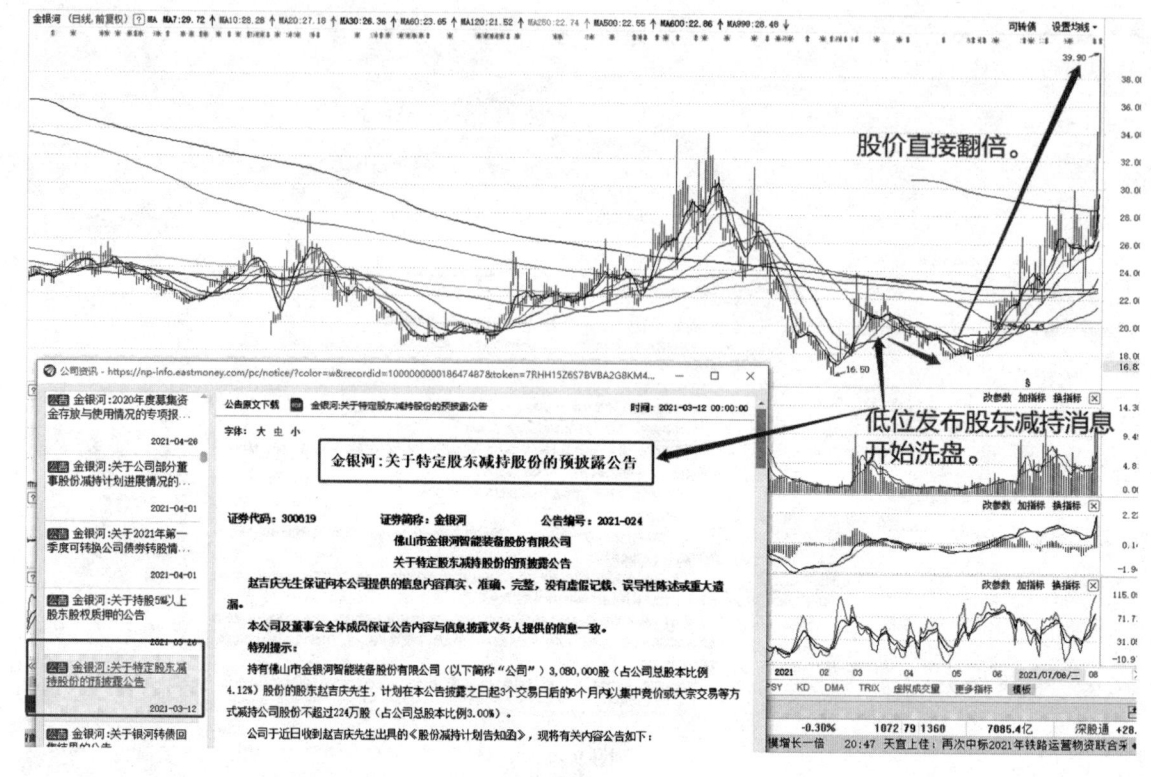

图 9-5

第五节
盘口语言判大顶

在实战当中我们会经常遇到一些盘口语言的数字，一方面是在买一到买五和卖一到卖五挂单的盘口语言，另一方面是在股票涨到顶部区间的时候会出现某个价格的盘口语言，有的时候这些数字并非只是巧合，有一部分是主力刻意做出来的。

在平时实战当中委卖和委买出现盘口语言的情况遇到的相对少一点，最常见的是很多股票在达到顶部的时候会出现一些逃顶的数字语言，大概分为以下几种：

第一种是逃顶"对数"价格，如下图 9-6 中所示：

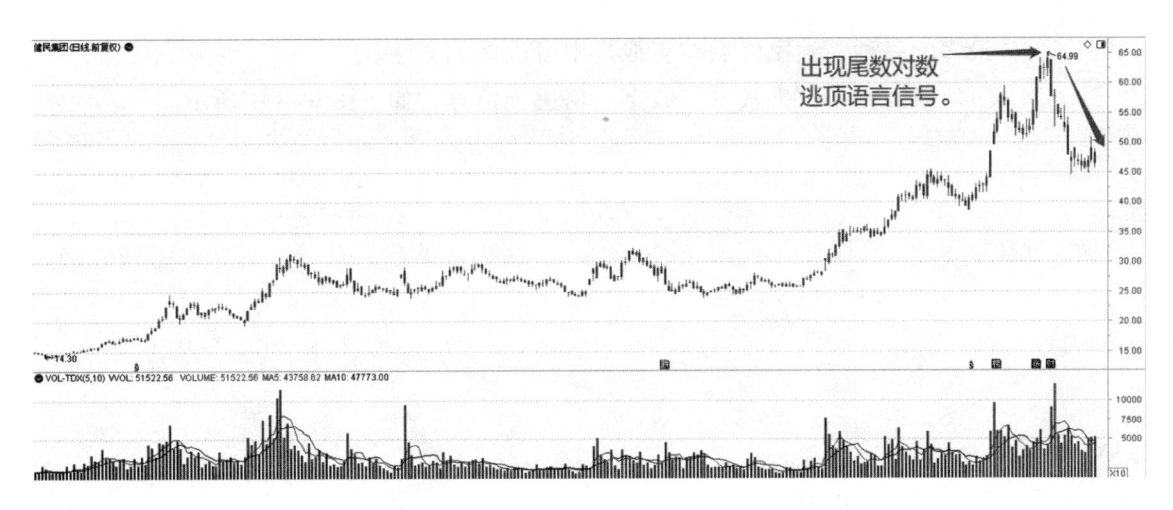

图 9-6

从上图中可以看出，这是 600976 健民集团截止到 2021 年 8 月 6 日收盘时候的 K 线图，这只个股在 2021 年 7 月 19 日打出一个 64.99 元的最高价，出现对数顶部语言信号，股价之后便开始下跌，后面大概率也是下跌趋势。继续看下个对数顶部信号案例，如下图 9-7 中所示：

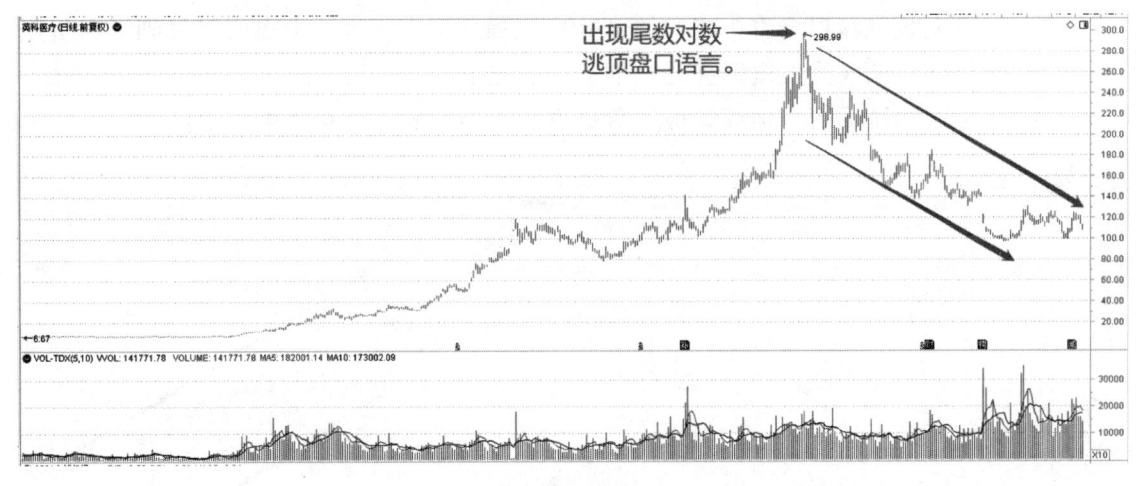

图 9-7

从上图中可以看出，这是 300677 英科医疗截止到 2021 年 8 月 6 日收盘时候的 K 线图，这只个股在 2021 年 1 月 25 日股价最高冲到 296.99 元，出现顶部对数盘口语言信号，之后股价便开始下跌，走出典型的下降通道。

从以上两个案例可以看出，在顶部出现这种后边尾数为对数的价格，有时候就会形成一个阶段性的大顶，这种尾数为对数的顶部语言信号遇到的是最多的一种,大家以后在实战当中可以多加关注。

第二种是"夹板气"数字价格逃顶信号,如下图 9-8 中所示。

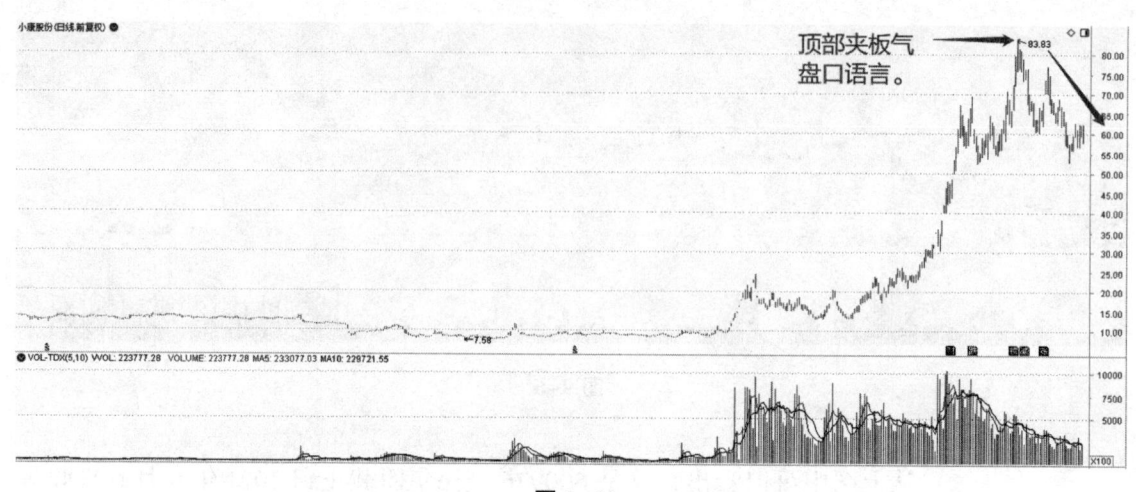

图 9-8

从上图中可以看出,这是 601127 小康股份截止到 2021 年 8 月 6 日收盘时候的 K 线图,这只个股在 2021 年 6 月 22 日最高价冲到 83.83 元,出现顶部夹板气盘口语言,之后便开始构筑顶部形态,理论上主力已经到了出货尾声,后期股价大概率会是一个下跌趋势了。

继续看下个顶部夹板气盘口语言案例,如下图 9-9 中所示:

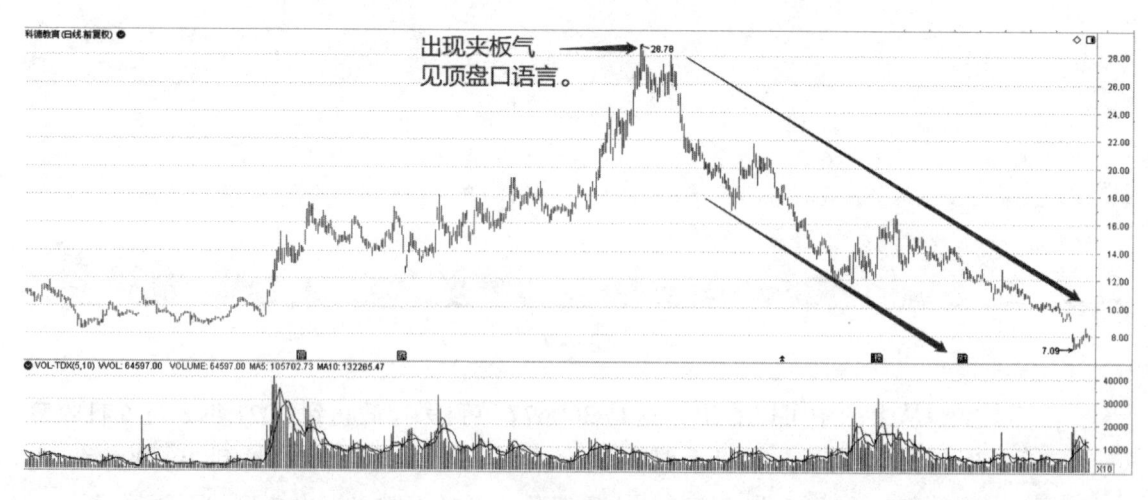

图 9-9

从上图中可以看出,这是 300192 科德教育截止到 2021 年 8 月 6 日收盘时候的 K 线图,这只个股在 2020 年 8 月 7 日最高价涨到 28.78 元,做出

第九章
如何判断阶段性大顶和大底

一个顶部单边夹板气盘口语言，下跌几个交易日以后，股价反弹，接近前期28.78元后，做了一个双顶形态，之后股价便开始一路下跌。

继续看下一个顶部夹板气盘口语言案例，如下图9-10中所示：

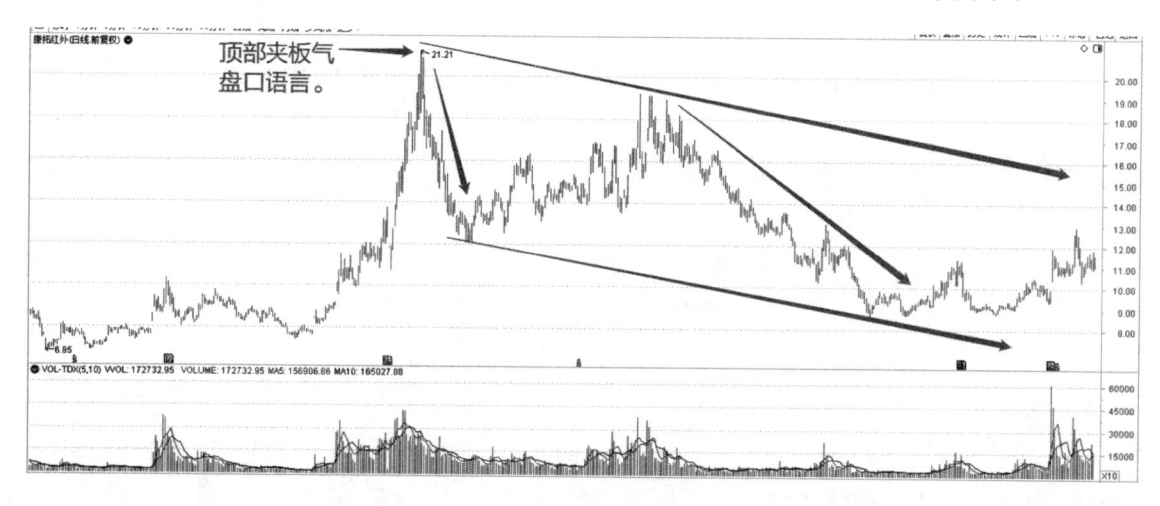

图 9-10

从上图中可以看出，这是300455康拓红外截止到2021年8月6日收盘时候的K线图，这只个股在2020年2月25日最高价涨到21.21元，出现顶部盘口夹板气语言，之后股价出现一波下跌，后期虽有反弹，但最高价也没达到21.21元的位置，又开启第二波下跌趋势。

从以上几个案例可以看出，股价一般到了顶部区域，出现典型的两头夹板气和单边夹板气的盘口语言后，一定要小心对待，防止做出阶段性顶部。

第三种是逃顶"各个小整数"价格，如下图9-11中所示：

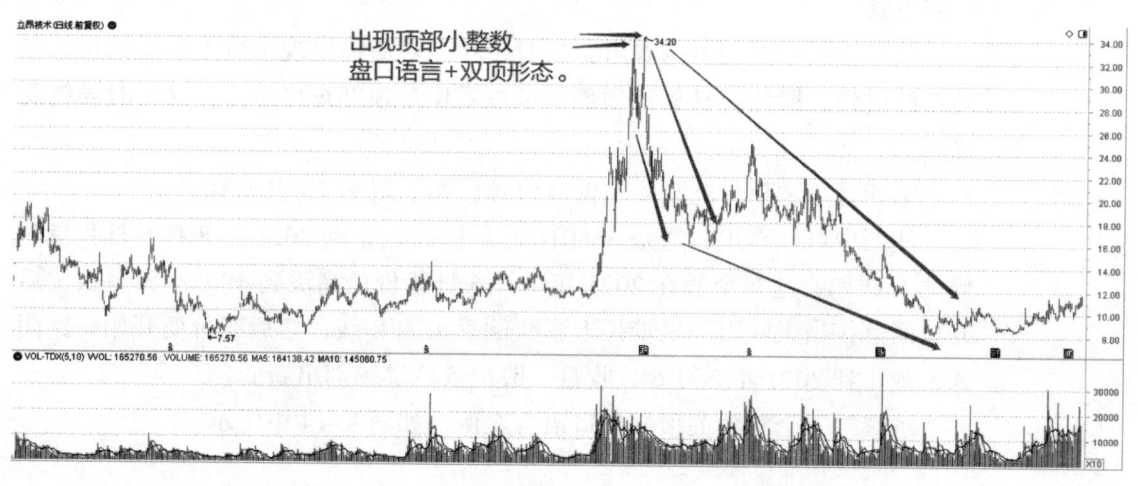

图 9-11

从上图中可以看出，这是 300603 立昂技术截止到 2021 年 8 月 6 日收盘时候的 K 线图，这只个股在 2020 年 3 月 5 日冲到最高价格 34.20 元后开始回落，3 月 5 日这根阴线和前面 2 月 24 日那个高点形成典型的双顶结构，这个顶部的盘口语言可信度就更高了。

继续看下个小整数顶部盘口语言案例，如图 9-12 中所示：

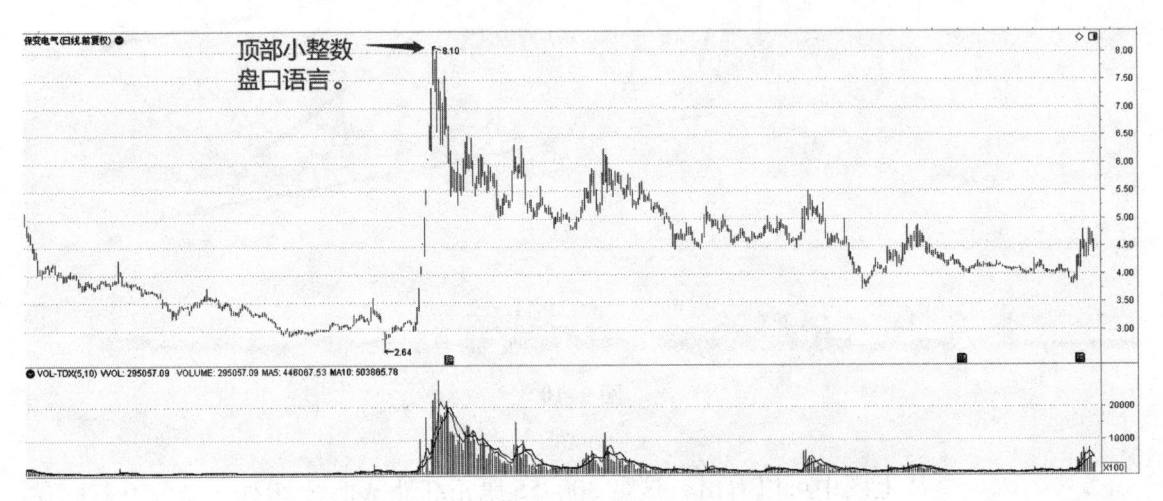

图 9-12

从上图中可以看出，这是 600550 保变电气截止到 2021 年 8 月 6 日收盘时候的 K 线图，这只个股在 2020 年 3 月 11 日股价涨到最高价 8.10 元，当天的 K 线形态是上吊线，放出一个巨量，之后在 3 月 13 日再次出现一个放量滞涨的大阳线，这个时候主力出货的信号就更加确定了，之后股价就开始一路下跌。

从以上两个案例可以看出，当股价在相对高位出现小数点后面两位数是整数的时候，股价容易见到顶部，可以看作是顶部盘口语言，这个时候就要谨慎。

第四种是逃顶"整数关"价格信号，如下图 9-13 中所示：

从图中可以看出，这是 688016 心脉医疗截止到 2021 年 8 月 6 日收盘时候的 K 线图，这只个股在 2021 年 7 月 5 日股价最高涨到 480.00 元整数关后开始回落，当天收出一根带长上影线倒垂头的 K 线，之后股价便开始一路阴跌，截止到 2021 年 8 月 6 日收盘，股价依然继续创出新低。

继续看下个整数关顶部盘口语言案例，如图 9-14 中所示：

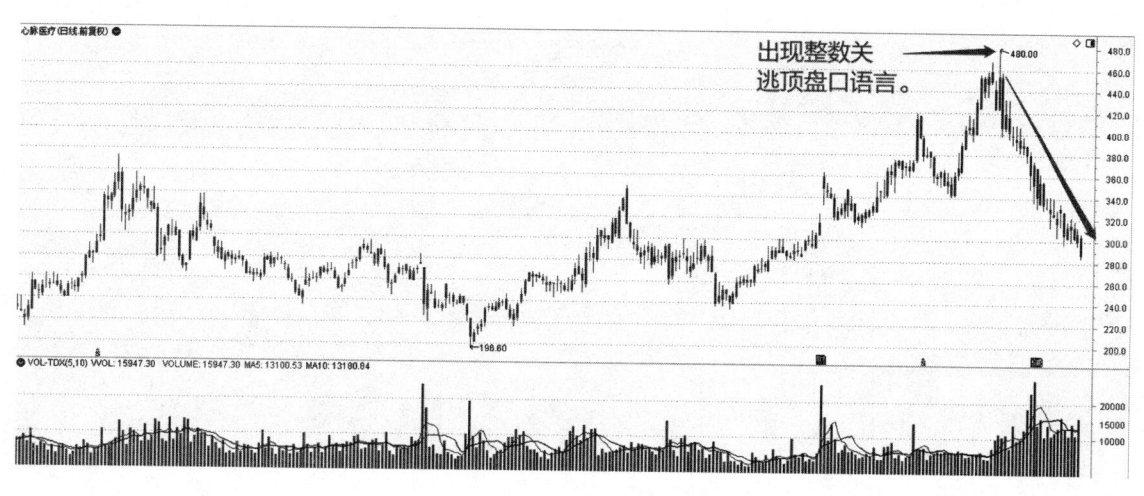

第九章
如何判断阶段性大顶和大底

图 9-13

从图中可以看出，这是002624完美世界截止到2021年8月6日收盘时候的K线图，这只个股在2020年7月22日最高价涨到43.00元后股价便开始一路下跌，截止到2021年8月6日股价最大跌幅已经超过66%，被套在最高点的散户如果不能及时出逃，亏损可想而知。

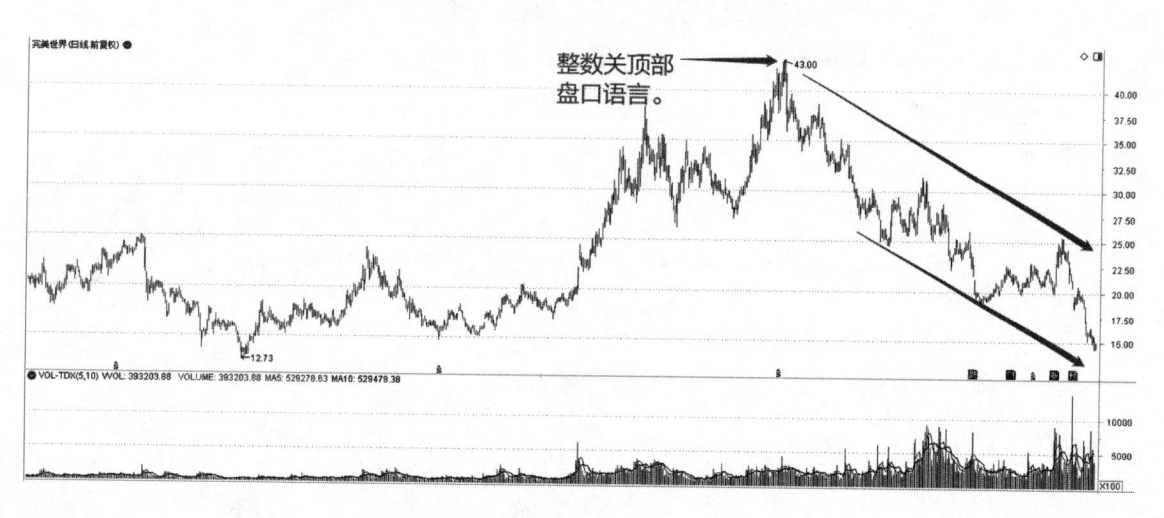

图 9-14

从以上两个案例可以看出，当股价在相对高位出现整数关价格的时候，也要防止出现顶部盘口语言逃顶信号。

第五种是特殊含义盘口语言，如下图9-15中所示：

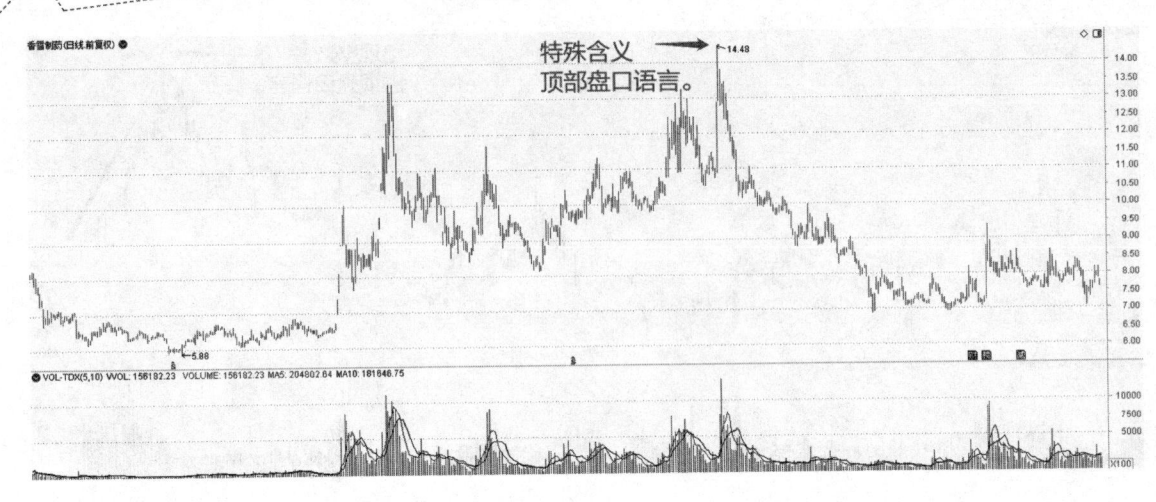

图 9-15

从上图中可以看出,这是 300147 香雪制药截止到 2021 年 8 月 6 日收盘时候的 K 线图,这只个股在 2020 年 10 月 19 日出现一个最高价 14.48 元,这个最高价按着谐音来理解,意思不好,股价涨到 14.48 元以后开始回落,截至当天收盘收出一根带长上影线的类似倒锤头的 K 线形态,成交量放出巨量,代表是放量滞涨信号,之后股价便开始一路杀跌。

继续看下个特殊含义顶部信号,如图 9-16 中所示:

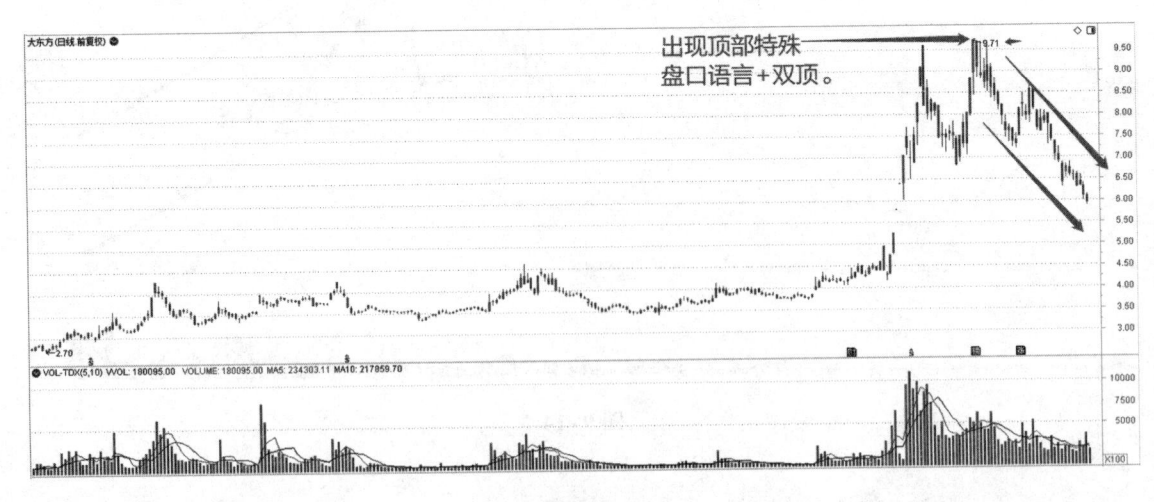

图 9-16

从上图中可以看出,这是 600327 大东方截止到 2021 年 8 月 6 日收盘时候的 K 线图,这只个股在 2021 年 6 月 23 日最高价涨到 9.71 元涨停板收盘,第二天就是一根阴线，和前期6月2日那个高点大阴线形成双顶形态，6月23日这个最高价9.71元，用谐音来理解意思也不好，之后股价便开始一波下跌趋势，截止到2021年8月6日股价还在创出新低。

从以上两个案例来看，在相对顶部出现这种特殊含义的谐音数字，也需要谨慎对待。

顶部逃顶盘口语言应用注意事项：

1. 判断是否是顶部逃顶盘口语言的时候，首先要注意股价是否已经经过一波主升浪的上涨了，要是在底部区域那种阶段性主力建仓期间的小顶部可以不用在意。

2. 假如出现顶部逃顶盘口语言，当天收的K线是单根K线看空信号，可信度就更高，比如像是放大量的上吊线、流星线、光头光脚大阴线、宽幅震荡的大十字星、螺旋桨K线等单根看空信号，甚至是放天量的大阳线，可信度会更高。

3. 按照顶部形态来结合判断，比如出现顶部逃顶盘口语言信号以后，和前面一个高点是否会收出双顶结构形态、头肩顶形态等K线组合看空的形态，假如出现了，可信度也会增加。

4. 顶部逃顶盘口语言可以作为一个信号来辅助判断，不可迷信，一定要结合其他条件综合分析，才能提高逃顶的成功概率。

第六节
根据"故事"判断大顶

在实战当中，我们每天都能听到各种各样的故事，上市公司会讲故事，主力会讲故事，故事可以使股价出现主升浪，故事也可以让股价"跌跌不休"。所以在平时讲课的时候我会时刻提醒大家下面几句话。

1. 股票没有故事就没有涨跌（主升浪和主跌浪）。
2. 没有故事的上市公司不是好上市公司。
3. 不会讲故事的主力不是好主力。
4. 不会听故事的散户不是好散户。
5. 不教给散户如何听故事的老师不是好老师。

以上几句话大家一定要记住，具体理解就是和第四节用法一样，在高位讲利好和利空的故事就要谨慎对待，在低位讲利空的故事和利好的故事就可以乐观对待。股价的上涨主升浪大多数都是有故事作为支持的，要不也不会出现抬轿子的资金。到了高位，主力还在讲利好的故事，这个时候就是开始进入出货阶段了，要不谁来当接盘侠呢？

如果能充分理解了股市就是"故事"这个概念，也就不会再去吃大亏了。希望各位股民朋友能认真理解并且用到实战当中。

强化训练

1. 根据本章所学到的内容，寻找 5 只出现加速赶顶的案例个股进行跟踪。
2. 根据本章所学到的内容复盘找 2 只加速赶底的个股进行跟踪学习。
3. 根据本章所学到的内容复盘找 5 只出现顶部逃顶盘口语言尾数是对数的个股进行跟踪学习。
4. 根据本章所学到的内容复盘找 5 只"夹板气"顶部逃顶信号的个股进行跟踪学习。
5. 在学习完本章内容以后，随时关注市场的某个热点板块在情绪最高涨的时期，并判断这个热点板块是否会出现情绪的阶段性高点，跟踪半年以后这个板块的走势进行学习强化。

第十章　如何避免坐过山车

第一节
如何做好高抛低吸

一、何为高抛低吸

在实战当中高抛低吸是降低成本的核心因素，也是大家耳熟能详的一个股市常用词语。很多人都在说高抛低吸，也就是低买高卖，非常简单的四个字在实际操作中是非常难做到的，主要是因为很多人不知道如何正确理解这个高抛低吸的高在哪里，低又在哪里。

买支撑卖阻力，心中常欢喜。
买阻力卖支撑，心中定发蒙。

这是我在讲课的时候经常说的一句关于高抛低吸顺口溜，其实就是"卖在阻力位上，买在支撑位上"，这样一般就会达到至少在分时表现中买完就涨、卖完就跌的效果，注意我说的是分时级别，因为当股价到了阻力位大概率会有调整，到了支撑位股价大概率会有反弹，支撑位和阻力位越强，分时表现越明显。

其实高抛低吸的高就是阻力位的位置，高抛低吸的低就是支撑位的位置，因为在日常交易的时候，股票的价格没有绝对的高也没有绝对的低，如果这样理解高抛低吸就简单多了。

对于不懂技术的人来说，逢高减仓和逢低加仓等于白说，多数投资者根本听不懂，还会造成操作失误。

在指导客户的时候，我一般会给出一个阻力位或者支撑位的价位区间，这样较为精确的指导建议对于客户来说就会清晰很多，至少客户心里会有个目标价位，也不会再迷茫，我想这才是大多数股民想得到的指导效果。

我在证券公司工作时，发现大多数投资者的专业知识相对匮乏，在买卖时机上的把控更是没有章法，既然找专业的老师帮助，就是希望有一个清晰明了的指导，希望给出一个唯一的价格，比如说挂单5.41元卖出或者买入某只个股。

第十章
如何避免坐过山车

但此举无异于间接替客户操作账户，违反证券法律法规，后来我的指导建议改为价格区间，但在盘面有突发情况超出预料时，客户也难免容易慌神，不知如何操作。

我就想"授人以鱼不如授人以渔"，让投资者学会自己分析，自己捕捉支撑位和阻力位的买卖点，这样才是给他们最实际的指导，故而总结自己多年来的投资体系，几番雕琢，写出第一本《8561股票解套实战技术》和本书关于波段操作的部分内容，倾囊相授，希望能给那些迷茫的投资者最真切、最实用的指导。

在做短线或者波段交易策略的时候，有两种交易策略，一种是正向交易，就是先买后卖（低吸高抛）；另外一种是反向交易，就是先卖后买（高抛低吸）。这两种策略都可以降低持股成本。

那么什么类型的股票适合做正向交易低吸高抛呢？什么类型的股票适合做先卖后买高抛低吸呢？这个必须要搞清楚，因为这会关系到您做波段和短线交易策略的成功概率。

先说正向交易低买高卖，在实战当中，个股的所处位置不是一致的，有两种形态的个股适合做低买高卖的正向交易策略。

第一种是个股已经到了相对底部区域主力开始建仓，进入底部横盘阶段，这个时候就不要做高抛低吸式的倒波段了，尽量做正向交易低买高卖式的操作，因为处于主力建仓阶段的个股，向下的空间也相对有限，但是向上的概率是很大的。

所以从战略角度来看，处于相对底部阶段，如果操作相对底部区域的股票，尽量做正向交易，也就是低买高卖的操作，或者叫正向操作，因为股价已经处于主力建仓的底部横盘区域，再向下的空间相对有限，从技术形态来看是正在筑底阶段了，即使加仓后会跌，下跌空间也有限，而往上的概率更大一些，这笔加仓的交易盈利的概率就大。这就是所谓的低吸高抛的正向交易策略。请看图10-1中案例：

从图中可以看出，这是600058五矿稀土截止到2021年8月6日收盘时候的K线走势图，从图中可以看出这只股票当前一直处于大的箱体震荡区间，也就是横盘震荡的走势。这种类型的个股现在的位置就是主力建仓区，也就是主力成本区域，所以这种类型的个股，只要公司不出现"黑天鹅"事件，后期大概率还是向上走的，所以像这种类型的就不能随便进行反向交易，也就是高抛低吸的策略不适合，因为一旦您卖出底仓，说不好哪天股价就会直接往上拉升了。这种类型的个股只适合寻找波段低点进行加仓以做正向交易为主。

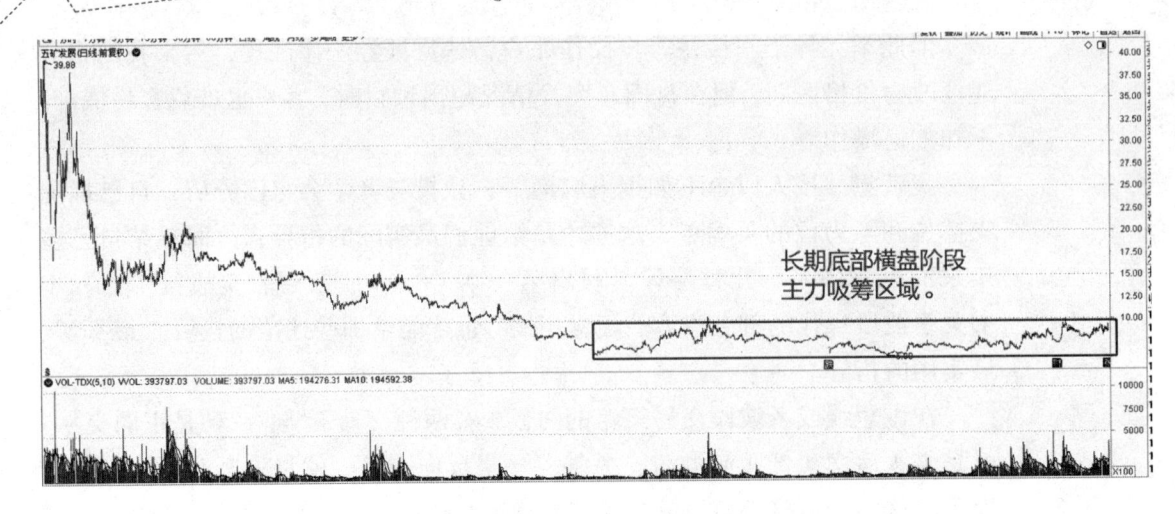

图中标注:长期底部横盘阶段主力吸筹区域。

10-1

第二种就是已经突破底部盘整区间，开始走上升趋势的个股，也不能再做高抛低吸的策略，而是要多做先买后卖的低吸高抛的策略，因为这类的个股大概率是向上的趋势，一旦做高抛以后，很容易就做飞了，再也没有机会买回来，从而错过主升浪，后悔不已。请看图10-2中案例：

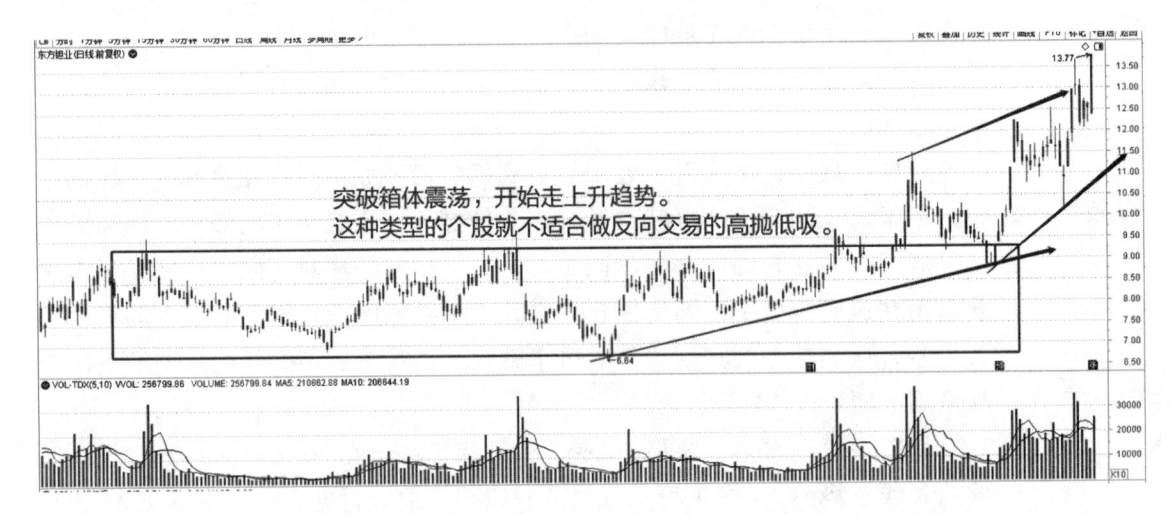

图中标注:突破箱体震荡，开始走上升趋势。这种类型的个股就不适合做反向交易的高抛低吸。

图 10-2

从上图中可以看出，这是000962东方钽业截止到2021年8月6日收盘时候的K线走势图，从图中可以看出，这只个股已经突破底部横盘箱体以后，也完成了回踩确认的动作，大概率是上升趋势，只要上升趋势不改变，那就尽量找波段低点或者支撑位来做先买后卖的正向交易。否则在上升趋势里面做倒 T 或者倒波段，很容易就卖飞了。好不容易拿了几年时间，最后没忍住想做 T 给 T 飞了，之后股价便开始走主升浪，但是您手里已经没有多少这只股票了。所以在遇到自己持股正处于上升趋势当中的时候，不要轻易做高抛低吸，而是可以适当做低吸高抛式的操作。

什么类型的个股适合高抛低吸呢？也是有两种形态的个股适合做高抛低吸：

第一种是正处于构筑顶部形态的个股，尽量做反向交易先卖后买的高抛低吸策略，不要做或者少做低吸高抛的策略，因为这种类型的个股一旦构筑顶部完毕，主力出完货以后，股价一般都会进入下跌趋势，也就是我所说的战略看空的股票。请看图 10-3 中案例：

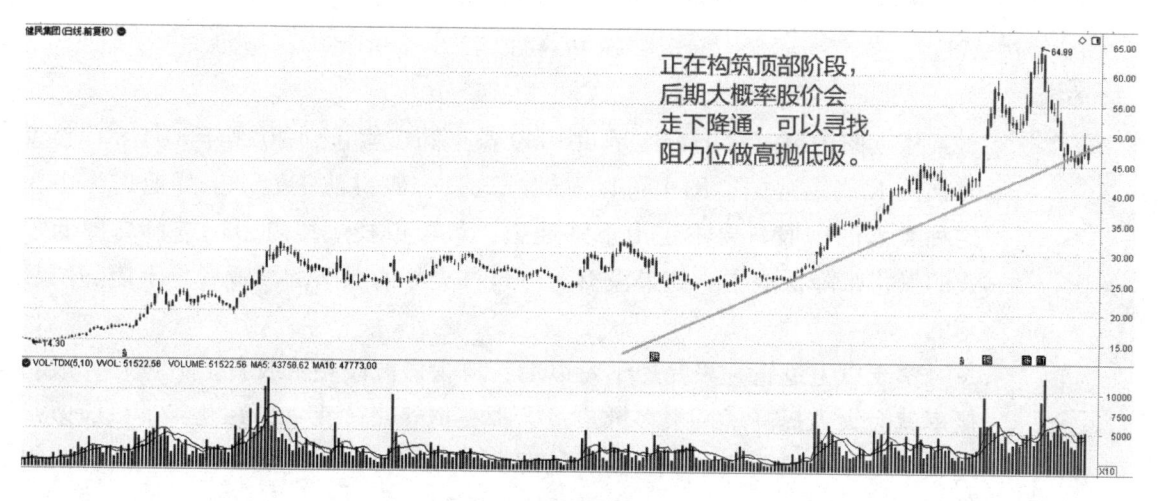

图 10-3

从上图中可以看出，这是 600976 健民集团截止到 2021 年 8 月 6 日收盘时候的 K 线走势图，图中可以看到，这只个股已经跌破上升趋势线，做出一个放大量背离的上升段，这个位置大概率就是主力正在出货的阶段，后期下跌概率大，所以这种类型的个股就可以找短线阻力位来做高抛低吸的操作，也不怕卖飞了。如果没有做过这种类型的股票的投资者是不能随便参与的。

第二种是正处于典型的下跌通道的个股，不适合做低买高卖的交易策略，毕竟处于下降通道的个股，大概率还是下跌的，不知道底在哪里，所以先买进去您觉得是低了，但是后边还有更低，从而造成越买越套、越套越多的结果。请看图 10-4 中案例：

[图中标注:正处于下降通道当中,不突破下降通道,就可以找适当位置做高抛低吸的策略。]

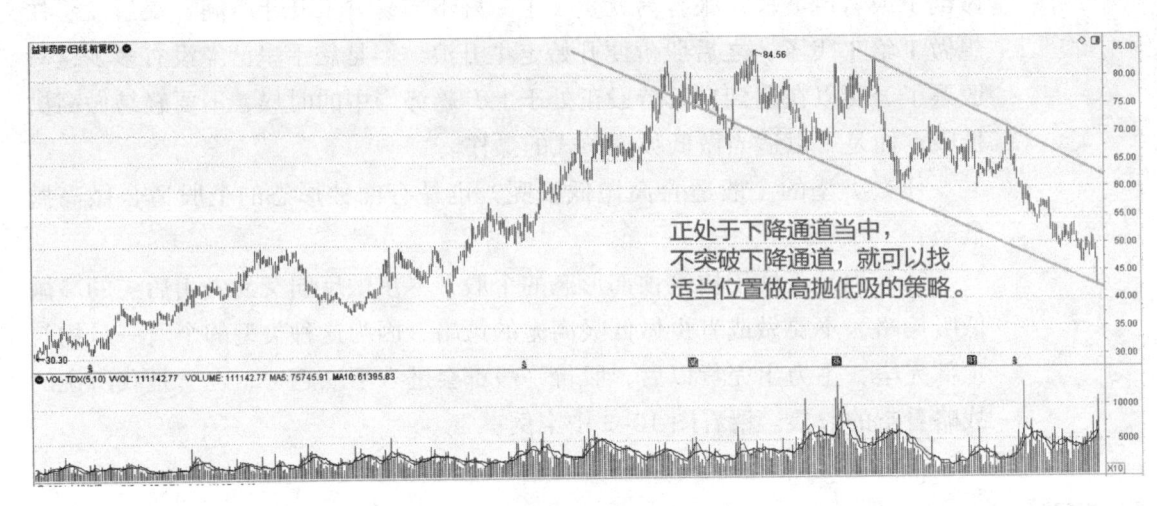

图 10-4

从上图中可以看出,这是 603939 益丰药房截止到 2021 年 8 月 6 日收盘时候的 K 线走势图,图中可以看到,这只个股目前正处于下降通道当中,这种类型的个股只要不走出下降通道,就可以找短线阻力位进行高抛低吸式的操作来降低成本。如果没有做过这种类型的股票的投资者是不能随便参与的。

鉴于以上逻辑,只要您学习以后,再去做波段差价或者 T+0 操作,成功概率就会大大提高了。很多散户每天都在抱怨:"我拿了好几年某只股票,想做个 T 结果给 T 飞了。"这种情况太常见了。所以先战略定位以后再制定操作策略,这样就会减少卖飞了的情况。

二、如何判断个股所处位置

个股当前所处位置决定操作策略,在讲课的时候我经常教给大家,在复盘的习惯,第一眼要看的就是股票当前所处的位置,如果我觉得在低位,我就会多看几眼;如果觉得确实要走出底部区域了,就会看看基本面仔细研究。但如果第一眼就看到在高位,我基本就是一秒钟即过,我觉得有些股票没必要耽误时间去看。这些年形成的这个习惯,我知道位置的重要性,是因为个股的位置决定了股票的风险高低,那明明知道风险高,还为什么要花时间去研究它呢?

很多人说买在高位了,何为高位呢?也有人说买在底部了,而何为底部呢？

结合当下行情我总结的关于个股位置的判断方法如下：

1. 股票价格涨跌幅判断法

通过涨跌的幅度来判断个股处于什么位置。先来看一个股价处于相对低位的个股案例，如下图10-5中所示：

图 10-5

从上图中可以清晰地看到，这是688088虹软科技截止到2021年8月6日收盘时候的K线走势图，其实很容易就可以看出这只个股目前一定不是高位了。从区间统计来看，从最高价108.18元跌到最低价38.75元已经跌了将近60%，所以这种个股在判断位置的时候就不能说是在高位了，而是正处于相对低位，如果持有这种类型的个股被套，就不要轻易止损割肉了，而是可以找适当支撑位去做加仓降低成本，假如没有这只个股的投资者就可以找适当支撑位的位置开始分批建仓。

下面再来看一个位置在高位的股票案例，如下图10-6中所示：

从图中可以清晰地看到，这是300432富临精工截止到2021年8月6日收盘时候的K线走势图，其实很容易就可以看出这只个股目前一定不是在低位了。从区间统计来看，这只个股从最低价2.94元已经涨到了33.91元，区间涨幅已经超过1049%，这种位置一看就知道是在高位了，随时都有可能见顶，所以没有这只个股的投资者就不能再去追高买入了，持有的投资者要随时关注出现典型的顶部结构以后要考虑以获利了结为主。

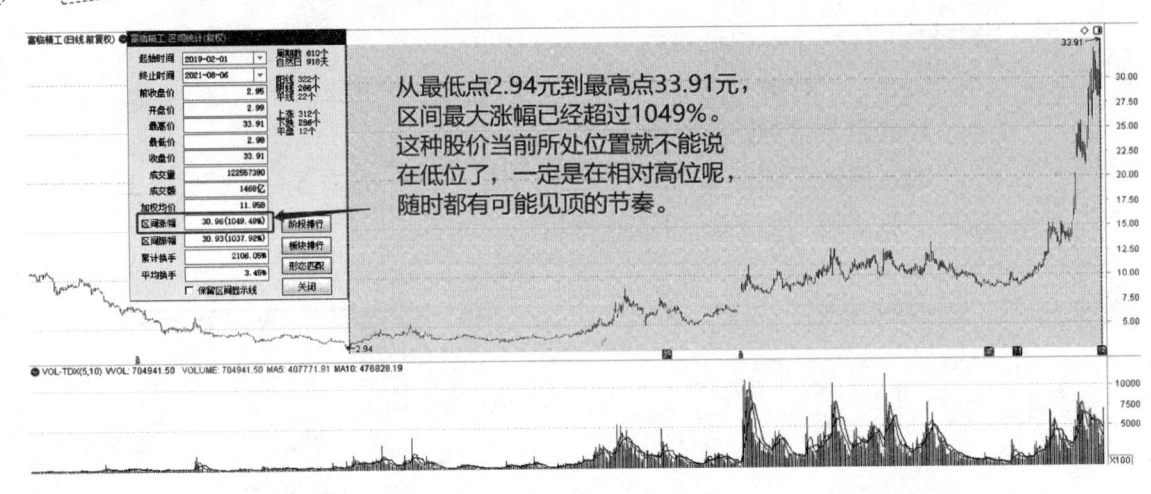

[图表注释：从最低点2.94元到最高点33.91元，区间最大涨幅已经超过1049%。这种股价当前所处位置就不能说在低位了，一定是在相对高位呢，随时都有可能见顶的节奏。]

图 10-6

2. 历史股价对比法

通过对比历史股价区域也能更方便快捷地分辨股价所处的位置高低。先来看一个股价处于历史相对低位的个股案例，如下图 10-7 中所示：

[图表注释：当前股价正处于历史相对底部区域。]

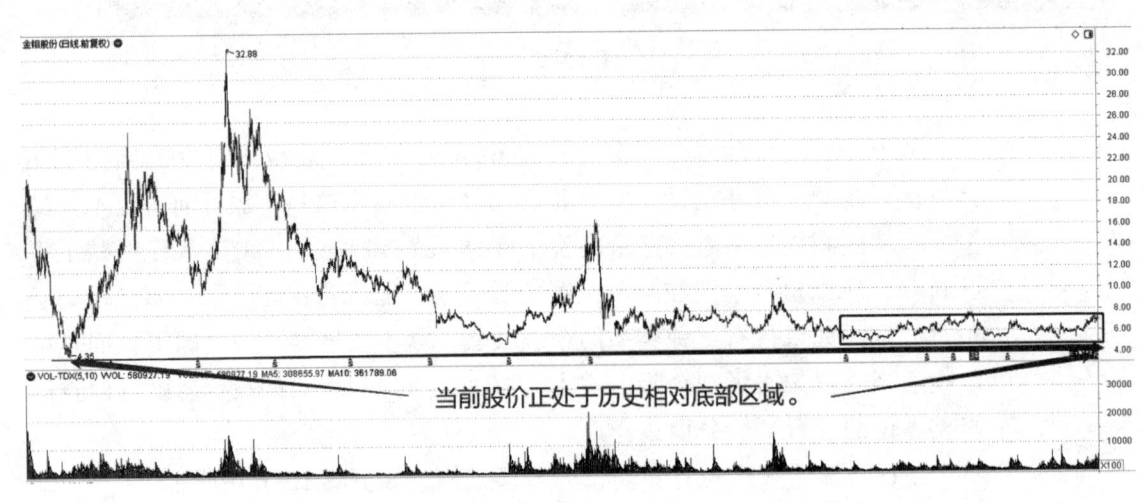

图 10-7

从上图中可以清晰地看出来，这是 601958 金钼股份截止到 2021 年 8 月 6 日收盘时候的 K 线走势图，其实很容易就可以看出这只个股目前所处的位置，就是历史相对底部区域，在 2008 年 10 月，这只个股最低价到了 4.35 元，而现在这个箱体位置最低价格出现在 2018 年 10 月 19 日的 4.91 元，截止到 2021 年 8 月 6 日收盘价股价也才涨到了 7.43 元，所以后期这只个股假如没

第十章
如何避免坐过山车

有"黑天鹅"事件，大概率也是向上走主升浪的。假如没有这只个股的投资者可以找适当位置做中长线布局；而假如是被套在这只个股很多年的高位的投资者，就不要随便止损割肉了，而且当前位置也是可以找支撑位做低吸高抛式的差价策略，而不能做高抛低吸式的交易策略。

再来看一个股价正处于历史相对高位的个股案例，如下图10-8中所示：

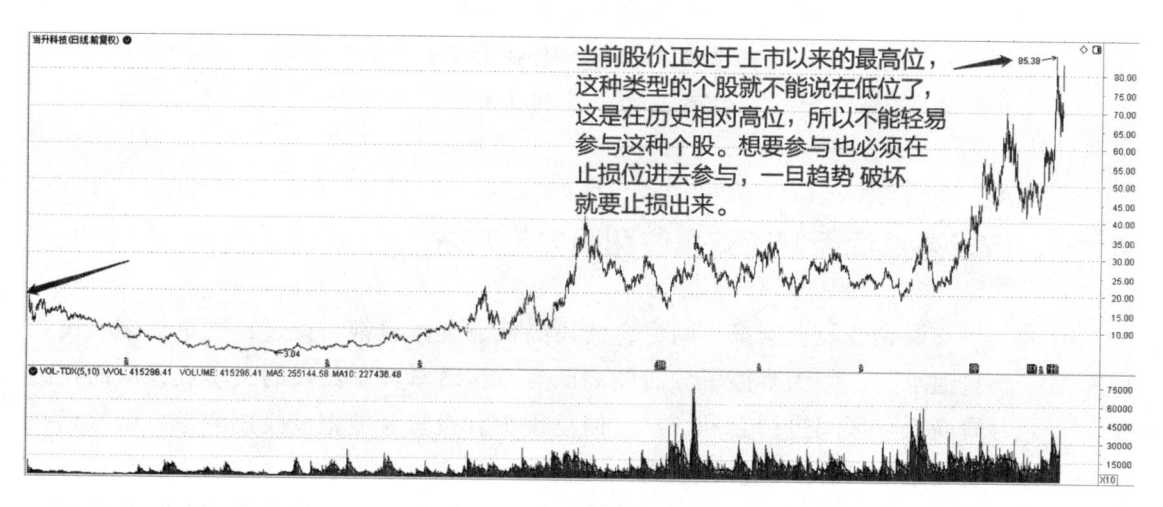

图 10-8

从上图中可以清晰地看出来，这是300073当升科技截止到2021年8月6日收盘时候的K线走势图，这只个股目前所处的位置就是历史相对高位区域，没有这种类型的投资者是不能随便参与的，而要想买这种历史高位股票的投资者，要么凭着信仰持股，要么就带着止损位参与，一旦破掉止损位就要先止损出来以观望为主。因为在这种历史高位的个股，随时都有可能见顶回落。

第二节
如何判断支撑位和阻力位

先记住一个原则：在上升趋势的时候多参考支撑位，因为上升趋势的时候支撑位的有效性大于阻力位（上升趋势里面的所有阻力位都有可能会被突破变成支撑位）；在下跌趋势当中，多参考阻力位，因为在下跌趋势里面阻力位的有效性大于支撑位（处于下跌趋势当中的所有支撑位都有可能被跌破变成阻力位）。

下面是我经常讲到的顺口溜：

所有的阻力位都有可能变成支撑位，
所有的支撑位也有可能变成阻力位；
阻力变支撑，加仓往上攻；
支撑变阻力，反弹要放弃。

一、波段高点低点判断支撑位和阻力位方法

说到波段大家都不陌生，波段高低点大家也都听说过，这是众多股民一直追求的，因为掌握了波段的高低点，也就掌握了波段的买卖点，从而在波段高低点区间进行套利交易。但是很少有投资者能把波段搞清楚，虽然是一直追求的目标，却很难达成。

波段高低点是怎么形成的呢？通俗一点说，就是股价运行中在K线形态上形成的一个一个的高点或者低点。

股价涨到一个位置以后卖出的比较多，股价在一个价位形成一个波段高点，然后开始回调。当股价回调到一个低位的时候，遇到支撑位，股价开始反弹，这时就会形成一个低点，这个低点就是波段低点。

如果从每只股票的上市第一天开始往后延伸着寻找波段的高低点，您会发现只用裸K线，什么指标都不用看，也能找到相应的支撑位或者阻力位。有了这些阻力位和支撑位您就可以从左侧已经走出来的K线形态开始寻找波段高低点了。在确定了所有走过来的那些波段高低点以后，我们就可以在右侧交易的时候，股价到达前面的波段高低点附近，做出相应的交易决策了。

> 注意事项：寻找波段高低点的时候，尽量从右侧往左侧开始寻找，也就是从最近往前找，一个一个高低点去分析，因为距离当下最近的才是相对有效的，而不能跨越最近的一个高低点直接往前找。如果距离当下最近的一个波段高低点不能形成支撑或者阻力，再往前找下一个高低点进行参考。波段高低点重合的次数越多，说明这个位置支撑或者阻力位越强。这是一个重要的细节，各位股民朋友一定要记住。

（一）波段高低点判断支撑位方法

我们先来举一个使用波段高低点判断支撑位的案例，如下图10-9中所示：

图 10-9

从上图中可以清晰地看出来，这是600058五矿稀土截止到2021年8月6日收盘时候的K线走势图，我们先找出这只个股之前的所有波段高点和波段低点位置，标注出来，或者在每个高点和低点位置画一条横线，当股价高于某个波段高低点的时候，回调下来到达这个高点或者低点位置，大概率会形成一个支撑位。但相反假如当前股价低于某个波段高点和低点的时候，上涨时会在这个位置形成一个阻力位。但是一定要谨记本节开始的时候提示的原则去判断，在上升趋势里面多参考支撑位，因为上升趋势的股票所有的阻力位都可能会被突破然后形成支撑位。

（二）波段高低点判断阻力位方法

再来看一个使用波段高低点判断阻力位的案例，如下图10-10中所示：

从图中可以清晰地看出来，这是603345安井食品截止到2021年8月6日收盘时候的K线走势图，我们先找出这只个股之前的所有波段高点和波段低点位置，标注出来，或者在每个高点和低点位置画一条横线，当股价高于某个波段高低点的时候，回调下来到达这个高点或者低点位置，大概率会形成一个支撑位。但相反假如当前股价低于某个波段高点和低点的时候，上涨

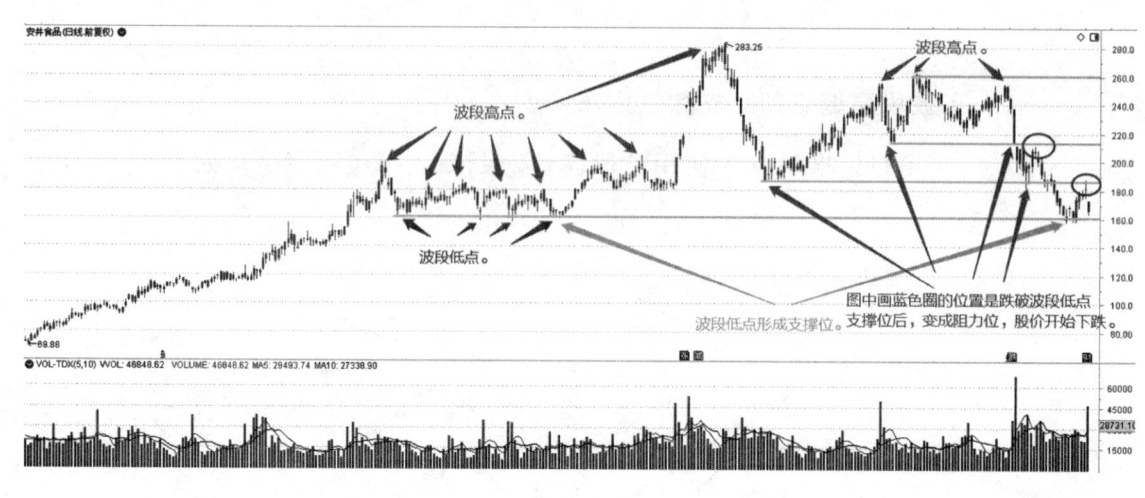

图 10-10

时会在这个位置形成一个阻力位。也一定要谨记本节开始的时候提示的原则去判断，在下跌趋势里面多参考阻力位，因为下跌趋势的股票所有的支撑位都可能会被跌破然后形成阻力位。

从图 10-10 中就可以看出，这只个股在做好顶部结构以后，股价开始走下跌趋势，画蓝色圈的位置，就是股价跌破了之前的波段高点或波段低点支撑位以后，股价反弹到当时的支撑位就变成了阻力位，股价遇到阻力开始回落。

而图 10-10 中画黄色箭头的位置，表示之前那波波段低点形成的是一个支撑位，所以在 2021 年 7 月 29 日至 8 月 2 日才会止跌反弹一下，这就是这个波段低点带来的支撑，但仅仅也就是一个反弹而已，在这种下跌趋势里面不要轻易判断会形成反转。

二、均线判断支撑位和阻力位方法

（一）均线判断阻力位

均线是众多投资者每天都要看的技术指标，简单实用，但是用精了确实不容易，下面看第一个案例均线阻力位如何判断，如图 10-11 中所示：

从图中可以清晰地看出来，这是 300636 同和药业利截止到 2021 年 8 月 6 日收盘时候的 K 线走势图，这只个股在经过一轮阴跌调整的时候，5 日均线很多次都成为阻力位，股价到了 5 日均线就遇阻回落继续创出新低；在股价遇到 600 日均线成为支撑位以后，股价开始走了一波反弹行情，最高涨到

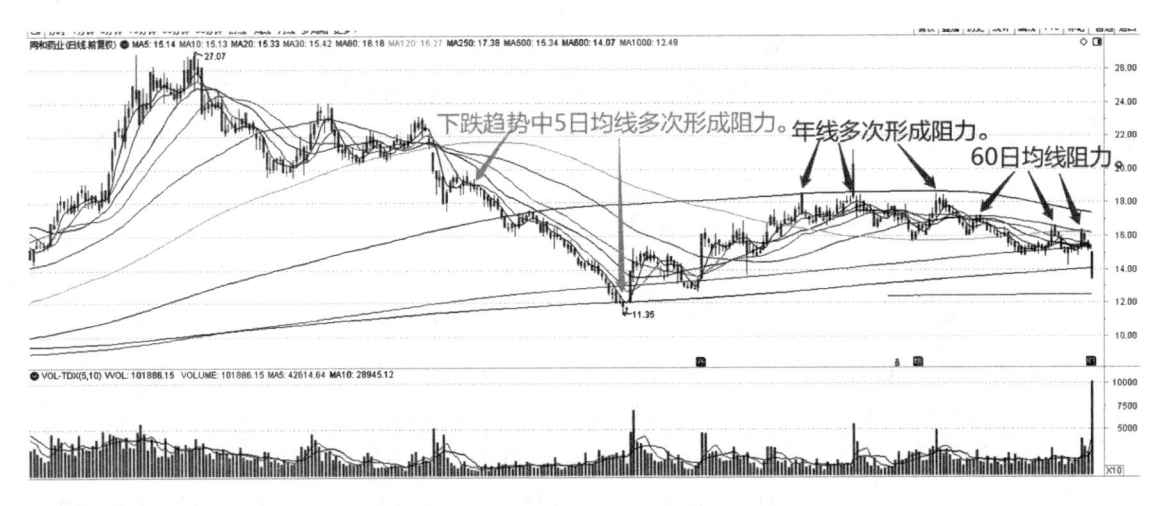

图 10-11

年线位置三次都没有突破年线的阻力位便开始继续下跌；在跌破 60 日均线以后，60 日均线就形成了阻力位，也是三次反弹都没能突破 60 日均线，股价就继续下跌。从以上案例可以看出，短线阻力可以看短期均线，中长线的阻力就看长期均线。依然要遵守一个原则：下跌趋势和高位的股票多参考阻力位。

（二）均线判断支撑位

下图中这只个股是均线阻力位的案例，请看图 10-12 中所示：

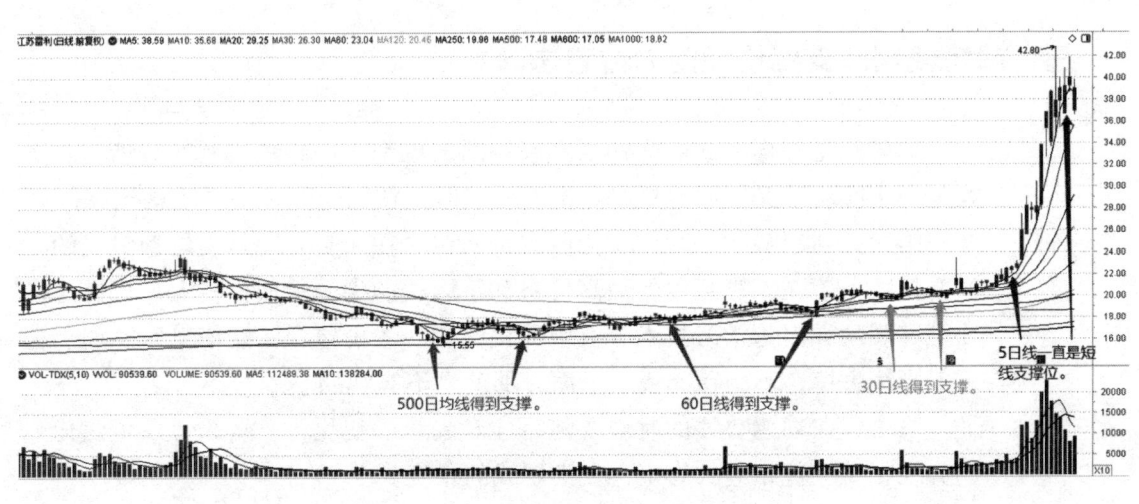

图 10-12

从上图中可以清晰地看出来，这是 300660 江苏雷利截止到 2021 年 8 月

6日收盘时候的K线走势图，这只个股在经过一轮阴跌调整以后，股价在2021年1月14日有效收复500日均线，代表500日均线得到支撑，之后开始反弹，到了2月4日和2月8日这两个交易日又在500日均线位置得到支撑，之后股价就开始一波反弹走势。

后来股价反弹后开始回调，之前有突破过60日均线又跌漏了，但是在第二次突破60日均线以后，分别在2021年3月26日和5月11日得到60日均线有效支撑，之后股价又开始一路反弹行情。

在走主升浪之前的两次回调又在30日均线位置得到支撑。在走主升浪的时候，短线一直是以5日均线作为支撑来上涨走主升浪的。其实5日均线作为短线支撑走主升浪的情况是很常见的，大家在实战当中，一旦个股开始走主升浪，就可以盯着5日均线一路持有，只要收盘价不破5日均线就持有，收盘价破了5日均线就考虑短线减仓。

再次强调：上涨趋势，均线起到支撑的概率大；下跌趋势，均线起到阻力位的概率大。

请大家务必重视均线的支撑位和阻力位的判断使用技巧，因为均线是"8561炒股交易体系"的核心因素，也是经过这些年我指导客户挂单交易的时候需要重要考虑的因素，学好均线的使用对于大家以后操作起到事半功倍的作用。

在这里我要告诉大家，均线是技术分析里面相对客观的指标，虽然有滞后性，但是学好用好是可以做出差价来的。

三、趋势线判断支撑位和阻力位方法

趋势线是怎样形成的呢？很多股民朋友也都在用趋势线判断行情，趋势线是一个既简单又实用的技术分析方法，但是在划线的时候要注意几点：

第一，划趋势线的时候要把所有价格包含在内，也就是说划趋势线的时候要把线条落在上影线尖的最高价格和下影线的尖的最低价格上，只有这样才是客观的，因为学习技术分有个前提假设"股价包含一切信息"。如果把上下影线去掉，不画在趋势线里面，那就是不客观的。

第二，在划趋势线的时候要随时注意趋势的变化，一旦趋势发生变化，趋势线就要进行相应的修正，变换划线的角度。

第三，要分清楚当前股价运行在什么趋势当中，是在下降趋势、上升趋势，还是在高位横盘阶段、底部震荡阶段等，分析清楚这些因素，再去划趋势线，顺势而为。

第十章
如何避免坐过山车

说道顺势而为，大家听到的比较多，什么叫顺势？就是前面所说的股价处于哪个阶段用哪个阶段的交易策略。怎么分析趋势呢？教给大家一个划趋势线的方法。

大家打开个股K线图，从K线图中线找到波段高低点，然后开始划线。

上升趋势的定义：一个波段低点比前面一个波段低点高，一个波段高点比前一个波段高点高。这就是判断上升通道的要点。

上升趋势的划线方法是从相对底部开始一个波段的低点比前一个波段的低点高，从相对底部开始一个波段的高点比前一个波段的高点高。然后可以把趋势线的连线点放在每个波段的低点上，至少有两个或两个以上的点相连接，这样划出来的就是一个上升通道的下轨，也就是上升趋势中的支撑位。再从两个或两个以上的高点连线形成一条趋势线，这就是上升趋势中的上升通道的上轨，也就是上升趋势中的阻力位。

下跌趋势的定义：一个波段低点比前面一个波段低点低，一个波段高点比前一个波段高点低。这就是判断下降通道的要点。

下跌趋势的判断方法是：从相对顶部开始一个波段的低点比前一个波段的低点低，从相对顶部开始一个波段的高点比前一个波段的高点低。然后可以把趋势线的连线点放在每个波段的低点上，至少有两个或两个以上的点相连接，这样划出来的就是一个下降通道的下轨，也就是下跌趋势中的支撑位。再从两个或两个以上的高点连线形成一条趋势线，这就是下跌趋势中的下降通道的上轨，也就是上升趋势中的阻力位。下面用一个案例来分析如何画出下降通道和上升通道，请看下图10-13中所示：

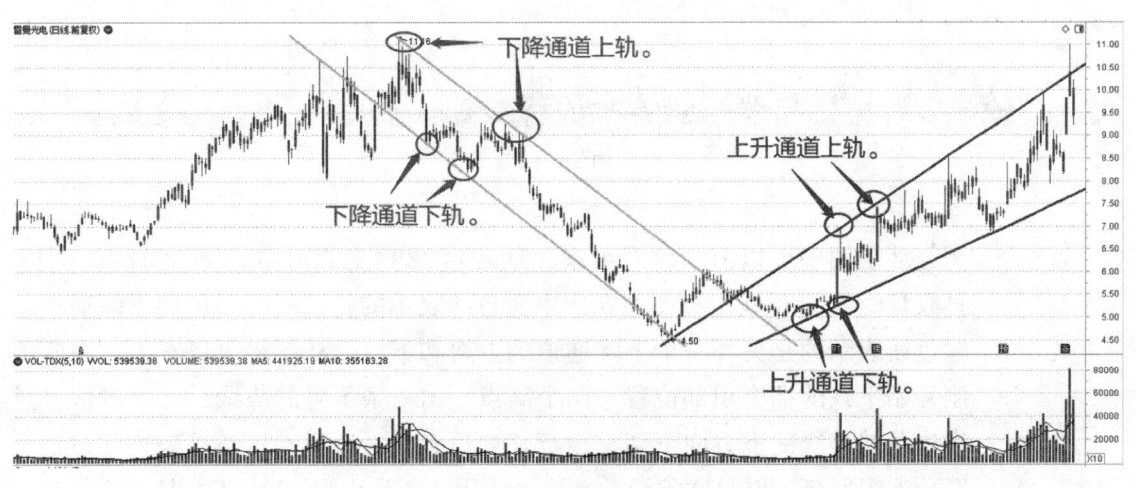

图 10-13

从上图中可以看出，划下降通道的上轨的时候，先找到两个次高点划出一条线，这条线就是下降通道的上轨；再找到两个次低点划出一条下降通道的下轨线，这样一个标准的下降通道就画好了。

画上升通道上轨的时候就找到两个上涨时候的次高点连成一条线，再找到两个上涨趋势里面两个次低点连一条线，这样一个典型的上升通道就画好了。

在制定交易策略的时候，必须先分析清楚，当下股价运行在什么趋势当中，这样才能客观制定相应的交易策略，否则会起到相反的作用，在高位横盘趋势和下跌趋势里多做倒波段先卖后买的交易，在底部震荡筑底趋势和在上升趋势当中要多做正向交易先买后卖，这就是顺势而为。

学会了以上的画趋势线的方法，再看下面 K 线图中的阻力位和支撑位就会清晰很多了。

（一）趋势线判断阻力位

先看一个趋势线判断阻力位的案例，如图 10-14 中所示：

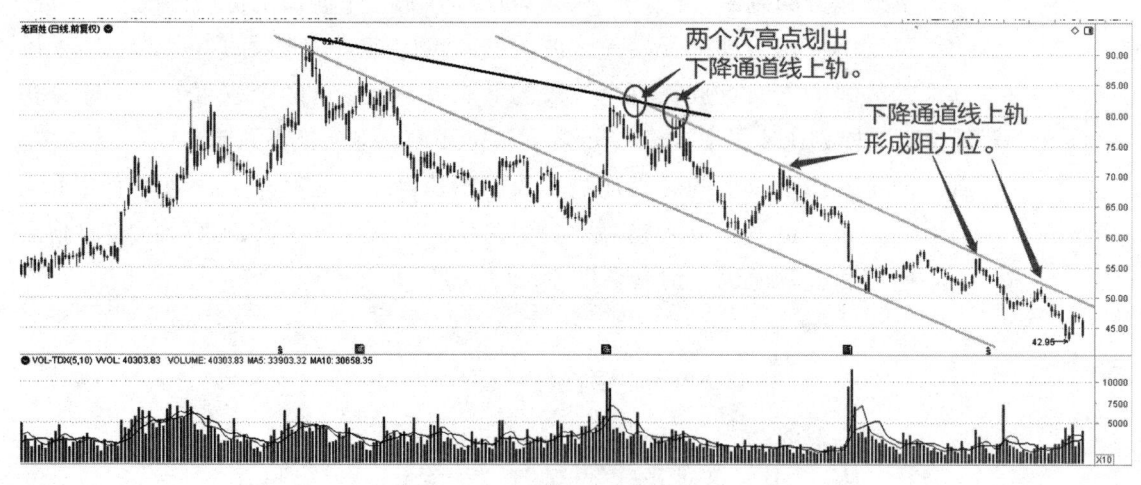

图 10-14

从上图中可以清晰地看出来，这是 603883 老百姓截止到 2021 年 8 月 6 日收盘时候的 K 线走势图，在图中蓝色线表示的是第一个角度的下降通道，绿色线表示的是另外一个下降通道的上轨和下轨。从图中可以看出，在股价刚开始下跌的那个顶部位置，两个高点划出一条下降趋势线，之后股价一直在这条趋势线的下方向下调整运行，之后有三次反弹到这条趋势线的位置，开始遇阻回落，说明这条线是有阻力作用的，截止到 2021 年 8 月 6 日收盘，股价还没有走出这个下降通道。所以在股价没有走出下降通道之前，这种股票是不能参与的，尤其是到了下降通道线上轨位置，对于短线来说不能随便追高买入。下降通道的下轨位置，在未来股价跌到这个位置的时候，也会有遇到支撑位止跌反弹的概率。

（二）趋势线判断支撑位

如何利用趋势线判断支撑位，请看图 10-15 中所示：

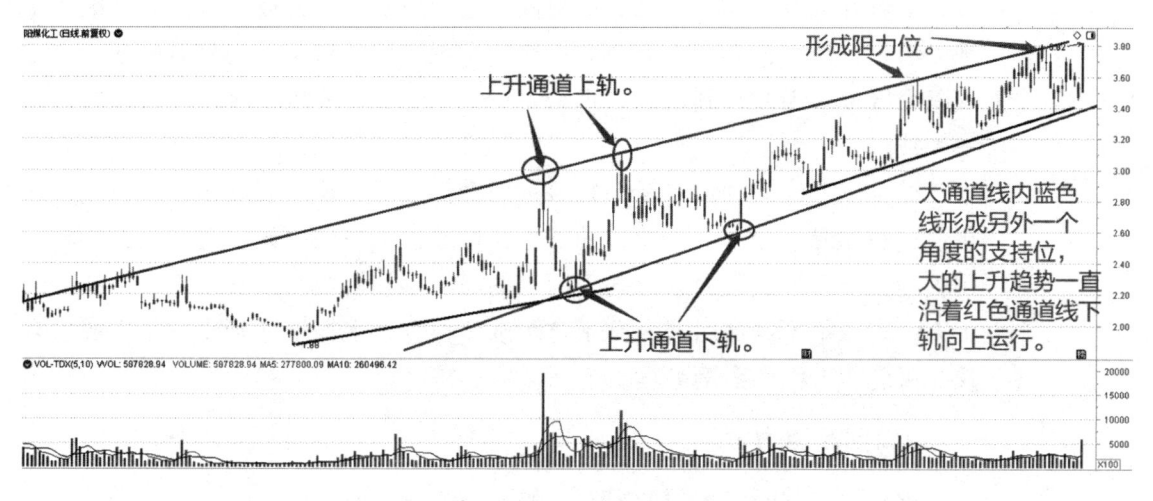

图 10-15

从上图中可以清晰地看出来，这是 600691 阳煤化工截止到 2021 年 8 月 6 日收盘时候的 K 线走势图，在图中可以看出，红色的两条上升通道线会形成阻力和支撑的作用，红色通道线内的另外上升小角度也会形成相应的阻力和支撑。所以在划通道线的时候，要随时关注上涨角度的变化，及时调整通道线的角度，这样才能把握准确的买卖点。

细节提示：在使用趋势线判断支撑位和阻力位的时候，一般会用下轨作为支撑参考，利用上轨作为阻力参考。

经过本节的学习，相信大家对趋势线的支撑位和阻力位应该有了一个重新的认识和了解，实战当中也会参考趋势线的支撑位和阻力位。大家可以找一些个股画一下趋势线，找找支撑位和阻力位。

四、缺口判断法

缺口这个技术分析大家也不陌生，经常会听到高开、低开、跳空这类的说法，其实说的就是股价开盘的时候高于上个交易日最高价开盘或者低于上个交易日最低价开盘就会形成缺口。

如果高于上一个交易日开盘，而后全天交易时间没能补上跳空缺口的空白区域，这个缺口就成为跳空高开的缺口；相反，如果股价低于上个交易日最低价开盘，全天走势未能把跳空低开空白价格区域补上，就成为跳空低开缺口。

缺口的形成和股票出现利好或者利空有关，或者参与这只个股的投资者多数都看好或者看空，在开盘的时候才会形成跳空高开或者低开。当缺口出现以后，行情往往会朝着某个方向快速发展，该缺口也成为日后较强的支撑或阻力区域。因此，利用缺口理论对行情大势进行研判是股票交易中常见的一种技术分析手段。

综合以上缺口理论来看，缺口一般会形成阻力位或者支撑位的作用，简单说，假如股价处于一个缺口的下方，在股价上涨的时候，遇到上方的缺口位置，大概会形成阻力，有遇阻回落的风险；如果当前股价处于一个缺口的上方，在股价下跌的时候，到了这个缺口位置，大概会遇到支撑位，股价有反弹可能。下面用案例继续讲解。

（一）缺口判断阻力位

先看缺口判断阻力位的案例，如图10-16中所示：

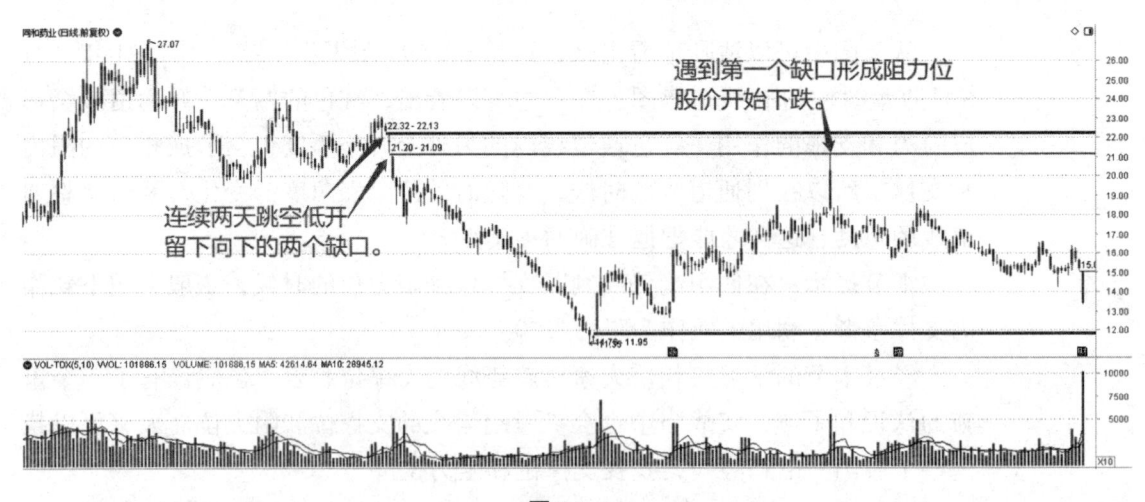

图 10-16

从图10-11中可以清晰地看出来，这是300636同和药业利截止到2021年8月6日收盘时候的K线走势图，这只个股在2020年10月26日和10月27日连续两个交易日都是跳空低开，留下两个向下的跳空缺口，这两个缺口就形成了阻力位，股价一直下跌，到了 2021 年 1 月 13 日止跌企稳后，股价开始反弹，一直到了 2021 年 4 月 26 日当天股价高开，最高点正好冲到 2020 年 10 月 27 日那天留下的跳空缺口位置，开始遇到阻力，股价开始下跌收出一根大阴线，之后股价再次走出下跌趋势。所以在实战当中，这种缺口位置的阻力位还是要参考的，尤其到了缺口附近，不要再去追高买入，而是可以适当减仓降低仓位，以防遇到缺口阻力股价再次下跌。

（二）缺口判断支撑位

缺口既可以当阻力位也可以当作支撑位，下面介绍缺口支撑案例，请看下图 10-17 中所示：

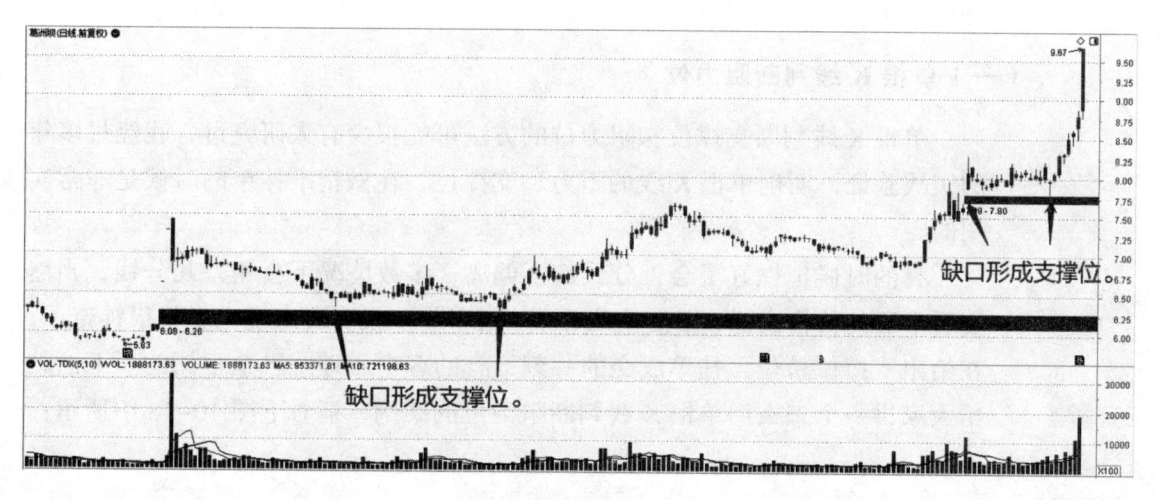

图 10-17

从上图中可以清晰地看出来，这是 600068 葛洲坝截止到 2021 年 8 月 6 日收盘时候的 K 线走势图，在图中可以看出，这只个股在 2020 年 10 月 28 日连续上涨的时候留下缺口，之后股价回调了一波，截止到 2020 年 12 月 7 日回调补掉一部分缺口，当天收出一根十字星，股价开始反弹，说明留下的这部分缺口形成了较强支撑位。

股价反弹以后，再次回调，到了 2021 年 2 月 4 日股价再次回调到这个缺口附近，形成第二次支撑，股价开启了一波上涨行情。到了 2021 年 7 月 5 日，开盘价再次高开，留下一个跳空向上的缺口，之后股价一直在这个缺口上方运行，到了 2021 年 7 月 28 日当天，股价向下调整补了一部分缺口，收出一根十字星，开始止跌企稳，说明这个缺口又形成有效支撑，股价便开始加速上行，截止到 2021 年 8 月 6 日收盘，股价涨停大阳线，依然处于上涨趋势当中。

由以上案例可以看出，缺口对于股价的支撑和阻力位不容小视，虽然多数情况下普通投资者分不清楚什么是突破性缺口、什么是持续性缺口等，其实用简单的方法看就可以，不用太过纠结。

在实战当中，我也会根据缺口进行参考，制定卖出或者买入交易策略。

五、单根K线判断法

单根K线对于做短线或者T+来说是简单有效的一种方法，也是我在实战当中经常用到的一种技术分析方法。经过多年的实战验证我认为，理论上做分时T+0的时候用的多一些。但是对于短线来说也是相对简单的一种技术分析方法。

（一）单根K线判断阻力位

单根K线判断支撑位和阻力位的方法可能很少有人研究过，我经过多年的实战验证，明确单根K线的阻力和支撑位，在做精准挂单的时候是非常实用的。

有的时候把握好了会1分钱都不偏离，多数情况下会相差几分钱，当然要看个股的价格高低，即使差几分钱，对于一般投资者来说也觉得很神奇了。在给出支撑位价位，挂单成交的一刻，有的客户心理感触是很深的。下面就给大家讲一个怎么用单根K线判断阻力位的案例，请看下图10-18中所示：

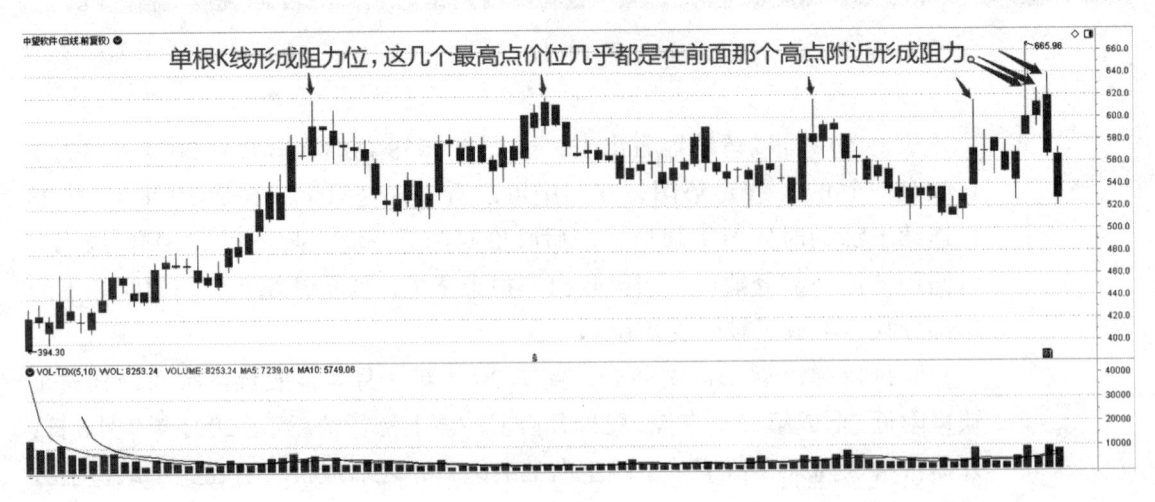

图10-18

从上图中可以清晰地看出来，这是688083中望软件截止到2021年8月

6日收盘时候的K线走势图，在图中可以看出，这只个股在2021年4月26日出现一根滞涨的阳线，这根阳线是带着长上影线的，这根K线最高价的位置，代表是有空头狙击过的，所以在之后高位横盘期间，有过几次股价冲到4月26日最高点位置就开始遇到短线阻力，在2021年8月3日、4日、5日这三个交易日虽然股价也有冲过4月26日的最高点价位，但还是被空头狙击回来，短线再次回调。这就是单根K线带来的阻力位，以后出现类似情况的时候，也是需要谨慎对待的。

（二）单根K线判断支撑位

继续讲解单根K线的支撑位，请看下图10-19中所示：

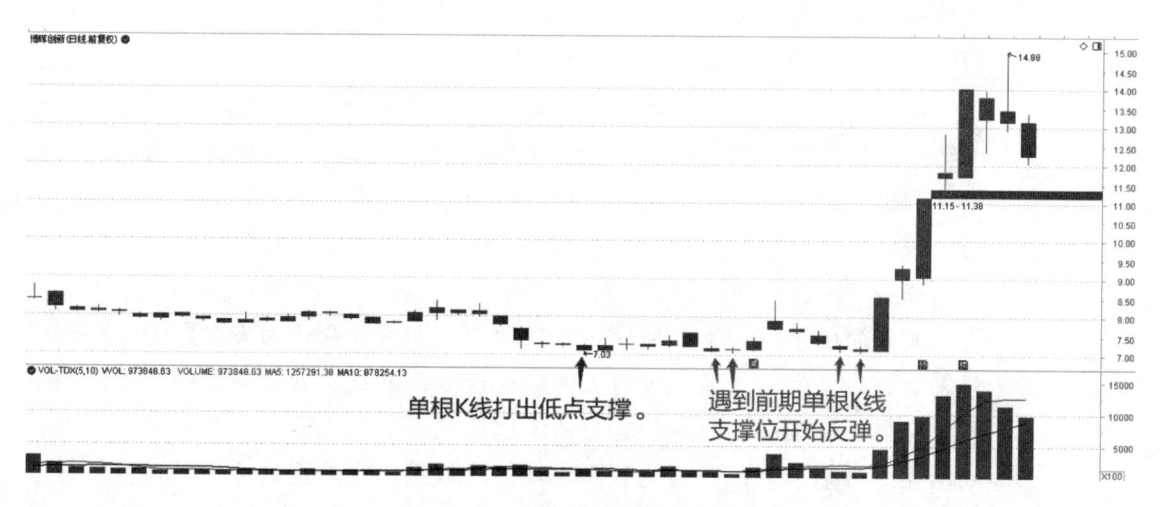

图 10-19

从上图中可以清晰地看出来，这是300318博晖创新截止到2021年8月6日收盘时候的K线走势图，在图中可以看出，这只个股在2021年7月8日最低价调整到7.03元以后，开始止跌企稳；在2021年7月19日和7月27日这两个交易日，最低点一个是7.05元，一个是7.06元，股价都得到了支撑，股价开始走了一波主升浪。

我在小班课中有一个重要的知识点会普及：一定要关注波段高低点转折点那根K线的最高点价格和最低点价格，这根转折的K线是最有参考意义的。

通过以上几个案例可以看出，单个K线对于支撑位和阻力位来说也是可以参考的。单根K线分析支撑位和阻力位，属于微观层面，而像趋势线和缺口等属于宏观战略层面，这是有区别的。

单根K线适合参考较为精准的阻力位和支撑位挂单操作，因为这些位置在盘中一般都是瞬间即逝的，盘中跟踪很难买到或者卖出最高点的价格、最低点的价格，而只有挂单才会有机会成交。

六、布林轨道线判断法

BOLL 布林轨道线指标也是股票市场最实用的技术分析参考指标。具体 BOLL 布林轨道线的介绍在网上有很多相关介绍，在这里就不多做介绍，简单地讲一下大概如何使用。

BOLL 布林线有三条线，经常成为上轨、中轨和下轨。布林线通常有四种状态，开口（三线分开，上轨向上运行，下轨向下运行）、收口（上轨和下轨同时向中轨靠拢）、三轨同方向运行（上轨、下轨和中轨向一个方向运行）、三线走平（三条轨道线走平）四种状态。

布林线三条线开口状态，预示着股价大幅波动开始，股价将突破下轨或上轨；收口状态，预示着股价进入调整尾声，股价在高位要谨防变盘向下调整，股价在底部区域预示着股价将大概率上涨；走平预示着多空双方处于僵持阶段，也就是横盘阶段；三轨同方向运行，表示股价将朝着一个方向运行（上涨或下跌）。

大家简单了解一下如何使用布林轨道线即可。我认为不要再去纠结到底是怎么算出来的，因为很少有人能研究透彻，就跟拿着枪射击一样的道理一样，您只要枪法准确，就没必要纠结这枪到底是怎么研究制造出来的。把时间用在练习瞄准上，就会达到事半功倍的效果。当然这是个人的建议，我也不反对大家去研究透彻任何的技术指标，那样效果会更好，但对于多数普通投资者来说我认为学会如何使用就可以了。

下面开始用案例来讲解如何用 BOLL 布林轨道线判断支撑位和阻力位，这种方法较为适合短线判断支撑位或者阻力位。

（一）布林轨道线判断阻力位

先来看一个关于布林轨道线阻力位的案例，如下图 10-20 中所示：

从图中可以清晰地看出来，这是 300006 莱美药业截止到 2021 年 8 月 6 日收盘时候的 K 线走势图，在图中可以看出，这只个股在 2020 年 9 月至 2021 年 7 月横盘期间，多次遇到布林轨道线的上轨阻力位后，股价便开始调整。直到 2021 年 8 月 2 日当天收盘有效突破了布林轨道线的上轨以后，股价才出现加速上涨的趋势。实战当中，当股价在高位和处于下跌通道的时候，多找布林轨道线上轨和中轨作为阻力位来参考，这样成功率会高一些。

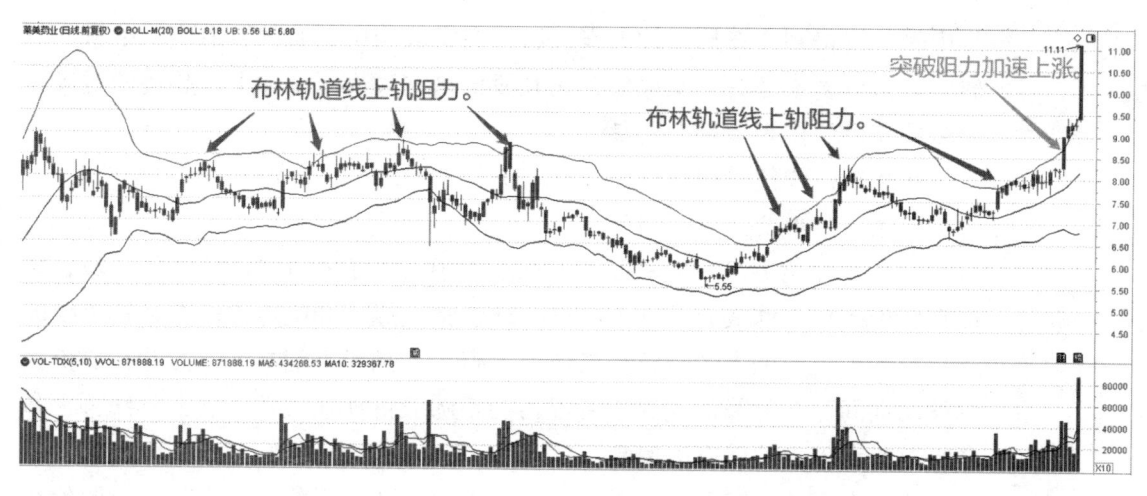

图 10-20

（二）布林轨道判断支撑位

接下来在讲一下关于布林轨道线支撑位的案例，如图 10-21 中所示：

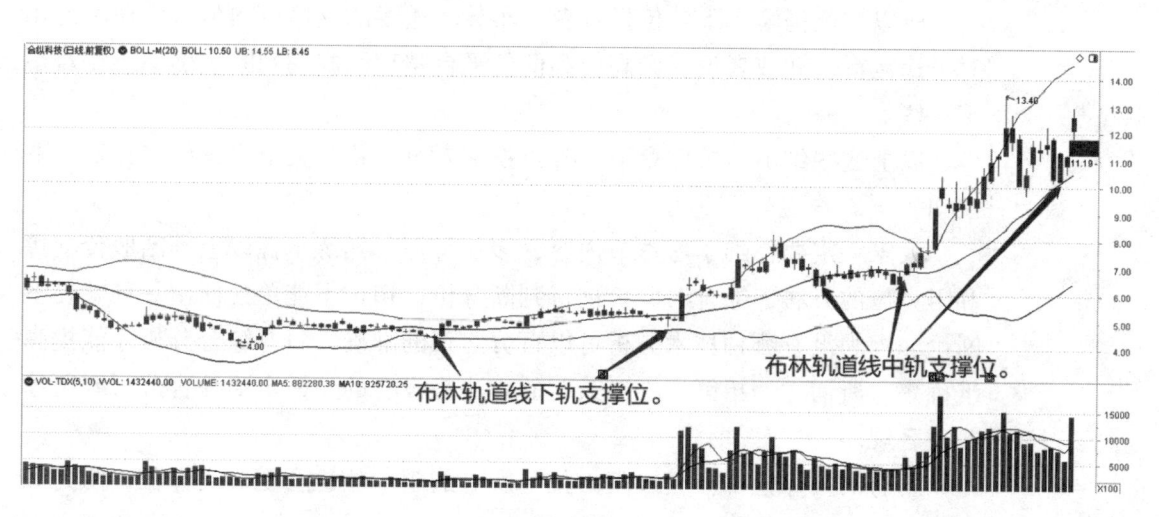

图 10-21

从图中可以清晰地看出来，这是 300477 合众科技截止到 2021 年 8 月 6 日收盘时候的 K 线走势图，在图中可以看出，这只个股在 2021 年 3 月 24 日至 2021 年 5 月 17 日两次遇到布林轨道线下轨得到支撑股价开始反弹。

在 2021 年 6 月 16 日至 7 月 6 日期间，多次遇到布林轨道线中轨得到支撑，股价开始上涨，在 8 月 5 日短线调整的时候，最低点再次到了布林轨道线中轨位置得到支撑后继续上涨。所以在实战当中，布林轨道线的中轨和下轨位置可以多参考一下支撑位，尤其股价是在底部区域和上升趋势的时候，要多看支撑位作为买卖点来参考。

布林轨道线使用注意事项：对于布林轨道线参考支撑位和阻力位的时候，提示大家一个需要注意的细节。

由于布林轨道线在上涨或者下跌过程中，处于股价波动较大的区域，所以在股价大幅上涨或者下跌的时候，建议把支撑位和阻力位的布林轨道线的支撑位和阻力位的参考权重稍微放低一点，不是说不能参考，而是在股价大幅波动期间，布林线的支撑或者阻力会跟随股价加速波动，这个时候再去参考支撑或者阻力位就有失偏颇。

股价在上涨阶段可以着重参考三条轨道线的支撑位准确率高点，股价在下跌阶段可以着重参考三条轨道线的阻力位准确率稍微高点，横盘整理期间，阻力位和支撑位准确率相对都客观一些。

布林轨道线在具体参考的时候，上轨参考阻力位多一些，下轨参考支撑位多一些，而中轨会时常在支撑位和阻力位两个角色当中来回转换。

所以在此提醒一下各位投资者，布林轨道线的支撑位和阻力位在股价相对平稳运行期间或者说在做高位和低位平台整理区间的判断准确率会相对稳定一些。

以上这些细节需要注意下，各位投资者可以找相关个股案例多分析一下便知。

大家一定要仔细学习本节内容，多加练习，熟练掌握以上判断股价支撑和阻力位的方法，综合对股价进行判断分析，切记不能单独使用一种就妄下断论，因为没有哪种技术分析可以百分之百的准确，只有综合分析才能提高准确率，所谓"一招鲜，吃遍天"的方法是没有的，一定要综合分析判断才相对客观。

所有的支撑位都会变成阻力位，所有的阻力位也会变成支撑位，阻力和支撑是可以变换角色的。

在股价没有突破阻力位之前，这个阻力位就是阻力位，一旦股价突破这个阻力位，这个阻力位就会变成支撑位了。

同理，一个支撑位没有跌破之前是个支撑位，一旦股价跌破这个支撑位，那这个支撑位就会变成阻力位了。虽然有点绕口，但是必须要搞清楚这个道理。在股价突破阻力位以后，股价回踩确认之前的阻力变成支撑位的有效性以后，就可以加仓买入；在股价跌破支撑位以后，股价反弹至之前的支撑位现在的阻力位位置的时候，是要考虑卖出或减仓手中的股票的。

建议各位投资者把下边这首打油诗记住，以后在操作交易的时候以便给您一个参考。

> 阻力变支撑，
> 加仓往上攻。
> 支撑变阻力，
> 反弹要放弃。

强化训练

1. 根据本章学习到的内容，找一只历史高位出现做顶部特征的股票跟踪半年以上。

2. 根据本章学习到的内容，找一只历史底部区域、业绩没问题的个股，进行一年以上的跟踪学习。

3. 根据本章学习到的内容，把自己账户里所有持有的股票，使用缺口理论、均线理论、趋势线理论、波段高低点理论、单根K线理论、布林轨道线理论进行阻力位和支撑位的判断，进行强化训练。

第十一章　散户投资者如何控制风险

　　每位股民朋友在开户的时候，都会看到这样一句话："股市有风险，投资需谨慎。"这其实就是在告诉投资者应该把风险放在第一位，不能总想着投资股票会赚钱，却忽略了可能出现的亏损风险，保住本金永远是最重要的。股市有风险，散户投资者如何才能避免风险呢？

　　善用兵者不虑胜先虑败，只有这样才会时刻谨记风险，而不会盲目过度自信造成不可挽回的损失。

　　本章部分内容在前面章节中讲到过，此章中出现为强化训练。

第一节
不能参与的股票类型

在我从业 20 多年以来见过太多投资者，多数都是亏损的，没见过多少真正长期盈利的账户，所以我也一直用另外一个角度来分析股市。经过多年的实战验证，总结出来那些亏损的账户，尤其是大幅亏损的账户为什么会亏损那么多。大概有以下几种类型，我把它们归为黑五类：

第一类，ST 的股票不要碰。ST 股票意即"特别处理"。该政策针对的对象是出现财务状况或其他状况异常的。1998 年 4 月 22 日，沪深交易所宣布，将对财务状况或其他状况出现异常的上市公司股票交易进行特别处理（Special Treatment），由于"特别处理"，在简称前冠以"ST"，因此这类股票称为 ST 股。

如果哪只股票的名字前加上"ST"，就是给市场一个警示，该股票存在投资风险，起一个警告作用，但这种股票风险大收益也大，如果加上"*ST"，那么就表示该股票有退市风险，希望警惕的意思，具体就是在 4 月左右，公司向证监会提交财务报表，连续三年亏损的，就有退市的风险。

ST 股票的分类有：

*ST——公司经营连续三年亏损，退市预警。

ST——公司经营连续两年亏损，特别处理。

S*ST——公司经营连续三年亏损，退市预警 + 还没有完成股改。

SST——公司经营连续两年亏损，特别处理 + 还没有完成股改。

ST 股票的炒家，有些人知道自己持有的股票一旦公布亏损年报就要暂停上市，有些人则不知道。对于知道其中风险仍要进行投资的人，由于他们已经做好了足够的思想准备，暂停上市的风险并不严重；但是对于并不知道还有暂停上市这回事的初级投资者来说，一旦满仓搁浅，绝不是个好玩的事情。

所以说，对于很多新投资者来讲，ST 股的连续三年亏损杀伤力极大，由于中国的 ST 股票往往不会在退市前股价疯狂下跌，所以很多投资者并不晓得自己持有的股票还会退市。加上绝大多数投资者都采用远程交易系统，股民与股民之间的交流很难，那么投资者就更应该注意 ST 股票的暂停上市风险。

事实上，交易所完全有必要对全部交易账户进行风险提示，要求投资者只有在签署风险揭示书后方能进行 ST 类股票的交易，以防突如其来的风险降临，这是对新股民的一种保护。

有些准备拿出部分资金与 ST 股票共存亡的投资者，则可以寻找自己心仪的公司进行风险性买入。即拿出一部分可以视为放弃的资金，去买入几乎可以肯定会暂停上市的 ST 股票，长期持有，等待其重组后的王者归来。对于这样的投资者，一定要注意投入资金比例不可过高，否则投资风险将过于集中，有可能会给自己带来灭顶之灾。

在 2021 年有退出退市新规，具体内容如下。

第一，新增市值退市，连续 20 个交易日总市值均低于人民币 3 亿元将被市值退市。

第二，面值退市标准明确为"1 元退市"，并设置了过渡期安排：触及面退的个股，"低面"时间从新规之前开始的，按照原规则进入退市整理期交易。

第三，取消单一净利润和营收指标的退市指标。新规下扣非前/后净利润孰低者为负且营收低于 1 亿元，将被戴上 *ST；连续两年扣非前/后净利润孰低者为负且营收低于 1 亿元，将被终止上市；退市风险警示股票被出具非标审计报告的，触及终止上市标准。

第四，新增重大违法财务造假指标：连续两年财务造假，营收、净利润、利润、资产负债表虚假记载金额总额达 5 亿元以上，且超过相应科目两年合计总额的 50%。重大违法类退市连续停牌时点从收到行政处罚事先告知书或法院判决之日，延后到收到行政处罚决定书或法院判决生效之日。

第五，新增规范类指标，信息披露、规范运作存在重大缺陷且拒不改正和半数以上董事对于半年报或年报不保真两类情形。出现上述情形，且公司停牌两个月内仍未改正，实施退市风险警示，再有两个月未改正，终止上市。

第六，取消暂停上市和恢复上市，明确连续两年触及财务类指标即终止上市。公司股票终止上市的，可转债同步终止上市。

第七，交易类退市不设退市整理期。其余类型退市整理期首日不设涨跌幅限制，退市整理期从 30 个交易日缩减至 15 个交易日。

第八，关于重大违法强制退市，在新规前已收到行政处罚事先告知书或决定书且可能触及重大违法强制退市的，适用原规则；新规施行后收到相关告知书的，以 2015～2020 年财务数据按照原规则标准判断其是否触及重大违法强制退市情形，2020 年及以后年度财务数据按照新规标准判断其是否触及重大违法强制退市情形。

第九，深市设立风险警示板，具体实施时间另行通知。风险警示股票和退市整理股票进入风险警示板交易，设置交易量上限，每日累计买入单只股票不得超过50万股。普通投资者首次买入该板股票，需签风险揭示书。参与退市整理股票，需满足"50万元资产+两年投资经验"的门槛。

以上是关于有退市风险的个股条件，以前有炒作ST主要是炒作"壳概念"，但是随着全面注册制即将退出，炒作"壳概念"已经不好使了，乌鸡变凤凰的事情也会越来越少，一旦炒作被套不及时止损，将会带来严重亏损。

有些人会去炒作那些能有机会摘帽的股票，但是很少有散户能分析出来哪些会真正摘帽，所以也就没必要去火中取栗了。这些年我见过太多的散户账户持有的ST处于亏损严重的状态。

鉴于以上原因，属于有退市风险的这些股票就不要随便去进入了。

第二类，近三年有过大幅上涨讲过故事题材的不要碰。前面我们讲过，股市就是故事，没有股市就没有主升浪。我们在股市投资的时候，先要明白一个道理：每只个股都会有自己的生命周期，一旦一个生命周期结束了，大概率会需要3～5年时间来重新酝酿。

在公开课当中我们实战跟踪过很多案例，从做完顶部开始一直跟踪，告诫大家三五年内不要碰这些类型的个股。

比如：600776东方通信从2019年3月公开课就多次提示这类个股见顶了，在下跌途中多次提醒，这类的个股三五年内没有值得关注的价值，如下图11-1中所示：

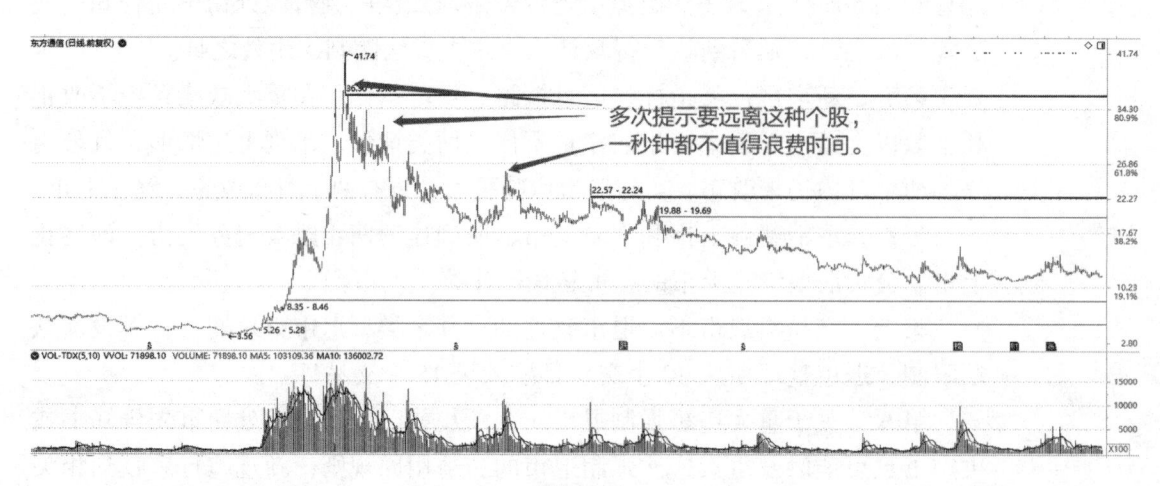

图 11-1

从图中可以看出，这只个股当时讲的故事题材是 5G 概念，上市公司多次发布公告说公司的 5G 业务收入并不多，但是市场热情就是不散，一个劲儿地往上拉升，直到拉出大五浪以后，上市公司发布公告：大股东减持的消息。这个时候开始真正见顶，股价从此开始新的一轮生命周期的轮回。被套在山尖上的散户不计其数，每次做节目还有人问："被套了怎么办？"这种套在山尖上的投资者有两种类型，一种是真不知道什么叫高位；另外一种是明明知道是高位，就想吃最后一个涨停板。但是连主升浪都看不出来的交易者就不要再交易股票了，先停手，一定要好好学习，知道了什么叫主升浪了，再选股交易，这也是最稳妥的。

继续看下个案例，如图 11-2 中所示：

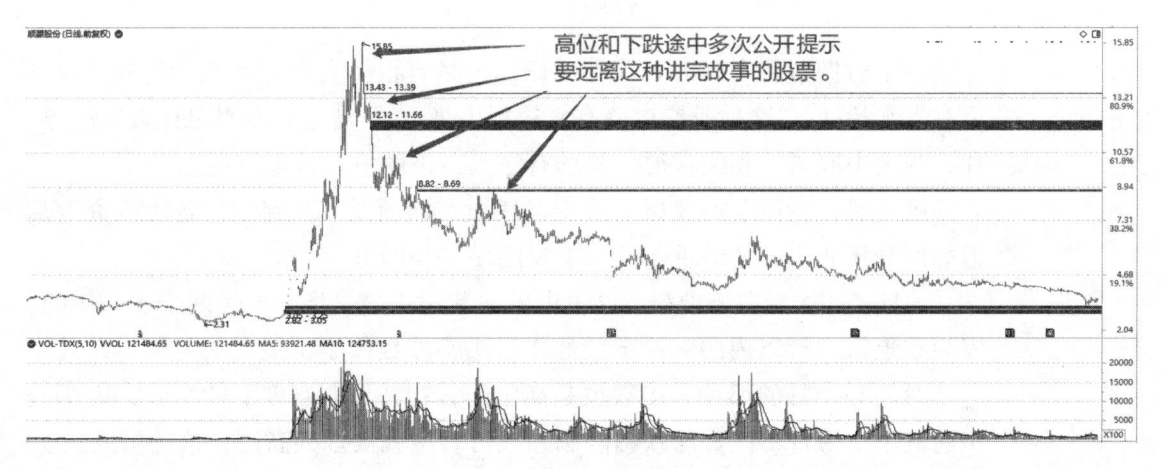

图 11-2

从上图中可以看出，02565 顺灏股份当时在 2019 年年初炒作的是工业大麻的概念，成为当时的龙头，从 2019 年 4 月初开始做出双顶形态，我在公开课中多次提示这类个股三五年内没有值得关注的价值了，劝诫很多听课的学员不要随便参与这种类型，截止到 2021 年 8 月 10 日星期二，这只个股从最高价 15.85 元跌到了最低价 3.25 元，几乎就是我经常说的从哪里来回到哪里去了。

继续看下个案例，如图 11-3 中所示：

从图中可以看出，这是 600211 西藏药业走势图，公开课也多次讲到这只个股就是反面教材，三五年内没有值得关注的价值。因为题材故事讲完了，主力也出完货了，怎么可能短期再去拉升解套那些站岗的人呢？

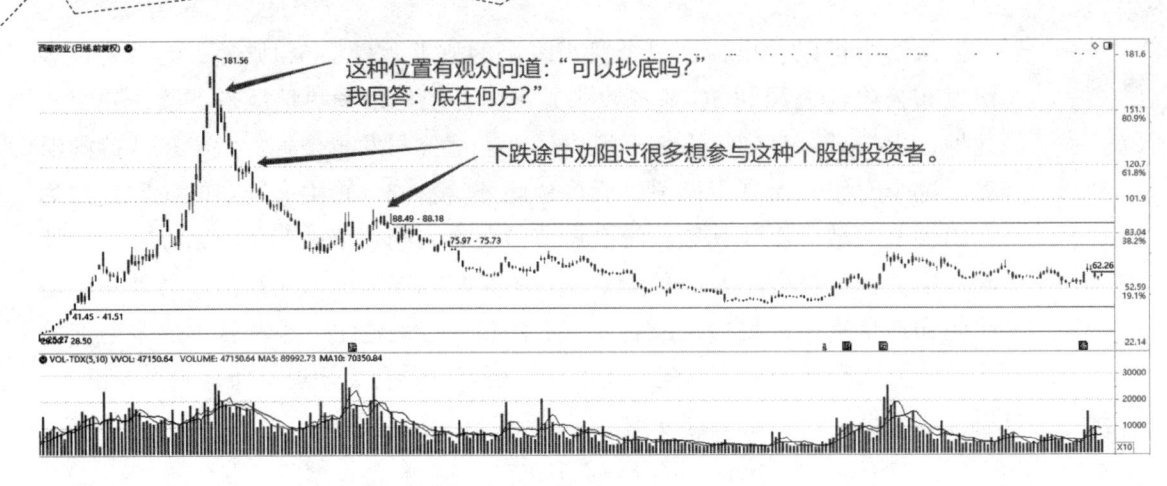

图 11-3

在平时做节目和讲公开课的时候，还是有很多人想去抄底这类的个股，也有人在抬杠："这种股票也会有涨停板出来。"但是他们不明白什么叫趋势，什么叫火中取栗。我经常说：只劝有缘人，说的就是这个道理。

第三类，老庄股不要碰。关于老庄股在前面章节写到过，各位投资者知道如何分辨老庄股是最重要的，不要随便参与即可。

第四类，次新股不要碰。这里说的次新股一般是指上市时间少于一年的，因为在上市一年以内的一些个股炒作过头，多数属于价值高估阶段。尤其是上市时间几个月的那种，多数也是高位的，在注册制制度下的个股，由于上市前五个交易日不设置涨跌幅限制，股价直接就被炒到高位，这种更危险。

次新股想要参与，也必须要找那些已经炒作完毕，处于大底部横盘一段时间以后，有新的资金参与进来了，再去介入，而且也要参考大横盘底部去参与，这样也好设置止损价位。

一般情况我是不建议参与次新股的，因为我见过当时炒作次新股的所谓高手，当时一段时期还是非常厉害的，但是在 2019 年以后惨败，一生名誉尽悔。

第五类，有"黑天鹅"事件的股票不要碰。这里说的"黑天鹅"事件，一般是指四种：

第一种是财务造假。

第二种是公司生产的产品出现严重的公共安全事件。

第三种是由于政策等的原因造成某个行业或者上市公司出现主营业务不能延续而带来的风险。

第四种是其他突发的重特大事件造成上市公司不能再持续经营的情况。

乐视网、康美药业、康得新、长生生物等，都是曾经的"大白马"，出现"黑天鹅"事件以后都是退市的结局。

只要有"黑天鹅"事件出现，即使没有被 ST 警示，也不要随便参与。

我经常讲一句话：只赚自己看得懂的钱，看不懂的不要去赚。如果您得到了不该得到的得到，您一定会失去不该失去的失去。股市如人生，人生当中也是这个道理。

第二节
仓位管理的重要性

这里讲的仓位管理和前面章节讲的有些区别，大家不要搞混了。再详细介绍以下两方面：

一、总仓位的管理

对于成功者来说，仓位管理是第一位的，在股市投资的过程中，会遇到许多种不确定性，但我们制定一些应对策略就能化险为夷，但是在实际操作当中仓位到底该如何管理呢？

（一）仓位是什么

如果您有 10 万元总资金，全买了股票，就是满仓；买了 8 万元股票，就是 8 成仓位；买了 5 万元的股票，这就是半仓……

在投资的过程中，要根据市场的变化来控制自己的仓位，使自己的损失最小化，利益最大化，这是一个非常重要的环节，如果控制不好仓位会陷入一个很被动，甚至进退两难的境地。

比如说，市场处于一个震荡市中，就千万不要随便重仓操作，因为市场随时面临下跌的风险，此时处于一个半仓的状态是较为理想的选择，一旦市场出现大跌的状态，就会发现自己手中所持有的股票会跌到一个很低的价位，此时可继续买入降低持股成本，待其上涨之时，再把加仓的部分卖出，赚取其中的差价。

股票投资就是一个买进—持股—卖出的过程，而持股就是仓位。仓位的变化有机会也有风险，所以如何才能控制合理仓位呢？有以下几点可以参考：

（1）整体市场处于上行趋势当中，可以适当重仓7成到8成。

（2）震荡市当中仓位定在5成较为合理。

（3）市场弱势的时候，仓位尽量不要超过2成就可以了，甚至是空仓。

很多股民问："什么时候可以满仓呢？"在我看来在什么行情中都不能满仓，因为您没办法知道您买的股票一定100%会上涨，一旦买错了，后期还有钱进行补仓。在《8561股票解套实战技术》当中讲过一个账户能解套的概率，假如一个账户还有20%资金可以用于解套，理论上解套的概率都应该在80%以上。

关于满仓的风险，之前有过介绍，在这里不再多讲了，大家只要知道一点：满仓可以多赚钱，可以使资金利用最大化，但是也要谨记，一旦满仓，亏损也会是非常快的。

（二）仓位控制的标准

总结为如下三种。

第一种，海陆空立体交易战法仓位管理方法。

就是根据可操作资金，把资金分成几等份，进行定投式的买入，来达到控制仓位的目的。这种仓位管理法，要求每次初始进场的资金量占总资金的比例都是固定的，如果行情按相反反向发展，以后逐步加仓，降低成本，加仓都遵循这个固定比例对风险进行平均分摊，平均化管理。在持仓可以控制，后市方向和判断一致的情况下，会获得丰厚的收益。

第二种，金字塔式建仓方法。

所谓金字塔分配法，也就是将想要买一只个股的资金分为若干份，比如分成了5份不等份，每份比例为：10%、15%、20%、25%、30%的资金，具体仓位分配如下。

先建仓底仓10%资金，然后在下一个支撑位或者价值合理的位置加15%资金，再下一个支撑位或者价值合理的位置加20%资金，再下一个支撑位或者价值合理的位置加25%资金，再下一个支撑位或者价值合理的位置加30%资金。

这种资金分配的好处是，假如买了以后股价还下跌，但是您长期看好的股票，越跌买得越多，成本降低得就越快，这样股价只要一涨就很快会解套并赚钱。再次强调，前提是这只股票是战略看多的或者是价值投资类的个股才可以这样操作，否则越跌越买会越陷越深。加仓的原则：每笔加仓的间隔不能太近。

第三种，三角式仓位管理法。

这种仓位管理法，要求初始进场的资金量比较大，如果买完以后股价上涨了，在回调的时候加仓；假如买完了股价下跌了，就不再加仓了。上涨以后回调逐步加仓的时候，加仓比例越来越小，按照盈利情况进行仓位控制，上涨概率越高动用的仓位就越大，利用趋势的持续性来增加仓位。在趋势中，会获得很高的收益，风险率较低。

比如，把想买入一只个股的资金也分成5份不等份，每一份资金分别为30%、25%、20%、15%、10%，也就是第一笔底仓买入30%资金。上涨以后在回调到短线支撑位的时候加仓25%资金，股价继续上涨以后在回调到短线支撑位的时候加仓20%资金，股价继续上涨以后在回调到短线支撑位的时候加仓15%资金，股价继续上涨以后在回调到短线支撑位的时候加仓10%资金。全部买完以后就等着大级别卖点出现获利了结即可，加仓的原则同样也是每笔加仓的间隔不能太近。

以上三种仓位管理的方法各有利弊，个人认为海陆空立体交易战法更合理一些，对于技术要求比较低，平均分配仓位风险更能有效得到控制，不会因加仓回调而加重心理负担，先求稳再谋攻适合更多投资者的操作要求。

二、仓位个股配置的管理

第一，500万元以下的资金建议3~5只足以。

第二，同一个板块不能买两只以上的股票，只允许买一只。

第三，可以选择三个看好的行业板块或者概念板块的个股进行建仓。

第四，从市场指数角度来分析，可以沪市、创业板、科创板各一只。

第五，切记不能满仓一只个股，这样遇到"黑天鹅"的情况或者买错了位置，亏损的风险会很大。

我经常会听到有的股民说"看准了就满仓干"，这完全是赌性十足的表现，最后结果大概率都不理想。

所以大家从以上仓位管理的内容可以看出，假如没有合理的仓位管理方式，想在股市中长久获利也是很难的，所以各位股民朋友一定要学会合理控制仓位，这样才能在股市长久生存。

第三节
买入节奏的把控

在常年的实战当中,在和很多股民交流的时候,我经常会听到有人说:"一定要快进快出。"其实这句话本身没问题,这对于那些止盈止损做得非常到位,而且做短线执行力强的人没有问题,但是对于大多数普通散户来说,这句话是有问题的,因为很多散户投资者在买的时候可以很快,但是在卖出的时候会犹豫不决,不卖怕下跌,卖了怕还上涨,总是患得患失,舍不得卖出,最终失去最佳机会,本来盈利的股票可能会变成亏损。

我见过的有些高手,他们买卖都是非常坚决,这样就适合那句快进快出的话,但是普通投资者我建议还是不要这样做了,在买股票的时候可以慢半拍,冷静一下再去下单买入,而卖出的时候一定坚决,这样就会进入一个正确的模式中。

各位股民朋友想一想,每次买股票之前是不是总会觉得,现在不买这只股票马上就涨停了,明天会不会就走主升浪了,今天不买明天股市就关门了,诸如此类的着急买入的心态?但是每次买完了马上就能如愿吗?大多数情况都是买完了才发现错了,买完了才发现这个指标也不理想、那个指标也不好。所以以后再想买股票的时候,要等一等慢一点买入,或者分批按着合理仓位分配去建仓买入,这样就会降低很多因为冲动而买错的概率了。

鉴于以上分析,大家要记住慢进快出的原则,这样才能用客观的心理去看待短期的涨跌。机会是等出来的,风险是抢出来的。

> 每次都怕错过,每次都没错过,但是每次都是买错了,这应该是非常扎心的一句话。

第四节
止盈和止损的重要性

提到止损,相信有很多投资者并不陌生,也就是经常说的割肉,多数股民都割过肉止损过。很多投资大师都提到关于止损的重要性，但是在实际操作当中要想做到理性合理的止损并不容易。

我曾经见过一位投资者，本金15万元，每次都严格按着止损的逻辑去做，结果最后账户资金还剩余2万多元。第一章中提到的那位投资者从本金80万，做到了最多的时候240多万资金，赶上熊市来临，每天都严格止损交易，最后本金还剩25万，再也不敢止损了。

这些年我也一直在研究关于止损的问题，总结以后大概有以下几个原因。

第一，我在选股的时候就先想到亏损问题和主力成本区的问题，所以我一般按着不断修正后的"8561A股交易体系"选股，基本不会选择高位的股票，所以不追高就不怕被套。

第二，这些年我做解套指导做多了，也不怕被套，因为被套以后可以选择做解套交易策略。

第三，这些年见到的止损投资者多了，却没有几个真正盈利的，因此对止损有了不一样的理解。

当然我也不是说不提倡投资者止损，因为止损是交易成功的必要条件，那怎样才能正确对待止损问题呢？

一、什么情况下不建议止损

第一，深套不能止损。在股票投资当中，肯定会遇到买了就跌的情况，要想止损，就一定要注意，在股票被深度套牢时一定不要去止损，因为这样您可能会遭受实质性的损失。

2015年5178点下跌以来，经过几轮的惨烈杀跌，多数个股已经跌去了60%以上，多数投资者亏损在50%以上，这样的情况并不少见，在这种深度亏损的情况下还去割肉止损就有失偏颇不理性了，因为您一旦割肉出局，最后造成的是实质性的亏损，再想翻本是很难的事情了。

已经深度套牢的就不要轻易止损了，截止到2021年8月11日，很多个股的高点已经超过了2015年牛市高点的位置，尤其在当下这个行情中，目前很多股票已经出现企稳迹象，指数处于上升趋势当中，这个时候再去止损就得不偿失了。热点题材轮番上涨，只要还没讲过故事的，后期就有机会上涨。

深度套牢的股票只要不退市，账户就是浮亏，理论上牛市来了就有机会翻身，真要是割肉出局了就不好说了。所以只要上市公司没有"黑天鹅"事件，没有退市的风险，建议还是不要随意大幅止损。

第二，主力建仓成本区的股票，在洗盘期间不建议止损。股票市场中，经常会遇到主力洗盘的情况，这时候建议不要轻易止损。

如果您持有的股票被套牢，符合前面章节中提到的主力建仓成本区的个股形态的股票就不要轻易止损了，主力建仓洗盘完毕后大概率都会拉升，否则主力不挣钱一般也不会出货。这就是为什么我在选股的时候先看主力成本区的原因，选择股票只要是在主力成本区的就不怕买错被套，因为即使向下洗盘挖坑，空间也相对有限。

所以股价处于主力建仓成本区的股票要谨慎对待止损问题，否则止损不当，刚止损股价就有可能起飞了，心态就会被折磨崩溃。在平时和股民交流的时候我也经常会听到："我不卖他不涨，我一卖他就涨，这就是主力诚心和我作对。"其实不是这样的，主要还是没有看清楚股价所处的位置。

第三，股价跌到历史低点区域的个股不建议止损。前面说到，从2015年股市下跌以来，截至2021年8月11日星期三，很多股票价格已经从新跌到了历史底部区域，甚至有的开始走出底部区域。很多股票甚至跌到了相当于大盘2000点的位置，这些股票从战略角度看已经具备了价值投机的区域，这个时候就不要轻易再止损出局了。假如您持有的股票深度被套并且股价已经跌倒了历史相对底部区域，这类个股建议就不要轻易止损了。

第四，股价已经低于每股净资产的个股建议不要轻易止损。从2015年以来，很多股票由于跌幅巨大，已经跌到了每股净资产以下，这类个股其实也具备了价值投资的区域，也不适合再去随便止损操作了。截止到2021年8月11日星期三，银行板块多数个股都已经跌到了每股净资产以下，理论上这些都不适合止损。

第五，价值投资类的个股不能随便止损。这是一个战略性的思维方式，比如在2021年之前那些"大白马"加速上涨见顶以后，都开始出现不同程度的下跌，但是站在5年和10年以上的角度，回看这些"大白马"股，每次卖出都是错的，每次买入都是对的。所以被套"大白马"属于价值投资类的个股是不能轻易止损的，但是前提尽量要做好择时，才能真正拿得住这些价值投资类的股票。

二、什么类型的个股必须止损

第一，经常操作短线的必须设置止损。喜欢追高买股票的必须要严格止损操作，因为这类投资者一般都是追涨杀跌式的操作，所以必须要提前设置好了止损位，否则就会造成短期内大幅亏损。

在这里强调一下：在做短线追高买的时候一定要提前分析好止损位，不能等追高买完了再去设置止损位，这样就来不及了。先把风险放在最前边，不能总想着买了就涨，不想着跌的后果，这样是会吃大亏的。

第二，股价从高位往下刚跌破重要支撑位的必须设置止损。关于什么是重要支撑位大家可以参考第三节的内容即可，有些个股您买的时候没有看清楚是处于什么位置，买入以后才发现是在高位，这个时候就要找到重要支撑位，一旦破掉就要及时止损出局，如图11-4中所示：

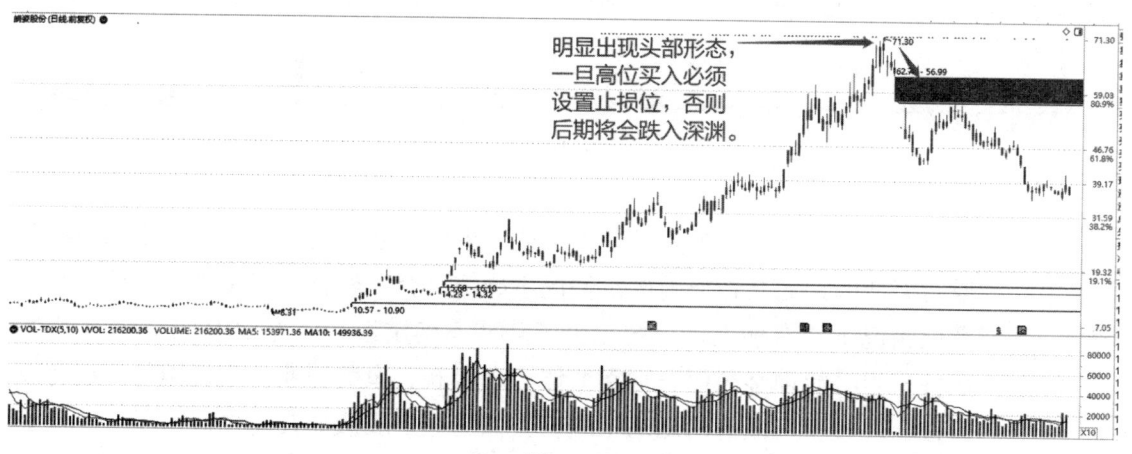

图 11-4

如上图中所示，这是002612朗姿股份截止到2021年8月11日星期三收盘时候的K线走势图，这只个股当时那波上涨是讲的医美概念，在股价涨到最高位以后，2021年6月5日公司发布公告，大股东要进行减持，这种高位减持就是真正的利空消息，这就是我前面讲过的，高位利空就是利空！之后股价便开始了下跌主跌浪。

所以像这类个股一旦破掉重要支撑位必须止损出局，一定不能抱有幻想，否则后患无穷。

第三，股价处于历史顶部区域的必须设置止损位。股价处于历史顶部区域的时候，随时都有可能进行回调，一旦追高买入不设置止损位，后期的跌幅就会很深，造成深度套牢，如图11-5中所示：

如图11-5中所示，案例个股是002645华宏科技截止到2021年8月11日星期三收盘时候的K线走势，这只个股目前处于历史高位区域，一旦见顶后开始下跌，下跌空间也是无法预计的，所以这类个股一旦追高买了必须要设置好了止损位，否则一旦高位往下杀跌，结局就是被深套。

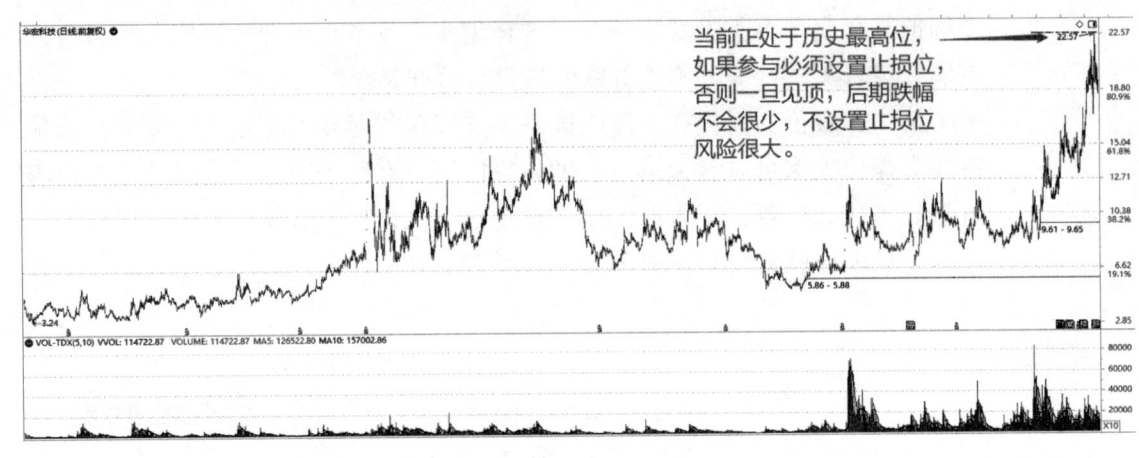

图中标注:当前正处于历史最高位,如果参与必须设置止损位,否则一旦见顶,后期跌幅不会很少,不设置止损位风险很大。

图 11-5

第四,股票出现突发的"黑天鹅"事件时必须及时止损。股市的情况是瞬息万变的,尤其在当前经济情况不确定,企业经营出现困难、监管不断趋严的情况下,有些上市公司也多了一些不确定性,比如 2018 年的长生生物事件,当时的神雾环保、神雾节能、康得新、康美药业、乐视网等,还有在高位出现大股东减持消息的个股,类似这些个股假如在高位买入了,一旦上涨趋势破坏了要及时止损。

因为这种类型的股票退市的可能性随时都有,假如不及时止损,最后的损失是无法预估的。

三、怎样合理设置止损位

第一,参考支撑位设置止损法。把支撑位作为买入股票的理由时,最好把支撑位下方 2%~3% 设置为止损位,一旦跌破就要止损出局观望,这样既能避免主力假跌破支撑位洗盘,又能合理止损。

第二,以买入股票价格计算止损法。如果您不知道什么是支撑位的时候,买了股票之后把亏损定为 3%~5% 较为合理,一旦亏损大于这个比例,建议先出局观望。

第三,最简单的 5 日均线止损方法。有一种最简单的止损方法,就是按着 5 日均线作为短线止损来操作,股价只要破掉 5 日均线,收盘前不能收回来,就先做止损出局,这样能把止损控制在最小范围内。

第四,单根 K 线止损法。还有一种最简单的止损方法,尤其对于做短线来说也是较为简单的设置止损位的方法,即投资者可以根据买入当天的单根

K线最低点来进行止损位的设置。

比如某只股票您买入当天K线的最低点价格是10元，投资者可以把止损位设置在低于10元2%~3%的位置，这样设置止损位既能防止主力诱空骗钱，又能及时止损减少损失。

四、为什么散户投资者做股票的时候很难做到及时止损

第一，是投资者心理作用（患得患失）。每个市场的参与者都是抱着盈利的态度进入股票市场的，每个人的本性也都是有贪念和幻想的。所以在股票出现亏损的时候，侥幸的心理开始作祟，某些投资者尽管也知道趋势上已经破位，还在患得患失，卖了怕涨上去，幻想着主力在洗盘，总是想再看一看、等一等，幻想着能涨回来，结果越跌越深，导致自己错过止损的大好时机。最后舍不得再割肉卖出，而严重套牢。

股票价格频繁的波动会让投资者犹豫不决，经常性错误的止损会给投资者留下挥之不去的记忆，从而动摇投资者下次止损的决心。

其实执行止损就是一件痛苦的事情，是一个血淋淋的过程，是对人性弱点的挑战和考验。

当股票价格到达止损位时，有的投资者错失方寸，患得患失，止损位置一改再改；有的投资者临时变卦，逆势加仓，企图孤注一掷，以挽回损失；有的投资者在亏损扩大之后，干脆采取破罐子破摔的策略，听之任之，最后无法挽回败局。

第二，交易制度的影响。当前我国股票市场的交易制度是T+1制度，也就是今天买完了当天卖不出去，第二个交易日才能卖出。这样一来假如当天买完了股票，股价就开始下跌，您设置好了止损位是买入价位的3%~5%，当天也许就到了，尤其是做短线的交易者更会经常遇到这种情况，有时当天已经低于止损位，第二天低开就远离止损位了，甚至距离股价10%以上都有可能，这个时候多数投资者就不再舍得割肉止损，最后造成了严重亏损。

第三，很多投资者有无知无畏的情绪。有一句话叫作"无知者无畏"。

我在2016年6月曾经接触过一位投资者，当时他的资金本金是20万元，见到我的时候告诉我他的账户里还剩余2万多元，这位投资者打开账户给我看，我一下就明白了。

当时他的账户里有18只股票，几乎每只股票平均亏损1万元左右，而且每只股票持股数量还剩余100股。原来当他买入一只股票亏损1万元左右就割肉卖出，手里剩余100股，连续两年多时间一直是这样操作。

我问他为什么这样操作呢？他说："我不懂，就是觉得亏钱了就卖出去，再买一只其他股票。"这是一件多么可怕的事情啊？大家仔细分析一下这位投资者的操作方法，他能挣到钱吗？

第四，和过去卖过的股票对比是否要止损。我在2021年8月10日和电视台一起去一个股民家里录节目，当时看到她账户里持有4只股票，都是被套的，我问她为什么不止损呢？她说，之前买过五矿发展，卖完了就涨了30%；也买过北方稀土，卖完了就翻倍了。所以这次她就选择不卖了，怎么跌也不卖也不止损。

所以她才会被套，因为她没理解一个逻辑：每只个股的状态和位置是不一样的，不能把所有股票拿过来一起对比，这没有可比性。

永远记住不要把以前的经历当成您不止损的理由。

五、止损的重要性

在股市投资当中，止损是必须学会和要做到的，在期货操作当中更是能生存的唯一法则，在期货市场当中假如您不设置止损，一旦方向做错了，可以让您一笔单子就对期货市场产生恐惧从而失去信心。

关于止损的重要性，专业人士常用鳄鱼法则来说明。鳄鱼法则的原意是：假定一只鳄鱼咬住您的脚，如果您用手去试图挣脱您的脚，鳄鱼便会同时咬住您的脚与手。您越挣扎，就被咬住得越多。所以，万一鳄鱼咬住您的脚，您唯一的机会就是牺牲一只脚。

在股市里，鳄鱼法则就是当您发现自己的交易背离了市场的方向，必须立即止损，不得有任何延误，不得存有任何侥幸心理。鳄鱼吃人听起来太残酷，但股市其实就是一个残酷的地方。

前面给大家算过一笔账：当您的本金从100万亏成了90万，亏损率是1÷10=10%；您要想从90万回到本金100万，需要的赢利率也只是10÷90=11.1%。如果您从100万亏成了75万元，亏损率是25%；您要想恢复的赢利率将需要33.3%。如果您从100万亏成了50万，亏损率是50%；您要想回到本金100万的赢利率将需要100%。在市场中，找一只下跌50%的个股不难，而要买一只上涨100%的并且能拿得住的股票，恐怕只能靠运气了。

一般来说，高手们总是在买进股票的时候就制定一个止损点，即当他买进股票后价格不涨反跌，跌到一定的幅度时，他就以低于买进的价格止损卖出，以避免价格继续下跌给自己造成更大的损失。

而大部分投资者尤其是新股民由于缺乏风险意识，一旦被套往往就短线变长线，造成愈套愈深、难以自拔的局面，有的甚至还逆势盲目加仓想摊平成本，后果更是不堪设想。

高手们由于及时止损，就可以化被动为主动，抓住下一个市场机会。但大多数投资者由于资金被套牢，不得不眼睁睁地看着一个个机会从眼前溜走。

俗话说得好：留得青山在，不怕没柴烧。止损的意义就是保证您能在市场中长久的生存，只要能够生存下去就有机会取得胜利。

所以止损对于投资股票市场和期货市场来说是非常重要的技能，必须要学会止损，理性合理地止损，舍得并且敢于止损才能在证券市场取得最后的胜利。

六、止盈的重要性

说完了止损，必须说止盈。在股市中，通常当股价上涨时，投资者一般都会想着等再涨一涨再卖，等到了心里价位了，又会出现开始的一幕，继续想着等再涨一涨再卖。这类投资者也是比较常见的，也许正在看此书的您也遇到过类似的情况。而当买了股票股价下跌时，又想着股价还能涨上去。前者是希望股价涨到最高点，把利润全部赚到手，总想着在股价达到最高价时才卖出，这种贪心的结果往往导致赚钱变亏钱。后者由于心存侥幸，不懂得少亏就是挣的道理，最终使得亏损无限扩大，形成巨额损失。总想买在最低点，总想卖在最高点，这是造成很多散户亏损的主要原因。

与被套后的无可奈何相比，很投资者获利后的不知所措甚至盲目乐观同样也是一个投资股市最致命的错误，由于市场规律就是涨涨跌跌，因此没有只涨不跌的股市，也没有只跌不涨的股市，一般大涨之后必有下跌，如不及时获利止盈出局，往往就会经历"坐过山车行情"享受上上下下的感觉。

人性的贪婪使得很多投资者舍不得卖出手中获利的股票。因此，如何在尽量多赚钱的情况下卖出股票以保住账户利润，自然也成为投资者股市投资当中的一个重要的获胜法则，而合理设置盈利将使这一难题迎刃而解。

既然止盈卖出如此重要，投资者在实际操作中应如何把握要领呢？"小亏＋大赚＝盈利"，为什么要定这样一个公式呢？道理很简单，因为投资者不可能百分之百买完就涨。因此，必须在买入股票前设置好止盈和止损位置，在选错股票时，必须防止股价下跌对既得利润和本金的侵蚀。

所以使用以上这个公式的时候，只要准确率在30%以上就可以轻松实现盈利，而30%的准确率对于很多投资者来说是可以达到的。然后在该原则下，设定每次赚钱时的最小获利率为10%，顺势得出每次的最大赔率不应超过3.3%，当亏损大于这一比例时，立刻止损卖出。

最后强调，必须将该方法与形态分析相结合，在市场趋于熊市尾声和牛市当中，成交量温和放大、市场热点不断切换的情况下才选股操作，以尽量减少出错的概率。

设置获利了结卖出的原则为：设置好了止盈位而不是跟着行情走。当选对个股出现上涨的时候在预定止盈价位果断获利了结，不受其他因素干扰。为什么要这样做呢？因为只有卖出止盈获得利润以后才是真正的盈利，否则不卖出股票，账户就是浮盈。

股市瞬息万变，前一秒还强势上涨，下一秒也许就来个闪崩。实际操作中，这种案例也经常遇到。

所谓"凡事预则立，不预则废"，在复杂多样的股市面前，投资者若想盈利，就要在每次决定交易前制定好投资计划，并严格按计划执行，防备可能发生的意外，学会止损和盈利无疑会帮助我们在股市中长期生存。

止盈的位置和阻力位是对等的，假如您在支撑位买入一只股票，止盈位就应该设置在下个重要的阻力位区间才合理。

强化训练

1. 根据本章所学内容找一只已经讲完题材故事的股票进行一年以上的跟踪学习；

2. 根据本章所学内容找一只老庄股类型的个股进行长期跟踪，看它后期是如何崩盘的；

3. 根据本章所学内容找一只次新股上市一个月以内的，跟踪后期是如何走的；

4. 根据本章所学内容找一只历史底部区域的股票，并且业绩没有问题的个股，进行跟踪一年以上的学习。

第十二章 如何才能在股市中长久盈利

第一节
散户投资股票亏损的原因

一、亏损原因及对策

知错就改，不要固执己见，只有这样，账户情况才会有好转。多年的研究让我总结出以下几点散户亏损主要原因，大家对照自己的投资习惯进行改正即可。

一是随意建仓买入股票。

正确的方法：先制定交易计划，在买股票之前要有计划，计划内容包括以下几个方面。

（1）根据自己的资金量要配置几只个股？

（2）我要买多少仓位的某只个股？

（3）买入理由是什么？

（4）做短线还是做长线？

（5）止盈位是多少？止损位是多少？

二是随意补仓。

正确的方法：找支撑位补仓。

三是过于追求短线暴利。

正确的方法：年化收益为基础（年化收益能达到20%以上就很厉害了）。

四是盲目操作。

正确的方法：执行交易计划（千里之行始于足下，执行力是成功的基础）。

五是追涨杀跌。

正确的方法：中线思路—短线操作；追跌杀涨—笑傲股场；战略定位、战术微调（激进型的投资者以左侧交易为主，保守型的投资者以右侧交易为主）。

六是频繁换手。

正确的方法：减少交易次数、减少换股频率（交易次数越多错误越多）。

七是持有股票只数过多。

正确的方法：合理安排仓位和个股数量，学会专一（熟悉每只参与的个股，和交朋友一样了解它）。

八是盲目听信消息。

正确的方法：根据个股位置分析消息真假。

九是永远满仓状态。

正确的方法：严格控制仓位，合理控制仓位。

以上就是我多年实战总结的部分，大家可以逐一进行对比，看看自己还有哪些方面需要改进，慢慢学习逐步改正自己以前不足的地方，才能在股市中长期生存。

二、顺势而为，永远不要预测股价

很多散户投资者学习技术分析，非常用心也舍得花时间，但是往往还是亏钱，其主要还是因为没有看清楚技术分析的本质是什么。很多学习技术分析的股民朋友都是在幻想或者在预测，而真正的技术分析的最高境界是先了解技术分析指标的使用方法，然后在某个技术指标出现买点信号和卖点信号时去执行，知道所有技术指标都是滞后的，最后找到适合自己的交易方法或者说指标组合。

所以各位读者朋友一定要做到：紧盯股价走势，学习各种技术分析以后，熟知哪个信号出来如何应对，而不是预测接下来会怎样。既然选择学习技术分析那就充分信任，不要半信半疑，甚至明明知道指标在走坏还幻想未来很美好，这样肯定会亏钱。

第二节
想要跑赢大多数散户投资者，必须做到以下两点

一、成功者有个共同的特点就是爱学习

活到老学到老，学无止境，一个不爱学习的人，想要成功也只能靠运气，但是靠运气赚来的钱都会亏回去。

股票交易有两大流派：技术派和价值投资派，这两种派别各有各的优势，也有不同的适应人群与应用场景，这两种都可以通过学习来掌握。

技术方面，要学会看K线形态、均线系统、成交量、换手率、MACD、KDJ、筹码分布、趋势线、布林轨道线等这些最基本的知识。

价值研究方面，要能理解政策解读、宏观经济、财政政策，要能理解企业利润、现金流、资产负债率存货、应收账款、预付账款、各种上市公司消息面等指标，从而判断企业的真实价值，以及对股价的潜在影响。

想要学会读懂这些知识并融会贯通是需要大量的时间积累，短时间不可能学会，任何行业想要有所成就，不在那个行业里面摸爬滚打三五年怎么会成功呢？更何况股市需要研究的行业是最全面的，所以更要求我们要不断学习新的知识来应对实际操作中的判断。

以上即使都学会了，也只是提高成功概率，并不能战无不胜。

2020年新冠肺炎疫情发生以后，巴菲特当时止损了持有的航空股，后来这些股票也又再次上涨，您能说巴菲特判断不准了吗？肯定是不客观的。我们学习的目的就是能提高成功概率，有这一个理由就足可以让我们去认真学习了。

根据多年和众多投资者交流，我发现绝大多数散户都不愿意学习，所以只要您肯学习，您大概率就能跑赢那些不爱学习的人。

二、学会构建自己的交易系统

前面章节中介绍过关于短线交易系统的构建方法，在这里再详细从另外角度强化一下其他知识点。

适合自己的才是最好的，我在讲课的时候经常说这句话，别人的交易系统未必适合您，再好的交易系统也不会适合所有投资者，这就是适用性的原理。所以要找到适合自己的交易系统逐步完善，为自己所用，才是相对客观的。

交易系统其实就是您的一系列股票交易计划，股市有句话大家经常听到："计划您的交易、交易您的计划。"能长期盈利的人都会有自己独有的交易系统，而不是凭感觉操作。

可以借鉴别人的交易系统，但一定要加以完善才行，不能完全照搬，因为您的实盘经历、资金量、性格、心态等都是和别人不一样的，而且关于盘感的部分是没办法传授的，这也是我经常和小班学员说的一句话，我说我可以把我所有的知识传授给大家，但是盘感是没办法教给大家的，因为这是我多年的实战盘感，是教不了的。我经常说同时给100个人同一只股票，最后操作的结果也不会一样，有的会赚钱出来，有的会亏钱出来，说的就是这个道理。

交易系统主要包含以下内容：

1. 对于当前股票趋势的判断。
2. 买卖点的依据。
3. 仓位管理。
4. 加减仓计划。
5. 止损止盈设置。
6. 交易频率设置。
7. 良好的执行力。
8. 良好的情绪控制能力。

很多投资者都是在用情绪做交易，这样最终的结果就是会造成很大的损失。各位投资者仔细想一下，自己以前在着急买入的时候是不是受到自己情绪的影响？

9. 多找自己的原因。

在每次交易失败之后一定要多找自己的原因，来逐步完善交易体系，而不是怪别人、怪上市公司、怪主力，这样无法让自己成长。

有了以上内容作为基础，大家再根据自己的实际情况来进行适当增减，慢慢就会找到适合自己的交易体系了。

根据多年的从业经历，我发现有超过至少80%以上的散户投资者都没有属于自己的交易系统，所以如果您能构建一套完善的交易系统，跑赢这些散户也是大概率事件。

市场永远是对的。大家记住一句话："您只有忍受别人不能忍受的，您才能享受别人不能享受的。"

强化训练

根据本章所学习到的内容，开始构建属于自己的交易体系，并且根据实战结果来进行不断优化。

后　记
——致所有散户投资者的一封信

各位亲爱的股民朋友们：

　　作者从业近20年，经历了A股几轮牛熊转换，由于工作性质的原因，更是见过无数散户投资者的账户，深深知道众多散户投资者为什么都是亏多赚少，其中原因在本书中已经分析过。我从券商投资顾问转型做投资者教育，也是为了能够把多年的实战经验传授给更多的散户投资者朋友们，因为券商的工作性质局限性太大，所以我才会转型。

　　从业近20年时间里，我见过太多的因为股市而发生的悲惨的真实案例，所以每次讲课我都是用真实的案例在给大家分析市场的风险。只讲机会不谈风险是绝对不负责任的老师，但我也知道很多散户只喜欢听机会，不喜欢听风险，这是有的股民和我有分歧的原因之一。我在每天的"金锁看盘"当中先站在战略的角度去定位，再按着短线节奏看空看多，而不是一味地看空或者看多，我一直坚信一点：那些眼里没有风险只有机会的投资者最终的命运一定是悲催的。

　　股市之路唯有自渡！谁也帮不了您，只有自己能帮自己，因为不管您听谁的建议去买卖股票，最终只有您自己能控制自己的账户！所以只有不断地去学习才会使自己逐步走出亏损的地步，远离那些70%亏损的群体；也只有通过学习，才会让您知道您是为什么亏的，又为什么赚的，而不是每天在算命，把每天的交易当作是在赌博，全凭运气来进行投资。知己知彼百战百胜，站在这个角度来看，才会提高我们的操作成功概率。

　　在此我很肯定地告诉您，如果您看到这里了，相信您已经开始慢慢走进成功者的行列了，因为至少代表您是在认真学习，而很多人连书都懒得看完，甚至都不看书学习，他们怎么会随随便便就能成功呢？那样才是最不公平的。所以不管您以后看什么书，只要肯不断地去学习，相信您就会跑赢那些不爱学习的散户！股市就是一个零和博弈的地方，您赚的每一分钱都是其他散户亏的钱，因为您很难赚到主力的钱。明白了这个道理，就会激励着正在看书学习的您永不止步，去坚持学习！我们先做到不被主力收割，然后再去想办法赚其他散户的钱，这才是通往股市成功唯一的道路！

此书用将近5个月的时间完成，且是利用周末时间写的，书中内容都是本人的实战经历，语言通俗易懂，时间也不是很充裕，所以难免会出现一些错误，请广大读者及时指正，待到下次改版时做出改正。对书中的一些错误您可以发邮件给我，邮箱是：liujinsuo88@139.com，在此感谢您的宝贵建议！

最后祝各位股民朋友能在以后的股市投资当中取得理想的收益！